한국교회와 질적연구

방법과 사례

Korean Church and Qualitative Research: Method and Case

한국교회와 질적연구

방법과 사례

이현철 지음

아카데미프레스

한국교회와 질적연구: 방법과 사례

발행일 2024년 7월 25일 초판 1쇄 발행
저자 이현철
발행인 이한성 **발행처** (주)아카데미프레스
주소 서울특별시 마포구 독막로 320, 데시앙 오피스텔 803호 (도화동)
전화 02-3144-3765 **팩스** 02-6919-2456 **웹사이트** www.academypress.co.kr
등록번호 제2018-000184호

ISBN 979-11-91791-24-2 93370
정가 25,000원

The fear of the LORD is the beginning of wisdom, and
knowledge of the Holy One is understanding.
– Proverbs 9:10

Until we all reach unity in the faith and in the knowledge of the Son
of God and become mature, attaining to the whole measure of the
fullness of Christ.
– Ephesians 4:13

서문

최근 한국교회가 직면하는 다양한 수준의 딜레마들을 질적연구방법을 통해 분석하고 해석하는 시도가 이루어지고 있으며, 이는 해당 딜레마를 심층적으로 파악하게 해주는 데 크게 기여하고 있다. 주지하고 있듯이 연구방법으로서 질적연구는 양적연구와 마찬가지로 명확한 지향점을 가지고, 자신만의 독특한 영역을 형성해나가고 있다. 학계 전반에서는 더 이상 연구방법적 접근으로서 질적연구에 대한 중요성과 필요성을 부정하지 않으며, 오히려 질적연구를 통한 문제의식과 접근에 크게 호응하고 있다. 실제로 과거 양적연구 중심의 전공과 학회들이 발행하고 있는 학술지를 살펴보면 이러한 동향을 좀 더 직접적으로 확인할 수 있을 것이다.

이러한 변화는 질적연구가 가지고 있는 독특한 특징에 기초하여 이루어지고 있는데, 질적연구는 다른 방법들로는 확인할 수 없는 가치들을 흥미롭게 도출해주기 때문이다. 그 가치들은 이를테면 '심층적이고, 내면적이며, 복잡하고, 미묘한' 성격들을 지니는 것들이다. 그리고 그 가치들 속에는 한국교회가 담고 있는 매력적인 주제와 내용이 영롱하게 빛나고 있기 때문에 다른 접근법이 선사해주지 못하는 의미들을 담보해주고 있다. 아마도 질적연구를 통해 그 영롱한 빛을 보거나 느껴보지 못한 이들은 도저히 상상할 수 없는 매력일 것이다.

특별히 한국교회에서 이루어지는 가치 대부분은 '심층, 내면, 복잡, 미묘'와 같은 단어들로 표출되는 사항들일 것이다. 우리가 한국교회 안에서 다루며 고민하는 내용은 모두가 '사역, 관계, 공동체, 봉사, 믿음, 신앙, 구원, 목회자와 성도의 삶, 신념, 고백, 사랑, 갈등' 등과 같은 개념들일 터인데, 이와 같은 개념들은 하나하나가 모두 심층적이고, 내면적이고, 복잡하고, 미묘한 것들이다. 이는 정량적 분석을 통해서는 온전히 그 내용을 파악하는 것이 불가능한 개념들이다. 과연 우리는 우리의 신앙, 사랑, 믿음 등에 대하여 5점 척도를 통해 명확하게 분석이 가능하다고 생각하는가! 그것은 한계가 있을 것이고, 불가능에 가까울 것이다.

그러므로 한국교회가 직면하고 있는 다양한 딜레마들에 대하여 질적연구를 통한 분석과 접근은 기존의 기독교 신학계가 안고 있는 문헌연구를 통한 이론 중심적 접근과 최근 신학계에서 이루어지고 있는 양적연구를 통한 계량적 접근의 한계를 뛰어넘어 좀 더 현장지향적인 교회에 대한 이해도를 확장케 하는 요인이 될 것이다.

그런데 안타까운 것은 기독교 신학 영역에서 이처럼 매력적인 질적연구를 개론적 수준에서 쉽고 간명하게 소개하고 있는 책이 없다는 것이다. 이미 일반 학계에서는 질적연구와 관련된 개론적 사항들이 우리나라에서도 다양한 연구자들에 의해 소개되었으며, 그 중심에서 나도 작업을 수행하여 이바지하였다. 심지어 질적연구를 통해 연구를 수행하는 연구자들의 학문적 요구와 수준도 점차 높아져, 개론적 차원에서의 질적연구를 넘어 좀 더 세분화되고, 좀 더 심층적으로 질적연구를 심화시켜 다양한 질적연구의 전통 속에서 그 뉘앙스들을 독특하게 살리며 연구하고자 하는 수준에까지 이르고 있다.

이를 고려할 때 기독교 신학 영역에서의 관련 활동은 방법론적으로 매우 뒤처져 있으며, 이에 대한 시급한 대응과 보완이 요청되는 상황이다. 이는 한국교회의 형편과 상황을 고려하면서 안정감 있게 질적연구를 학습하고자 하는 신학교 기반의 학문 후속 세대들을 훈련하는 것에도 어려움을 시사하는 것이며, 자연스럽게 학문 후속 세대들의 학문적 답답함도 추측케 하는 대목이다.

이러한 맥락에서 나는 기독교 신학 내 질적연구자들과 학문 후속 세대의 학문적 요구와 갈증에 즉각적으로 응답하고자 하였으며, 신학계의 질적연구와 관련된 논의의 장을 한 차원 더 높여보기로 하였다. 이를 위해서 단순히 학문적 욕심만을 생각하지 않고 가능한 기독교 신학 내 질적연구 입문자들의 관점을 존중하면서 그들에게 질적연구에 대한 학문적 진입장벽을 낮추고자 노력하였다. 이를 위하여 4가지 큰 주제로 영역을 선정하였다.

제1부는 한국교회와 관련된 질적연구 상황과 필요성을 다루었으며, 여기에서 질적연구의 동향도 소개하였다. 제2부에서는 질적연구의 이해를 위한 방법들을 소개하였는데, 양적연구의 한계점과 질적연구의 특징, 대표적인 질적연구 전통들, 자료분석 노하우, 질적연구 계획서 작성하기, 타당도 확보 전략, 최신의 질적연구 동향 등을 소개하였다. 제3부에서는 질적연구를 통해 한국교회를 분석한 나의 연구 사례들을 소개하였다. 마지막으로 제4부에서는 질적연구를 활용한 실천신학적 도전을 제시했다. 4가지 주제에 따른 세부 장별 주요 출처와 핵심 내용은 다음과 같다.

제1부 '한국교회와 질적연구'로서 제1장에서는 김영천·이현철(2017) 편저『질적연구: 열다섯 가지 접근』의 1장 내용을 바탕으로 최신의 자료로 수정·보완하였다. 제1장을 통해 독자들은 한국의 교회 현장 연구에서 실천신학적 접근의 한계와 질적연구 동향을 확인할 수 있을 것이다.

제2부 '질적연구의 이해: 방법들'은 제2장에서 제7장까지로 질적연구의 개념과 전통에서부터 분석 전략, 계획서 작성 등 기독교 신학 영역의 연구자들이 질적연구 입문을 위해 갖추어야 할 기초적 내용들을 소개하였다. 구체적으로 제2장에서는 질적연구의 개념과 특징들을 확인할 수 있으며, 특별히 기독교 신학에서 질적연구를 활용함에 있어 유념해야 할 사항을 다루었다. 이를 통해 독자들은 질적연구와 관련된 핵심적 성격과 기독교 신학 내에서 질적연구를 안정감있게 다룰 수 있는 경계를 확인할 수 있을 것이다. 제3장에서는 질적연구와 관련된 대표적 접근법과 전통들을 소개하고 있으며, 문화기술지, 현상학적 질적연구, 근거이론, 내러티브 탐구, 생애사 연구, 자문화기술지, 실행연구, 통합연구, 인터넷 문화기술지, 비판적 질적연구를 중심으로 요약적으로 제시하였다. 해당 내용의 경우 김영천·이현철(2017) 편저『질적연구: 열다섯 가지 접근』의 1장 중 '질적연구의 다양한 전통'의 내용을 제시하였다. 또한 최근에 주목받고 있는 합의적 질적연구에 대해서도 소개하였으며, 이는 배아론·이현철(2023) 논문(실천신학 연구를 위한 합의적 질적연구의 활용,「갱신과 부흥」31호, 323-350)의 내용 중 합의적 질적연구의 개념 부분을 제시하였다. 제4장에서는 질적연구 수행의 핵심이 되는 자료분석 전략으로서 코딩을 소개하였다. 코딩은 질적연구 수행에서 모든 연구자들이 반드시 수행해야 하는 중요한 연구 과정임에도 해당 내용을 상세히 소개하는 자료나, 전략들을 충분하게 배울 수 있는 학습의 기회 자체가 많지 않다. 더욱이 특정한 전통의 특정한 전략, 예를 들어 근거이론에 기초한 개방코딩, 축코딩, 선택코딩과 같은 전략만을 '복사기'처럼 사용하고 있는 한국의 자료분석 현실 속에서 코딩 전략에 대한 내용을 상세하게 소개하는 것은 연구자들의 연구를 좀 더 풍성하게 만들 뿐 아니라 학문 후속 세대들의 학문적 성장에서도 유익한 내용이 될 것이다. 해당 장의 주요 내용과 관련하여서는 오영범·이현철·정상원(2016)의『질적 자료분석: 파랑새 2.0 소프트웨어』3장의 내용을 제시하였다. 제5장에서는 질적연구 계획서 작성의 핵심적 개념들을 소개하고, 실제 해당 개념을 구현하면서 연구비를 수주한 계획서를 공개하고자 한다. 제5장에서 소개되는 계획서의 내용은 최근 내가 한국연구재단 중견연구자 지원 사업에 신청하여 선정된 연구주제와 계획서이다(2022년도). 또한 매력적인 질적연구 계획서 작성을 위해 고려해야 할 사항들로『나는 어떻게 매력적인 계획서를 썼는가? : 현장성과 간학문성을 통한 한국교회 심층분석』(2018년 한국질적탐구학회 춘계학술대회 발표자료)의 내용을 소개했다. 제3장, 제4장, 제5장을 통하여 독자들은 질적연구의 개념에서 실제적인 자료분석

사항 그리고 연구계획서 작성까지의 노하우를 학습할 수 있을 것이다. 제6장에서는 멤버체크(member checks) 전략, 연구 관련 공청회 및 포럼 개최 전략, 연구자의 심층성 추구 전략, 면담가이드 개발 전략, 참조 자료의 활용 전략, 연구방법의 다각화 전략, 질적자료분석 컴퓨터 소프트웨어(CAQDAS: Computer-Aided Qualitative Data Analysis Software)의 활용 전략, 연구참여자와의 상호신뢰적 관계 형성(rapport) 전략, 자기 성찰 일지 작성 전략 등의 질적연구의 타당도 확보 전략을 확인할 수 있다. 제7장에서는 질적자료분석 컴퓨터 소프트웨어와 통합연구방법을 살펴봄으로써 최신의 질적연구의 흐름을 제시했다. 여기에서는 오영범·이현철·정상원(2016)의 『질적자료분석: 파랑새 2.0 소프트웨어』 내 1장과 2장의 내용 및 이현철·김영천·김경식(20)의 『통합연구방법론: 질적연구+양적연구』 내 1장과 3장의 내용을 각각 요약하여 제시하였다.

제3부 '질적연구를 통해 한국교회 분석하기: 사례들'은 제8장에서부터 제17장까지로 구성되며, 지난 10년간 질적연구를 통해 한국교회를 분석한 나의 연구 사례들을 소개했다. 이를 통해 독자들은 한국교회를 대상으로 수행한 실제적인 질적연구들을 직접 경험할 수 있을 것이며, 자신의 연구 수행을 위한 아이디어와 시행착오를 줄일 수 있는 인사이트를 얻을 수 있을 것이다. 구체적으로 제8장에서는 한국교회 내 산간벽지 소재 교회의 딜레마에 대한 분석(산간벽지 소재 교회의 딜레마에 대한 질적연구, 2018년, 「질적탐구」 4권 3호, 269-296)을 제시하였으며, 이를 통하여 산간벽지 소재 교회가 직면하고 있는 목회적·사역적 딜레마를 심층적으로 분석했다. 제9장은 한국교회 내 부교역자의 삶과 문화에 대한 분석(한국교회 내 부교역자들의 삶과 문화에 대한 문화기술지 연구, 2015년, 「성경과 신학」 75호, 349-377)을 제시하였는데, 해당 연구를 통하여 한국교회 내 부교역자들은 누구이며, 그들이 직면하고 있는 삶과 문화의 모습은 어떠한가에 대한 분석을 시도했다. 제10장은 한국교회 내 소형교회 은퇴목회자의 삶에 대한 분석(소형교회 은퇴목회자의 삶과 딜레마에 대한 질적연구, 2021년, 「갱신과 부흥」 27호, 343-370)을 제시하였다. 이 연구는 소형교회에서 사역을 감당하고 은퇴한 목회자들의 삶에 관한 연구로서 문제의식에서부터 연구결과에 이르기까지 많은 현장 목회자들로부터 공감을 얻었던 연구이다. 제11장은 한국사회에서 교회를 향한 진입장벽과 장애는 무엇인가에 대하여 분석한 연구(한국교회의 진입장벽에 대한 내러티브 탐구, 2015년, 「개혁논총」 33호, 259-295)이며, 한국사회 속 한국교회의 모습과 상황들에 대한 사회 구성원들의 내부자적 관점을 심층적으로 분석하였다. 제12장에서는 한국교회 내 청소년 수련회에 대한 분석(한국교회의 청소년 수련회에 대한 내러티브 탐구, 2016년, 「기독교교육논총」 제47집, 219-253)을 제시하였다. 한국교회에서 청소년 수련회는 특별한 의미와 가치를 지니고 있으나 이에 대한 현장지향적 연구는 거의 찾아볼 수 없었다. 청소년 수련회의 역할과 기능을 고려할 때 주요한 연구주제로서 관심을 받아 수행되어야

했음에도 그동안 학계에서는 프로그램 개발 수준에서의 논의만 이루어진 안타까운 상황이었다. 이러한 문제의식을 바탕으로 청소년 수련회와 관련된 내러티브를 분석하였다. 제13장에서는 한국교회 내 교리교육의 부재라는 문제의식을 바탕으로 수행한 연구(한국교회 내 교리교육의 부재와 딜레마에 대한 내러티브 탐구, 2018년, 「갱신과 부흥」 22호, 178-200)를 제시하였다. 정통적 기독교에서 교리는 '그리스도인이 무엇을 믿는가'를 담고 있는 핵심적 내용이다. 그리스도인들은 교리를 통해 신앙을 체계화할 수 있으며, 삶 속에서 신앙을 아름답게 표출해갈 수 있다. 하지만 한국교회는 교리에 대한 이해도와 관심 부족으로 인해 해당 사항에 대하여 소홀해 왔으며, 그로 인한 다양한 수준의 딜레마를 만들었다. 이러한 한국교회의 교리교육 부재와 딜레마에 관해 질적연구를 활용하여 분석하였다. 제14장에서는 신정순 전도사의 생애사에 대한 분석(신정순 전도사의 삶과 신앙에 대한 생애사 연구, 2014년, 「고신신학」 16호, 337-371)을 시도하였다. 한국교회에는 하나님께 귀하게 쓰임 받았던 여성 지도자들이 있었으며, 이들은 하나님 나라 확장을 위해 아름답게 사역과 그 시대를 감당해주었다. 하지만 안타까운 것은 이들에 대한 교회와 학계의 관심은 그들의 사역과 헌신만큼이나 치열하게 이루어지지 못하였으며, 관련 논의와 분석 역시 부족한 실정이다. 이러한 맥락에서 2014년 이상규 박사(고신대학교 명예교수·백석대학교 석좌교수)가 책임 편집하여 구성한 「고신교회의 여성지도자들」은 '명향식, 조수옥, 우태숙, 박복달, 신정순, 김계초' 등 역사 속 여성 지도자들의 삶과 사역을 소개해주고 있어 그 학술적 가치가 크다고 할 수 있다. 물론 분석된 주요 인물들이 특정(예장 고신) 교단에 집중된 아쉬움은 있지만 교회 내 여성 지도자의 삶에 대한 관심을 불러일으켰다는 점에서 이후 관련 분야의 연구에 소중한 기초자료가 될 것으로 판단된다. 「고신교회의 여성지도자들」의 작업 속에서 나는 경북지역 교회의 대표적 여성 지도자로서 신정순 전도사의 삶에 대하여 생애사 연구를 적용하여 수행하였다. 해당 연구는 신정순 전도사를 역사의 흐름 속에 잊혀지지 않고, 한국교회 앞에 기억될 수 있도록 남겨주는 계기가 되었다. 제15장은 한국교회의 심각한 양극화 속에서 도시지역 소형교회가 직면한 다양한 수준의 딜레마를 분석하여 제시하였다(한국사회 내 미조직 및 개척교회의 딜레마에 관한 질적연구, 2013년, 「개혁논총」 25호, 215-244). 특별히 도시지역 교회를 중심으로 미조직 및 개척교회가 직면하고 있는 딜레마와 양상을 다루었다. 제16장에서는 한국교회 내 교회학교 교사들이 경험하는 딜레마를 분석하여 제시하였다(한국 교회학교 교사들의 딜레마에 관한 내러티브 탐구, 2013년, 「개혁논총」 28호, 247-279). 그동안 교회학교 교사들을 위한 많은 논의와 연구들이 있어 왔으며, 그들을 지원하기 위한 방안들이 어떠해야 함을 제안하는 자료들이 넘쳐났다. 하지만 기독교교육 영역과 교회교육의 학문적 동향에서 교사들의 '실제적인 삶과 그들의 경험'을 탐구하는 접근은 극히 드물었으며, 신학연구 풍토에서 도외시되어 왔음을 확인할 수 있었다. 이러한 문제의식 속에서 한국교회 내 교회학교 교사들의 딜레마에 대한 심층적인 연구를 수행하였으며, 교회학교 교사들의 내부자적 관점을 현장성 있게 구성해보았다. 제17장에서는 코로나시대 한국교회의 신앙교육 지원 방안에 대하여 살펴보았다(코로나 시대 청소년의 신앙생활 및 지원방안에 대한 통합방법연구, 2023년, 「개혁논총」 66호, 433-465). 이를 통해 포스트코로나 시대를 살아가고 있는 한국교회의 미래세대인 청소년들의 신앙생활 상황과 맥락을 실증적으로 분석하여, 이 시대에 적합한 청소년 신앙생활 지원 및 사역 방안을 심층적으로 제시하였다. 특별히 해당 연구는 연구설계적으로 질적연구와 양적연구를 통합한 방법론을 적용하여 최신의 질적연구 접근으로서 통합연구방법에 관하여 실제적 사례로서 소개하고자 하였다.

마지막으로 제4부 '미래를 위한 도전'으로서 제18장에서는 미래 실천신학의 참된 실천적 활동을 위하여 실천신학의 개념과 연구방법론적 도전을 기술하였다. 해당 문제의식에 대한 접근과 시도는 이미 나와 배아론 박사(고신대학교 신학과 교수, 선교학 전공)가 함께 지속적으로 수행해오고 있으며, 여기에서는 「내러티브와 교육연구」 제10권 3호(2022년)에 게재된 연구(내러티브를 활용한 실천신학 연구의 적용 가능성)와 개혁주의학술원의 「갱신과 부흥」 31호(2023년)에 게재된 연구(실천신학 연구를 위한 합의적 질적연구의 활용) 내용의 일부를 제시하였다.

『한국교회와 질적연구: 방법과 사례』의 열매는 나의 노력만으로는 이루어졌다고 볼 수 없다. 나는 이미 진주교육대학교 김영천 교수와 나의 편저 『질적연구: 열다섯 가지 접근』(아카데미프레스, 2017)을 통해 질적연구의 풍성함과 다양함을 소개하였으며, 일반 학술 영역의 독자들에게 큰 반향((反響)을 일으켰다. 당시 김영천 교수와 나는 끊임없이 발전하고 있는 한국의 질적연구를 내실 있게 담아보고자 노력하였으며, 질적연구가 John W. Creswell이 제안하는 4~5가지의 수준에서만 한정되어 머무는 것에 안타까움을 가지며 작업을 수행하였다. 이 책에서도 『질적연구: 열다섯 가지 접근』에서 다루어졌던 내용 중 일부를 소개하였으며, 개론의 수준을 넘어 질적연구의 전통들을 좀 더 심층적으로 학습하고 싶은 이들이 있다면 해당 책을 살펴볼 것을 적극적으로 권하는 바이다. 해당 자료를 통해 세부 질적 전통들에 대한 상세 설명과 더불어 최고의 질적연구 전문가들이 선사하는 학문적 풍성함도 동시에 만끽할 수 있을 것이다.

그리고 『한국교회와 질적연구: 방법과 사례』에서 사례로 소개되는 작품들은 내가 지난 10년간 한국교회와 사역 현장을 직접 누비며 열매 맺은 연구 결과물들이다. 그 10년의 세월 속에서 만났던 수많은 목회자, 성도, 청소년, 교회학교 교사들의 얼굴을 잊을 수 없으며, 그들의 삶이 깊게 지금도 가슴속에 남아 있다. 부디 그들에게 삼위 하나님의 은혜와 평강이 가득하길 기도한다.

더불어 내가 지난 10년간 한국교회와 사역 현장을 심층적으로 연구할 수 있었던 것은 한국연구재단(정부) 및 교계 기관들의 연구비를 지원받을 수 있었기 때문에 가능하였다. 만약 해당 기관의 전폭적 지원과 도움이 없었더라면 나의 연구들은 세상의 빛을 보지 못했을 것이다. 특별히 한국연구재단(정부)의 신진 및 중견연구자 사업에 선정되어 수차례 연구 기회를 획득할 수 있었는데, 그 연구 기회가 질적연구의 불모지(不毛地)였던 한국교회와 실천신학 영역에서 도전적 연구를 수행케 하는 용기를 주었다. 그리고 그 과정이 나를 전문적인 학술연구자로 성장시켜주는 자양분(滋養分)이 되어 깊은 감사의 마음을 전한다. 이번 작업은 한국교회와 기독교교육을 포함하는 실천신학 전 영역에서 최초의 전문적인 질적연구 입문서로서 가치를 가질 터인데, 그동안의 연구 지원에 대한 학자로서의 보답을 하는 것 같아 마음 한구석 조금은 부담감을 덜게 된다.

『한국교회와 질적연구: 방법과 사례』를 통해 기독교 신학 내 질적연구자들과 학문 후속세대 연구자들이 유익한 도움을 얻길 바라며, 우리의 질적연구와 관련된 논의가 건강한 신학 안에서 정련된 수준으로 더욱더 활발하게 전개되고 발전하길 소망한다.

Soli Deo Gloria!

2024년 9월
영도의 푸픈 바다를 바라보며
이현철

저자 소개

이현철

고신대학교 신학대학 기독교교육과 교수

이현철 교수는 현재 고신대학교 기독교교육과 교수로 재직하고 있으며, 고신대학교 신학대학 기독교교육과, 경북대학교 대학원 교육학 석사·박사, 美 Pennsylvania State University 교육학과 박사후연구, 고려신학대학원 신학과 목회학 석사, 美 Gordon-Conwell Theological Seminary 목회학 박사이다. 기독교교육을 포함한 실천신학, 교육학, 사회학 분야에서 많은 논문과 저서를 발표하였으며, 한국학술지인용색인(KCI) 질적 평가 결과 학술논문 총 피인용 수 최상위 연구자로 선정되기도 하였다. 또한 한국연구재단(정부)의 신진·중견연구자 사업들에 선정되어 '소형교회 은퇴목회자의 삶, 한국교회의 진입장벽, 산간벽지 교회와 목회자, 교회학교 교사, 청소년 수련회, 코로나시대 청소년 신앙지원 방안' 등을 질적연구로 수행하여 한국교회와 교회학교가 직면하고 있는 딜레마를 집중적으로 분석하였다.

질적연구 관련 주요 저서로는 『통합연구방법론: 질적연구+양적연구』, 『질적연구: 열다섯 가지 접근』, 『질적자료분석: 파랑새 2.0 소프트웨어』 등이 있으며, 그 외 『신앙정석』, 『한국교회 3040세대 트렌드』, 『개척교회 현장, 핵심 리포트』, 『위드코로나시대 다음세대 신앙리포트』, 『코로나시대 청소년신앙 리포트』, 『교회사역 트렌드』, 『교회학교 교사, 어떻게 가르칠 것인가?』, 『교회학교 교사의 전문성과 리더십』 등이 있다.

한국질적탐구학회, 한국교육학회, 한국복음주의기독교교육학회, 한국기독교교육학회, 한국복음주의신학회, 한국내러티브교육학회, 한국교육사회학회, 한국비교교육학회, 한국학부모교육학회, 개혁신학회, 대한예수교장로회 고신총회교육원, 개혁주의학술원 등의 임원, 이사, 편집위원, 정회원 등으로 활동하고 있다. 또한 고신대학교 교무처장, 기독교교육과(사범) 학과장, 일반대학원 기독교교육학과 학과장, 교육대학원 기독교대안교육 전공주임, 기독교선교·교육연구소장, 교수학습지원센터장 등을 역임하였다.

목 차

제1부 한국교회와 질적연구

제2부 질적연구의 이해: 방법

제3부 질적연구를 통해 한국교회 분석하기: 사례

제1부

한국교회와 질적연구

제1장　한국교회와 질적연구

제 1 장

한국교회를 위한 '현장 지향적' 연구의 필요성

1. 실천신학 내 '현장 없음'의 역설

실천신학은 그 학문적 성격에 비추어 볼 때 현장 지향적 활동이 되어야 하며, 지속적으로 현장과 소통하며 연구가 수행되어야 한다. 실천신학에서의 학문 활동과 움직임은 교수들과 전문 연구자들의 연구실을 벗어나 교회와 성도들을 위해 봉사해야 하며, 교회의 다양한 문제와 딜레마들을 구체적으로 해결하고 도움을 줄 수 있는 방향으로 나아가야 한다. 나는 교회를 향한 실천신학의 본래적인 성격을 회복하길 원하고 있으며, 이를 통해 좀 더 생생한 연구를 수행할 수 있음을 확신한다. 또한 실천신학이 현장과 진정으로 소통하며 이루어질 때 그것의 학문적 열매로서 교회 현장과 공동체를 변화시키는데 이바지할 수 있을 것이라 생각한다.

하지만 우리의 연구 풍토와 상황을 보면 현장성에 기반한 '현장 지향적' 연구와 논의가 활발히 진행되고 있지 못한 것이 안타까운 현실이다. 즉 실천신학의 '현장 없음'의 역설적이고 안타까운 현실인 것이다. 교회를 대상으로 하는 연구이지만 연구자는 교회와 사역 현장의 구성원들과 괴리되어 연구가 수행된다. 목회자들을 대상으로 수행하는 연구이지만 그들의 연구에서는 목회자의 목소리는 찾아볼 수 없다. 성도들의 상황을 분석하는 연구이지만 성도들의 내면적 상황과 맥락은 다른 것으로 대체되어버린 현장이 없는 연구들인 것이다. 이는 학계에서 출판되고 있는 논문들의 연구동향을 살펴보면 쉽게 파악할 수 있다. 실천 영역의 학문들이 현장에 깊이 뿌리박혀 있어야 함에도 실상 현장과 그것에 대한 관심은 턱없이 부족하였던 것이다. 나아가 이는 본래적으로 가진 해당 학문들의 실천적 성격과는 완전히 다른 역설적인 현실을 의미하기도 하는 것이다. 결국 전술한 상황이 학계에 대한 현장성의 부재와 괴리와 같은 비판을 낳는 근본적 이유이다. 구체적으로 이러한 문제를 해결하기 위해서는 연구 패러다임의 변화가 불가피하게 요청되며, 새로운 접근법으로서의 다양한 연구방법의 적극적 도입과 적용이 요청된다. 그 가운데 질적연구의 적용이 강력하게 요청되어진다고 볼 수 있다. 여기에는 문헌연구 중심의 연구 일변도를 탈피해나가는 것도 포함된다.

2. 한국교회를 향한 연구 현장성 회복과 질적연구의 등장

전술한 문제 의식과 관련하여 볼 때 연구 현장과 대상으로서 교회를 정확하게 분석하고 있는가에 대한 질문을 던져본다. 그동안 우리의 관심은 매우 이론적이었으며, 때로는 추상적이었다.

복잡한 우리의 교회 현실과 그 현실 속에서 삶을 구현해 나가면서 딜레마에 빠져 있는 다양한 구성원들의 요구를 온전히 반영하지 못하였다. 물론 기존의 실천신학 및 기독교교육 연구가 현장지향적 접근을 도외시한 것은 아니지만 상당 부분의 관심과 접근이 문헌연구와 이론연구 중심에 무게중심을 가지고 수행된 것이 사실이다. 이는 매우 역설적인 것으로 실천신학과 기독교교육이 연구 현장과 교회에서 가장 실제적이어야 할 학문 영역임에도 연구실과 책상에서만 이루어져왔던 것이다. 이러한 학문적인 풍토는 자연스럽게 연구 현장의 '현장성'과는 거리가 먼 학자들만의 이야기와 논의를 만들어왔으며, 현장으로부터 많은 비판을 형성시켜주었다. 즉 전공자들의 글과 논문들은 현장에 제대로 전달되지 못하였으며, 교회 현장의 많은 사역자들은 실제적이지 않은 연구와 내용들에 대하여 '고개를 저으며' 등을 돌리기 시작하였다. 그리고 그들은 "연구실과 책상을 벗어나보라"고 요구하기도 하였다. 이는 실천신학과 기독교교육 연구 영역의 새로운 접근과 패러다임의 변화를 요구하는 것이라 판단된다. 두렵지만 반드시 변화되어야 할 사항임에는 틀림이 없다.

Thomas Kuhn은 과학 발전의 역사를 수세기에 걸친 과학자들의 연구업적의 단순한 누적이 아니라 '패러다임'의 개념과 과학혁명으로 설명하고 있으며, 해당 패러다임은 일반적으로 특정 영역에 대한 관점과 입장을 대변하여 주고 있다(강용원·이현철, 2010). 이는 "내가 현재 바라보는 것은 무엇이며, 그것을 어떻게 이해하고 인식하는가"와 관련하여 해석적인 틀을 제공하는 것으로 이해할 수 있다. 그러므로 특정 현상을 분석하고 설명한다는 것은 특정한 '안경'을 쓰는 것으로 Burrell & Morgan은 '객관과 주관의 가로축'과 '급진과 규제의 세로축'의 4/4분면을 통해 4가지 안경, 즉 패러다임을 제시하였다. 이 가운데 특별히 주관과 객관 혹은 실증주의와 자연주의는 경험적·과학적 대 상징적·민속적·현상적 간에 끊임없이 대립하고 갈등하고 있다(강용원·이현철, 2010: 229).

특별히 이 책에서 관심을 가지고 있는 질적연구는 계량 및 과학과는 정반대의 자연주의적 특징을 강하게 가지는 영역으로 맥락과 현상 그리고 통찰을 중심하는 입장으로 취하고 있다. 다시 말해 계량적이며 과학적인 측면에서 집중하고 있는 현상에 대한 이해와는 전혀 다른 의미를 지향하는 것으로서 질적연구의 연구목적, 연구방법, 연구설계는 실증주의로 대변되는 양적연구와는 근본적인 성격에 차이를 두고 있는 입장인 것이다.

이러한 질적연구는 연구방법적 차원에서 정련된 연구방법으로 견고하게 자리를 잡았으며, 지속적으로 그 영역을 확장하고 있다. 명실공히 양적연구와 어깨를 나란히 하는 연구방법의 패러다임으로 성장한 것이다. 실제로 질적연구와 관련된 국내·외의 박사학위 논문, 세계적 수준의 대학들이 지향하고 있는 교육과정, 수많은 SSCI급, KCI급 논문들의 출판, 국내·외 학술대회가 개최되고 있으며, 질적연구를 집중적으로 다루고 있는 책은 베스트셀러가 되고 있다.

다음은 1990년대 중반 이후 국내에 소개된 질적연구와 관련된 저술들이다. 초기 국내에 질적연구가 소개되는 시점의 경우 서구의 연구자들이 저술한 질적연구 개론서와 방법론 책을 단순히 번역하는 상황이었으나, 최근에는 외국에서 질적연구를 학습하고 온 연구자들과 국내에서 자생적으로 질적연구를 정련되게 추구한 연구자들에 의해 다양한 책들이 활발하게 출판되고 있다. 아래의 경우 김영천·이현철(2017)에서 소개된 자료에서 최근 추가적으로 수행된 작업들을 보완하였다.

『교육에서의 질적연구: 방법과 적용』 이용숙·김영천(1998)
『질적연구: 방법과 사례』 조용환(1999)
『교과교육과 수업에서의 질적연구』 김영천 편(2004)
『질적연구방법론』 신경림 외(2004)
『질적연구방법의 이해』 박성희(2004)
『질적연구』 이효선(2005)
『교과 교육 현상의 질적연구』 이혁규(2005)
『실행연구방법』 이용숙 외(2005)
『질적연구: 철학과 예술 그리고 교육』 곽영순(2009)

『질적연구 실천방법』 김윤옥 외(2009)

『연구방법론: 근거이론과 수정근거이론의 실제』 최종혁(2011)

『생애사에 기초한 질적연구방법』 박성희(2011)

『질적연구방법과 실제』 조성남 외(2011)

『질적연구와 자문화기술지』 이동성(2012)

『여가학의 질적연구방법론』 이철원(2013)

『문화와 역사연구를 위한 질적연구방법론』 윤택림(2013)

『통합연구방법론: 질적연구+양적연구』 이현철·김영천·김경식(2013)

『질적연구방법론 I, II, III, IV』(1-4권 세트) 김영천(2013)

『초보 연구자를 위한 질적연구방법론』 박휴용(2014)

『현상학과 질적연구: 응용현상학의 한 지평』 이남인(2014)

『질적연구의 이해와 접근』 신규철(2014)

『교사 그리고 질적연구: 앎에서 삶으로』 곽영순(2014)

『생애사 연구』 이동성(2015)

『질적연구방법론: 학교와 수업 연구의 새 지평』 조영달(2015)

『질적연구여행』 김진희·김영순·김지영(2015)

『광고 연구의 질적 방법론』 정승혜(2015)

『박물관 교육에서의 질적연구방법』 김명희 편(2016)

『질적자료 분석』 오영범·이현철·정상원(2016)

『질적연구: 열다섯 가지 접근』 김영천·이현철 편(2017)

『질적연구의 즐거움』 김영순 외(2018)

『질적연구 아틀라스』 김영천·정상원·조재성(2019)

『질적연구입문』 한유리(2020)

『사회과학을 위한 질적연구 핸드북』 김영천·정정훈(2021)

『한국교회와 질적연구: 방법과 사례』 이현철(2024)

1990년대 이후 한국의 질적연구 이론서의 흐름은 질적연구에 대한 기본적 이해를 위한 개괄적인 계몽 서적들로부터 각 교과 혹은 전공분야로 다양화되고 있는 양상이며, 나아가 질적연구방법의 세부적인 전통들을 심화시키는 경향으로 발전하고 있다. 이러한 맥락에서 질적연구자들이 양적연구와의 통합을 추구하는 통합방법연구(Mixed Methods Research)도 등장하고 있는 상황에 이르렀다. 이는 최근의 연구방법론의 주요한 경향성을 시사하는 것으로 객관성 및 가치 중립을 토대로 일반화를 강조하는 실증주의적 양적 패러다임과 탈실증주의적 접근을 강조하며 특정한 상황 내에서의 독특한 실재를 파고드는 질적 패러다임의 우위 논쟁 혹은 전쟁은 종식되었으며, 이제는 양자의 매력적인 측면을 인정하면서 어떤 연구방법을 선택하느냐, 어떤 연구방법이 문제를 해결하는 가장 적합한 연구방법인가를 선택하는 것에 더욱 중요성을 부여하는 상황까지 이르렀다고 볼 수 있다(강용원·이현철, 2010: 230).

3. 질적연구와 관련된 서구의 동향

외국은 다양한 분야에서 수많은 질적연구 서적들을 확인할 수 있으며, 대표적으로 교육학 영역에서 방법론적인 발전이 가장 활발하게 이루어지고 있다. 교육학 및 그와 관련성이 높은 영역들을 중심으로 외국의 대표적인 질적연구 이론 서적들 및 Article 자료들을 제시하면 아래와 같다. 이러한 목록은 질적연구와 관련된 주요한 외국의 연구자들도 함께 확인해볼 수 있는 장점을 제시해준다. 아래의 경우 김영천·이현철(2017)이 소개한 자료에서 최근 추가적으로 수행된 작업들을 보완하였다.

Studies in ethnomethodlogy. Garfinkel(1967)
The ethnographic interview. Spradley(1979)
Participant observation. Spradley(1980)
Qualitative evaluation and research methods. Patton(1980)
Qualitative data analysis. Miles and Huberman(1984)
Ethnography and qualitative design in educational research. Goetz and LeCompte (1984)
Case study research: Design and methods. Yin(1984)
Naturalistic inquiry. Guba and Lincoln(1985)
Tale fo the field. Van Maanen(1988)
Basic of qualitative research: Grounded theory procedures. Strauss and Corbin(1990)
Qualitative inquiry in education. Eisner and Peshkin(1990)
Writing up qualitative research. Wolcott(1990)
Writing strategies. Richardson(1990)
Fertile obsession: Validity after poststructalism. Lather(1993)

Narrative Analysis. Riessman(1993)

Handbook of qualitative research. Denzin and Licoln(1995)

Qualitative research design: An interactive approach. Maxwell(1996)

Qualitative Research from Start to Finish(2nd Edition). Merriam(1998)

Validity and qualitative research. Onwuegbuzie(2000)

Educational research: Planing, conducting, and evaluating quantiatative and qualitative research in education. Creswell(2002)

Qualitative research and evaluation methods. Patton(2002)

Qualitative research in practice: Examples for discussion and analysis. Merriam(2002)

Handbook of mixed methods in social and behavioral research. Tashakkori and Teddlie(2003).

Narrative Inquiry: Experience and Story in Qualitative Research. Clandinin and Connelly(2004)

Designing and conducting mixed methods research. Creswell and Plano-Clark(2007)

Foundations of mixed methods research: Integrating quantitative and qualitative techniques in the social and behavioral sciences. Teddlie and Tashakkori(2009)

Qualitative research: A guide to design and implementation. Marriam(2009)

Social Research Methods: Qualitative and Quantitative Approaches(7th Edition). Neuman(2009)

Qualitative inquiry and research design: Choosing among five approaches. Creswell(2012)

Research design: Qualitative, quantitative, and mixed methods approaches(4th Edition). Creswell(2013)

Educational research: Quantitative, qualitative, and mixed Approaches. Johnson and Christensen(2013)

Engaging in narrative inquiry: Developing qualitative inquiry. Clandinin(2013)

Qualitative research & evaluation methods: Integrating theory and practice. Patton (2014)

Research and evaluation in education and psychology. Mertens(2014)

Basics of qualitative research: Techniques and procedures for developing grounded theory. Corbin and Strauss(2014)

Qualitative research from start to finish(2nd Edition). Yin(2015)

Doing qualitative research: The craft of naturalistic inquiry. Beuving and Geert de Vries(2015)

Introduction to qualitative research methods: A guidebook and resource. Taylor and Bogdan(2015)

30 Essential skills for the qualitative researcher. Creswell(2015)

Qualitative research: A guide to design and implementation. Merriam and Tisdell (2015)

Phenomenology of Practice: Meaning-Giving Methods in Phenomenological Research and Writing. van Manen(2016)

The Qualitative Manifesto: A Call to Arms. Denzin(2016)

Qualitative Research: Analyzing Life. Saldana and Omasta(2017)

Case Study Research and Applications: Design and Methods. Yin(2017)

The Good, the Bad, and the Data. Galman(2017)

Writing Qualitatively: The Selected Works of Johnny Saldaña. Saldaña(2018)

Data Analysis In Qualitative research: Practical and theoretical Methodologies with optional use of a software tool. Shkedi(2019)

The SAGE Handbook of Current Developments in Grounded Theory. Bryant and Charmaz(2019)

Qualitative Research Methods: Collecting Evidence, Crafting Analysis, Communicating Impact. Tracy(2019)

Collaborative Qualitative Research, Mulvihill and Swaminathan(2022)

Narrative Portraits in Qualitative Research, Edgar Rodriguez-Dorans(2022)

Qualitative Research in Education and Social Sciences, Hays and Singh(2022)

Data Analysis in Qualitative Research: Theorizing with Abductive Analysis, Timmermans and Tavory(2022)

한편 서구 대학의 교육과정과 학문 후속 세대 양성과정에서 질적연구에 대한 관심과 집중도 확인할 수 있다. 이는 기초적인 교육과정에서부터 질적연구와 관련된 시각과 기술을 학습하는 것이 전제가 되고 있으며, 나아가 학생들이 학문 후속 세대로서 미래의 연구 현장을 이끌어 나감에 있어 요구되는 핵심적 역량으로서 질적연구에 대한 지식을 지향하고 있음을 시사한다. 실제로 주요 연구중심 대학들의 경우 다양한 수준에서 질적연구가 가르쳐지고 있으며, 이는 학생들에게 필수적인 과목으로 제공되고 있다.

오하이오주립대(Ohio State University)에서는 "Qualitative Research in Education: Paradigms, Theories and Exemplars"의 강좌명으로 개설되고 있으며, 특별히 Dr. Lather를 통해 심도 있게 구성되고 있다. 주별 강의 내용은 다음과 같다.

"Qualitative Research in Education: Paradigms, Theories and Exemplars"

Week 1: Background lecture: Education Research and the Uneasy Social Sciences

Week 2: The Troubling History of Education Research

Week 3: Paradigm Talk I in Educational Research

Week 4: Paradigm Talk II in Educational Research

Week 5: Ethics & Politics

Week 6: Fieldwork Experience, Research Design, and Methods

Week 7: Data Analysis and writing the text

Week 8: Questions of Validity

Week 9: Cartographies of Knowledge

Week 10: Finish Cartographies

Week 11: Post-Paradigmatic and Post-Qualitative Futures

Week 12: Reviewing research design and stages of inquiry

Week 13: Student presentation groups. In-class oral course evaluation

이외에도 Dr. Lather는 "Qualitative Research in Education: Methods and Analysis"도 개설하고 있다.

"Qualitative Research in Education: Methods and Analysis"

Week 1: Fieldwork issues and Research Design

Week 2: Observation and interview

Week 3: Using documents and grounded surveys

Week 4: Coding Procedures and Initial and Grounded Theorizing in the "Post-Everything Moment."

Week 5: Data Displays, including tag clouds and reflexivity, credibility, politics and ethics

Week 6: Thinking With Theory

Week 7: Discourse, Document and Visual Analysis

Week 8: Narrative Strategies and Thinking With Theory

Week 9: Writing Up Qualitative Research

Week 10: From Old Technology of Analysis to New

Week 11: More Analysis Workshop

스탠포드대(Stanford University)에서는 "Qualitative Methods in Social Science Research"의 강좌명으로 질적연구가 개설되어 있으며, 주별 강의 내용은 다음과 같다.

"Qualitative Methods in Social Science Research"

Week 1: Research Projects

Week 2: Developing Qualitative Research

Week 3: The Science of Qualitative Interviews

Week 4: Methods for Collecting Empirical Data

Week 5: Preliminary Presentation on Projects

Week 6: Establishing Additional Breadth or Criteria for Soundness

Week 7: Interpretation and Evaluation

Week 8: Field Preparation

Week 9: Social Science Data and Software

Week 10: Problem-Solving Exercise/Final Research Presentation

하버드대(Harvard University)에서는 "Qualitative Social Analysis"의 강좌명으로 개설되어 있으며, 주별 강의 내용은 다음과 같다.

"Qualitative Social Analysis"

❑ Part I: Theoretical Issues and Initial Foray

Week 1: Qualitative Research: Strengths and Weaknesses

Week 2: Theoretical and Methodological Issues in Qualitative Research

Week 3: Observing Behavior in Public Places

❑ Part II: Gathering New Data

Week 4: Defining and Developing a Research Project

Week 5: Ethnography and Fieldwork I- Getting into the Field and Navigating the Ethical Dilemmas

Week 6: Ethnography and Fieldwork II- How to Get the Most out of the Field

Week 7: The Art of the Interview 1- Friendship and Face Work

Week 8: Interviewing 2: Narrative Analysis

❑ Part III: Analyzing Data

Week 9: Grounded Theory, Thematic Analysis and Coding

❑ Part IV: Presenting Research

Week 10: Writing and Presenting Research 1

Week 11: Writing and Presenting Research 2

미시간대(University of Michigan)에서는 "Qualitative Methods in Educational Research"의 강좌명으로 질적연구가 개설되어 있으며, 주별 강의 내용은 다음과 같다.

"Qualitative Methods in Educational Research"

Week 1: Introduction to the Course

Week 2: Approaches to QR

Week 3: Validity

Week 4: Interviewing(1)

Week 5: Interviewing(2)

Week 6: Experiences in the Field

Week 7: Codes & Coding

Week 8: Issues in Data Collection

Week 9: Observations

Week 10: What Does It Mean to Construct A Theory?

Week 11: Analytic Techniques & Writing

Week 12: What Is Excellence in Qualitative Research?

매사추세츠공대(MIT: Massachustts Institute of Technology)에서는 "Qualitative Research: Design and Methods"의 강좌명으로 개설되고 있으며, 주별 강의 내용은 다음과 같다.

"Qualitative Research: Design and Methods"

Week 1: Introduction: Why qualitative research?

Week 2: Philosophy of social science

Week 3: Causation, explanation, and mechanisms

Week 4: Research discover and design

Week 5: Case studies

Week 6: Interviews and documentary evidence

Week 7: Participant observation

Week 8: Survey research

Week 9: Doing fieldwork

Week 10-12: Research proposal presentations

이외에도 주목할 대학은 조지아대(University of Georgia)와 알버타대(University of Alberta)이다. 먼저 조지아대의 사범대학은 질적연구 자격증 제도를 개설하여 운영하고 있으며 질적연구와 관련한 미국내 선도적인 연구와 활동을 해오고 있다. 조지아대는 질적연구를 확산시키기 위하여 대학원 과정에서 질적연구를 매우 강조하고 있으며, 대학원생들의 질적연구자로서의 역량 강화를 위해 다양한 과목을 개설하여 집중적으로 제공하고 있다. 아래의 과목들은 조지아대에서 제공하고 있는 질적연구 과목들이며, 각 과목들에 대한 구체적인 설명과 내용은 조지아대의 Certificate in Interdisciplinary Qualitative Studies 사이트를 참고하기 바란다(http://coe.uga.edu/).

Mixed Methods Approaches to Research

Action Research

Critical Discourse Analysis and Linguistic Ethnography

Video Ethnography in Education

Qualitative Research Traditions

Designing Qualitative Research

Analyzing Qualitative Data

Theories in Qualitative Design

Evaluation Theory

Qualitative Program Evaluation

Interviewing Research,

Narrative Analysis

Case Study Research

Oral History Methods in Social Justice Movements

Fieldwork and Participant Observation

Digital Technology and Qualitative Research

Writing Up Qualitative Research

Interpretive Research with Children

Ethnomethodological and Conversation Analytic Studies

Theoretical Frameworks for Doctoral Studies in the Human Sciences

The Postmodern Turn: Theories and Methods,

Postmodern Qualitative Research

Hermeneutics in Research

Practicing Phenomenological Research

Arts-Based Inquiry in Diverse Learning Communities

Research Ethics in the Professional and Social Sciences

Qualitative Research Writing Workshop

Qualitative Research Methodologies Seminar

또한 알버타대는 International Institute for Qualitative Methodology를 운영하면서 컨퍼런스, 워크숍, 저널 등을 출판하고 있으며, 특별히 질적자료 분석을 위한 훈련 프로그램과 전문적인 논문 작성 및 지도, 다양한 질적연구 관련 자료들을 제공하는 것에 집중하고 있다. International Institute for Qualitative Methodology에 대한 구체적 사항의 경우 다음의 사이트를 참고하기 바란다. International Institute for Qualitative Methodology 사이트: http://www.iiqm.ualberta.ca/

최근 기독교대학 및 신학교 기반의 고등교육기관에서도 방법론에 대한 관심과 질적연구에 대한 활용도를 인식하고 적극적으로 수업과 논문 지도 사항에 적용하고 있는 추세이다. 이와 관련하여 대표적인 그룹이 바이올라대(Biola University)(https://www.biola.edu/)와 고든콘웰신학교(Gordon-Conwell Theological Seminary)(https://www.gordonconwell.edu/)를 확인할 수 있다.

4. 질적연구와 관련된 한국의 동향: 한국의 대표적인 질적연구자들과 질적연구 관련 학술단체

질적연구의 강력한 등장 속에서 국내에서도 질적연구와 관련하여 다양한 수업들이 대학원 과정에 개설되고 있다. 이는 특별히 현재 한국 내 질적연구 학계에서 활발하게 활동하고 있는 학자들이 속한 대학을 중심으로 내실 있게 운영되고 있다. 이들의 경우 전술한 국내에서 출판되고 있는 질적연구 서적들의 저자들과 일맥상통하고 있는데 한국의 대표적인 질적연구 학자들을 교육학 및 관련 전공을 중심으로 살펴보면 다음과 같다. 이들은 현재 질적연구를 통한 학술활동을 활발하게 수행하고 있는 연구자들이다(가나다 순).

강현석(경북대학교)
김대현(부산대학교)
김명찬(인제대학교)
김명희(한양대학교)
김성봉(제주대학교)
김소희(한국교통대학교)
김영순(인하대학교)
김영천(진주교육대학교)
김정숙(한국청소년정책연구원)
김진희(안동대학교)
박세원(대구교육대학교)
박순용(연세대학교)
서근원(대구가톨릭대학교)
서덕희(조선대학교)
성열관(경희대학교)
손민호(인하대학교)
염지숙(건국대학교)
오영범(부산대학교)
윤여각(한국방송통신대학교)
이근호(한국교육과정평가원)
이동성(전주교육대학교)

이용숙(덕성여자대학교)

이정선(광주교육대학교)

이종각(강원대학교)

이철원(연세대학교)

이혁규(청주교육대학교)

이현주(이화여자대학교)

이현철(고신대학교)

전병철(아신대학교)

전영국(순천대학교)

정상원(춘천교육대학교)

정정훈(부산대학교)

조영달(서울대학교)

조용환(서울대학교)

조재성(광주교육대학교)

조흥식(서울대학교)

최의창(서울대학교)

허창수(충남대학교)

홍영숙(중부대학교)

이러한 국내 질적연구의 확산은 학회 창립을 통해 더욱 공고히 이루어지고 있다. 먼저 대표적으로 살펴볼 수 있는 학회는 바로 한국교육인류학회(The Korean Society for the Study of Anthropology of Education)이다. 1997년 창립되어 국내의 질적연구 확산의 초석이었으며, 초기 정련된 질적연구 분위기를 형성시켜주었다. 한국교육인류학회의 활동을 통해 질적연구를 중심으로 학문을 추구하는 다양한 연구자들이 응집될 수 있었으며, 질적연구를 통한 학술 활동의 파급력을 극대화할 수 있었다.

2014년 한국질적탐구학회(Korean Association for Qualitative Inquiry)가 출범하여 질적연구의 다양성과 본질적인 의미에 더욱 충실히 반응하고자 하는 연구자들의 요구에 부응하고 있다. 한국질적탐구학회는 그동안 교육학, 간호 및 보건학, 상담학, 인문학, 종교학 등 다양한 전공 분야에서 활발하게 연구 활동을 하였던 질적연구자들의 뜻이 모여 2014년 11월에 창립되었다. 이 학회의 특징은 현상학, 내러티브 탐구, 근거이론, 자문화기술지 등을 포괄하는 다양한 분야의 연구자들이 자신들의 전공 영역뿐 아니라 간학문적으로 교류하면서 질적연구의 깊이를 더해주고 있다는 것이다. 또한 이러한 성격을 강화하기 위하여 해당 의미를 고려한 학술대회와 워크숍을 실제적으로 개최하고 있다. 2015년 4월 춘계 학술대회에서는 일리노이대(University of Illinois) 교육과정학과 교수를 역임하였던 Klaus Witz 교수를 초청하여 '서구에서의 질적연구동향'을 주제로 기조강연을 하였으며, 다양한 세션에서 논문 발표와 워크숍이 열렸다. 또한 2022년 10월 지속적으로 각 분야의 리딩 그룹 학자들에 의해 학술적인 논의가 이루어지고 있다. 이러한 흐름은 아시아질적탐구학회(Asian Qualitative Inquiry Association)로의 성장으로 이어지고 있다. 이 학회는 2022년 10월 부산에서 국제학술대회를 'Education for Social Responsibility and Qualitative Research in Asia'를 주제로 개최하여 명실공히 아시아 질적연구의 흐름을 주도하는 단체로 성장하고자 노력하고 있다. 한국질적탐구학회는 2024년 4월 20일 창립 10주년 기념학술대회를 성황리에 개최하기도 하였다.

이외에도 한국내러티브교육학회(The Korean Society for Narrative Education)도 2012년 출범되어 활발한 학술활동을 해오고 있으며, 연 2회의 연차 학술대회와 연 4회 이상의 월례회를 추진하고 있다. 특별히 유·초·중등·고등교육 및 다양한 교육장면에서의 내러티브의 이론과 실제를 탐색하는 것에 집중하고 있어 의미가 크다.

이러한 학회들의 출범과 활동은 새로운 학문적 담론과 학문 후속 세대 양성에 크게 이바지하고 있으며, 학계에서의 질적연구를 공유 및 확산시키는데 기여하는 바가 크다.

5. 질적연구와 관련된 실천신학의 안타까운 현실

실천신학 영역의 현실은 전술한 연구방법적인 발전 속도와 연구자들의 학문적 관심을 따라가지 못하고 있는 것이 현실이다. 이는 실천신학 및 기독교교육 영역에서 수행되고 있는 논문 및 서적들의 출판 비율을 통해서도 확인할 수 있다. 물론 최근 이 분야에서 질적연구를 활용한 소수의 논문들이 출판되고 있으나 여전히 그 양적 수준에서는 미흡한 것이 사실이다. 또한 실천신학 및 기독교교육 영역의 대학원에서도 이에 대한 관심을 찾아볼 수 없는 실정이다. 구체적으로 해당 영역의 교육과정과 교수들의 연구 영역의 경우 질적연구를 위한 기본적 상황도 구성되고 있지 못한 실정이다. 이는 다음 세대 실천신학 및 기독교교육을 이끌어 갈 학문 후속 세대들의 연구 역량의 불균형과 심각한 문제를 직감하게 한다.

학술적 연구동향 외에도 현재 한국교계 내 각 교단은 다양한 실태조사의 결과를 근거로 현장성을 추구해나가고 있는데 구체적으로 교단 정책 및 교단 교육정책을 통해 실현해나가고 있다. 하지만 이러한 현장에 기반을 두어야 할 조사·분석이 학문적 연구물로 정련되지 않고 있으며, 단지 보고서 정도의 수준에 머물고 있다는 점이다. 이와 같은 상황에서도 최근에 대한예수교장로회(고신)에서 수행한 연구는 양적연구와 질적연구의 통합적 시도가 나타나고 있어 매우 환영할 만하다(해당 사항의 경우 이현철의 총회 보고 자료들을 참고하라). 다만 그 접근의 다양성과 연구방법들이 제한되어 있으며, 질적연구를 핵심연구 접근법으로 작업을 진행하지 못하였다는 것이 아쉬운 점으로 남는다.

이러한 상황은 자연스럽게 '우리의 연구가 과연 현장지향적 접근을 하고 있는가'와 그동안 수행된 학문적인 담론과 연구들이 '현장지향적으로 수행된 것이 맞는가'에 대한 의문을 가지게 하는 것이다. 그동안 우리는 우리의 연구 현장과 교회를 정확하게 분석하여 왔는가? 자신있게 Yes라고 답하기가 쉽지 않다.

제2부

질적연구의 이해: 방법

제 2 장

질적연구의 개념과 특징

1. 양적연구의 한계

현상에 대한 탐구 방식은 어떠한 연구방법과 패러다임을 선정하는가에 따라 상당한 차이를 보여준다. 양적연구의 탐구 방식은 연역적·실증적·계량적 접근을 기본으로 현상에 대한 객관화와 일반화를 추구해나간다. 양적연구의 이러한 측면은 연구 현상에 대하여 인과관계, 예측 등과 같은 설명을 제안하기 위함이며, 현상에 대한 사실을 데이터에 기반하여 보여주고자 함이다. 이러한 양적연구의 탐구 방식은 매우 효과적이며, 경제적이라 할 수 있다. 왜냐하면 우리가 살아가고 있는 거대하고 복잡한 사회와 현상에 대한 설명을 표집을 바탕으로 효과적·경제적으로 수행해줄 수 있기 때문이다.

상상해보라. 특정한 현상을 구성하는 그 많은 사람들을 어떻게 완벽하게 조사에 참여시킬 수 있으며, 어떻게 동의를 얻어가며 연구할 수 있겠는가! 불가능한 것이다. 그러나 양적연구는 특정한 현상을 구성하는 많은 사람들의 일부를 대표성있게 표집하여 그들의 인식과 경향성을 체계적으로 설명하고 분석하여 현상과 관련된 유의미한 설명들을 제안하는 것이다. 이러한 양적연구의 가치들을 고려할 때 양적연구는 연구자에게 강력한 도구이며, 매력적인 무기이다. 그럼에도 양적연구는 몇 가지 부분에서 명확한 한계를 가지고 있으며, 그 한계성을 바탕으로 아래와 같은 질문들을 받기도 한다.

첫째, 양적연구는 진정 현상을 반영하고 있는가?

양적연구에서 상정하는 연구문제들은 연구자의 가설과 도구에 따른 측정으로 이루어지며, 그 체제 안에서 조작적 정의로 구성된다. 문제는 그렇게 설정된 사항들이 진정으로 현상의 구성원들과 맥락을 온전하게 반영하고 있는가 하는 것이다. 예를 들어 설문조사가 수행될 때 연구참여자들은 연구자가 제시하는 설문문항에 대한 응답을 하게 되고, 그 문항의 범위와 답변들 속에서 자신의 인식을 제한하여 제시하게 된다. 이때 연구참여자들은 연구자가 설정한 체제 속에서 자신의 답변을 구성하여 그 의미를 제안하게 되어져 있는 것이다. 만약 연구자가 설정한 체제가 연구참여자들이 직면하고 인식하는 현상에 대하여 충분하게 담아내고 있지 못하다면 자신의 인식과 일정한 차이를 보이고 있는 그 내용에 불완전한 답변을 줄 수밖에 없을 것이다. 연구참여자가 답변한 그 불완전한 답변을 토대로 연구자는 분석을 수행하고, 그 결과를 바탕으로 해당 현상에 대한 의미들을 제시하려 할 것이다. 물론 연구자의 문항 개발 과정이 신뢰성과 타당성을 바탕으로 구성되어질 것이지만 연구 현장에 대한 연구참여자의 인식을 완벽하게 담아내고, 그것을 바탕으로 현상을 온전하게 설명한다는 것은 불가능할 것이다. 이러한 맥락은 결국 양적연구가 제시하는 연구결과가 오히려 추상적이며, 독자들로 하여금 '통계적으로 유의미한 차이'가 의미하는 것이 무엇인가에 대한 답답함만을 주게 되는 것이다. 더욱이 진정 연구자와 독자들이 알고 싶어 하는 그 통계적 유의미와 무의미가 어떠한 맥락과 과정 속에서 이루어지는가에 대한 어떠한 결과도 알려주지 않기에 현상에 대한 추상성은 더욱 커지고, 현상에 대한 모호함만이 남고 있는 상황이다.

둘째, 양적연구는 진정 현상을 통제하고 있는가?

양적연구에서는 수많은 변수들을 완벽하게 통제하는 것을 불가능한 사항으로 전제하고 있다. 현상과 관련하여 수많은 변수들을 통제하는 것은 불가능할 뿐 아니라 그것을 시도하는 것 자체가 어리석은 것임을 인식하고 있다. 예를 들어 교회에 대한 성도들의 만족도를 결정하는 요인들에는 수많은 요소들이 영향을 줄 것이다. 담임목사의 설교에서부터 시작하여 교회 내 인간관계, 교회학교, 교회 시설, 프로그램, 기관 활동, 찬양단과 성가대 등등 도대체 그 수많은 요소들을 어떻게 통제하여 만족도를 측정할 것인가, 아니 그렇게 통제하여 측정하는 것이 가능은 한 것인가. 만약 그것이 가능하다면 그 설문지는 아마도 상당한 두께의 분량이 될 것이며, 설문지에 응답하는 이들은 당장 짜증부터 낼 것이다. 양적연구는 현상을 완벽하게 통제할 수 없다. 실험연구라 할지라도 완벽한 통제는 현실적으로 불가능하다. 더욱이 우리가 연구하고자 하는 교회는 다양한 수준의 변수들이 혼합되어 존재하기에 현상과 관련된 변수들의 통제는 불가능할 것이다. 이는 자연스럽게 연구의 설명력과 종속변수에 영향을 주는 요인들과 관련되어진다. 즉 다양한 변수들을 온전하게 통제하지 못한다는 것은 종속변수로 설정하고 있는 특정한 개념에 영향을 줄 수 있는 여지를 제공한다는 의미를 지니기 때문이다.

셋째, 양적연구의 분석방법들은 진정 아무런 문제가 없는가?

양적연구에서는 기술통계, 빈도분석, 평균분석, 변량분석, 상관분석, 요인분석, 회귀분석, 판별분석, 군집분석 등이 있으며, 최근에는 구조방정식모형 분석, 잠재성장모형 분석, 위계적선형모형 분석, 경향점수매칭모형 분석 등 다양한 분석을 시도할 수 있는 접근법들도 소개되고 있어 연구 현장을 과학적으로 탐색할 수 있는 장을 제공하고 있다. 이러한 분석방법들은 기존 접근법들의 한계들을 극복하면서 더욱 발전하고 있으며, 지금도 새로운 분석방법들이 개발되고 소개되고 있는 추세이다. 하지만 해당 사항들이 가지는 방법론적 한계들이 존재하고 있으며, 이는 현상에 대한 해석에 있어 주의가 필요함을 항상 견지하게끔 하고 있다. 예를 들어 일반 회귀분석이 제시하는 분석결과의 한계로 위계적선형모형이 요청되고 있다. 그런데 위계적선형모형 역시 현상에 대한 빈틈없는 설명을 줄 수 있는 분석방법인가 하는 것에 대해 그 누가 '그렇다'라고 할 수 있겠는가 하는 것이다.

2. 질적연구의 탐구 방식

질적연구의 탐구 방식은 양적연구의 연역적·실증적·계량적 접근과는 다르다. 연구 현상에 대하여 기본적으로 일반화를 최우선으로 삼지도 않는다. 질적연구에서는 연구 현장의 맥락을 존중하며, 탐색적이며, 주관적으로 그 현상의 의미의 본질로 나아가고자 노력한다. 이때 연구자는 질적연구를 수행하는 도구로서 자신의 경험, 신념, 배경, 감정과의 역동을 연구에 담아낸다. 질적연구는 양적연구와는 상이한 패러다임과 인식론 속에서 현상 자체를 양적연구와는 달리 해석한다. 측정 가능한 현상이 아닌 복잡하고, 얽혀 있고, 맥락적이며, 상대적인 현상의 실재가 무엇인가를 추적하는데 좀 더 높은 가치를 둔다. 그러므로 질적연구는 현상을 이해하고자 하며, 귀납적 과정을 통하여 그것의 '본질을 있는 그대로 왜곡 없이 드러내'고자 한다. 그리고 '내부자의 시선과 관점'으로 그 본질을 탐색하여 현상의 의미가 진정 무엇인가를 이해할 수 있도록 만들어 준다. 〈표 2-1〉은 연구와 관련된 질적연구와 양적연구의 주요 개념 비교이며, 해당 사항은 질적연구의 접근방식을 더욱 분명하게 알려 줄 것이다.

〈표 2-1〉 질적연구와 양적연구의 비교

구분	질적연구	양적연구
현상 인식	주관적, 귀납적	객관적, 연역적
연구 목적	본질 도출, 이해, 기술, 경험	일반화, 인과관계, 예측, 통제, 확인
연구 설계	귀납적, 유연성, 확장	연역적, 구조적, 통제적
연구 표집	소수, 목적적, 인간중심	무선표집, 대규모
자료 수집	FGI, 심층면담, 참여관찰, 필드노트, 촬영, 녹음	설문조사, 척도, 실험
자료 분석	개념 분석, 코딩화	통계분석
자료 결과	이해, 전체, 발견, 해석	정확, 엄밀함, 축소, 일반화, 예측, 인과관계, 설명
자료 표현	서술적	숫자, 데이터

질적연구는 현상의 인식에 있어서나, 연구 목적, 설계, 표집에 있어서나, 자료 수집, 분석, 결과, 표현에 있어서 기본적으로 양적연구의 전제들과는 차이를 보인다. 이는 질적연구의 탐구 방식이 어떠한 것인가를 명확하게 보여주는 내용이다.

3. 질적연구의 특징

1) 삶과 현장 중심

질적연구는 우리의 삶과 현장을 대상으로 실제적 연구를 수행하게 한다. 추상적인 연구 주제와 한 번도 만나보지 못한 인물에 대한 연구가 아닌 나와 동료들 그리고 연구참여자들이 한국교회와 관련하여 직접 경험하고 있는 딜레마, 갈등, 슬픔, 기쁨 등이 무엇이고, 그것이 어떠한 사역 현장의 맥락 속에서 이루어지는가에 집중한다. 또한 그 현장에서 삶을 구현하고 있는 그들과 연구자는 직접 호흡하면서 연구가 수행되어진다. 이러한 삶과 현장지향성을 위해서 연구자는 심층면담과 현장관찰을 적용하고, 장기간의 현장작업이 수행된다. 연구자는 책으로만 혹은 자신의 연구실에서만 씨름하는 것에서 벗어나 직접적으로 문제를 다루고, 그 문제와 관련된 현장의 중심에서 연구를 수행하는 것이다. 이러한 삶과 현장 중심의 접근은 생생한 현장의 목소리를 전달하여, 현상에 대한 본질적 의미가 무엇인가를 이해하게끔 한다.

2) 관계 중심

질적연구는 심층적인 대화와 현장 관찰을 기본으로 수행되기에 연구참여자와의 관계성은 연구의 성공과 실패를 좌우하는 핵심적 사항이다. 연구자가 연구참여자들과 심리적 공감대를 형성하며 인격적 관계를 형성해나가는 것은 연구의 전 과정에서 중요한 요인이 된다. 연구참여자들은 연구 주제와 현상에 대하여 개인적인 경험과 생각들을 상당한 부담감으로 가지게 마련이다. 더욱이 자신의 생애와 관련된 연구일 경우 더욱더 민감해질 것이다. 이럴 때 연구참여자들은 연구자에 대한 신뢰성과 관계성을 바탕으로 자신의 마음의 문을 열어주며, 연구자로 하여금 자신의 삶의 이야기를 허락해준다. 연구자는 최대한 연구참여자들과 그들의 현장에 다가갈 필요가 있다. 그 과정에서 '거리감이 있는 연구자' 로서 경계심을 넘어 자신의 상황을 공감하고 대변해 줄 수 있는 '한 사람'이 되도록 노력해야 한다.

3) 미시적 접근

질적연구는 현상에 대하여 거시적인 접근과 대규모의 분석을 추구하지 않는다. 오히려 미시적 접근을 통해 개인과 집단 개체가 가지고 있는 조각들과 의미들에 집중한다. 특정한 사례와 극단적인 연구참여자의 수—예를 들어 1명의 연구참여자일지라도 문제가 없다. 다만 그 현상을 가장 잘 대변할 수 있는 존재이어야 할 것이다—도 가능하다. 거시적 접근 속에서 보이지 않던 개인과 집단 내 딜레마나 갈등들을 파헤쳐나가며, 구성원들의 미세한 움직임을 포착하여 해석해나간다. 이는 연구자에게 미시적 연구 호흡과 관점을 요구하는 것으로서 대규모의 조사와 경향을 파악하고자 하는 문제 의식과는 그 분석적 차원이 다른 것이다. 연구자의 미시적 접근을 통해 현상에 대하여 기존 연구에서 밝혀내지 못한 다른 결과와 맥락이 도출될 수 있으며, 이는 해당 분야에서의 새로운 이론과 발견의 장으로 나아가게 하는 추진력이 될 것이다.

4) 순환적 · 나선형적 연구과정

질적연구의 연구과정은 순환적이며 나선형적이다. 질적연구에서 연구의 흐름은 연구자와 연구 현장 간의 역동적인 상호작용으로 수행되어진다. 연구자가 가지고 있었던 문제 의식과 접근계획이 실제 연구 현장과 조우했을 때 계획과는 전혀 다른 경우도 있을 것이며, 이는 다시금 연구자의 문제 의식과 접근계획의 수정을 요청한다. 그리고 그러한 반복적인 수정은 실패가 아니라 그 과정을 통해 연구자는 연구 현장에 대한 이해도가 증진되고, 연구 현장의 본질적 차원으로 더욱 접근하는 계기가 된다. 해당 과정은 연구의 초기, 중기, 말기의 모든 과정에서 지속적으로 나타나며, 그 속에서 연구자의 인식 변화도 동반된다. 이는 질적연구의 매우 자연스러운 순환적·나선형적 연구과정으로서 연구자는 이를 즐겁게 여기고, 이 자체를 두려움없이 받아들여야 할 것이다. 만약 순환적·나선형적 연구과정이 양적연구에서 이루어졌다면 이는 가설의 수정이요, 설문지의 수정이요, 분석방법의 수정을 의미함으로 직선적인 양적연구의 과정 속에서는 전혀 다른 연구로서 연구의 실패와 본질적인 연구방향의 변경으로 이해되어질 수 있을 것이다.

5) 연구자의 역할과 위치

질적연구에서의 연구자의 역할은 매우 중요하며, 연구자의 역량에 따라 연구 전반의 흐름이 달라질 수 있다. 연구자는 문제 의식을 포착하기도 하며, 포착된 문제 의식을 해결하기 위해 자료를 수집하고 어떤 경우에는 본인이 연구 자료가 되기도 한다. 또한 연구자는 수집된 자료를 본인이 분석하고, 해석하여 현상에 대한 의미들을 기술하기도 한다. 이는 질적연구에서 연구자의 위치와 역할이 어떠한가를 보여주는 내용들인데, 연구의 전 과정에서 연구자가 중심이 되어 존재하고 있음을 의미하는 것이다. 누군가 혹은 특정한 프로그램이 대신하여 해줄 수 없는 연구의 과정들을 의미하는 것이며, 연구자의 직접적 활동에 의한 연구 과정을 보여주는 것이다. 특별히 해당 과정 속에서 연구자 자신의 신념, 경험, 지식, 감정들도 작용하여 결과물들에 영향을 주기도 한다. 실제로 연구자는 스스로 연구 현장의 의미들을 재구성하여 기존에 밝혀지지 않았던 의미들을 제시하고, 새로운 의미들을 탄생시키는 역할을 주도적으로 수행해나간다.

6) 내부자들의 시선

질적연구는 연구 주제와 직접적으로 관련된 연구참여자들의 독특한 시선을 중요시한다. 외부자들이 알 수 없는 그 현상에 대한 의미와 내용들을 내부자들의 시선과 관점으로 해석하고 이해하고자 하는 것이다. 이는 '상식적으로 다가오는 현상에 대한 의미'가 내부자들에게는 전혀 '다른 의미'로 구성되어질 수 있음을 전제하는 것이다. 연구자는 현상에 대한 고정관념 없이 내부자들이 이해하는 방식과 이해 수준 그대로를 경험하고자 하는 것이다. 이 과정에서 연구자는 최대한 내부자 및 연구참여자들의 시각을 존중하며, 그것이 훼손되지 않도록 노력하며, 그들의 관점을 바탕으로 분석과 해석에 집중한다. 이를 통해 연구자는 사실에 대한 일반적 기술과 소개가 아니라 연구 주제와 현상과 관련된 맥락적인 내부자들의 인식을 심층적으로 기술할 수 있을 것이다.

7) 새로운 글쓰기 및 자료표현 스타일

질적연구는 양적연구의 정형화된 글쓰기와 자료 표현 방식을 선호하지 않는다. 이는 학술적 글쓰기를 반대한다는 것이 아니라 현상의 실재를 가장 효과적으로 드러내 줄 수 있는 글쓰기 방식이 있다면 그것을 창의적으로 선택하고 활용할 수 있다는 의미이다. 주지하고 있듯이 질적연구를 통하여 우리의 삶과 현상의 내면적이고, 심층적인 사항들이 도출될 수 있다. 문제는 기존의 학술적 글쓰기 양식으로는 그것을 충분하게 표현하는 것에 한계가 있다는 것이다. 과연 실증적 글쓰기를 통한 현상에 대한 기술들이 얼마나 복잡한 의미들을 담아낼 수 있는가 하는 것이다. 즉 숫자를 바탕으로 객관적 글쓰기가 우리가 경험하고 있는 내면적 사항들을 온전하게 표현하기 쉽지 않다는 것이다. 이는 자연스럽게 복잡한 세계와 감정들을 표현할 수 있는 풍성한 도구들과 형식들이 필요하고, 현장 연구자들로부터 강하게 요청된다는 것이다. 실제로 이러한 방식은 최근 질적연구에서 각광받고 있는데 소설적 접근, 희곡적 접근, 시적 접근 등에 대하여 연구자들이 열광하고 있으며, 연구참여자들과의 대화, 그들의 일상 언어, 상징 문구 등이 그대로 연구에 표현되어 현상에 대한 의미들이 재구성되고 있다.

8) 연구자의 성숙과 변화

질적연구를 통해 연구자는 자기성장과 변화를 경험할 수 있다. 연구 주제와 현상에 대하여 자신이 가지고 있었던 고정관념과 인식의 변화에서부터 자신이 경험해보지 못한 상황과 시대를 연구참여자의 삶을 통해 경험함으로써 자신의 경험적 세계와 인식이 확장되어져 가는 것이다. 나는 한국교회에 대한 연구들을 수행해오면서 수많은 목회자와 성도들을 만났으며, 그분들이 전해주신 놀라운 이야기들은 삶의 지식과 경험들을 확장시켜주었다. "내가 가지고 있었던 현상에 대한 이해가 얼마나 편협하였던 것인가, 내가 이해하고 있었던 현상에 대한 측면들이 얼마나 왜곡된 것이었는가" 등 수많은 연구들 속에서 '연구자로서 나, 이현철' 이전에 '한 사람의 그리스도인으로서 나, 이현철'으로 자신을 돌아볼 수 있도록 하였으며, 은혜, 감사, 부끄러움, 안도, 두려움, 겸손 등 수많은 단어들을 실제적으로 경험하게 해주었다. 질적연구의 과정은 연구자가 '완전한 존재'임을 전제하고 연구하는 것이 절대 아니며, '불완전한 존재'로서 자신의 한계와 제한성을 인식하고 겸손한 자세로 연구 현장에 들어가야 할 것이다. 이 과정에서 연구자는 연구 초기에 자신이 가졌던 인식과 태도와는 다른 모습을 연구 말기에 확인할 수 있을 것이다.

4. 질적연구 활용 시 유념해야 할 사항

교회 현장을 위한 기독 연구자들은 항상 삼위하나님의 인도와 조명하심을 구하며, 겸손하게 연구 현장에 들어가야 한다. 교회 현장 연구를 위한 질적연구 활용 시 이 부분은 더욱 강조될 필요가 있다. 질적연구가 가지고 있는 핵심적 전제와 내용들이 무엇인가를 확인하고, 분별하는 것이 필요하기 때문이다. 해당 사항들은 연구자들이 교회 현장 연구에서 질적연구라는 '유용한 도구'를 적절하게 활용할 수 있도록 해줄 것이며, 그것의 기본적 역할과 한계성을 설정하는 것에도 도움을 줄 수 있다.

첫째, 질적연구가 포스트모더니즘의 맥락 속에서 이해되어지며, 그 영향을 받고 있음을 유념할 필요가 있다. 포스트모더니즘이 가지고 있는 상대성은 질적연구에서 현상을 이해하는 주요한 틀이 되고 있다. 특정한 현상이 어떤 이에게는 갈등이지만, 다른 어떤 이에게는 정반대의 가치로 다가갈 수 있는데, 질적연구에서는 각 인식의 차이와 상대성을 자연스럽게 받아들이고 오히려 적극적으로 인정하고 있다. 이는 절대적인 진리와 가치에 대한 설명을 제공함에 있어 질적연구가 구조적 한계가 있음을 의미하는 것으로 이를 분명하게 인식하고 유념하여 활용할 필요가 있다. 더불어 현상에 대한 '정답과도 같은 설명'보다는 '현상, 그 자체에 대한 이해'에 초점을 맞추고 있음을 유념해야 한다. 즉 질적연구를 통해 연구자들은 일반화할 수 없는 그 현상 자체에 대한 의미를 드러내주는 것에 더욱 가치를 둔다는 것을 기억할 필요가 있는 것이다. 교회 현장과 관련된 연구 영역에 질적연구를 적용하고자 하는 연구자들은 이들 접근에 대한 명확한 한계를 설정할 필요가 있으며, 연구 주제 선정에 있어서도 유념할 필요가 있다.

둘째, 질적연구가 연구자의 주관성에 기반을 두어 이루어지고 있음을 유념할 필요가 있다. 질적연구에서 연구자는 본질적으로 '연구도구' 그 자체이다. 자신의 주관성에 기인하여 연구 주제를 선정하고, 주관성에 기인하여 연구현상을 분석 및 해석하고, 주관성에 기인하여 연구현상을 표현한다. 연구의 전 과정을 누군가 혹은 어떤 프로그램이 대신해주는 것이 아니라 연구자 스스로 모든 것을 감당한다. 그러므로 질적연구는 연구자가 가지고 있는 신념, 배경, 지식, 감정에 지대하게 영향을 받으며, 그것을 완벽하게 통제하는 것이 불가능하다. 물론 질적연구의 타당도 절차를 통하여 편협한 연구자의 인식과 분석 사항들이 정련되게 조정되지만 기본적으로 연구자의 '연구도구' 로서의 가치는 변하지 않으며, 연구자의 주관성에 기반한 해석적 틀은 연구 전반에 걸쳐 영향을 준다. 그러므로 교회 현장 연구를 위한 질적연구 활용 시 연구자들은 반드시 연구자의 한계성과 연약함을 인정하고 연구를 수행해야 한다.

셋째, 질적연구가 구성주의적 인식 속에서 발전하였음을 유념할 필요가 있다. 질적연구에서의 해석과 접근은 인식하는 이에 의해 새롭게 구성되며, 재조정되며, 변화할 수 있다는 전제를 가지고 있다. 이것은 전술한 연구자의 주관성과도 맞닿아 있는 부분으로서 본질적 현상에 대한 실재와 진리는 그것을 인식하는 주체에 의해 구성되어짐을 전제하고 있다는 것이다. 이는 보편타당한 현상과 내용에 대한 비판적 인식을 지향하는 것으로 표현될 수 있으며, 이에 대한 철저한 문제 의식과 한계점을 인식하고 질적연구를 활용할 필요가 있다.

넷째, 질적연구가 비판적 패러다임과 철학 속에서 발전하였음을 유념할 필요가 있다. 기본적으로 질적연구는 양적연구가 제시하였던 결과와 내용들에 대하여 비판적 입장을 취하고 있으며, 거시적 차원의 보편타당한 결과에 대하여 거부감을 가지고 있다. 이는 질적연구가 지닌 핵심적 관점과 입장인데, 이는 질적연구가 시대적으로 요청되는 필요성이기도 하다. 즉 거시적 관점과 실증적 접근에서 확인 혹은 설명될 수 없는 의미와 가치들이 질적연구를 통해 도출될 수 있기 때문이다. 이와 관련하여 질적연구는 비판적 시각을 바탕으로 최근 세부적인 전통들과 방법들을 발전시켰는데, 비판적·해체적 질적연구가 대표적이라 할 수 있다. 이를 바탕으로 인종, 계급, 성별과 같은 요소들을 제약으로 여기고 이를 극복하고자 비판적 연구들을 수행해나가는 것이다. 또한 이러한 맥락에서 성 정체성, 페미니스트, 장애 등과 관련된 연구들도 시도하며 확장하고 있다. 하지만 교회 현장과 관련된 연구 영역에 질적연구를 적용하고자 하는 연구자들은 이들 접근에 대한 명확한 한계를 설정할 필요가 있으며, 비본질적 차원에 대한 비판만을 위한 비판으로서 질적연구의 접근법을 활용해서는 안 될 것이다. 오히려 거시적 관점과 실증적 접근에서 설명될 수 없는 의미와 가치들을 밝혀내는 것에 집중하여 질적연구를 활용해야 할 것이다. 이를 통해 교회의 성장과 발전을 위한 생산적 비판을 위한 기초자료가 도출될 수 있을 것이며, 교회 현장을 더욱 건강하게 세우는데 기여할 수 있을 것이다.

연구자들은 교회 현장 연구를 수행함에 있어 질적연구와 관련된 위의 사항들을 분명하게 인식하고 이를 조심스럽게 다룰 필요가 있다. 연구자들은 질적연구를 '유용한 도구' 로서 활용하되 좀 더 생생하게 교회를 분석하고 연구하여 온전히 교회가 교회다울 수 있도록 돕는 것에 집중해야 할 것이다. 실제로 교회 현장을 연구하는 대부분의 학자들과 연구자들은 신실한 그리스도인일 것이다. 그들은 절대적 진리로서 하나님의 정확무오한 말씀에 근거하여 삶과 현상을 이해할 것이며, 하나님의 말씀이 유일한 삶의 표준이요 기준으로 살아가는 이들일 것이다. 그러므로 철저한 신앙고백과 성경적 세계관에 더하여 질적연구라는 도구를 활용해야 할 것이며, 그 과정에서 질적연구의 역할을 명확하게 제한할 필요가 있을 것이다. 신앙고백과 성경적 세계관을 벗어나는 질적연구의 접근법과 해석 방식은 철저하게 구분되어야 할 것이다. 이러한 인식을 연구자가 명확하게 가지고, 겸손히 질적연구를 활용할 때 교회 현장 연구를 위한 안정감 있는 질적연구의 적용이 이루어질 것이다.

이와 관련하여 학계는 기독교 학문 후속 세대들을 위한 체계적인 질적연구 훈련과정이 요청된다. 나는 석사 및 박사 과정 학생들을 위한 연구방법론 수업을 공통필수 과정으로 개설하고 있으며, 해당 수업들을 직접 강의하고 있다. 해당 수업은 1학기와 2학기로 구성되어 1년 동안 '연구방법론 1: 양적연구'와 '연구방법론 2: 질적연구'로 개설되고, 매년 모든 일반대학원 학생들에게 개설되고 있다.

해당 수업을 통하여 대학원생들은 주요 연구방법들과 전통들의 존재론 및 인식론이 무엇인가를 학습하고, 각 연구방법들과 전통들에서는 어떻게 자료를 수집하고 분석되는지, 그리고 논문과 보고서로서는 어떻게 표현되는지를 정련된 수준에서 학습한다. 그리고 모든 수업의 과정은 '워크숍' 형태로 진행되어 대학원생들이 모든 방법론들을 직접 수행하고 자료를 분석할 수 있도록 지도하고 있다. 이를 통해 대학원생들은 질적연구·양적연구·통합 연구 등 각 연구방법들이 가지고 있는 장점과 약점을 철저한 기독교적 관점에서 파악하고, 교회 현장 연구를 위해 적용할 수 있는 범위와 내용들을 체계적으로 학습하고 있다.

이는 단순히 기술적 측면만을 학습하는 것이 아니라 신학적 이슈와 방법론이 가진 한계성까지 살펴봄으로써 연구자가 연구방법론의 철학과 인식론에 '함몰'되는 것이 아니라 그것들을 주도적으로 다루면서 각 연구방법론 '위에서' 주체적으로 활용할 수 있는 역량을 기르도록 하는데 목적을 두고 진행되고 있다.

제 3 장

대표적인 질적연구의 전통들

이 장에서는 김영천·이현철의『질적연구: 열다섯 가지 접근』내 각 전통들의 내용을 중심으로 요약 및 보완하여 기술하였다. 좀 더 자세한 사항의 경우 해당 자료를 참고하기 바란다.

1. 문화기술지

문화기술지(ethnography)는 사회집단과 공동체들의 일상적 세계들을 이해하고 기술하는 연구방법이다. 이는 19~20세기 초 인류학과 사회학에서 출발한 지적 전통으로서 다양한 질적연구 중에서 가장 오래되고 가장 일반적인 개념으로 사용되고 있다. 초창기에는 문화기술지가 질적연구이고 질적연구가 문화기술지라고 인식되었으며, 최근에도 다양한 질적연구의 전통에서 '문화기술지'라는 표현은 보편적으로 활용되고 있다. 그만큼 문화기술지는 그 태동 이래 연구 영역과 탐구 방향이 다양하게 발전되고 확대되어 왔다. 더불어 문화기술지가 인류학, 사회학을 넘어 간호학, 경영학, 교육학 등 다양하고 많은 영역에서 질적연구의 확산에 기여하고 있으므로 질적연구자는 문화기술지의 이론과 방법적 동향에 대해 폭넓게 이해할 필요가 있다. 문화기술지에 대한 역사적 이해를 하려면 우선적으로 문화에 대한 개념적 고찰이 선행되어야 한다.

문화기술지는 단어 자체만 보더라도 문화와 관련된 것임을 알 수 있다. 어원에 비춰 본다면, 문화기술지(ethnography)에서 'ethno'는 그리스어로 사람, 인종, 문화적 집단을 말하며, 문화기술지는 사람 혹은 집단의 '문화'를 기술하는 것을 뜻한다. 이러한 '문화'는 인류학의 핵심개념으로서 문화기술지를 이해하는 데 필수적 개념이 된다. 문화기술지에서 핵심적으로 문화는 두 가지 분석 수준에서 다루어질 수 있는데 총체적 접근과 해석적 접근으로 나눌 수 있다. 총체적 접근으로는 '공유된 생활양식과 사고방식의 총체'로서의 문화의 개념이며, 문화와 행위자의 분리를 특징으로 자율적 체계로서의 문화를 상정한다. 대표적 학자는 타일러, 구디너프, 말리노브스키, 마가렛 미드, 루스 베네딕트, 마빈 해리스, 로이 라파포트, 보아스 등이다. 해석적 접근은 '상징과 의미의 체계'로서의 문화의 개념이며 문화에 대한 행위자의 능동성을 특징으로 구성된다.

2. 현상학적 질적연구

현상학적(phenomenological) 질적연구는 다른 질적연구의 전통과는 달리 현상학이라는 철학적 사조에 기반을 두고 현상학의 주요한 방법들을 차용하고 있다. 그러나 현상학적 질적연구의 기반이 되는 현상학이라는 철학 사조 자체가 이해하기 쉽지 않고 현상학 자체가 후설(Husserl)에 의해 정초된 이후 하이데거(Heidegger), 메를로-퐁티(Merleau-Ponty), 사르트르(Sartre) 등 많은 현상학과 관련된 철학자들 사이에서 여러 형태로 발전해 왔기 때문에 그 전체를 소개하는 일은 어렵다. 그럼에도 불구하고 현상학적 질적연구가 무엇인가를 요약한다면 다음과 같다. 즉 현상학적 질적 연구란 인간의 체험을 있는 그대로 살펴보고, 그 체험을 바로 그 체험이게 만드는 본질적 구성요소를 파악하여 이를 분명하게 기술하고 이를 통해 체험의 본질을 탐구하는 것이라 할 수 있다.

이러한 현상학적 질적연구의 주요 이론적 개념을 살펴보면 첫째, 지향성(intentionality)이다. 이는 대상을 향한 자의 의식적 관계를 말한다(이남인, 2004: 62). 우리는 의식 활동을 할 때 항상 '무엇에 대한' 의식 활동을 한다. 즉 우리의 지각, 느낌, 사고는 반드시 어떠한 대상에 관한 것이다. '빛이 밝다'고 느끼지 '밝다'고 느끼지 않는다. '누군가의 죽음에 슬퍼' 하지 단지 '슬퍼하지' 않는다. 이처럼 우리의 의식은 항상 어떤 것을 향해 있다. 의식의 이러한 성질이 지향성인 것이다. 둘째, 체험(lived experience)이다. 이는 경험의 특수한 유형으로 우리가 겪고 인식하는 대로의 경험을 의미한다. 체험의 가장 기본적 형식에는 직접적, 반성적 생활 의식이 있다. 즉 의식이기는 하지만 그것을 의식하지 못하는 형태로 주어진 의식이 있다. 이러한 체험은 그 순간의 현현에서는 포착할 수 없고 지나간 후 단지 반성적으로만 포착할 수 있는 것이다. 따라서 체험의 의미는 항상 지나간 어떤 것에 대한 것이다. 이러한 체험은 현상학적 연구의 출발점이자 종착점으로 볼 수 있다(van Maanen, 1990: 56-61). 셋째는 현상학적 환원(phenomenological reduction), 에포케(epoche), 괄호치기(bracketing)이다. 현상학적 환원은 어떠한 대상을 바라보는 데 있어서 우리의 판단에 영향을 미칠 수 있는 일체의 선입견에 대해 판단을 보류하는 것을 말하며, 에포케는 후설이 가정으로부터의 해방, 판단정지의 개념을 나타내기 위해 사용한 그리스어로서 멀리 떨어뜨려 놓음 혹은 억누름을 뜻한다. 즉 긍정 혹은 부정에 대한 판단 자체를 보류하는 것이다. 괄호치기는 판단중지를 위해 우리가 가진 모든 믿음을 괄호 안에 집어넣는 것을 의미한다. 우리가 우리의 믿음으로부터 벗어나기 위해 할 수 있는 일은 우리의 그러한 믿음을 밝히고 그것을 괄호 속에 묶어둠으로써 그것이 우리가 취할 수 있는 여타의 태도에 영향을 미치지 않도록 하는 것이다. 넷째, 이미지의 다양한 변화와 직관을 통한 본질 인식이다. 이는 우리가 연구의 대상이 되는 체험의 다양한 모습을 다양한 방법으로 살펴보는 것을 의미한다. 그리고 직관을 통한 본질 인식이란 이러한 이미지의 다양한 변화를 살펴보며 그 속에 내재한 본질을 직관적으로 파악하는 과정을 의미한다. 다섯째, 의미와 본질의 합성이다. 의미와 본질의 합성은 현상학적 방법을 통해 체험을 분석한 후 그것을 글로 나타내는 것을 의미한다. 이는 현상학적 탐구의 마지막 단계이자 근본적이고, 조직적이고, 구조적인 기술을 직관적으로 합성하여 전체로서의 체험 현상의 본질에 대한 통합된 진술을 도출하는 단계이다(Moustakas, 1994: 100-101). 현상학적 질적연구의 탐구 절차 및 자료 분석의 절차는 Moustakas, van Maanen, Creswell, Giorgi, Colaizzi, van Kaam 등 다양한 학자들에 의해 제안되고 있다.

3. 근거이론

근거이론은 데이터에 근거해 현상을 설명하는 이론을 추출하기 위한 질적연구방법이다. 이러한 근거이론 방법은 질환 경험이나 돌봄과 같은 현상에 초점을 두고 사회과학 분야인 교육, 간호, 경영, 가족연구, 노인학, 사회사업, 여성과 성연구, 문화연구와 다른 영역에서 확장되어 왔다(Morse et al., 2009). 한국 역시 이러한 추세 속에서 근거이론에 대한 관심이 갈수록 높아지고 있는 실정이며, 국내의 여러 학자들과 연구자들 또한 이러한 근거이론에 기초한 연구를 진행한 바 있다. 이러한 근거이론에 대해 다양한 학자들의 견해를 종합적으로 정리하면, 근거이론은 개인의 행위 그리고 사회적 현상이 주변과의 상호작용 속에서 항상 변화하고 개별화되며 변화가 가능하다는 관점으로 연구를 수행하는 방식이라고 정리할 수 있다.

또한 근거이론은 기존의 이론을 통해서는 알 수 없었거나 혹은 기존의 시각에 새로운 해석이 필요할 때 많이 활용하는 질적연구 방식이기도 하다. 즉 기존에 많이 활용되고 있는 질적연구 방식인 문화기술지, 현상학, 생애사, 내러티브 연구 등에서는 탐색이 어려운 인간 행위 및 사회현상의 의미를 심층적으로 탐색하는 이론으로 개념화할 수 있다(이동성·김영천, 2012). 이러한 근거이론의 주요한 방법적 특성은 지속적인 비교와 질문, 이론적 민감성, 문헌, 이론적 표본 추출, 메모와 도형, 이론적 포화 등이라고 볼 수 있다. ① 지속적인 비교와 질문은 자료들을 분석하는 과정에서 지속적인 비교와 질문을 통해 범주와 이론을 명료히 하는 것으로서 이를 통해 이론적 표본 추출을 이끈다. ② 이론적 민감성은 신속하고 성공적인 연구를 진행하기 위해 연구자가 가져야 할 자질이다. ③ 문헌은 연구의 시작 단계에서 문헌에 대해 탐구함으로써 연구에 들어가기 전에 문헌을 통해 발견할 수 있는 몇 개의 개념을 발견하고 초기 이론적 표본 추출의 근거를 마련하는 것이다. ④ 이론적 표본 추출은 자료를 분석하고 이를 통해 이론과 질문을 만들어 냄으로써 다음에 수집한 표본을 선정하는 표본 추출 방식이다. ⑤ 메모와 도형은 분석 과정에서 연구자의 사고를 기록하거나 도식으로 그 관계를 밝힌 자료이다. ⑥ 이론적 포화는 자료의 수집과 분석으로 더 이상의 범주나 이론적 변화가 일어나지 않는 상태를 의미하는 것이다. 이러한 6가지 특성을 살펴보면서 유의해야 할 것은 연구의 어느 특정 단계에서만 독립적으로 작용하기보다는 연구의 모든 과정에서 서로 관련성을 가지며 혼합적으로 작용한다는 점이다. 예를 들어 '이론적 포화'와 '비교와 질문'과 같은 개념은 '코딩'과 '이론적 표본 추출'을 이해하는 데 공통적으로 관련된다. 그렇기에 각각을 독립적 방법론으로 보기보다는 전체적으로 융합되어 있으며 순환하는 것으로 보아야 하며, 근거이론의 방법적 특징의 어느 한 측면에 개념적 명칭을 부여했다고 이해하면 좀 더 전체적인 이해가 가능할 것이다.

또한 근거이론에서 핵심적 사항은 분석방법이며, 이의 이해는 근거이론을 파악하는 데 주요하다. 근거이론을 분석하고 해석하는 과정은 코딩 과정으로부터 시작된다. 이는 자료를 분석하고 개념화하고 이론을 형성하도록 통합시키는 과정으로 자료로부터 이론을 정립하는 근거이론의 주요 과정이다. 이는 특히 개방코딩, 축코딩, 선택코딩에 집중하여 내용들을 파악할 수 있을 것이다.

먼저 개방코딩(open coding)에서 연구자는 자료를 펼쳐 개념들을 발견하고 유사한 개념을 묶어 범주화하며 각 범주의 속성과 차원을 밝힌다. 즉 수집된 자료를 해체시켜 범주나 그 속성, 차원의 위치를 검사, 비교하여 개념화하고 범주화하는 과정이다. 개방코딩은 자료 분석의 기초 단계로서 학자들에 따라 '초기코딩(initial coding)'으로 불리기도 한다. 축코딩(axial coding)에서 연구자는 발견된 범주들 중 중심 현상을 파악하고 어떻게 이 범주가 다른 범주들과 연결되는지를 밝히는 것이다. 즉 축코딩은 개방코딩을 통해 해체된 자료 및 범주들을 관련 있는 형태로 재조합하는 과정이라고 할 수 있다. 개방코딩에서 나타난 많은 범주를 현상, 상황, 전략, 결과 같은 패러다임 특성에 따라 연관시키는 과정인 것이다. 이와 관련하여 Strauss와 Corbin은 '코딩 패러다임'을 개념화했는데 축코딩에서 하위 범주들을 연관시켜 하나의 도식으로 현상을 개념화하는 방법을 안내하고 있다. 코딩 패러다임 구성요소들(인과조건, 현상, 맥락적 조건, 중재조건, 행위/상호 작용/전략, 결과)을 통해 자료를 조직적이고 복잡한 방식으로 연관시킬 수 있는 것이다. 다음으로 선택코딩(selective coding)은 핵심 범주를 선택하고 이를 중심으로 이야기의 윤곽을 형성하는 단계이다. 선택코딩은 범주를 통합하여 초기 이론의 프레임워크의 형태로 발전시키는 과정을 포함한다. 이것에는 패턴을 기술하는 것이 포함된다. 이러한 작업은 범주들과 그들 사이의 상호관련성에 관한 더 나은 견해를 제공하고 존재하는 데이터에 더해져야 할 정보를 채울 수 있게 한다. 이 작업에는 하위 범주들이 어떻게 중심 현상에 영향을 미치는지 이해하기 위해 하위 범주를 점검하는 작업이 포함된다. 또한 선택코딩은 근거이론의 최종적 통합 단계로서 보다 높은 추상적 수준에서 분석이 이루어져 이론적 포화상태(theoretical saturation)를 지향하는 과정이기도 하다. 특히 개방코딩과 축코딩을 통해 누적된 분석적 메모와 도표 그리고 범주는 중심범주의 생성에 기여한다. 선택코딩 단계에서 무엇보다 중요한 작업은 핵심 범주를 생성하는 일이다(Strauss & Corbin, 1990; 1998). 핵심 범주는 다른 모든 범주가 통합된 중심 현상을 말한다. 이는 연구자가 연구를 통해 발견한 것이 무엇인지에 대한 것으로 개방코딩과 축코딩의 과정에서 정선화한 자료들을 어떻게 체계적으로 이해할 수 있고 확실한 개념의 행태로 개발할 것인가에 대한 연구의 최종 단계를 의미하는 것이다.

4. 내러티브 탐구

내러티브 탐구(narrative inquiry)는 일반적으로 쓰는 '내러티브 연구'라는 표현에 비해 좁은 의미이며, Clandinin과 Connelly가 정립한 내러티브 연구 이론을 주로 지칭한다. 내러티브 탐구가 새로운 질적연구/사회과학 탐구의 방법으로 등장한 배경은 그 역사에서 쉽게 찾을 수 있다. 내러티브 탐구는 인간의 경험을 탐구하는 가장 오래된 연구방법이면서 생활의 표현 방법이었다. 그리고 이러한 표현의 방법은 실증주의 패러다임의 강조로 잠깐 사라졌다가 탈실증주의 연구문화의 등장으로 다시 전면으로 나타나기 시작했다. 즉 20세기 초까지는 인간의 경험을 객관화하고 보편화한 전통적 실증주의가 인간을 이해하기 위한 주요한 패러다임으로 발달해 왔지만, 이러한 접근법이 인간 경험 중심의 다양하고 복잡한 주제들을 충분하게 설명하지 못한다는 인식이 확산된 것이다. 이러한 추세 속에서 인간의 삶 속에 나타나는 다양하고 복잡한 경험을 심층적으로 이해하기 위한 방법으로 '내러티브 탐구'가 이론화되기 시작했고 질적연구의 새로운 방법으로 주목받기 시작했다. 이러한 내러티브 탐구의 방법적 특성은 3차원적인 공간을 이해하는 것에서 확인할 수 있다. Clandinin과 Connelly(2000)는 한 개인이 가진 경험의 의미를 묘사하고 이해하기 위해서는 크게 내러티브의 주요 요소인 ① 연속성 상황, ② 맥락, ③ 상호작용 특성을 고려해야 한다고 강조했다. 그리고 이러한 세 가지 요소는 다음과 같은 세 가지 차원으로 특징화된다고 했다. ① 시간적 차원, ② 공간적 차원, ③ 개인적·사회적 차원. 그리고 연구자는 3차원적 탐구공간에 위치한 당사자의 내러티브를 어떠한 틀로 재구성할지 결정하기 위해 다음과 같은 네 가지의 방향성을 고려해야 함을 제시했다(Clandinin & Huber, 2002). ① 내적 지향(inward), ② 외적 지향(outward), ③ 과거지향(backward), ④ 미래지향(forward)이다. 여기에서 내적·외적 지향은 개인적·사회적 차원과 연관되는 것으로 내적 지향은 개인이 갖는 내재적 조건 및 상호적으로 '느낌, 희망, 심미적 반응, 도덕적 성향 등' 을, 외적 지향은 개인의 주변을 둘러싸고 있는 환경의 조건 및 상호작용을 의미한다(Clandinin & Connelly, 2000). 과거지향과 미래지향은 시간의 연속성(continuity)을 의미하는 것으로 과거, 현재, 미래의 시간 속에서 일어나는 연속적인 경험들을 모두 포함하게 된다.

이에 연구자는 개인의 경험을 반영하는 내러티브를 3차원적인 탐구 공간 안에 위치시키고 그 안에서 내적·외적·과거·미래지향과 상황이라는 방향성을 고려해야 한다. 이때 연구자가 특정 차원과 그와 연관된 방향성에만 중점을 둔다면 내러티브 재구성의 틀은 달라진다. 즉 개인의 경험을 시간적 차원을 중심으로 확인하고자 할 때, 연구자는 개인의 경험이 과거와 현재, 미래에 어떠한 의미를 갖는지에 보다 중점을 두게 되고, 공간적 차원을 중심으로 할 때는 개인의 경험을 어떠한 상황에 위치시키는가에 중점을 두게 된다. 또 연구자가 개인적·사회적 차원을 중심으로 개인의 경험을 확인한다면 개인의 내적 조건 및 상호작용과 개인의 외적 조건 및 상호작용 안에서 경험이 갖는 의미에 중점을 두게 된다.

5. 생애사 연구

생애사 연구(life history research)는 최근에 질적연구방법 중의 한 장르로서 인문학, 사회과학에서 널리 각광받고 있다. 특히 내러티브 시기의 도래와 함께 기존의 문학연구 또는 지역 연구에서 쓰였던 생애사 연구가 다양한 학문 분야로 확대되었다. 메타 내러티브나 이론의 존재감이 하락된 시대적 분위기 속에서 작은 이야기(small story)의 중요성과 가치가 강조되면서 생애사의 학술적 대중성은 더욱 높아지고 있는 것이다. 이러한 생애사 연구의 개념은 고전적 의미에서 '한 개인의 삶에 대한 기술'로 이해할 수 있다. 하지만 오늘날의 생애사는 한 개인이 자신의 삶의 이야기를 알아간다는 의미뿐 아니라 한 개인이 정신적으로 발전하는 과정과 성장에 대한 정보를 알려주기도 하는 것이다. 따라서 현대적 의미에서 생애사는 한 개인의 전 생애 발달과정에 대한 삶의 역사를 외적인 삶의 상태와, 심리적인 측면과 정신적 내적 측면을 묘사하는 것으로 정의된다. 또한 생애사는 삶의 주체인 개인이 자신의 시각으로 재구성하는 삶의 이야기이다. 사회구성원은 개인의 행위와 체험을 사회가 지향하는 가치에 따라 만들어가기 때문에, 시간의 흐름에 따라 지식의 지평이 넓어지고 삶에 대한 의미를 만들어간다. 그 이유는 첫째, 개인은 사회와 상호작용하여 자아를 형성하며 구조화시켜 나가기 때문이다. 둘째, 동시대를 살아가는 개인은 자신의 의지에 의해 만들어가는 삶의 규칙이나 도식 및 지평, 그리고 미래를 계획하는 열린 시각을 갖고 있으며 자기준거인 결정을 통해 자신의 삶을 구성해가기 때문이다(박성희, 2004).

이러한 생애사에 대해 명확한 개념을 가지고 정의하기는 쉽지 않다. 생애사와 비슷하게 쓰이는 관련 개념들을 조금 더 명료히 살펴봄으로써 생애사의 개념 및 특성을 구분해 보고 정의해 보는 과정은 유익할 것이다. 먼저 ① 자서전(autobiography)은 자기의 삶을 서술한 이야기이다. '자기 스스로'라는 말의 뜻처럼 구술자가 자신의 삶의 역사를 전기 형식으로 서술한다. 이를 통해 자기의 삶을 함축하고 있는 기억의 단편이 조합되어 하나의 삶이 만들어진다. ② 전기(biography)는 타자에 의해 서술된 삶에 대한 이야기이다. 전기와 자서전의 차이는 3인칭과 1인칭의 구도라는 서술 시점에 있다. 역사적으로 유명한 인물들에 대한 생애사가 바로 전기에 해당된다. 해당되는 주인공이 자신의 삶을 이야기하기보다는 그 또는 그녀를 잘 아는 사람, 또는 그들과의 대화와 면담을 통하여, 또는 대화와 면담 외의 다양한 자료들을 근거로 전기를 완성한다. ③ 전통적 문화기술지는 장기간의 참여 관찰과 인터뷰를 통해 특정 집단의 행동과 관습, 생활방식의 패턴을 내부자적 관점에서 기술, 분석, 해석하는 것이다. ④ 자문화기술지는 연구 과정에서 발생한 연구자의 주관성과 체험을 인위적으로 배제하거나 연구의 배경에 두지 않는 것인데 전통적 문화기술지와는 달리 연구자의 반영성(reflexivity)을 텍스트의 전경에 부각시키는 것이다(이동성, 2011: 62). ⑤ 생애사 연구는 한 개인의 역사적 삶을 연구참여자의 관점으로 드러낸다는 점에서 개인적 내러티브의 한 형태로 볼 수 있을 것이다(최영신, 1999: 2). 하지만 생애사는 자기 몰입적 특징이 강한 자서전이나 전기와는 달리 자료 수집, 분석과 해석, 글쓰기 작업을 통해 연구 과정의 엄격성을 추구한다. 따라서 생애사 연구에서는 연구참여자의 주관성뿐 아니라, 내러티브의 진실성을 검증하는 연구자와 독자들의 주관성도 중시하기 때문에 간주관성(inter-subjectivity)을 추구한다고 볼 수 있다(조정호, 2009: 21).

6. 자문화기술지

자문화기술지(auto-ethnography)는 질적연구의 오랜 전통 중에서 최근에 각광받고 있는 연구방법이다. 자신을 뜻하는 'Auto'와 문화기술지를 뜻하는 'Ethnography'의 합성어인 Auto-Ethnography는 의미 그대로 자신의 삶을 통해 문화기술지 작업을 하는 것이라 할 수 있다. 자문화기술지는 거대한 담론에 매몰되어 등한시되는 구성원들의 삶과 경험에 대한 이해를 위한 연구로서 최근에 학술적으로 더욱 이론화되고 있는 추세이다. 미국과 캐나다, 영국 등에서는 다양한 학문들에서 자신의 이야기를 하는 문화기술지가 더욱 대중화되고 있고 우리나라 역시 최근에 와서 여러 연구들에 이론적·실제적으로 적용되고 있다(이점우, 2006; 이희용, 2007; 김남연·김현주·안혜준, 2008; 주형일, 2010; 이동성, 2011a; 2011b).

자문화기술지는 자서전과 유사한 면을 지니는 자서전적 글쓰기의 한 장르로, 우리의 삶뿐 아니라 문화까지 다루는 연구방법이다(Roth, 2000). 즉 개인을 그 개인이 살았던/경험한 문화와 연결시켜 의식의 다층적 그리고 복합적 측면을 드러내고자 한다(Ellis & Bochner, 2000). 자문화기술지라는 이 용어는 인류학자 Karl Heider가 1975년에 사람들의 행동에 관한 Dani의 기사를 언급하며 사용했다. 그러나 보통 이 용어의 창시자는 David Hayano로 여겨진다. 그의 연구에서 자문화기술지는 외부자인 연구자가 완전한 내부자가 되어 토착인이 되는 경험을 서술하는 것으로 활용되었는데, 나중에 와서 이 용어는 자아의 특성을 드러내는 이야기를 말할 때나 연구자가 텍스트의 한 인물로서 다루어진 연구 또는 이야기를 언급할 때 사용되게 되었다. 최근에 와서는 문학이나 문화비평가들은 자의식의 상호작용을 연구하는 자서전이나 언어, 역사, 문화기술학적 설명이 요구되는 자서전에 이 용어를 사용한다(Deck, 1990; Lionner, 1989; Pratt, 1994; Ellis, 2004 재인용).

따라서 자서전적 문화기술자들은 처음에는 문화기술지의 시각으로 개인의 경험에 둘러싸여 있는 사회문화적인 외적 측면을 기술하는 데 초점을 맞춘다. 그 다음으로 연구선 상에 있는 자아가 그러한 문화 속에서 어떻게 이해되는지를 자아의 노출을 통해 이해하고자 한다(Deck, 1990; Neumann, 1996; Reed-Danahay, 1997; Ellis, 2004 재인용). 연구자 외부와 연구자 내부 세계를 자세히 관찰하여 묘사함으로써 개인적인 것과 문화적인 것을 구별하기 어렵게 만든다(Ellis, 2004). 이러한 복합성과 다층성은 한 개인을 또는 연구자 자신을 이해할 수 있는 또 다른 발견과 분석의 방법이 된다(Richardson, 1994). 이러한 자문화기술지의 유형으로는 소수자 문화기술지(native ethnography, minority ethnography), 성찰적 문화기술지(reflective ethnography), 자(서)전적 문화기술지(autobiographic ethnography)가 있다. 소수자 문화기술지는 특정 집단의 내부자가 문화적 자아를 이야기하는 방식으로서 소수 집단의 정체성이나 소수자(minority)와 다수자(majority) 사이의 권력관계를 밝히는 데 유용하다. 성찰적 문화기술지는 연구 과정에서 발생한 연구자의 자기반성적 성찰을 강조하는 유형이다. 자(서)전적 문화기술지는 개인적 삶의 경험을 거시적인 사회문화적 맥락과 연결시켜 그 의미를 분석하는 방식이다. 이러한 세 가지 유형들은 접근방식과 강조점에서 미세한 차이점을 나타내지만 모든 유형이 개인과 타자 그리고 대상 세계를 유기적으로 연결하는 측면에서 유사성이 있다.

7. 실행연구

실행연구(action research)는 연구자가 살아가고 있는 삶의 현장에서 경험하거나 알고 싶어 하는 현상이나 문제에 대해 연구참여자들과 공감적인 바탕에서 반성적, 환원적 과정을 거쳐 해결하는 것을 목적으로 한다. 그래서 실행연구는 실증주의 중심의 양적연구처럼 검증될 가설의 생성보다는 문제 상황에서의 실천적 판단을 제공하기 때문에 이론지향적이 아닌 실천지향적 연구방법이다. 실제로 많은 현장 실천가들이 실행연구를 통해 실생활에서 부딪히는 갈등을 해소하고 복잡한 상황, 사건, 문제들에 대한 이해를 개선하고자 활용하며 최종적으로 그들의 실천에 대한 효과성을 증대시키는 데 사용하고 있다. 이러한 실행연구의 개념적 특징은 '현장 개선적', '공동 참여적', '평등적 권한', '해석적', '잠정적', '비판적' 등의 사항을 통해 확인할 수 있다.

'현장 개선적'이란 실행연구가 현장에서 일하는 사람과 협력하여 실제를 탐구하여 발견된 것을 토대로 현상을 이해하고 개선시키려는 목적으로 실시된다는 것이다. '공동 참여적'이란 연구참여자와의 참여를 바탕으로 연구를 수행하면서 연구참여자들과 공통적으로 경험하는 현상이나 상황에서 드러나는 이슈나 문제들을 토대로 연구 문제를 개발하며 연구를 진행하는 것이다. '평등적 권한'은 연구자와 연구참여자의 친밀한 관계를 가지는 수준을 넘어서서 평등적 관계에서 연구에 참여하는 동반자적 관계를 의미한다. '해석적' 사항은 질적연구로서 실행연구가 자료 수집과 분석과정이 연구자에 의해 일회적이거나 고정된 것이 아니라 유동적이며 해석적 과정을 통해 수행됨을 의미하는 것이다. '잠정적'이란 실행연구가 참여자들의 다양한 견해에 따라 잠정적이고 유동적인 해결책을 만들어 낸다는 것이며, '비판적'이란 실행연구가 실제적 삶의 개선을 추구하면서도 비판적인 사회 변혁의 성격도 지님을 의미한다. 이러한 실행연구의 구체적 모형으로는 커트레빈의 '기술공학적 실행연구 모형', 존 엘리엇의 '실천적 실행연구 모형', 디킨(Deakin)대학교의 카와 케미스의 '비판적 실행연구 모형', 스트링거의 '참여적 실행연구' 등이 있다.

8. 통합방법연구

통합방법연구(mixed method research)는 질적연구 분야에서 새롭게 등장한 연구방법에 해당된다. 질적연구의 문제점과 제한점을 알고 있는 질적연구자 또는 양적연구를 전공한 학자가 질적연구를 병행하여 쓰는 것의 장점을 알고서 두 가지 다른 연구방법의 패러다임을 통합시키는 작업을 한 결과이다. 통합방법연구의 개념이 무엇인가에 대해서는 다양한 학자들이 정의해 왔다는 점에서 정의를 내리는 일이 쉽지만은 않지만(Heisilt & Sheperis, 2010), 통합방법연구에 대한 개념을 정립하기 위해 선행적으로 서구의 대표적 학자들의 통합방법연구에 대한 개념적 정의를 중심으로 살펴보면, Tashakkori와 Teddlie(2003; 2009 재인용)는 통합연구를 연구 문제, 연구방법, 자료 수집 그리고 분석 절차 및 도출에서 질적과 양적 접근을 취하는 연구 설계로 정의하고 있다. Tashakkori와 Creswell(2007)도 단일 연구 혹은 조사 프로그램에서 자료 수집 및 분석, 결과 통합 및 도출을 위해 질적 측면과 양적 측면을 모두 활용하는 것으로 정의 내리고 있다. 또한 Creswell과 Plano Clark(2007)는 연구의 다층적 과정에서 양적·질적 접근의 통합적 자료 수집과 분석 과정을 이끄는 철학적 틀을 겸비한 연구 설계로 설명했다. 나아가 Johnson과 Onwuegbuzie(2004)는 연구자가 단일 연구 내에서 양적 및 질적인 연구 기법, 방법, 접근, 개념 그리고 용어를 통합 혹은 혼합하여 이루어지는 연구로 정의 내리고 있다. 또한 전술한 연구자들의 기술적 접근을 넘어 Mertens(2005)의 경우 좀 더 포괄적 접근을 통해 통합방법연구를 이해하고 있는데, 그는 통합방법연구를 교육 및 사회 문제가 발생하는 복잡한 맥락 내에서 연구자에 의해 수행되는 통합적 과업으로 확장하고 있다.

이상의 통합 연구와 관련된 대표적인 학자들의 정의와 개념을 중심으로 정리하면 통합방법연구는 단일 연구에서 질적 접근과 양적 접근을 모두 활용하는 것이며, 양측의 양립 가능성과 실용적 접근을 고수하는 방식으로 정의 내릴 수 있다. 또한 질적 접근과 양적 접근이 가진 한계점을 극복하기 위해 각각의 방법들이 가진 장점을 활용하여 연구 문제에 대한 보다 '정확한' 그리고 '광범위한' 답변을 추구하는 방법으로 이해할 수 있다. 나아가 두 개의 방법을 활용한다는 점에서 양적 및 질적 접근을 상호 보완하고 있음을 확인할 수 있다(Dovona-Ope, 2008). 이러한 통합 연구 모형에는 대표적으로 Morse, Creswell과 Plano Clark, Tashakkori와 Teddlie 등이 제시한 다양한 모형들이 있으며, 각각의 모형들이 지향하는 측면들도 특징적으로 구분되고 있다. 관련하여 Mixed Methods International Research Association 사이트(https://mmira.wildapricot.org/)와 Journal of Mixed Methods Research의 최신 자료들을 참고할 수 있다(2024년 4월 현재 Volume 18 Issue 2까지 출판됨).

9. 인터넷 문화기술지

인터넷 문화기술지는 질적연구의 다양한 지적 전통 중에서 가장 최근에 등장한 연구 방법이다. 이는 '인터넷'과 '문화기술지' 또는 '질적연구'라는 두 단어가 합성된 것으로 인터넷 상에서 질적연구를 한다는 뜻이다. 실제로 연구방법으로서 인터넷 문화기술지는 온라인 커뮤니티와 문화 연구에 적용되어 왔다. Markham(1998)과 Baym(1999)은 '인터넷 질적연구'라는 보다 일반적 용어를 사용해 왔으며, Hine(2000)은 온라인 커뮤니티를 연구하기 위해 '가상 문화기술지(virtual ethnography)'라는 용어를 사용했다. 이후 웹 공간에서 수행되는 문화기술지라는 의미를 가진 'webnography', 아날로그 세대와 구분되는 것으로 디지털 세대를 강조하는 의미의 'digital ethnography', 오프라인 중심의 실생활 공간과 온라인 중심의 사이버 공간을 구분하기 위한 'cyberanthropology' 등의 용어가 사용되고 있다(Kozinets, 2010). 보다 일반적 용어로는 네트워크에서 수행되는 질적연구라는 의미의 'qualitative research in network'가 사용되기도 했다. 최근에는 'network'와 'ethnography'가 결합된 것으로 'netnography'라는 용어가 사용되고 있다(Kozinets, 2010).

이러한 인터넷 문화기술지의 일반적 개념은 전통적 문화기술지와의 비교를 통해 보다 구체화될 수 있다. 인터넷 문화기술지는 테크놀러지의 사용으로 물리적으로 흩어진 사람들이 화면을 통해 함께 공간을 공유하는 특별한 가상공간을 형성하기 때문에 필드의 개념이 근본적으로 다르다(Miller & Slater, 2000). 이로 인해 연구자의 역할, 자료 수집방법, 참여기간, 비교문화기술지의 가능성에서 전통적 문화기술지와 차별적 모습을 보이게 된다. 특히 인터넷 문화기술지는 장기간의 몰입과정이 아니라 간헐적인 참여과정으로 구현된다. 이것은 인터넷 문화기술지에 융통성을 부여하면서 전통적 문화기술지에서 연구팀 없이는 불가능했던 비교문화기술지(comparative ethnography)를 단 한 명의 연구자가 실행할 수 있도록 한다.

10. 비판적 질적연구

비판문화기술지는 질적연구의 중요한 한 가지 연구 전통으로서 서구의 경우 매우 활발하게 이루어지고 있다. 사회정의, 평등, 인권과 자유 등이 강조되는 선진국의 경우, 소수자와 약자 배려의 사회적 원리와 철학에 기초하여 질적연구를 활용한 이들의 복지와 삶을 개선하고자 하는 노력들이 한창이다. 그에 따라 새로운 연구방법과 지식들이 이론화되어 왔는데, 가장 주도적이고 대표적인 연구방법이 바로 여성학적 질적연구일 것이다. 서구의 경우, 사회정의와 평등의 문제가 민주주의의 중요한 근간이자 위험으로 도래하면서 어떻게 하면 기존의 불평등한 사회구조를 보다 평등하게 만들까라는 목적을 달성하기 위해 연구방법으로서 비판문화기술지에 대한 학문적 탐구가 활발해졌다.

구체적으로 비판문화기술지는 용어가 나타내는 것처럼 문화기술지에 '비판'이라는 단어가 첨가된 합성어이다. 따라서 문화기술지 연구를 하되 비판이론이 접목되어 비판이론이 추구하는 연구 목적을 달성하기 위해 이루어지는 연구를 뜻한다. 비판이론의 가장 중요한 전제 중의 하나가 우리의 삶과 사회와 구조가 지배와 피지배 또는 억압과 피억압의 대립적 관계에 있으며, 그러한 불평등한 권력관계를 의식화와 혁명을 통해 보다 나은 정의로운 사회를 만들 것을 목적으로 한다는 점에서 비판문화기술지는 우리 사회의 불평등한 파벌의 실제를 규명하고 변화시키기 위해 질적연구를 수행하는 것으로 볼 수 있다.

이러한 측면에서 어떠한 연구가 비판적 질적연구가 되기 위해서는 나름대로 그 자체적 기준을 충족시켜야 한다고 이 분야의 연구자들이 주장하여 오고 있다. 이를 Simon과 Dippo(1986)는 그들의 글『On Critical Ethnography』에서 비판문화기술지가 갖추어야 하는 '비판의 조건'이라 명명했는데, 그 기준들을 살펴보는 것이 중요하다. 그 내용은 ① 비판문화기술지는 통제의 사회적 관행을 밝혀내기 위한 문제 틀을 만들 필요가 있다(Connel, 1983)는 것, ② 부당하고 불가능한 형태의 도덕적 규정 그리고 물질의 배분에 변화와 비판을 가하는 노력, ③ 연구가 행해졌던 상황의 특징을 반성적으로 바라보는 것이다. 더불어 연구자의 역할도 비판문화기술지에 특별한 위치를 지니고 있어야 하는 데 ① 연구자는 연구 과정에서 연구자 스스로가 관련되어 있다는 사실을 연구하면서 자료를 만들어 나가고 생성했다는 점을 인정할 필요가 있다는 것, ② 연구자는 구조적이고 역사적인 차이가 타자를 이해하는 데 한계가 될 수 있다는 인식을 포함하여야 한다는 것, ③ 생각하며 쓰며 서로 간에 대화하고 사용하는 담화의 방식에 대해 숙고해야 한다는 것, ④ 학계 연구에서 약자인 연구자의 지위에 영향을 주는 함축적인 것들을 직시해야 하는 것, ⑤ 반성적인 연구를 위해서는 충분한 시간과 경제적 측면을 고려해야 하는 것 등이다. 이러한 비판문화기술지의 대표적 탐구 영역으로는 계급

(class), 인종(race), 젠더(gender), 성 취향(sexual orientation), 장애(disability) 등이 있다. 교육학 분야의 대표적 연구로는 Bowles와 Gintis의 「자본주의 미국의 학교교육(Schooling in capitalist America), 1976」, Willis의 「노동 학습(Learning to labor), 1977」, Anyon의 「사회계급과 직업에서의 잠재적 교육과정(Social class and the hidden curriculum of work, 1980)」과 「사회계 급과 학교지식(Social class and school knowledge, 1981)」 등이 있다.

11. 합의적 질적연구

합의적 질적연구는 University of Maryland의 Clara Hill, American Day Behavioral Health Care System의 Barbara Thompson, University of Maryland의 Elizabeth Williams가 "A guide to conducting consensual qualitative research"라는 50쪽 넘는 분량의 논문을 1997년 *The Counseling Psychologist*에 발표함으로써 학계와 연구자들에게 소개되었으며, 이후 상담심리 전공을 중심으로 다양한 연구들에 적용되고 있다. Hill은 그의 저서에서 합의적 질적연구에 대하여 "연구문제와 관련된 소수의 사례에 대한 귀납적 접근을 수행하면서 주제에 대한 다수의 평정자의 다양한 관점을 합의 과정을 거쳐 도출하는 질적연구방법"으로 정의 내리고 있다(Hill, 2012).

물론 합의적 질적연구 자체가 기존의 질적연구의 전통과 다양한 질적연구방법론들과 완전히 다른 새로운 접근법으로 보기는 어렵다. Hill과 그의 동료들 역시 자신들에 의해 개발된 합의적 질적연구가 근거이론(Grounded Theory)과 같은 접근법에 많은 영향력을 받고 있으며, 그것의 보완과 확장적 의미를 담고 있음도 기술하고 있다. 실제로 Hill과 그의 동료들은 전술한 논문에서 'Locating CQR within the qualitative research tradition'을 구성하여 질적연구의 흐름 속에서 CQR이 지닐 수 있는 성격과 의미를 설명하고 있다(Hill, et al., 1997). 그러므로 다양한 질적연구방법론이 존재함에도 Hill과 그의 동료들이 제안하는 합의적 질적연구가 '여러 명의 평정자가 각 연구 사례의 특성들을 비교하여 종합적으로 분석해줄 수 있다는 점'에서 차별성을 지닌다고 볼 수 있다.

구체적으로 합의적 질적연구의 특성을 살펴보면 다음과 같다(Hill, et al., 1997; 한경화, 2021).

첫째, 합의적 질적연구는 여러 명으로 구성된 합의체인 연구팀에 의해 논의되고 궁극적으로 합의를 통하여 현상을 분석한다는 점이다. 이는 개인 연구자가 범할 수 있는 해석적 오류와 편향을 최소화할 수 있도록 한다.

둘째, 합의적 질적연구는 연속적 과정을 통해 상호관련성을 맺으며 개념화해나갈 수도 있으며, 영역마다 비연속적 과정을 통해 현상을 설명해나갈 수도 있다. 이는 소위 중심범주와 하위범주들의 전형적인 위계성을 고려하면서 분석하는 방식과는 차이가 있는 접근법으로 이해할 수 있다.

셋째, 합의적 질적연구는 연구자가 사례의 전형적 요소와 내용이 무엇인가를 파악하게 해주는 주요한 역할을 감당해준다. 합의적 질적연구는 자료를 사례마다 체계적으로 비교하여 영역 내에 나타난 각 범주에서 사례 수를 도표화하고 빈도에 따라 일반성과 전형성을 분석할 수 있다는 점이다. 이는 자료를 코딩하여 각 영역에서 중심 개념을 추론해내는 일반적 질적연구의 접근법과는 다소 차이가 있는 부분이다. 이를 통해 연구자는 사례의 전형적 요소와 내용을 파악할 수 있게 된다.

이러한 합의적 질적연구의 수행을 위한 주요 단계를 살펴보면 크게 'Initial Step' → 'Within Case Analysis' → 'Cross Analysis' → 'Examining Patterns in the Data' → 'Final Step'과 같다(Hill, et al., 1997; Hill, 2012).

'Initial Step'의 단계는 연구자가 주제를 선택 및 문헌조사를 수행하고 평정자 혹은 합의 과정을 진행할 연구팀을 구성하는 단계이다. 또한 연구자는 이 단계에서 연구참여자를 선정하여 면담과 조사를 수행하며, 자료를 수집 및 전사하는 것도 포함된다. 다음으로 'Within Case Analysis' 단계에서는 연구팀의 각 사례 분석이 진행되며, 이 과정에서 각 사례의 핵심 개념들을 구성한다. 그리고 해당 결과를 연구 감수자에게 보내 핵심 개념들에 대한 사항을 수정하는 과정을 진행한다. 'Cross Analysis' 단계에서는 사례들과 관련된 영역 내에서 범주를 개발하고, 감수자에게 보내 수정 및 보완 과정을 진행한다. 해당 과정을 통해 적절한 내용 도출을 충족하였다면 다음 단계로 진행한다. 'Examining Patterns in the Data' 단계에서는 사례 내 유사한 하위 그룹으로 구분하고, 각각의 관계성을 구성한다. 해당 관계성에 대하여 감수자의 의견을 수렴하여 수정 및 보완 과정을 진행한다. 'Final Step' 단계에서는 사례 전반에 대한 내러티브를 구성하고, 사례들에 대하여 명료하게 기술한다. 연구자는 해당 과정을 반복적 글쓰기 과정을 통하여 구성해나가며, 이 과정에서 연구참여자와 동료들로부터의 피드백을 통해 수정 및 보완해나간다.

제 4 장

질적연구의 자료 분석 노하우

이 장에서는 오영범·이현철·정상원(2016)의 『질적자료 분석: 파랑새 2.0 소프트웨어』 내 자료 분석의 내용을 중심으로 요약 및 보완하여 기술하였다. 좀 더 자세한 사항은 해당 자료를 참고하기 바란다.

1. 질적 자료 분석의 보편적 절차

질적 자료 분석을 일련의 단계로 규정하는 것은 다양한 연구방법론적 측면에서 부적절할 수도 있다. 하지만 질적 자료 분석을 시도하려는 초보 연구자들에게는 분석에 대한 방법론적 논의보다 좀 더 구체적이고 실용적인 정보가 도움이 될 것이다. 따라서 이 절에서는 다양한 질적 방법론들의 분석에 대한 논의를 살펴보고 이를 기반으로 질적 자료 분석의 보편적 절차를 도출하고자 한다.

1) 질적 자료 분석 절차에 대한 학자들의 논의

질적 자료 분석에 대한 논의는 각 방법론적 전통에 따라, 또한 그것을 논의한 학자들에 따라 다소 초점과 논의가 다르게 나타난다(Spradley, 1980; Strauss & Corbin, 1998, van Manen,

1990). 실제 상대적으로 구체적이고 절차화되어 있는 근거이론에서조차 학자들에 따라 그 논의가 다른 것을 확인할 수 있다(Glaser, 1978; Strauss & Corbin, 1998, Charmaz, 2006). 따라서 여기서는 대표적으로 잘 알려져 있는 방법론인 근거이론, 문화기술지, 현상학적 질적연구를 살펴본다.

(1) 근거이론의 분석 절차

Strauss & Glaser(1999)의 죽음에 대한 연구 과정에서 개발된 근거이론은 그 방법적 절차의 명료함으로 인해 질적연구 전통 중 가장 강력한 영향을 미쳐왔다. 이러한 근거이론의 분석 절차를 논의한 대표적 학자로는 Strauss & Corbin, Glaser, Charmaz 등이 있는데 이들의 논의를 통해 근거이론 분석의 대략적 절차를 살펴본다.

Strauss와 Corbin(1998)은 자신들의 저서『Basics of Qualitative Research: Techniques and Prosedures for Developing Grounded Theory』를 통해 분석절차로 크게 '개방코딩(open coding)', '축코딩(axial coding)', '선택코딩(selective coding)'으로 이어지는 일련의 과정으로 제시하고 있다. '개방코딩'은 자료를 '해체, 검사, 비교, 개념화, 범주화'하는 단계로, 이 단계에서 연구자는 자료를 읽고 그 속에 내재되어 있는 개념을 도출하여 그 개념에 '코드(code)', 즉 이름을 붙인다. 그리고 이러한 개념들을 묶어 하나의 '범주(category)'를 도출하게 된다. 예를 통해 살펴보도록 하자. 다음은 학원에 다니고 있는 학생들의 학습에 대한 연구 중 수집된 자료 중 일부분이다.

〈표 4-1〉 학원 학습 경험에 대한 인터뷰 자료

연구자: 다른 친구들이 앞에서 문제를 풀 때 틀린 부분을 발견하면 이야기하나요? 재미있나요?
참여자: 네. 재미있어요. 친구의 결점을 찾아내면, 내 실력이 더 뛰어난 걸 확인하는 게 기쁘고 결점을 찾았다는데 성취감을 느껴요. 결점을 찾아내기 위해서 더 눈에 불을 켜고 살펴요. 그래서 하나 발견하면 기쁘고, 발견당하면 기분 나쁘고.

위의 짧은 발췌 속에서 몇몇의 주제들을 확인할 수 있다. 예를 들어 학원 학생들에게 학원 수업 중 학습은 단순한 공부라기보다 하나의 게임처럼 느껴질 수 있다는 것, 승리감을 느꼈을 때 더욱 집중하게 된다는 점 등이 그것이다. 그렇다면 이러한 것에 대한 개념화가 이루어지고 그것에 합당한 이름을 붙일 수 있다. 이러한 과정을 시각화하면 〈표 4-2〉와 같이 나타낼 수 있다.

〈표 4-2〉 개념화와 코드 부여

자료	코드
연구자: 다른 친구들이 앞에서 문제를 풀 때 틀린 부분을 발견하면 이야기하나요? 재미있나요? **참여자**: 네. 재미있어요. 친구의 결점을 찾아내면, 내 실력이 더 뛰어난 걸 확인하는 게 기쁘고 결점을 찾았다는데 성취감을 느껴요. 결점을 찾아내기 위해서 더 눈에 불을 켜고 살펴요. 그래서 하나 발견하면 기쁘고, 발견당하면 기분 나쁘고.	• 학습이 게임이 됨 • 동기가 되는 성취감

이와 같은 과정을 통해 코드들이 확보되면 코드들의 속성과 개념을 고려하여 이를 묶어 하나의 범주를 형성해야 한다. 이러한 범주의 형성은 단순히 코드의 이름만을 고려하여 이루어지는 것이 아니라 코드를 부여하는 과정에서 자료에 대한 연구자의 성찰과 반성이 기반이 된다. 다음의 예를 살펴보자. 만약 연구자가 가정불화를 겪는 가정의 아이들의 경험에 대한 연구를 한다면 연구자는 자료에 대한 분석을 통해 다음과 같은 류의 코드들을 도출할 수 있을 것이다.

〈표 4-3〉 불화 가정의 아이들의 경험에서 도출 가능한 코드의 예

- 부부의 갈등 가정 폭력 현실에 대한 고민 우울한 가족 구성원들
- 조력자의 도움 경제적 곤란 구체적 도움 친구들의 지지
- 자신이 할 수 있는 일 이웃과의 갈등 상황을 받아들임

연구자가 이러한 코드들을 도출하였다면 이러한 코드들을 그 관련성을 고려하여 묶어 줄 수 있다. 위의 코드들은 다음과 같이 묶어 줄 수 있을 것이다.

〈표 4-4〉 유사한 코드들의 묶음

• 부부의 갈등 • 가정 폭력 • 경제적 곤란	• 우울한 가족 구성원들 • 이웃과의 갈등	• 조력자의 도움 • 구체적 도움 • 친구들의 지지	• 자신이 할 수 있는 일 • 상황을 받아들임 • 현실에 대한 고민

이렇게 개념들이 묶어지면 그 개념들을 포괄할 수 있는 상위의 부호로서 범주의 이름을 지정해 줄 수 있을 것이다. 위 코드들의 묶음의 경우는 다음 <표 4-5>와 같이 범주명을 부여할 수 있을 것이다.

〈표 4-5〉 코드와 범주

가정불화의 원인	가정불화의 결과	주변의 도움	상황의 극복 노력
• 부부의 갈등 • 가정 폭력 • 경제적 곤란	• 우울한 가족 구성원들 • 이웃과의 갈등	• 조력자의 도움 • 구체적 도움 • 친구들의 지지	• 자신이 할 수 있는 것 • 상황을 받아들임 • 현실에 대한 고민

Strauss & Corbin(1998)은 이러한 '개념(concept)'과 '범주'에 대해 각각 개념은 '개별 사건들과 그 밖의 현상들에 붙여진 개념적 호칭', 범주는 '개념들의 분류'라고 논의하고 있다. 결국 이를 종합하면 자료 분석을 통해 개념을 도출하고, 개념에 코드를 부여하고, 코드를 분류하여 범주를 형성하는 과정이 바로 '개방코딩'에서 이루어져야 하는 과업이라 할 수 있다.

'축코딩'은 "범주들 사이에 서로 연합관계"를 만드는 과정이다(Strauss & Corbin, 1998). 쉽게 말해, '개방코딩'을 통해 도출된 범주들을 서로 연관 짓는 과정이라 할 수 있다. 위의 예로 돌아가 보자. 앞의 예를 통해 우리는 4개의 범주를 도출할 수 있었다. 그렇다면 이제 이러한 범주들을 서로 관련지어 각 범주들이 서로 어떠한 관계를 가지는지 확인하고 이를 기반으로 그것들을 연결해야 한다. 위의 4가지 범주 '가정불화의 원인', '가정불화의 결과', '주변의 도움', '상황 극복의 노력'은 그 관계를 고려하였을 때 다음과 같이 연결됨을 추론할 수 있다.

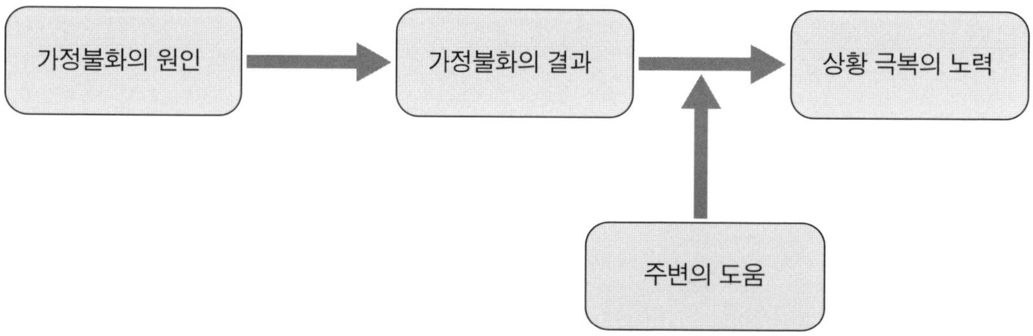

[그림 4-1] 범주들의 관계

Strauss와 Corbin(1998)은 이러한 '축코딩'에 도움을 줄 수 있는 도구로 '패러다임 모형'을 제시하고 있다. 이 모형은 '인과적 상황', '현상', '전후관계', '중재적 상황', '작용/상호작용 전략', '결과'를 중심으로 하여 해당 범주를 이러한 틀에 맞추어 관계를 확인하는 것이다. 그리고 연구자는 이러한 패러다임 모형에 따라 위의 범주들을 연결한다면 [그림 4-2]와 같이 나타낼 수 있을 것이다.

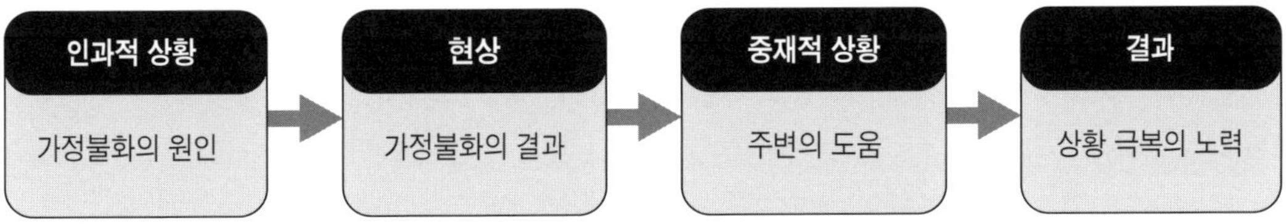

[그림 4-2] 패러다임 모형에 따른 범주의 관계

'선택코딩'은 "핵심 범주를 선택"하고 이를 중심으로 다른 범주를 체계적으로 연결시키며 이야기의 윤곽을 구성하는 단계이다(Strauss & Corbin, 1998). 다시 말해, 이 단계에서 연구자는 앞서 수행하였던 분석을 기반으로 여러 범주 중 핵심 범주를 확인하고 그것을 중심으로 여타 다른 범주들을 연결하여 이야기의 윤곽을 구성한다. 그리고 이를 통해 패턴, 이론 등을 도출하게 된다.

이러한 Strauss와 Corbin(1998)의 근거이론 분석 절차는, 1단계, 자료를 해체, 검사, 비교, 개념화, 범주화하는 '개방코딩', 2단계, 범주들 사이에 서로 연합관계를 만들면서 다시 조합하는 '축코딩', 3단계, 범주 중 핵심 범주를 선택하고 이를 중심으로 다른 범주들을 체계적으로 연결하면서 이야기 윤곽을 형성하는 '선택코딩'으로 정리할 수 있다.

이제 근거이론의 또 다른 대가들인 Glaser(1978)와 Charmaz(2006)의 분석절차에 대해 살펴보자. 우선 Glaser(1978)는 그의 저서 『Theoretical Sensitivity』에서 근거이론의 방법론적 개념과 분석에 대해 심도 깊게 논의한 바 있는데, 여기서는 절차와 관련하여 살펴본다.

Glaser(1978)는 근거이론의 분석 절차를 크게 '독립적 코딩(substantive coding)'과 '이론적 코딩(theoretic coding)'으로 제시하고 있는데, '독립적 코딩'은 다시 '개방코딩(open coding)'과 '선택코딩(selective coding)'으로 나누어 제시하고 있다. '개방코딩'은 '가능한 모든' 코드를 부여하는 단계이며, '선택코딩'은 핵심 범주를 선택하는 단계, '이론적 코딩'은 코드들을 서로 연결하여 통합하며 이론을 발전시키는 단계이다. 이러한 Glaser(1978)의 분석 단계는 다소의 차이는 있으나 Strauss & Corbin(1998)의 분석단계와 유사한 논의를 포함하고 있는 것을 확인할 수 있다.

Glaser(1978)의 분석 절차 논의에서 특징적인 점은 Strauss & Corbin(1987)의 '패러다임 모형'과 마찬가지로 '이론적 코딩'을 도울 수 있는 몇몇 도구들인 '코딩 집단(coding family)' 18가지를 제시하고 있다는 점이다. 연구자들은 이러한 '코딩 집단'을 염두에 두며 범주들의 관계를 살펴볼 수 있다. 그중 몇 가지를 살펴보자. 먼저 'The Six C' s'는 원인(Causes), 맥락(Contexts), 우발적 사건(Contingencies), 결과(Consequences), 공변수(Covariances), 조건(Conditions)의 관점에서 자료를 바라보는 것이다. 앞서 살펴본 Strauss와 Corbin(1998)의 패러다임 모형과 유사하다 할 수 있다. '과정(process) 집단'은 자료를 단계(stages), 국면(phases), 발달(progressions), 경로(passages) 등의 관점에서 바라보는 것이고, '차원(dimensions) 집단'은 차원(dimension), 요소(elements), 분할(division), 부분(piece of), 속성(properties of) 등의 관점에서, '형식(type) 집단'은 형식(type), 형태(form), 종류(kind), 부류(class), 장르(genre) 등의 관점에서, '전략(strategies) 집단'은 전략(strategies), 전술(tactics), 체계(mechanisms), 방법(way), 조작(manipulations) 등의 관점에서 자료를 바라보는 것이다(Glaser, 1978). 연구자는 이러한 코딩 집단을 분석의 틀로 활용함으로써 좀 더 체계적이고 효율적인 분석을 도모할 수 있다.

또 다른 근거이론 학자인 Charmaz(2006)는 근거이론의 코딩이란 "분석의 뼈대를 만드는 작업" 이라 언급하며 그 중요성을 강조하고 있다. 이와 더불어 일련의 코딩 절차로서 '초기 코딩(initial coding)', '초점코딩', '축코딩(axial coding)', '이론적 코딩(theoretical coding)'을 제시하고 있다.

'초기코딩'은 앞서 살펴본 '개방코딩'과 유사한 단계로 자료로부터 범주를 도출하는 과정으로 '가장 의미 있고 빈번' 한 초기 코드를 중심으로 자료를 검토하며 분석적으로 의미 있는 초기 코드를 결정하는 단계이다. 이후 '축코딩'을 통해 범주를 연결하고 '이론적 코딩'을 통해 범주가 맺어지는 관계를 식별한다. 하지만 Chamarz(2006)는 앞의 두 학자들과는 달리 코딩 과정에서 특별한 모델이나 개념틀의 사용에 대해서는 조심스러운 입장을 취한다.

(2) 문화기술지 분석 절차

문화기술지는 질적연구 전통들 중 상대적으로 잘 알려져 있고 오랜 역사를 가진 질적연구 전통이다(김영천, 2013). 많은 학자들이 이러한 문화기술지 연구에서의 절차나 방법에 대해 논의하고 있지만 여기서는 Spradley(1980)의 분석 절차를 중심으로 살펴본다. Spradley (1980)는 그의 저서『Participant Observation』을 통해 문화기술지의 분석절차에 대해 논의한 바 있는데, 그 절차는 크게 '영역분석', '분류분석', '성분분석', '주제분석'으로 나타낼 수 있다.

'영역분석'은 '문화적 영역'을 도출하는 과정으로 개념들 사이의 '의미론적 관계'를 중심으로 하여 '문화적 영역'을 확인하는 단계이다. 이때 '의미론적 관계' 란 "A는 B의 한 종류이다" 혹은 "A는 B를 위한 수단이다" 등과 같은 관계를 말한다. 다음의 예를 통해 그 과정을 살펴보자. 이동수단에 대한 자료를 수집하였다면 연구자는 다음과 같은 개념들을 발견할 수 있을 것이다.

〈표 4-6〉 이동 수단과 관련된 개념의 예

자동차 배 비행기 트럭 택시 요트 버스 승용차 유람선

이와 같은 개념을 확인하였을 때, 이러한 개념들 사이의 의미론적 관계를 살펴 'A는 B의 한 종류이다'를 기본으로 A, B에 해당하는 개념을 배치하면 다음의 표와 같이 영역이 확인 될 수 있다.

〈표 4-7〉 의미론적 관계에 따른 영역의 확인 1

A	의미론적 관계	B
트럭 택시 버스 승용차	부분 - 전체 "A는 B의 한 종류이다."	자동차

또한 지속적으로 이러한 영역분석을 계속하면 또 다른 상위 영역을 확인할 수 있을 것이다. 다음의 예를 살펴보자

〈표 4-8〉 의미론적 관계에 따른 영역의 확인 2

A	의미론적 관계	B
자동차 배 비행기	"A는 B의 한 종류이다."	이동수단

이처럼 '영역분석'에서는 '의미론적 관계'를 중심으로 개념 사이의 관계를 확인하는 과정을 통해 '문화적 영역'인 B를 발견한다.

'분류분석'은 '영역분석'을 통해 발견한 문화적 영역의 하위 범주 혹은 하위 용어를 분류하는 단계이다. 예로 돌아가 보자. 우리는 '영역분석'에서 '이동 수단'이라는 '문화적 영역'을 확인하였다. 그렇다면 '분류분석'을 통해 이러한 영역에 해당하는 하위 범주 및 용어를 그 관계에 따라 분류해 줄 수 있다. 다음의 [그림 4-3]을 살펴보자.

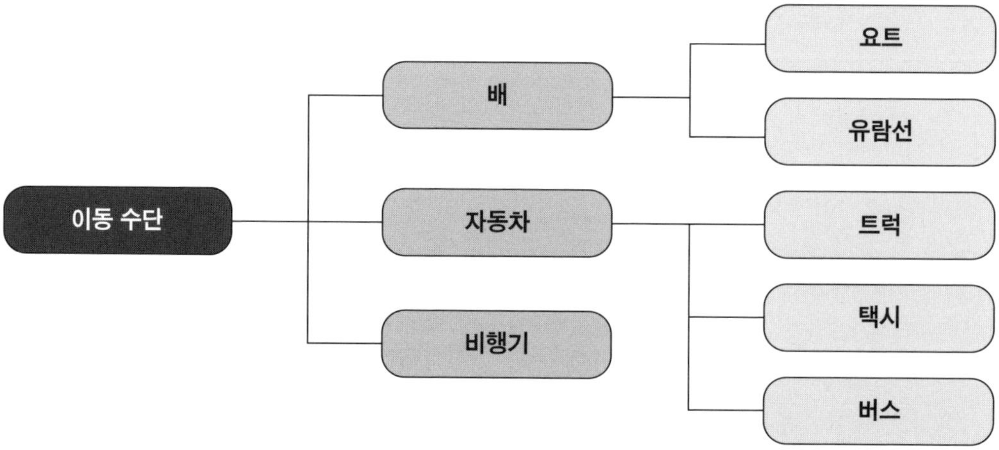

[그림 4-3] 문화적 영역에 대한 분류분석

위와 같이 문화적 영역의 하위 범주와 용어를 분류한 후에는 '성분분석'이 이어진다. '성분분석'은 영역의 속성을 분석하는 단계이다. 범주나 용어는 그 속에 속성을 포함하게 되는데 이 단계에서는 그 속성을 파악하고 정도를 확인한다. 위의 예를 다시 살펴보면 '자동차'라는 영역은 그 속성으로 '편리함', '비용' 등의 속성을 가지게 된다. 또한 그 속성의 정도인 '편함', '비쌈'과 같이 표시할 수 있다. 이를 <표 4-9>와 같이 나타낼 수 있다.

〈표 4-9〉 영역의 성분분석 예시

영역	하위 범주	용어	성분		
			편리성	비용	이동시간
이동수단	배	요트	편리함	매우 비쌈	느림
		유람선	다소 편리함	비쌈	느림
	자동차	트럭	불편함	보통	빠름
		택시	편리함	다소 비쌈	빠름
		버스	다소 편리함	저렴함	느림
	비행기	비행기	다소 불편함	비쌈	매우 빠름

위와 같은 단계를 거쳐 분석을 지속하는 과정에서 연구자는 문화적 영역을 포괄하는 문화적 주제를 발견하게 되는데 이것이 바로 '주제 분석'이다. 위의 예의 경우는 "사람들은 자신의 필요에 맞추어 이동수단을 선택한다"와 같은 주제가 도출될 수 있을 것이다.

(3) 현상학적 분석 절차

현상학적 질적연구는 철학인 현상학에 영향을 받아 발전한 질적연구 전통이다(이근호, 2001; Dowing, 2005). 이 전통은 방법론적으로 현상학의 영향을 직접적으로 받아 앞의 두 전통들과는 사뭇 다른 분석방법을 취한다. 우선 현상학적 질적연구 학자들이 논의하는 분석 절차를 살펴보고 그것에 대해 좀 더 이야기해 보도록 하자.

Crotty(1996)는 학자별로 그들이 논의하는 현상학적 분석 절차를 논의했다. 그에 따르면 우선 Giorgi는 다음과 같은 일련의 단계를 현상학적 분석 단계로 제시하였다. '녹음된 자료를 들으며 전체적인 내용을 이해하며 필사본 읽기', '각각의 필사본에 대해 직관적으로 파악하며 반성하기', '각각의 필사본 속에 있는 의미 단위들 파악하기', '필사본에 있는 각각의 의미 단위와 관련된 진술들을 다시 묶고 재기술하기', '주제들을 밝히기 위해 모든 참여자들 전반에 걸쳐 각 의미에 관해 직관적으로 파악하고 반성하기', '각각의 불변의 주제를 명시하기 위한 전형적 담화 쓰기', '유효성 확인하기', '진술 종합하기'의 단계들이다.

Colaizzi는 Giorgi의 논의와 유사한 분석 단계들을 제시하였다. 그것은 '기술들 읽기', '의미 있는 진술들 이끌어내기', '명확하게 밝힌 의미 있는 주제들을 무리들로 묶기', '조사된 현상을 철저하게 기술하기', '각각의 응답자가 제시한 철저한 기술의 유효성 확인하기'의 일련의 단계이다.

van Kaam 또한 현상학적 분석 절차에 대해 논의하였다. 그것은 '기술적인 표현들의 목록을 만들고 범주들로 묶으며, 발생 빈도에 따라 범주들의 순위 매기기', '기술적 표현들을 좀 더 정확한 용어들로 환원하기', '관련성이 없는 표현들이나 요인들 제거하기', '그 현상에 대한 가설적 파악 내용 공식화하기', '가설에 근거한 기술을 임의로 선택한 표본 사례들에 적용하고 이러한 검사에 비추어 가설에 근거한 기술을 수정하며 그 이후의 표본들에 대해 재검사하기', '기술 내용 확인하기'의 단계들이다.

위에서 드러나는 현상학적 분석 절차의 특징은 앞에서 언급한 근거이론이나 문화기술지의 분석절차에 비해 구체적이지 않다는 점이다. 그것에는 특별한 이유가 있는데, 현상학적 질적연구는 '자료를 쪼개고 범주화하기'보다는 연구자의 지속적인 읽기와 반성 속에서 획득하는 직관적(intuition) 성찰을 중요시하기 때문이다(Moustakas, 1994, Wertz, 2011). 즉 현상학적 분석의 핵심은 자료에 대한 읽기와 반성적 글쓰기를 지속하는 과정에서 연구자의 직관을 통해 주제를 획득하는 것이다. 이와 관련해서 Teddie & Tashakkori(2008)은 질적 분석의 주요한 전략으로 범주화 전략(categorical strategies)과 맥락화/전체적 전략(contextualizing/holistic strategies)으로 구분하고 범주화 전략의 대표적 분석방법으로 근거이론을, 맥락화/전체적 전략의 대표적 분석방법으로 현상학적 분석을 제시하였다.

이러한 직관에 의한 주제 획득을 가능하게 하는 핵심적 과업은 '글쓰기'이다. van Manen (1990, 2011)은 특히 연구과정 속에서 연구자의 글쓰기 작업을 강조하며 글쓰기가 연구의 핵심(heart)이라 언급한 바 있다. 이러한 논의들을 종합하면 결국 현상학적 질적연구 분석의 핵심은 자료를 지속적으로 읽고 그것에 대해 연구자가 지속적으로 반성적 글쓰기를 하는 과정에서 직관적으로 주제를 획득하는 과정이라 하겠다. 그렇다면 여기서는 Wertz(2011)의 현상학적 분석 절차를 중심으로 논의해보자. Wertz(2011)의 분석 절차는 크게 '데이터를 반복적으로 읽으며 의미 단위 파악하기', '의미 단위에 따라 데이터를 분류 병합하기', '각 의미 단위에 대해 성찰하며 기술하기', '의미 단위에 대한 주제 기술하기', '주제들 사이에 구조적 관계 파악하기' 이다.

현상학적 분석의 시작은 데이터를 반복적으로 읽으며 그 속에 담겨있는 의미를 파악하는 것으로 시작된다. 앞에서 언급한 바와 같이 현상학적 분석과정은 읽기와 성찰의 반성이다. 따라서 현상학적 분석의 첫 번째 단계는 데이터를 반복적으로 읽으며 그 속에 들어 있는 의미를 파악하는 것이다. Smith & Flowers & Larkin(2009)은 이러한 현상학적 분석의 첫 번째 단계로서의 읽기에 대해 연구자가 자기 자신을 원자료 속으로 몰입시키는 과정이라 논의한 바 있으며, 만약 자료가 인터뷰 자료의 전사본인 경우 녹음한 자료를 함께 들으며 읽는 것을 제안한 바 있다. 이 단계에서 연구자는 자료를 반복적으로 읽고 몰입하며 자료 안에 담긴 의미를 파악한다.

이후에는 텍스트를 의미단위 별로 묶어주는 과정이 이어진다. 이 단계와 관련하여 Werlz (2011)의 논의를 좀 더 살펴보면, 그는 단순히 텍스트를 의미단위 별로 잘라 붙이기보다는 각각의 텍스트의 의미가 자연스럽게 연결될 수 있도록 재기술하는 과정을 첨가할 것을 제안했다. 그는 이러한 과정을 통해 텍스트에 대한 성찰이 좀 더 자연스럽게 일어날 수 있다고 논의한 바 있다. 또한 그는 각각의 의미에 개념이나 의미를 나타내는 구나 절을 사용하기보다는 '의미단위 1', '의미단위 2'와 같은 중립적 언어를 사용한 바 있는데, 이는 '개념'이나 '주제'가 먼저 주어지는 것이 아니라 그러한 의미단위에 대한 성찰을 통해 그것들이 도출되어야 함을 보여주는 것이라 할 수 있다. 예를 살펴보자. Wertz(2011)는 갑상선 암에 걸린 적이 있는 Teresa라는 여인의 인터뷰 자료와 자전적 글쓰기 자료를 반복적으로 읽고 이를 의미단위 별로 재기술하였다. 그중 그녀의 민족적, 종교적 배경을 담고 있는 기술들을 묶어 분류 병합하여 다음과 같이 재기술하였다.

의미단위 1. 우리 어머니는 천성적으로 걱정이 많은 사람이었어요. 그녀는 언제나 소심하고 겁이 많았어요. 내 생각에는 폭군 같은 아버지가 어머니를 그렇게 항상 초조하게 만든 것 같아요. 내 기억에 어머니는 무엇이든 잘못 되면 항상 고민했어요. 커피가 너무 뜨겁거나 너무 차가울 때도 그랬어요. 그런 바보 같은 것으로도 말이에요. 그래서 내가 보는 어머니는 항상 이렇게 위축되어 있는 사람이었어요. 어머니는 사실은 개인적으로 보면 굉장히 강한 사람이었어요. 그럼에도 내 어린 시절 보아왔던 어머니의 모습은 아버지의 폭압적인 모습의 그늘 아래서 떨고 있는 모습이었어요. 그녀는 그러한 태도를 그녀의 인종적인 배경 탓으로 돌렸지요. 필리핀인이었거든요. 그리고 매우 엄격한 종교적 분위기 속에 자란 탓으로 돌리기도 했어요. 남편에 대한 아내의 의무로서의 가톨릭적인 이해 같은 것이지요. 착하고 순종적인 아내요. 그리고 그러한 아내의 의무는 남편이 먼저고 그 다음이 아이들이었어요. 그녀는 그러한 것들을 나에게 아주 많이 말했지요. 그래서 말할 것도 없이, 그런 것은 나의 아버지를 향한 적개심에 있어서 그렇게 좋은 것이 되지는 못했어요. 나의 신앙심 측면에서도 그랬지요. 여성의 위치라는 것이 아마도 내가 가톨릭 교회에 대해 가지고 있는 것 중 가장 큰 것일 것이에요.(Werlz, 2011)

분석의 세 번째 단계는 각각의 의미단위에 대한 성찰 글쓰기를 수행하는 것이다. 앞에서 언급한 바 있지만 van Manen(2011)은 현상학적 질적연구는 글쓰기를 통해 이루어진다고 강조하며 글쓰기를 현상학적 질적연구의 심장이라 주장했다. 그에 따르면, 우리는 우리가 알게 된 의미를 글쓰기를 통해 나타내는 것이 아니라 글쓰기를 통해 그 의미를 알게 된다. 이러한 그의 논의는 현상학적 질적연구에서의 글쓰기, 특히 성찰 글쓰기의 강조로 받아들일 수 있다. 성찰 글쓰기란 자료에 대한 기술적 분석이며, 연구자는 이러한 기술적 분석을 통해 텍스트에 담긴 의미를 도출한다. 따라서 연구자는 지속적으로 자료에 대한 분석적 글쓰기를 수행해야 할 것이다.

그렇다면 여기서는 이러한 성찰적 글쓰기의 다양한 예들을 살펴보는 것이 도움이 될 것이다. 우선 van Manen(2002)은 'The Tone of Teaching'에 대한 체험의 의미에 대한 다음과 같은 성찰적 글쓰기를 수행하였다. 이 글쓰기에서 그는 '아이'가 가진 의미를 비롯해 '교사', '부모'가 아이와 어떠한 관계를 맺어야 하는지에 대한 성찰을 기술하고 있다.

우리에게 아이는 우선이 아니지만, 아이에게 우리는 우선이다. 아이는 우리에게 하나의 선물이다. 가능성을 경험하게 하는 선물 말이다. 아이는 아이이다. 왜냐하면 아이는 자라는 과정에 있기 때문이다. 따라서 아이는 인생을 가능성으로 경험한다. 부모나 교사가 아이를 가르친다는 것은 가능한 존재 방식을 의도적으로 보여주는 것이다. 이렇게 어른들이 아이를 가르칠 수 있는 것은 어른의 삶이란 끝이 없는 과정이라는 것을 알기 때문이다. '어떻게 살아야 하는가?'

라는 질문은 인간이 영원히 풀지 못하는 숙제다. '이것이 내 인생인가?', '나는 잘 살고 있는가?' 우리 안의 이런 질문을 다시 끌어내는 가장 영향력 있는 사람은 바로 아이이다. 우리가 해야 할 일은 아이에게 귀 기울이고, 아이에게서 배우는 것이다. 이런 면에서 아이는 우리의 스승이다.

우리는 아이에게 교사와 부모로서 우리 자신을 기꺼이 보여준다. 이것이 아이에게 사는 법을 이해시키는 가장 좋은 방법이다. 더 자세히 말하면, 우리는 아이가 처한 상황을 이해시키기 위해 최선을 다해야 한다. 아이는 복잡한 삶을 어떻게 경험하는가?

아이 곁에 있다는 것은 매우 개인적 행위이며, 뭐라고 단정하기 힘든 행위다. 우진이와 그의 할아버지, 할머니의 경우를 보자, 우진이는 네 살이고, 할아버지, 할머니와 따로 산다. 당연히 할아버지, 할머니는 우진이를 보고 싶어 한다. 그래서 그들은 틈나는 대로, 그들의 차를 가지고 우진이의 집으로 가서 우진이를 차에 태워 어딘가로 가곤 한다. 이럴 때면 우진이는 매우 들떠있다. 자동차 안의 여러 종류의 계기판이나 버튼들, 또는 바깥의 풍경은 우진이에게 새로운 호기심을 불러일으킨다. (van Manen, 2002)

또 다른 예를 살펴보자. Boger(2011)는 컴퓨터 프로그램으로 학생을 관찰하는 교사의 행위와 그것들이 어떻게 일어나는지에 대한 기술적 분석 글쓰기를 다음과 같이 보여주었다.

교사들은 희망을 가지고 학생들의 온라인 경험에 대한 통찰력을 얻기 위해 학생 추적 보고서를 검토하지만, 곧 교사가 할 수 있는 일에 대한 한계를 깨닫게 된다. 교사가 온라인 교실의 공간에서 만든 매 순간의 움직임을 추적할 순 있지만 학생이 주어진 내용을 읽는데 방해를 받고 있는지 아닌지에 대해 알 방법은 없다. 학생들이 온라인에 언제, 얼마나 오래, 얼마나 자주 접속하는지를 확인하는 것은 이러한 측면에서 도움이 되지 않는다.

교사가 추적 소프트웨어가 내장된 학습관리도구(LMS)를 사용하여 전자적으로 학생들을 감시할 때, 보이는 학생들의 경험은 1차원적인 것이다. 보거나 목소리를 들을 사람이 없다. 대신 교사들은 학생들의 온라인 경험의 특정한 차원을 대표하리라고 생각되는 숫자들에 의존할 뿐이다. 몇 가지 미리 정해진 변수에 학생들의 경험을 감소시키는 것은 교사들이 보는 것을 제한한다. 이것은 교사들이 그녀의 학생들이 그들이 접근한 댓글과 어떻게 소통하는지 아는 것은 불가능하다. 그리고 그녀는 그녀가 차지해서 읽고 있는 것의 깊이에 대해 궁금한 채로 있게 될 것이다. 그녀는 그것이 이해가능한지, 피상적 읽기인지, 전혀 읽을 수 없는 것인지 말할 수 없을 것이다. 마우스 클릭 횟수를 세거나 온라인에 접속하는 시간을 계산하는 알고리즘은 온라인에서 어떤 일이 일어나고 있는지 전체적인 개요를 제공할 수 있다. 하지만 그것은 학생들이 삶의 경험이나 일어난 상황에 대한 묘사에 대해서는 설명해줄 수 없다. 이와 같이, 학생들의 경험을 나타내는 숫자들은 독특함이나 학생들의 경험의 주관적인 복잡함은 설명할 수 없다는 것이다.

물론 교사가 학생을 관찰하는 것만으로 학생의 경험이 진짜 무엇인지에 대해 정확한 그림을 얻는 것은 결코 쉽지 않다. 학생들이 창밖을 내다볼 때, 교사는 정말 학생이 무엇을 하는지 확실하게 알 수 없다. 우리는 학생이 공상을 하거나 외부의 무언가를 보고 있다고 상상할 수 있지만 우리 모두가 생각하듯 학생은 다음에 무엇을 쓸지, 머릿속으로 암산을 하고 있을 수 있다. 그래서 관찰자가 학생으로서 같은 물리적 공간을 공유할 때, 그것은 학생의 경험의 전체 의미와 중요성을 파악하기란 쉽지 않다. (Boger, 2011)

같은 연구에 나타나는 또 다른 성찰의 내용을 살펴보자. 다음의 성찰 글쓰기에서 Boger (2011)는 '지켜보기'와 '관찰하기'의 차이점에 대해 성찰하고 있다.

외부인들에게 학생들을 '지켜보는 것'과 '관찰하는 것'은 매우 비슷할 수 있다. 하지만 각각의 산 경험은 매우 다르다. 가장 확연하게 다른 점은 '지켜보는 것'과 '관찰하는 것'은 관찰자의 의도에 달려있다는 것이다. 교사나 부모가 아이들을 '지켜보는 것'은 해로운 것으로부터 아이들을 지키기 위함이다. 그렇지 않으면 교사가 학생들이 시험시간에 컨닝을 하지 않는지 확인하기 위해 '지켜보는 것' 일 수 있다. 이러한 각각의 사례에서 학생들을 '지켜보는' 행동은 책임감을 동반한다. 이러한 방법으로, '지켜보기' 그룹의 학생들은 독특한 형태의 교육적 관찰이다. 반면 단지 '관찰하기'는 같은 종류의 책임감을 내포하고 있지 않다. 따라서 학생들을 멀리서 '관찰하기'는 학생들을 '지켜보기'가 가지는 책임감과는 매우 다르다. 종종 교사는 학생들을 그들의 작업을 계속하도록 하는 목적으로 학생들을 지켜보기도 한다. 교사의 의도에 따라 이것은 특별한 종류의 학생의 마음속에 대한 최고의 관심을 내포한 교육적 관찰로 보여질 수 있다. (Boger, 2011)

다음의 성찰 글쓰기는 언어에 대한 성찰이다. Li(2002)는 '토의하다(discuss)'와 '대화하다(converse)'의 어원에서 드러나는 차이점에 대해 성찰함으로써 겉으로 보기에 유사해 보이는 두 개념이 사실은 상당히 다른 것임에 대해 성찰하고 있다.

'토의하다(discuss)'는 타동사이고 '대화하다(converse)'는 자동사이다. 우리는 '주제에 대해 토론하기(discussing an issue)'라고 말하지 '주제에 대해 대화하기(converse an issue)'라고 말하지 않는다. … (중략) … 라틴어 'discutere'는 "거칠게 흔들다, 분쇄하다, 박살내다, 흩어버리다, 흩트리다"를 의미한다. 우리는 이러한 때림, 타격함, 질타함과 같은 거친 의미를 '충격을 주다(concussion)' 나 '타악기(percussion)' 같은 단어에서 확인할 수 있다. 두 주체가 하나의 토픽이나 대상에 대해 토론할 때 그 대상은 요동치고, 충돌하고 공격당한다. 그리고 때때로 그들이 논쟁하고 열성적으로 반대할 그 주체 자신이 그 대상과 같은 방식으로 취급되기도 한다. 사실상 이러한 이유 때문에 우리가 '격렬한 논쟁'이라고 부를지도 모른다. 유사하게 '토론하기'라는 말 역시 어원적으로 '싸움, 전투'와 '치다, 때리다' 같은 의미를 암시한다. '토의'와 '토론' 둘 다 강요, 갈등, 대립 그리고 대결이라는 의미를 내포하고 있다.

> 하지만 '대화(conversation)'는 이러한 강제적 행동이라는 어원적 의미를 가지고 있지 않다. 대화(conversation)는 "누구와 관계 맺다"와 "돌아보다, 머물다, 살다"의 의미를 가진 라틴어 'conversari'에서 그 어원을 찾을 수 있다. '대화(conversation)'라는 단어는 함께함, 접촉함과 관련된 감각을 불러일으키는 것처럼 보인다. 접두사 'con'은 그것과 관련된 '집중하다'(converge: 한 곳을 향하게 하다), '접촉하다'(contact: 매우 가깝게 붙어 있다), 그리고 '소집하다'(convoke: 모이다)와 같은 단어들처럼 가까이 모여 있는 감각을 연상시킨다. 이러한 함께함의 의미가 대화(conversation)의 어원적 의미의 바탕인 것처럼 보인다. 좋은 대화는 대화가 공유된 세상 속에서 함께하는 삶의 감각이나 공감을 창조한다는 측면에서 토론과 다르다. (Li, 2002)

이와 같이 반복적인 읽기와 글쓰기가 지속되는 과정에서 연구자는 자료 속에 내재되어 있는 현상학적 주제들을 직관을 통해 파악할 수 있게 된다. 즉 성찰의 과정에서 직관적으로 주제를 도출하는 것이 글쓰기에 자연스럽게 따라온다. 그렇다면 일련의 예를 통해 그 과정을 살펴보도록 하자.

정상원(2014)은 학교생활기록부 작성과정에 대한 교사의 체험에 대한 현상학적 연구를 수행했다. 이 과정에서 다음의 내용에 대해 성찰 글쓰기를 수행하였다.

> 과연 내가 그 아이를 제대로 본 게 맞을까 하는 그런 것에 대한 부담감이나 책임감 같은 게 큰 거 같아요. 다른 사람이 재를 봤을 때는 또 다르게 볼 수도 있을 텐데. 내가 내 주관으로 내가 어떠한 편견을 가지고 사람들을 보는 그런 게 있잖아요. 자기가 좋아하는 학생들의 취향이나 나는 이런 유형의 학생들을 좋아하고 이런 유형의 학생들은 나와 잘 안 맞아. 그런 게. 어떻게 보면 교사의 개인적인 성향인데 그런 것 때문에 그 아이를 잘못 판단할 수도 있을 거라는. 약간 그런 확신이 잘 안 선다라고 해야 하나. 그런 게 좀 있는 거 같아요. 좀 조심스러운 것 같아요. (교사 인터뷰 중 일부)

이 자료에 대해 그는 다음과 같은 성찰 글쓰기를 수행하였다.

> 모든 사람은 자신의 관점에서 타인을 평가한다. 교사도 학생을 평가할 때 교사 자신의 관점에서 평가한다. 하지만 이때 교사의 관점이라는 것이 보편적이지 않을 수도 있다. 다른 대부분의 교사가 보았을 때 별문제 되지 않는 행동이 유독 그 교사에게만 문제행동으로 비칠 수 있

> 다. 예를 들어 학생이 수업시간에 수업과 관련 없는 질문을 했을 경우, 교사에 따라 그런 행동이 수업을 방해하는 행위로 보일 수도 있고 활발하게 수업에 참여하는 모습으로 보일 수도 있다. 교사가 자신의 관점에서 평가를 하다보면 보편성이 떨어지는 편향된 평가를 할 수도 있을 것이다. 그리고 교사 입장에서 보면 그것은 잘못된 평가라고 부를 수 있다. (성찰 글쓰기 중 일부)

앞의 성찰을 통해 연구자는 "교사는 자신의 평가가 틀릴 수 있다는 불안감을 가진다"라는 주제를 도출하였다.

이렇게 성찰 글쓰기를 통해 주제들이 도출되면 그 다음 단계는 도출된 주제들을 서로 묶어주는 과정이 필요하다. Creswell(2007)은 현상학적 질적연구의 목적을 경험에 대한 본질적 요소들의 구조를 밝히는 것이라 논의한 바 있다. 이는 현상학적 분석의 목적은 도출된 주제들을 단순 나열하는 것이 아니라 이를 묶어 하나의 전체적인 구조로서 체험을 구성해야 한다는 것을 의미하는 것이라 하겠다. 이때 주제들을 연결하기 위해 주제들 사이의 관계를 파악하고 이를 기반으로 주제를 묶어야 하며, 이를 통해 전체적인 체험의 구조를 밝혀야 한다. 위 정상원(2014)의 예를 다시 살펴보자. 앞서 살펴보았던 읽기와 성찰의 글쓰기 과정에서 그는 다음의 주제들을 도출하였다.

〈표 4-10〉 교사의 학교생활기록부 작성 체험 속의 주제들(정상원, 2014)

- 교사는 학교생활기록부에 각자의 의미를 부여한다.
- 교사는 자신의 평가를 그대로 기록하는 것이 부담스럽다.
- 교사는 부담감에서 벗어나기 위한 전략을 사용한다.
- 학교생활기록부에 표기하지 않은 기록들이 존재한다.
- 학교생활기록부 기록에 대하여 여러 가지 경험이 교차한다.

그는 위의 주제들을 시간적 전후관계, 원인 결과의 연쇄관계를 기반으로 관계 지었으며 이를 구조화하였다. 이를 통해 학생 평가와 평가 기록에 대한 교사들의 경험을 다음과 같이 구조화하였다.

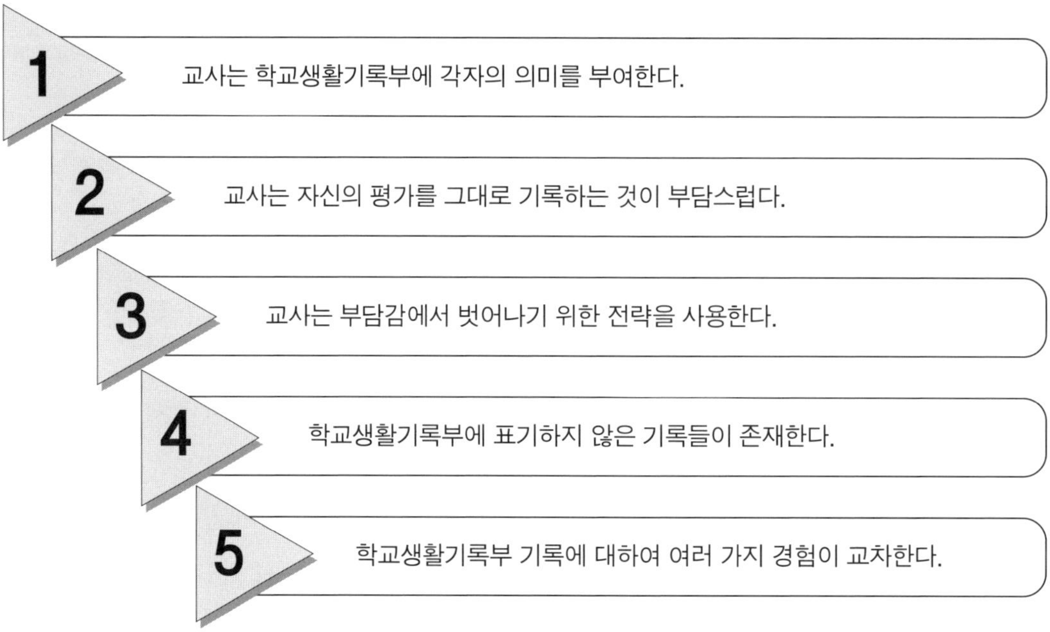

[그림 4-4] 주제 사이의 관계에 대한 도식화

(4) 기타 분석 절차

위와 같은 각 방법론의 입장에서 살펴본 질적 분석 절차 외에 분석절차에 대한 이론화를 논의한 학자들이 있는데, 여기서는 이러한 학자들의 분석절차를 살펴본다. Saldaña (2013)은 질적 자료 분석 절차를 크게 '1차 주기 코딩(first cycle coding)'과 '2차 주기 코딩(second cycle coding)'으로 제시하고 있다. 이때 '1차 주기 코딩'이란 자료를 쪼개 '코드'를 부여하는 과정으로 이해될 수 있으며, '2차 주기 코딩'이란 코드들을 결합하여 범주를 형성하거나 범주들을 서로 연결하여 의미의 구조를 형성하는 과정으로 이해될 수 있다.

이동성·김영천(2014)은 다양한 질적 분석 절차에 대한 논의를 통해 실용적 절충주의적 관점에서 질적 분석 절차의 이론화를 시도한 바 있다. 이들은 이러한 시도의 결과로 '포괄적 분석 절차'를 제시하였다. 그것은 1단계, '반복적인 자료 읽기/질적자료 정리(관리하기)', 2단계, '분석적 메모 쓰기', 3단계, '1차 코딩', 4단계, '2차 코딩', 5단계, '3차 코딩', 6단계, '연구 결과의 재현'으로 이어지는 일련의 단계들이다.

위의 절차를 좀 더 살펴보자. 우선 1단계로 자료에 대한 반복적 읽기가 이루어진다. 2단계 '분석적 메모 쓰기'는 절차상에 2단계로 위치하고 있으나 결과적으로 분석이 이루어지는 동안 계속되어야 한다. '분석적 메모'는 자료에 대한 연구자의 반성과 보고로서, 다시 말해 자료에 대한 연구자의 기술적 분석 글쓰기라 할 수 있다(Saldaña, 2013). 연구자는 코딩이 진행되는 동안 자료에 대한 연구자 자신의 기술적, 해석적 글쓰기를 통해 분석을 진행하여야 한다. 이에 대한 자세한 논의는 뒤에서 다룬다.

3단계로 '1차 코딩'은 코딩을 통해 코드와 초기 범주를 생성하는 단계로, 앞서 살펴본 근거이론의 '초기코딩', '개방코딩'과 유사한 단계라 할 수 있다. 4단계로 '2차 코딩'은 추가적 코딩을 통해 새로운 코드와 범주의 관계를 파악하는 단계, 즉 범주와 범주 사이의 관계를 살피고 이를 연결해주는 단계라 할 수 있다. 5단계인 '3차 코딩'에서는 이전의 단계들을 통해 연구자가 범주들을 통합하고 이와 관련된 문화적 주제를 발견하는 단계가 된다. 6단계는 '연구 결과의 재현'으로 연구 결과를 재현할 수 있는 시각적 모형, 이론, 명제, 표, 그림, 내러티브를 통해 결과를 제시하는 것이다. 이 단계는 이전에 살펴본 여러 분석 절차와 비교되는 부분이라 할 수 있는데 이는 분석과 글쓰기가 분절되지 않고 동시에 진행되는 질적연구의 방법적 특성을 잘 반영하고 있는 부분이라 할 수 있다.

2) 질적 자료 분석의 보편적 절차 도출

앞에서 다양한 연구 전통들이 제시하고 있는 질적 자료 분석 절차와 방법, 그리고 이를 좀 더 포괄적으로 제시하고자 한 몇몇 학자들의 논의를 살펴보았다. 그렇다면 여기서는 이러한 논의들을 비교하며 이러한 논의들 속에 내재되어 있는 보편적 절차들을 추출하여 질적 자료 분석의 보편적 절차를 도출한다.

(1) 질적 자료 분석의 보편적 절차

앞서 논의한 질적연구 전통들과 학자들의 분석에 대한 논의를 살피며 그 속에 내재되어 있는 보편적 단계를 확인할 수 있었다. 그것들을 구분하면 크게 자료로부터 개념을 찾고 이에 코드를 부여하는 단계, 코드들을 비교하며 범주를 형성하는 단계, 범주들을 서로 연결하여 전체적인 주제 구조를 형성하는 단계, 그리고 최종적으로 주제를 형성하는 단계로 개념화할 수 있을 것이다. 그렇다면 여기서는 이 단계들을 각각 '개념화', '범주화', '구조화', '주제화'로 명명하고 일련의 단계로 이어지는 질적 자료 분석의 보편적 절차를 논의하고자 한다. 이를 그림으로 나타내면 [그림 4-5]와 같다.

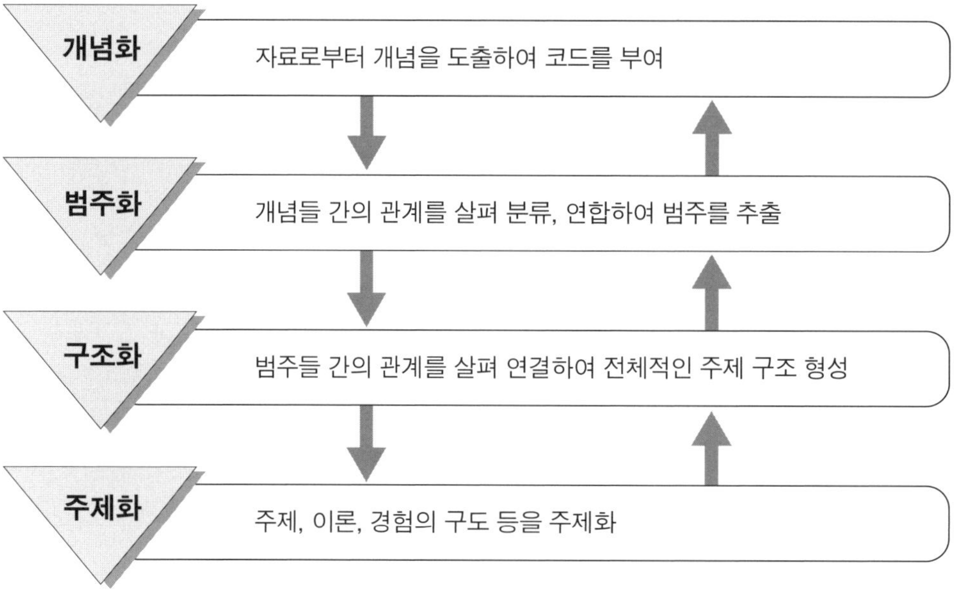

[그림 4-5] 질적 자료 분석의 보편적 절차

이와 관련해 Saldaña(2009)는 이러한 단계들을 통합하는 일련의 도형을 제시하였다. 이것에 위의 보편적 절차의 관점을 더하여 변형, 확장하면 [그림 4-6]과 같이 도식화할 수 있다.

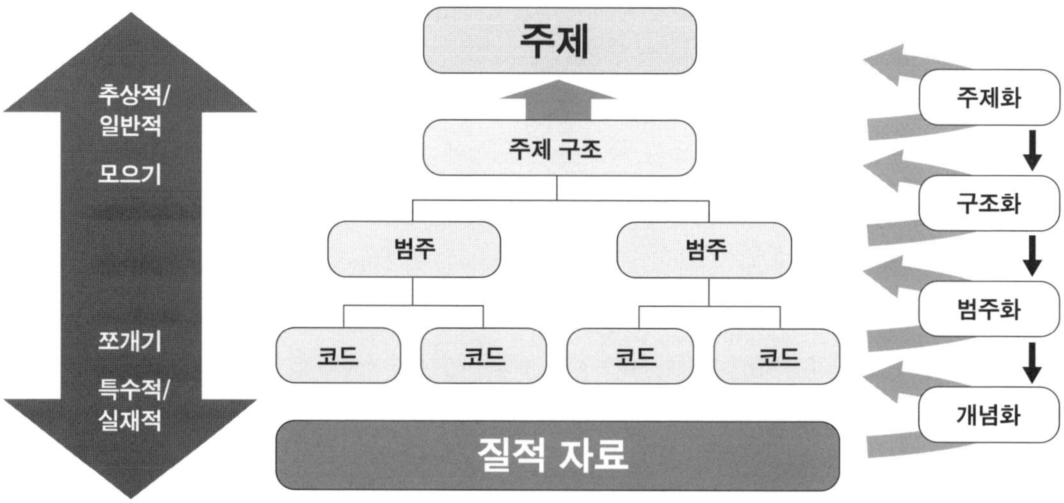

[그림 4-6] 질적 자료 분석의 도식화(Saldaña, 2009의 확장)

이 그림을 이해할 때 주의해야 할 점은, 분석 과정을 일방향적 단계로 보지 않아야 한다는 점이다. 질적 자료의 분석은 그림에 나타나는 각 단계를 오가며 분석이 이루어진다고 보는 것이 타당하다.

이제 이와 관련하여 분석적 메모에 대해 먼저 살펴보고 위 절차의 각 단계에서 연구자가 수행하여야 할 과업에 대해 논의해보자.

(2) 분석적 메모 작성

절차에 대한 논의에 들어가기 전에 연구 동안 지속되어야 할 분석적 메모에 대해 살펴보자. 분석적 메모는 질적 분석에서 핵심적 과업 중의 하나로, 연구의 시작부터 끝까지 이어지는 연구자의 분석적 글쓰기라고 할 수 있다. 이러한 분석적 메모는 학자들의 논의에 따라 다양한 이름으로 불려지는데 근거이론에서의 '메모(memo)', 현상학적 질적연구에서의 '성찰 글쓰기(reflection)'로 언급되는 것이 이러한 분석적 메모의 일종이라 할 수 있다(Strauss & Corbin, 1998; Wertz, 2011). Strauss & Corbin(1990)은 '메모(memo)'는 "이론의 형성과 관계가 있는 분석의 기록"이라 논의하였고, Charmaz(2006)은 이러한 '메모'를 통해 "범주를 설명하고, 채워 나가기 위한 분석 노트"를 만들게 된다고 하였다. Saldaña(2009)는 이러한 '분석적 메모'를 작성하는 목적으로 코딩 과정과 코드 선택에 대한 반성, 탐구의 과정이 어떻게 형성되고 있는지에 대한 반성, 패턴, 범주, 하위 범주, 주제 개념에 대한 반성으로 논의한 바 있다. 이러한 논의를 종합하면 결국 분석적 메모란 연구자가 자료에 대한 분석 과정에서 작성하는 연구자의 기술적 분석의 결과물이라 할 수 있으며, 연구자는 이러한 분석적 메모를 작성하는 과정을 통해 자신이 찾고자 하는 의미에 다가간다.

이러한 분석적 메모는 구체적으로 어떻게 이루어져야 하는지, 무엇에 대해 성찰해야 하는지가 정해진 것은 아니다. 하지만 분석적 메모의 개념을 좀 더 구체적으로 살펴보기 위해 몇몇 학자가 제시하는 분석적 메모의 유형에 대해 살펴보는 것도 의미가 있을 것이다. Saldaña(2009)는 성찰적 글쓰기의 유형으로 '연구참여자와 현상을 어떻게 연구자 개인을 연결하는 글쓰기', '연구 질문에 대한 회고의 글쓰기', '코드 선택과 조작적 정의에 대한 글쓰기', '떠오르는 유형, 범주, 주제 그리고 개념에 대한 글쓰기', '부호, 유형, 범주, 주제 그리고 개념 간에 가능한 네트워크에 대한 글쓰기', '새로이 떠오르거나 이전에 존재한 이론에 대한 글쓰기', '연구 중에 발생한 문제나 딜레마에 대한 글쓰기', '연구와 관련된 개인적 윤리적 문제에 대한 글쓰기', '향후 연구 방향에 대한 글쓰기', '최종 보고서에 관한 글쓰기' 등을 제시했으며, Smith & Flowers & Larkin(2009)은 '기술적(descriptive)' 성찰 글쓰기, '언어적(linguistic)' 성찰 글쓰기, '개념적(conceptual)' 성찰 글쓰기, '해체적(deconstruction)' 성찰 글쓰기를 제안했다.

그렇다면 이러한 논의를 유념하며 실제로 성찰적 글쓰기의 예들을 살펴보자. 다음은 만성질환자의 삶에 대한 연구에 관한 Charmaz(2009)의 분석적 메모이다.

코드: 하루를 마지막처럼 살아가기

메모 내용: 하루를 마지막처럼 살아가기는 만성 질환자와 다른 누군가가 질병에 대처할 때, 미래에 대한 계획, 심지어 일상적 활동도 중단한 채, 매일 매일의 기준에서 질병에 대처해 나간다는 것을 의미한다. 하루를 마지막처럼 살아갈 때 사람들은 자신의 미래가 흔들리고 있고 미래를 예측할 수 없으며, 미래가 있기는 할까라는 감정을 느낀다. 하루를 마지막처럼 살아간다는 것은 두려움이나 미래에 대한 암시 때문에 완전하게 꼼짝 못한 채로 있지 않으며, 질병, 치료, 치료 계획에 초점을 두게끔 한다. 사람들은 현재에 집중함으로써 죽음에 대한 생각이나 죽을 가능성에 대한 생각을 피하거나 최소화할 수 있다.

위의 분석적 메모에서 연구자는 만성질환자들의 삶 속에서 질병은 현실의 불확실성을 극대화시키는 조건이며, 이러한 미래에 대한 불확실성은 환자들이 오히려 현재에 초점을 맞추게 하는 상황을 가져오게 됨을 분석하고 있다.

예를 좀 더 살펴보자. 다음은 유소년 엘리트 축구선수의 부모들의 경험에 대한 분석적 기술이다. 이 기술에서 연구자는 선수들의 부모들이 겪게 되는 코치와의 상호관계에 대한 기술적 분석을 보여준다.

부모들은 코치들의 요구에 응하는 것에 대한 부담감을 경험하는데 그러한 요구들은 학교 휴일 중 보충 훈련에 참석하는 것과 같은 것이다. 비록 그러한 것이 선택적이기는 하지만 부모들은 그러한 훈련에 불참하는 것에 대해 코치들이 부정적으로 받아들여질 수도 있다고 느낀다. 때때로 부모들은 선수들이 성장과 관련된 코치들의 요구에 순종하여 자신들의 아들이 팀 내에서 위치가 위태로워지는 것을 피한다. (Clarke & Harwood, 2014)

정상원(2014)은 학교생활기록부 작성과정에서 교사가 '정확한'을 어떻게 정의하느냐에 따라 생활기록부 작성의 초점이 달라질 수 있음을 분석하고 있다.

전자는 '정확한'의 기준이 그 아이의 실제 모습을 보편적으로 보여줄 수 있느냐 없느냐로 판단되는 반면, 후자의 경우 '정확한'의 기준이 아이가 작성한 답안의 수준을 '정확하게' 표현하였는가로 한정된다.

이처럼 교사들은 '정확한' 학교생활기록부 기재 내용 및 '정확한' 평가를 추구하지만 정확한의 기준에 대해서는 서로 다른 정의를 따르고 있는 모습을 보인다. 그리고 상대적으로 '보편성'이라는 부분에 중점을 두고 있는 교사들은 필연적으로 학생의 부정적인 부분에 대해서도 기술해 주는 것이 '정확한' 평가 결과의 기술이라 생각하는데 그러한 '정확한' 평가 결과를 기술하는 것은 교사에게 무척 부담스러운 일이다. (정상원, 2014)

(3) 개념화

개념화는 연구자가 자료 속에 내재되어 있는 개념을 찾고 이것에 코드를 부여하는 단계이다. 이 단계에서 연구자는 자료를 반복적으로 읽으며 그 자료 속에 있는 개념을 탐색한다. 이때 주의해야 할 것은 자료 안에는 여러 개념이 혼재되어 있으며 하나의 문장에도 많은 개념이 내재되어 있을 수 있다는 점을 유의해야 한다는 점이다. 연구자는 그러한 개념들 중 자신이 찾고자 하는, 자신의 탐구 대상과 밀접한 관련이 있는 개념을 찾아야 한다. Chamarz(2011)는 자료의 분석은 자료와 연구자 간의 상호작용이라 논의한 바 있는데, 이는 어떤 연구자가, 어떤 연구문제를 가지고 자료를 분석하느냐에 따라 추출할 수 있는 개념, 범주, 구조 등이 달라질 수 있음을 의미한다고 할 수 있다. 예를 들어 자료 속에서 "아버지는 종종 만취한 채로 집에 들어오셨고 그럴 때마다 어머니와 크게 다투셨어요"라는 내용이 포함되어 있다고 생각해보자. 그렇다면 연구자는 그 하나의 문장에서도 다양한 개념들을 추출할 수 있다. '아버지의 음주습관', '부부 갈등', '집안의 폭력적 분위기', '아이가 느끼는 불안감' 등이 그것일 것이다. 그렇다면 이 중 연구자가 탐구하고자 하는 연구 주제와 관련성이 깊은 개념을 찾아 그것에 코드를 부여하는 것이 필요하다. 만약 연구자의 연구 주제가 '부부 갈등'과 관련이 깊다면 그것을 선택하면 되는 것이고, '가정불화로 인한 아이의 정서적 경험'과 관련되는 것이라면 '가정 불화' 나 '아이가 느끼는 불안감' 등의 개념을 선택해야 할 것이다.

그렇다면 예를 통해 이러한 '개념화' 단계가 어떻게 이루어지는지 살펴보자. 〈표 4-11〉은 학교생활기록부 작성에 대한 교사의 인터뷰와 그것에 대한 코드 목록이다. 이와 같이 개념과 그에 따른 코드를 추출하면 그 다음 과정으로 범주화가 따라온다.

(4) 범주화

범주화 단계에서는 개념화 단계에서 도출된 코드를 중심으로 범주를 도출한다. 범주는 코드들 혹은 하위 범주들로 이루어진다. Strauss & Glaser(1999)는 이러한 범주에 대해 이론을 구성하는 개념적 요소로 논의한 바 있다. 이는 이론을 구성할 때 범주가 그 개념적인 기본이 된다는 점을 드러낸 것이라 볼 수 있다. 따라서 범주를 형성하는 단계에서 이론을 구성할 수 있는 뼈대가 준비된다고 할 수 있다. Charmaz(2009)는 이러한 범주를 구성하는데 몇몇 조언을 하고 있다. 첫째, 자료에서 나타나고 있는 바를 가장 잘 대표하는 코드가 무엇인지 평가할 것, 둘째, 범주를 최대한 개념이 잘 드러나게 만들 것 등이다. 그렇다면 앞의 예를 통해 이러한 과정을 살펴보자. 앞에서의 개념화 코드들을 통해 〈표 4-12〉와 같은 범주를 발견할 수 있을 것이다.

〈표 4-11〉 인터뷰 내용과 코드 목록

인터뷰 자료	코드
• 사실 바른생활이나 도덕, 이런 부분에 대해서는 수행평가라는 것이 태도나 그런 것들에 대한 평가를 많이 하다 보니까 그 평가지 한 장으로 판단하기에는 무리가 있어요.	• 태도에 대한 평가의 어려움
• 그 평가지만 잘하는 애가 있는가 하면 실제 행동을 잘하면서도 자기한테 너무 엄격한 기준을 적용해서 자기평가를 하는 애들도 있더라구요. 그럴 때는 제가 좀 그걸 감안해서 평가를 하기도 해요.	• 개인적 기준에 따른 결과의 다름
• '내가 이걸 실천하나요?' 하면 평가라고 생각하고 자기는 그걸 실천하지 않으면서 잘하고 있다고. 물론 거짓말을 하려고 그런 거는 아니지만 자기 스스로 잘하고 있다고 평가를 하는 애들도 있고.	• 자기평가의 낮은 기준
• 또 전체적으로 볼 때 내가 무리 없이 하는데도 내가 열심히 안 한 거 같아서 자기가 그걸 실천하지 않는다고 하는 애들도 있더라고요.	• 자기평가의 높은 기준
• 그러다보면 뭘 잘해보겠다는 애들은 오히려 점수가 행동은 못 따라 주는데 잘하겠다는 의욕으로 평가하는 애들은 높게 나오고. 또 괜찮게 하는데도 자기 나름의 기준에 못 미쳐서 자기평가 점수가 낮은 애들은 제가 관찰을 통해서. 너무 자기 스스로 기준을 높게 잡은 애들은 제가 점수를 좀 더 준다던가.	• 교사의 관찰로 결과 보정

〈표 4-12〉 코드들을 통한 범주화

범주	코드
평가의 어려움	태도 평가의 어려움
평가가 어려운 원인	개인적 기준에 따른 결과의 다름, 자기평가의 낮은 기준, 자기평가의 높은 기준
교사의 처리 전략	교사의 관찰 결과로 보정

이 범주들은 분석의 자료가 짧기 때문에 매우 간단하게 나타났지만 자료가 늘어나고 분석이 진행됨에 따라 코드와 범주의 수는 늘어나게 될 것이다.

이렇게 범주가 도출되면 이러한 범주들의 관계를 고려하면서 범주를 연결하는 작업이 뒤따른다.

(5) 구조화

범주가 형성되면 범주 간의 관계를 살피며 이를 연결하여 구조화해주는 작업이 뒤따른다. 앞서 살펴보았던 근거이론의 '축코딩'과 문화기술지의 '분류분석'이 대표적 형태라고 할 수 있는데(Spradley, 1980; Strauss & Corbin, 1998), 이때 중요한 것은 이전의 분석을 지속하는 동안 연구자가 도출한 범주 간의 관계에 주의하며 구조화 과정이 이루어져야 한다는 것이다.

이 구조화는 앞으로 연구자가 작성하게 될 연구 결과물의 뼈대를 이룬다는 점에서 논문 결과물의 구조를 결정짓는 중요한 과정이라 할 수 있다. 구조화 단계에서는 Strauss와 Corbin(1998)의 패러다임 모델이나 Glaser(1978)의 '코딩 집단'을 염두에 두고 분석을 진행하는 것도 유용할 것이다. 예를 통해 살펴보자. 위에서 살펴본 개념화, 범주화 단계를 지속적으로 오가며 개념과 범주들이 더 생성되어 아래와 같은 범주들이 형성되었을 때, 그 범주들은 <표 4-13>과 같이 구조화될 수 있을 것이다.

〈표 4-13〉 범주들과 범주들의 주제 구조

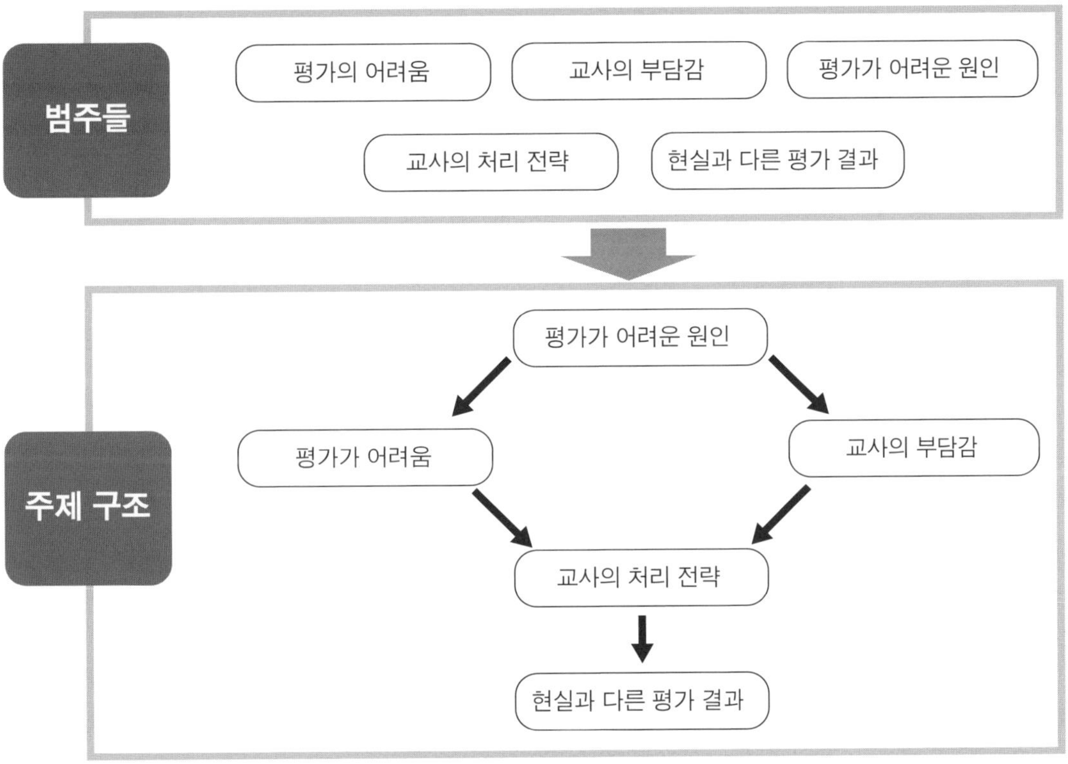

(6) 주제화

이와 같은 과정을 통해 연구자들은 자료 속에 내재되어 있는 하나의 결과, 패턴, 이론으로서의 문화적 주제를 도출할 수 있게 된다. 그리고 그것은 자료를 통해 밝혀낸 여러 의미들을 포괄하는 하나의 큰 주제가 된다. 앞의 예의 경우는 "교사는 평가의 어려움과 부담감을 해결하기 위한 전략을 사용하고, 이 전략의 결과로 현실과 다른 평가 결과를 남기게 된다"로 주제화할 수 있을 것이다.

2. 코딩 전략

앞의 논의를 통해 질적 자료 분석을 위한 보편적 절차에 대해 살펴보았다. 하지만 이러한 절차를 알고 있더라도 그 구체적 과업을 수행하는 것이 그리 쉽지 않을 것이다. 따라서 여기서는 각 단계를 수행하는 데 참고가 될 몇 가지 코딩 전략을 소개한다. Saldaña(2009)는 질적연구자들을 위한 몇 가지 코딩전략을 논의한 바 있는데, 여기서는 그것들 중 몇몇을 소개하고 그것을 어떻게 적용될 수 있는가를 살펴보겠다. 하지만 이러한 전략이 질적연구자가 지켜야 할 규칙이나 원칙 같은 것은 아니며, 어디까지나 참고할 만한 것이라는 점, 또한 이를 그대로 따르기보다는 연구자의 연구 주제에 알맞게 응용하여야 한다는 점을 분명히 인식해야 한다.

1) 개념화 코딩 전략

개념화 단계는 자료로부터 개념을 추출하고 그것에 코드를 부여하는 단계이다. 이때 그 초점이 무엇인지에 따라 다양한 코딩 전략이 사용될 수 있다.

(1) 규모적 코딩(magnitude coding)

규모적 코딩은 강도, 빈도, 방향 유무 또는 평가한 내용을 표시하기 위한 코딩 전략이다(Tashakkori & Teddlie, 1998; Saldaña, 2009에서 재인용). 이 코딩 전략은 자료 속의 개념과 속성, 그리고 그 속성의 양적 측면을 살펴야 할 때 유용한 코딩 전략이라 할 수 있다. 또한 이러한 규모적 코딩은 문화기술지 분석의 속성 분석과 병행하여 사용될 수도 있을 것이다. 예를 통해 살펴보자.

〈표 4-14〉 규모적 코딩의 예

자료	코드
교실에는 13명의 학생들이 자신들의 자리에 앉아서 공부를 하고 있었다.	교실 밀집도 1
대부분의 학생들은 별 다른 모습을 보이지 않고 공부에 몰두하고 있었다.	학생 성실도 3
그런데 그중 A 학생은 공책 한구석에 낙서를 하고 있었다. 주변에 여러 가지 잡동사니 등이 어질러져 있었다.	A 학생 성실도 1
교실은 조용하였고, 청결했으나 구석구석에 약간의 먼지가 쌓여 있는 것을 발견할 수 있었다.	교실 정숙도 3 교실 청결도 2

(2) 동시적 코딩(simultaneous coding)

동시적 코딩은 하나의 자료에 둘 이상의 코드를 부여하는 코딩 전략이다(Saldaña, 2009). 당연한 말이겠지만 자료 속에는 다양한 개념이 혼재되어 있다. 따라서 하나의 자료에 여러 개의 코드를 부여해야 할 필요가 있을 경우가 생길 수 있다. 이때 하나의 자료에 하나의 코드를 고집하기보다는 필요한 만큼의 코드를 부여하면 자료의 다양성을 보존하는 코딩이 가능할 것이다.

〈표 4-15〉 동시적 코딩의 예

자료	코드
아버지가 술을 드시고 늦게 들어오는 날은 우리 가족이 모두 긴장을 해야 했다. 술에 취한 아버지는 어김없이 어머니에게 불만을 터뜨리며 집안의 가재도구를 던지기 시작했고,	(1) 가정 불화 (2) 아버지의 음주
어머니는 그런 아버지에게 돈도 못 벌어다 주면서 이게 뭐하는 짓이냐며 대들었고 그럴 때면 어김없이 아버지의 손찌검이 이어졌다.	(1) 폭력적인 아버지 (2) 가정 폭력
동생과 나는 방에 숨어서 그 소리를 들으며 숨 죽이고 빨리 이 순간이 지나가기를 바라며 밤을 지샜다.	어린 시절의 공포

또한 이렇게 형성된 동시적 코드들은 일단 형성된 이상 서로 다른 범주에 들어갈 수도 있고 다르게 취급되어질 수도 있다.

(3) 구조적 코딩(structural coding)

구조적 코딩은 탐구 주제를 드러내는 어절을 통해 코드를 부여하는 것이다(MacQueen, 2008; Saldaña, 2009에서 재인용). 이러한 구조적 코딩은 연구자가 자료를 분석할 때 연구 주제에 초점이 맞추어진 분석을 용이하게 하는데 도움이 된다. 코드 자체도 연구 주제를 중심으로 형성되기 때문에 연구 주제를 중심으로 한 자료의 분류 병합도 용이할 것이다. 예를 통해 살펴보자. 한 연구자가 '부진아 지도의 어려움'이라는 연구 주제로 연구를 할 때 다음과 같은 자료에 대해 구조적 코딩을 진행한다면 〈표 4-16〉과 같은 결과를 얻을 수 있을 것이다.

〈표 4-16〉 구조적 코딩의 예

자료	코드
연구자: 부진아 지도를 할 때 어떤 어려움이 있나요?	부진아 지도의 어려움
참여자: 일단 애들 관리하는 게 제일 힘들지요. 남으라면 도망가는 애들도 있고, 시켜 놓으면 안 하고 딴짓하다가 야단을 쳐도 안 하고 있고. 하기 싫다고 반항하는 애들도 있고. 성과도 별로 없다는 생각도 많이 해요. 아이들이 학업 결손이 너무 심해서 수업 마치고 잠깐 남아서 공부한다고 해결되지도 않고. 초등학교 4학년에게 2, 3학년 과정을 다시 공부시켜야 하는 경우도 많거든요.	부진아 지도 실패의 원인

이 예처럼 '부진아 지도'라는 연구 주제와 관련된 구나 절을 통해 코드를 부여함으로써 연구자는 연구 주제를 중심으로 형성된 코드들을 획득할 수 있을 것이다. 그리고 그러한 코드들은 다른 코드들에 비해 상대적으로 연구 주제 중심의 분석을 용이하게 한다.

(4) 기술적 코딩(descriptive coding)

기술적 코딩은 자료의 주제를 하나의 단어나 구로 축약해서 코드를 부여하는 것이다(Saldaña, 2009). 예를 들어 자료에 다양한 고통과 고통의 원인과 같은 내용들이 포함되어 있다면 그것에 '고통'이라는 단어로 코드를 부여하는 것이다. 예를 통해 살펴보면 〈표 4-17〉과 같다.

〈표 4-17〉 기술적 코딩의 예

자료	코드
연구자: 학생들을 지도할 때 어떤 어려움을 겪나요?	
참여자: 아이들의 기본적 태도가 문제가 있을 때 제일 힘들어요. 폭력성이 다소 있어서 다른 친구들과 다툼이 많은 아이들이나	폭력성
너무 의욕이 없어서 모든 일에 무기력한 아이들,	무기력함
특히 그런 애들은 폭력성 있는 애들보다 더 힘든 게 제가 어떤 피드백을 줘도 반항조차 안하니까 오히려 더 지쳐 버리는 거지요.	무기력함
무기력한 애들 같은 경우는 아예 교실에서 존재감이 없어서 제가 특별히 신경써서 보지 않으면 있는지 눈치도 못 챌 정도에요.	무기력함

이러한 기술적 코딩을 사용하면 상대적으로 동일성이 높은 코드를 획득할 수 있기에 자

료의 병합에서 다소 유리한 부분이 있다. 즉 코드가 단순하면 단순할수록 코드의 통일성이 높아지고, 복잡해질수록 다양성이 높아진다. 따라서 단순성이 높아지면 동일한 코드들을 많이 도출할 수 있을 것이고 이에 따라 코드별로 자료를 병합하기가 쉬워진다. <표 4-17>의 예를 살펴보면 '무기력함'이라는 코드를 중심으로 자료의 병합이 용이해진다. 반대로, 코딩에서 '무기력함'이라고 코드를 부여한 자료들에 '무기력한 아이들', '무기력한 아이들이 힘든 이유', '무기력한 아이들에 대한 특별한 관심' 등과 같이 코드를 부여하면 코드들 간의 다양성이 증가하기 때문에 상대적으로 자료를 병합해야 할 때 병합이 힘들어질 수 있다.

이러한 장점은 현상학적 분석을 수행할 때 큰 힘을 발휘할 수 있다. 앞에서 살펴본 바와 같이 의미단위 별로 묶어 지속적인 읽기와 분석 글쓰기를 수행해야 하는 분석에서는 의미별로 자료를 분류, 병합하는 작업이 필요한데, 이때 코드가 단순할수록 그것이 용이해지기 때문이다.

(5) 인비보코딩(in vivo coding)

인비보코딩은 자료에서 발견되는 연구참여자의 언어를 사용하여 코드를 부여하는 방법이다(Strauss, 1987; Saldaña, 2009에서 재인용). 즉 연구참여자가 한 구나 절, 문장으로 코드를 부여하는 방법이다. 예를 통해 살펴보자.

〈표 4-18〉 인비보코딩의 예

자료	코드
연구자: 생활기록부는 어떤 의미를 가진다고 생각하시나요?	
참여자: 생활기록부는 어떻게 보면 회초리 같은 것인 거 같아요. 왜 선생님들이 요즘 학생들을 지도하는 수단이 거의 없잖아요. 그렇게 보면 생활기록부야말로 아이들을 지도하는 유일하게 남은 수단이 아닌가 하는 생각이 들어요. 잘한 건 잘했다. 못한 건 못했다. 이렇게 분명히 적어주면 아이들이 적어도 생활기록부를 잘 받기 위해서라도 열심히 하겠지요. 한번씩 애들에게 이런 식으로 말하기도 해요. "너 자꾸 그렇게 행동하면 생활기록부에 있는대로 다 적어버린다." 이렇게요.	아이들을 지도하는 회초리

위의 예에서는 연구참여자가 말한 '회초리'라는 은유를 사용하여 코드를 부여하였다. 이러한 인비보코딩은 연구참여자가 자신의 문화에서 사용하는 언어나 은유를 통해 코드를 부여함으로써 좀 더 매력적이고 현상의 본질을 꿰뚫는 코드를 획득하는데 도움을 줄 수 있다. 특히 현상학적 질적연구에서 큰 힘을 발휘할 수 있는데, 현상학적 글쓰기에서 필요한 매력적인 주제의 구성에 인비보코딩이 유용한 도구가 될 수 있기 때문이다(정상원, 김영천, 2014).

(6) 과정적 코딩(process coding)

과정적 코딩은 자료 속에 나타나는 행위와 관련된 개념을 동명사로 사용하여 코드를 부여하는 전략이다(Chamarz, 2002; Saldaña, 2009에서 재인용). 즉 자료 안에 드러나는 행위를 중심으로 '~하기'라는 코드를 부여하는 방법이다. 다음의 예를 살펴보자.

〈표 4-19〉 과정적 코딩의 예

자료	코드
선생님이 아이들에게 "지금부터 교과서의 활동 2번을 시작하세요. 다하면 모둠별로 발표할 겁니다"라고 말했다.	활동지정하기
"지금부터 5분 주겠어요."	시간제한하기
학생들은 모둠별로 활동을 시작한다.	활동하기
교사는 교실 안을 순회하며 학생들을 살펴보고 조언을 하고 있다.	활동관리하기
한 학생이 손을 들어 말한다. "선생님, 이거 꼭 음식에 대해서만 해야 되나요?"	학생질문하기
선생님이 대답한다. "아니. 꼭 음식이 아니라도 모둠에서 하고 싶은 주제가 있으면 그걸로 하세요."	교사조건주기
학생들은 다시 활동을 시작하고 교사는 다시 순회를 시작한다.	활동관리하기
얼마간의 학생 모둠 활동이 계속된다.	활동하기
교사가 교실 앞으로 돌아가 "자 이제 모둠별로 발표해 봅시다"라고 말한다.	활동종료하기

이러한 코딩은 자료 안에 드러나는 행위를 일목요연하게 분석할 수 있다는 측면에서 과정이나 절차에 대해 살펴보아야 할 때 유용하게 사용될 수 있다.

(7) 감정 코딩(emotion coding)

감정 코딩은 연구참여자가 드러내는 혹은 연구자가 추론을 통해 확인할 수 있는 연구참여자의 감정과 관련된 언어로 코드를 부여하는 전략이다(Saldaña, 2009). 즉 자료 속에서 직접적으로 드러나는 감정적 요소나 연구자가 추론할 수 있는 감정적 요소를 찾아 그것을 표현할 수 있는 감정과 관련된 언어로서 코드를 부여하는 방법이다.

이러한 전략은 행위자의 감정적 측면을 심도 깊게 탐구해야 할 때나 연구참여자들 간의 감정적 교류를 깊게 살펴야 할 때 유용한 전략이라 할 수 있다. 특히 감정적 요소들이 행위자의 행위에 영향을 미친다는 것을 고려한다면 인간 행위의 원인과 결과를 탐구하는데도 효과적으로 사용될 수 있을 것이다. 그 예는 다음과 같다.

〈표 4-20〉 감정적 코딩의 예

자료	코드
우리 반의 어떤 애들은 아주 버릇이 없어요.	불만스러운
내가 무슨 말을 하면 꼬박꼬박 말대꾸를 하고 심지어 아예 대답을 하지 않고 버티기도 하지요	화가 난
물론 내가 그런 것에 대해 좀 대범함을 가져야 한다는 것은 알지만	후회가 됨
아무래도 그런 상황이 되면 그렇게 하기 힘든 경우가 많지요.	분노
물론 그게 단지 아이들의 잘못이 아니라는 것도 알지만.	측은함
그래서 최대한 그것에 대해 나쁘게 보지 않으려고 노력하고요	후회가 됨
또 야단을 심하게 치거나 벌을 주고 난 다음에 내가 왜 그랬나 하고 생각하는 경우도 있어요.	후회가 됨

(8) 가치 코딩(values coding)

가치 코딩은 연구참여자의 가치(value), 태도(attitude), 신념(belief)을 반영하는 코드를 통해 코딩을 진행하는 전략이다(Saldaña, 2009). 즉 자료에 코드를 부여할 때, 연구참여자의 가치, 태도, 신념의 세 가지 측면에서 살피고 이를 드러내는 언어로 코드를 부여하는 것이다. 다음의 예를 살펴보자.

〈표 4-21〉 가치 코딩의 예

자료	코드
학원에서는 내가 뭘 해야 하는지 분명하게 알려줘요.	B: 학원에서 알려준다.
물론 좀 힘들기는 하지만 제 꿈을 이루기 위해서는 이 정도의 노력은 해야 한다고 생각해요.	V: 꿈은 노력할 가치가 있다.
부모님도 그러시지만 일단 공부를 잘 해야지 제가 선택할 수 있는 것도 생기잖아요.	B: 미래의 선택
반면, 학교에 있는 애들을 보면 좀 뭐랄까? 꿈이 불투명한 거 같아요.	A: 꿈이 불투명하다.
그에 비해 여기는 저처럼 꿈이 뚜렷한 아이들이 함께 있으니까 자극도 되고 힘도 되고.	A: 학원이 자극을 준다.
물론 집에서 혼자 공부하는 게 더 좋다는 생각은 있지만 그렇게 할 자신이 별로 없어요.	A: 자신이 없다.
일단은 어느 정도 되겠다 싶을 때까지는 계속 학원을 다닐려고요.	A: 계속 다닐 것이다.

이 예처럼 자료를 가치, 태도, 신념의 세 가지 측면에서 코드를 부여하는 것이 가치 코딩의 주요한 방법인데, 이러한 코딩 전략은 인간 행위의 원인을 탐구하는데 도움이 될 것이다. 왜냐하면 가치, 태도, 신념은 인간의 행위를 결정하는 주요한 요소이기 때문이다.

(9) 대립 코딩(versus coding)

대립 코딩은 대립되는 개념으로 코드를 부여하는 전략으로 갈등을 드러내는 자료의 분석에 적합하게 사용될 수 있다(Saldaña, 2009). 즉 'A 대 B'의 형식으로 갈등의 두 주체 A, B를 사용해 코드를 부여함으로써 자료 속에 내재되어 있는 갈등을 드러내는데 유용하다. 다음의 예를 살펴보자.

〈표 4-22〉 대립 코딩의 예

자료	코드
학교생활기록부를 작성하면 제 생각대로 기록하기가 좀 힘든 부분이 있어요.	교사 대 생활기록부
학교에서도 생활기록부 작성 연수할 때 부장 선생님들이 "좀 좋게 적어줘라" 하고 조언을 하실 때도 많고,	교사 대 부장교사
관리자 분들도 좋게 좋게 가자는 식으로 말씀하실 때가 있거든요.	교사 대 관리자
굳이 있는 그대로 적었다가 학부모하고 문제가 생기는 것도 그렇고.	교사 대 학부모
물론 생각은 있는 그대로 적어야지 제대로 된 생활기록부 아니겠는가 하는 생각은 하지만 아무래도 저도 그런 건 좀 부담스러우니까.	신념 대 상황
결국 두루뭉술하게 "이러이러한 부분을 고친다면 좀 더 발전할 수 있겠다" 정도로 넘어가는 거지요.	사실 대 순화된 표현

이러한 코딩 전략은 갈등 상황을 깊게 들여다보아야 하는 연구 주제들, 예를 들어 성소수자의 경험과 관련된 주제, 대립되는 사회적 이슈에 대한 연구에 적합하게 사용될 수 있을 것이다.

(10) 드라마적 코딩(dramaturgical coding)

드라마적 코딩은 자료에 포함된 의미를 '사회적 드라마(social drama)'로 보고 희곡의 용어를 사용하여 코드를 부여하는 전략이다. 이때 희곡의 용어는 주로 '목적(objective)', '갈등(conflict)', '전략(tactic)', '태도(attitude)', '감정(emotion)', '지문(subtext)' 등이 된다(Saldaña, 2009). 다음의 예를 살펴보자.

〈표 4-23〉 드라마적 코딩의 예

자료	코드
학기초가 일년 중에 가장 힘든 때지요.	태도: 힘들다
일단 그때는 수업보다는 학생들의 기선을 제압하는 것이 중요합니다.	목적: 기선제압
그때 그걸 못하면 일년 수업이 엉망이 되거든요.	감정: 걱정
그때는 아이들에게 좀 더 엄격하게 대하고, 과제 검사도 철저하게 하지요. 예를 들어 학기초에 한 학생이 저에게 반항을 한 적이 있어요.	전략: 엄격하게 하기 갈등: 학생의 반항
이때는 비록 화가 나더라도 최대한 감정이 없는 것처럼 보이기 위해 노력해야 하지요.	전략: 감정없이 보이기
그리곤 학생이 무엇을 잘못했는지 조근조근 짚어 줍니다.	전략: 따지기
일종의 애들을 질리게 만드는 것이지요.	전략: 질리게 하기
그렇게 애들을 학기초에 잡아 놓으면 일년이 편안해지지요.	목적: 기선제압

이러한 코딩은 인간의 행위를 전체적으로 조망하는 것을 가능하게 하여 현상 속에 내포되어 있는 인간 행위의 양상을 파악하는데 도움이 될 것이다.

(11) 전체적 코딩(holistic coding)

전체적 코딩은 자료를 쪼개기보다 더 큰 단위로 전체적으로 코드를 부여하는 전략이다(Dey, 1993; Saldaña, 2009에서 재인용). 즉 자료를 한 줄씩 쪼개 코드를 부여하기보다는 하나의 문단, 혹은 몇 개의 문단에 전체적으로 하나의 코드를 부여하는 방법이다. 다음의 예를 살펴보자.

〈표 4-25〉 전체적 코딩의 예

자료	코드
아무래도 저 자신의 판단에 대한 확신이 없지요. 아이들에 따라서는 상황에 따라 완전히 다른 모습을 보이는 경우도 많거든요. 어떨 때는 참 착하고 차분하게 행동하다가도 또 어떨 때는 산만한 거 같고, 말도 많고. 전에는 이런 애도 있었어요. 제가 보기에는 굉장히 순하고 착한 애였는데, 아이들이 하는 이야기가, 얘가 학교 밖에서는 애들도 막 괴롭히고 특히 카톡이나 이런 걸로는 욕도 많이 하고 그런다고 하더라구요. 그래서 '내가 생각하는 그 애의 본 모습이 맞나?' 이런 생각도 많이 하고. 또 내가 너무 한쪽으로만 치우쳐서 생각을 하나 하는 생각도 종종해요. 그 애의 행동이 좋거나 나쁘게 보이는 게 내가 그걸 좋아하거나 싫어해서 그런 게 아닌가? 이런 생각을 하면 아무래도 내가 평가하는 그애의 모습에 대해 확신이 안 생기지요.	자신의 평가에 자신이 없는 이유

이와 같은 코딩 전략은 특히 전체적/맥락적 분석을 필요로 하는 현상학적 질적연구의 분석이나 내러티브 탐구의 분석에 유용하게 사용될 수 있다. 왜냐하면 전체적/맥락적 분석을 위해서는 자료를 작게 쪼개는 것보다는 전체적으로 맥락을 살피며 지속적으로 성찰하는 것이 중요하기 때문이다.

(12) 주제화하기(themeing the Data)

주제화하기 전략은 구나 절보다는 긴 주제문의 형태로 코드를 부여하는 방법이다(Saldaña, 2009). 예를 살펴보자.

〈표 4-26〉 주제화하기의 예

자료	코드
아무래도 제 개인적인 기억에 의존하는 경우가 많지요. 그리고 그 아이에 대해 평소에 내가 가지고 있었던 생각들. 아이들하고 1년 동안 있으면 이 아이는 어떻고 저 아이는 어떻고 그런 관념 같은 게 생기게 되잖아요.	교사는 자신의 기억속에 남은 아이에 대한 관념에 의지해 아이를 평가한다.
뭐 물론 그런 관념이란 게 그냥 아이 얼굴만 보고 떡하니 생기는 게 아니라 아이하고 일년 동안 생활하면서 아이의 말이나 행동, 평소 과제 수행태도, 일년 동안 관찰한 교우관계, 교우관계 유형 이런 것들을 일년 동안 관찰하니까 그러한 기억들이 모여서 관념이 되고 이렇게 아이를 생각하면 그런 것들이 떠오르는 거지요.	교사의 관념은 일년 간의 경험을 통해 형성된다.
뭐 특별히 아이에 대해 그런 기억을 기록으로 남기거나 그렇게 하지는 않고요.	교사는 별다른 기록을 남기지 않는다.

특히 이러한 주제화하기 전략은 앞의 전략들과는 구별되는 실질적 유용함을 제공한다. 질적 자료 분석은 많은 시간을 필요로 한다. 분석과 과정 자체가 길기도 하지만 자료의 수집과 분석을 병행해야 하기 때문에 보편적으로 자료가 적을 때도 서너 달, 길게는 일년이 넘는 시간을 자료 분석에 매달려야 할 경우가 많다. 그렇게 긴 시간을 분석하다 보면 초기에 분석한 자료에 대한 코드의 의미가 기억에서 희미해질 경우가 생긴다. 그럴 때, 짧은 단어나 구로 형성된 코드보다 주제를 담고 있는 문장 형식의 코드가 연구자의 기억을 되살려주는데 더 효과적인 역할을 하게 된다.

2) 범주화 코딩 전략

개념화 단계에서 연구자는 많은 코드들을 도출하게 되는데, 이후 이러한 코드들을 중심으로 범주를 형성하는 단계가 이어진다. 이러한 범주화 단계에서도 유용하게 적용될 수 있는 몇몇 전략들이 있으니 살펴보기로 하자.

(1) 패턴코딩(pattern coding)

패턴코딩은 묶여진 일련의 코드들에 메타 코드(meta-code)를 부여하는 방법이다(Miles & Huberman, 1994; Saldaña, 2009에서 재인용). 아래의 예를 보자.

〈표 4-27〉 패턴코딩의 예 1

코드 및 하위 범주	범주 및 상위 범주
교사는 동료 교사의 영향에 부담감을 느낀다. 교사는 관리자의 영향에 부담감을 느낀다. 교사는 학부모의 반응에 부담감을 느낀다. 교사는 학생의 반응에 부담감을 느낀다. 교사는 미래에 생길 수 있는 곤란한 상황에 부담감을 느낀다.	교사는 평가를 기록할 때 부담감을 느낀다.

패턴코딩은 단순히 공통점을 찾아 그것을 통해 코드들이나 범주들을 묶어주는 것이 아니라 코드들이나 범주들을 하위에 포함할 수 있는 메타 코드를 찾는 것이다. 따라서 연구자는 이 방법을 사용할 때 단순히 공통점을 찾기 위해 노력하기보다는 상위 개념을 찾기 위해 노력해야 할 것이다. 이러한 예로 다음을 살펴보자.

〈표 4-28〉 패턴코딩의 예 2

하위 범주	상위 범주
생활기록부는 공식적인 문서이다. 생활기록부는 격려의 수단이다. 생활기록부는 정확한 묘사이다. 생활기록부는 비전을 제시해 주어야 한다. 생활기록부는 아이들을 지도하는 수단이다.	교사는 생활기록부에 다양한 의미를 부여한다.

이 예에서 살펴볼 수 있는 것처럼 패턴코딩은 개념이나 범주의 단순한 공통성 표시가 아닌 그것을 포괄할 수 있는 상위 의미를 중심으로 이루어져야 한다.

(2) 영역분석

범주를 형성하는 또 하나의 전략으로 문화기술지 분석의 영역분석 전략이 사용될 수 있다. 앞에서 논의한 바와 같이 영역분석은 의미론적 관계를 중심으로 문화적 영역을 도출하기 위한 분석방법이다(Spradley, 1980). 따라서 개념 사이의 관계를 중심으로 범주를 형성하는데 유용한 도구가 될 수 있다. 다음의 예를 살펴보자.

〈표 4-29〉 영역분석의 예

개념들		
• 교사의 전략 • 긍정적인 느낌이 들게 기술하기	• 두루뭉술하게 쓰기 • 전문적인 용어 사용하기	• 부정적인 내용 생략하기

A	의미론적 관계	B
• 두루뭉술하게 쓰기 • 부정적인 내용 생략하기 • 긍정적인 느낌이 들게 기술하기 • 전문적인 용어 사용하기	• A는 B의 방법이다.	• 교사의 전략

3) 구조화 코딩 전략

범주화 단계를 통해 범주가 형성되면 이러한 범주들의 관계에 주의하면서 각 범주들을 연결시켜 하나의 의미구조를 형성해야 한다. 그렇다면 이러한 구조화 코딩에서 사용될 수 있는 몇몇의 전략들을 살펴보자.

(1) 초점코딩

초점코딩은 핵심적인 범주를 중심으로 다른 범주들을 연결하는 전략이다(Chamarz, 2013; Saldaña, 2009). 연구자는 이전까지의 분석과정을 통해 자료, 코드, 범주에 대한 반성적 사고를 지속하였고 이러한 과정을 기반으로 핵심적 코드를 선정하고 이를 중심으로 범주를 연결한다. 이때 유의할 점은 이러한 코드의 연결이 단순히 범주명에 의해 결정되는 것이 아니면 이전까지 지속해온 연구자의 분석적 과정에 기초하여야 한다는 것이다. 정상원(2015)은 부진아 지도와 관련된 연구에서 교사의 경험 속에 드러나는 주제들에 대해 다음과 같이 초점코딩을 수행하였다.

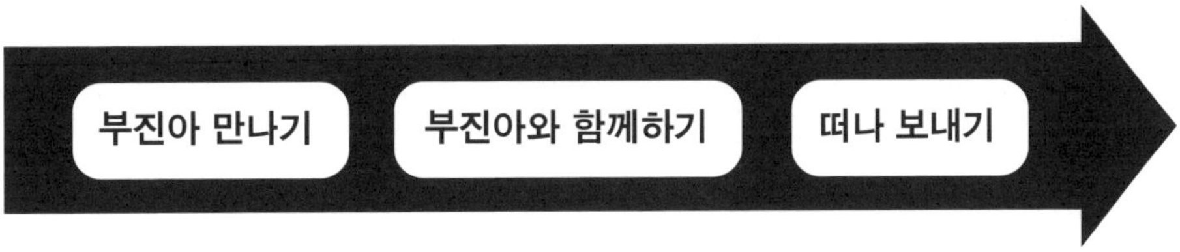

[그림 4-7] 초점코딩의 예

(2) 축코딩(axial coding)

축코딩은 범주들과의 관계를 고려하여 범주들을 서로 연합하는 코딩 전략이다(Strauss & Corbin, 1998; Charmaz, 2006). 축코딩을 수행할 때 Strauss & Corbin(1998)의 패러다임 모형이나 Glaser(1978)의 코딩 집단을 고려하는 것도 도움이 될 것이다. 예를 살펴보자. 위의 정상원(2015)의 연구에서 초점코딩을 통해 '부진아 만나기', '부진아와 함께하기', '떠나 보내기'의 세 개의 범주를 형성하였다. 그리고 이러한 범주들은 시간적 관계성에 따라 [그림 4-8]과 같이 구조화될 수 있다.

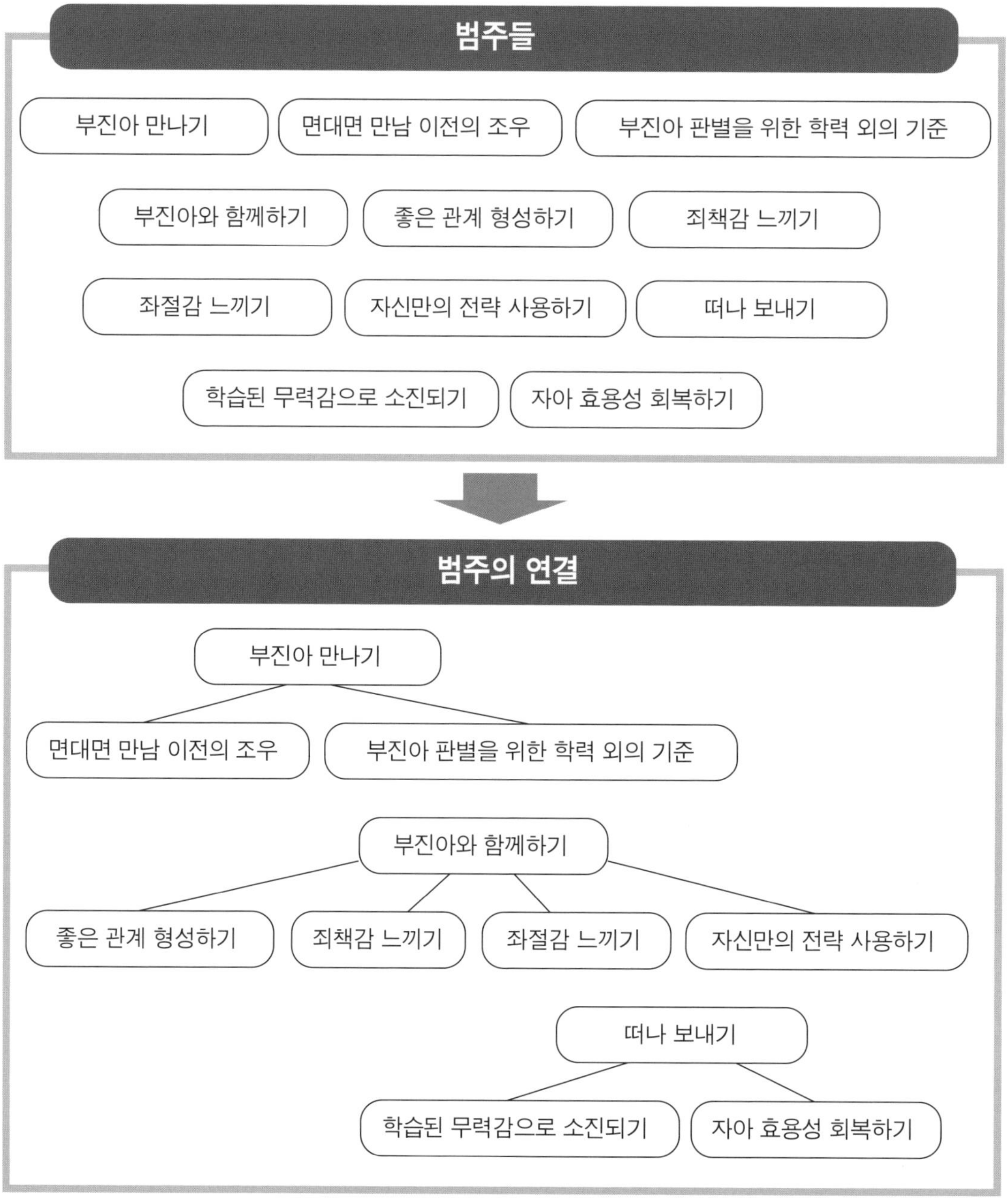

[그림 4-8] 축코딩을 통한 구조화의 예

제 5 장

한국교회 연구를 위한 질적연구 계획서 작성하기

1. 질적연구 계획서 작성하기

연구자는 연구계획서 작성을 통하여 자신의 연구에 대한 일종의 '설계도'를 구성한다. 이 설계도에서는 연구자가 설정하고 있는 연구문제, 그것을 해결할 수 있는 연구방법, 그리고 연구문제 해결을 통한 기대효과까지 일목요연하게 담기게 된다. 이를 통하여 연구자는 연구과정에서 필요한 자료와 내용이 무엇이며, 예상되는 연구 기간과 비용 등을 파악할 수 있게 된다. 또한 연구자는 연구계획서 작성을 통하여 관련 분야의 전문가, 동료 연구자들로부터 조언을 얻어 연구과정에서 직면할 수 있는 문제와 어려움을 미리 파악할 수 있으며, 연구과정에서의 시행착오를 줄여나갈 수 있다. 특별히 질적연구에서의 계획서는 질적연구 자체가 가지는 현장에 대한 특수성으로 인해 더욱 중요한데, 연구자가 경험해보지 못한 연구 맥락과 상황에 대한 철저한 준비와 탐색 과정으로서의 의미가 크기 때문이다.

구체적으로 질적연구에서의 계획서 작성은 '연구자의 질적연구 제목 작성 → 연구자의 질적연구 목적과 필요성 작성 → 연구자의 질적연구 관련 선행연구 검토 작성 → 연구자의 질적연구 목적 달성을 위한 절차 작성 → 연구자의 자료수집과 분석과정 작성(연구방법) → 연구자의 타당도 확보 방안 작성 → 기관생명윤리위원회 심의 준비 및 신청 → 연구자의 연구 결과에 따른 기대효과 및 참고문헌 작성'의 단계로 이루어질 수 있다.

1) 연구자의 질적연구 제목 작성

연구 제목은 질적연구에서 해당 연구가 어떠한 주제로 수행되는가를 보여주는 가장 직관적이고, 강력한 대목이다. 모든 연구자는 자신이 설정하고 있는 연구문제를 극명하게 보여주면서 동시에 선택하고 있는 연구방법적 전통의 뉘앙스를 살릴 수 있는 제목을 구성해야 한다. 그리고 연구자는 독자의 입장에서도 연구에 대한 호기심과 시의성 모두를 충족시킬 수 있는 내용으로 구성해야 하기에 여간 쉬운 작업이 아니다. 특별히 질적연구에서는 문학적 형식이 가미된 연구 제목까지도 작성이 가능하기에 연구자의 글쓰기와 센스가 필요한 대목으로 볼 수 있다. 최근 질적연구의 제목에서는 연구자가 선택하고 있는 연구방법적 전통이 분명히 나타나는 형식의 제목들이 구성되고 있는 경향이 강하다. 이는 국내 질적연구의 방법론적 발전에 기인하는 것이며, 현상에 대한 심층적 논의들이 연구자들로부터 이루어지고 있음을 시사하는 것이다. 아래는 한국교회를 중심으로 수행하였던 이현철의 질적연구들 중 대표적인 연구의 제목들이다.

[이현철의 질적연구 제목 예시]

- 코로나시대 청소년의 신앙생활 및 지원방안에 대한 통합방법연구
- 소형교회 은퇴 목회자의 삶과 딜레마에 관한 질적연구
- 한국교회 내 교리교육의 부재와 딜레마에 대한 내러티브 탐구
- 산간벽지 소재 교회의 딜레마에 대한 질적연구
- 한국교회의 청소년 수련회에 대한 내러티브 탐구
- 한국교회 내 부교역자들의 삶과 문화에 대한 문화기술지 연구
- 한국교회의 진입장벽에 대한 내러티브 탐구
- 한국교회학교 교사들의 딜레마에 관한 내러티브 탐구

2) 연구자의 질적연구 목적과 필요성 작성

연구자는 다른 사람들에게 자신의 연구 주제를 한 문장으로 소개할 수 있어야 한다([그림 5-1] 참조). 연구자는 연구를 마무리하기 위해 연구 완성단계까지 밀고 나갈 수 있는 명확한 주제를 가지고, 힘있게 나아가야 하는데 이는 연구자의 질적연구 목적과 필요성 부분을 통해 이루어질 수 있다. 초보 연구자의 경우 방대한 질적연구의 과정을 수행하면서 자신이 무엇을 추구하고 있으며, 어떠한 연구 목적을 가졌는지 순간적으로 잊어버릴 때가 종종 있다. 이는 질적연구가 지닌 나선형적 구조와 순환적 구조에 의해 연구자가 방향성을 잃고 함몰되어

다. 연구 주제 및 분석방법의 창의성

□ 연구 주제의 창의성: 코로나19 팬데믹과 관련하여 선행연구 및 주제들의 맥락을 확장하고 '청소년'이라는 특정한 대상들에 집중하여 연구 주제의 창의성을 확보하고자 한다. 기존의 연구들은 코로나 시대 기독 청소년에 대한 체계적 분석이 부재하였으며, 거시적 측면에서의 예배와 관련된 신학적 이슈, 전반적인 교회 및 선교사역, 교회교육과 기독교교육이 어떠한 측면과 방향성으로 나아갈 것인가에 대한 이론적인 논의 한계를 지닌다. 이에 본 연구에서는 연구대상을 청소년으로 집중하고, 그들을 위한 신앙생활 지원방안 및 전략 도출이라는 현장성을 확보하고자 한다. 이는 코로나 팬데믹과 관련된 연구 동향 내 담론의 확장을 추구하는 기초 자료가 될 것으로 판단한다.

[그림 5-1] 2022년 한국연구재단 중견연구자지원사업 선정 과제 계획서 예시: 계획서 내 연구 주제 부각 사항

※ 출처: 이현철의 연구계획서

질 때 나타나게 된다. 그럴 때 연구자는 자신의 연구 주제를 명확하게 되새기고, 그와 관련된 활동에 집중함으로써 연구의 중심을 바라잡아야 한다. 또한 연구자는 질적연구의 목적과 필요성을 기재함에 있어 독자들에게 흥미를 줄 수 있는 내용이 되어야 하며, 시대적 상황과 맥락을 파악하면서 시의적절한 내용으로 화두를 던질 수 있어야 한다. 이 과정에서 질적연구가 가지는 연구 맥락적 강점이 극대화될 수 있는데 대규모의 조사연구를 수행할 수 없는 연구 상황과 문제 의식들이 가미된다면 더욱더 연구의 목적과 필요성이 부각될 수 있을 것이다.

3) 연구자의 질적연구 관련 선행연구 검토

연구계획서에서의 선행연구 검토는 연구자의 문제 의식을 이론적으로 탄탄하게 구성시켜줄 뿐 아니라 선행연구와의 차별성을 부각시킬 수 있는 중요한 부분이다. 즉 연구자는 이 과정을 통하여 자신의 연구 주제와 문제에 대한 이론적 근거를 기술하는 것이다. 특별히 질적연구에서의 선행연구는 연구자가 수행하고자 하는 연구의 동향과 의미를 파악하게 함으로써 연구자가 분석해야 할 영역과 요소들을 더욱 명료하게 만들어주며, 연구자가 지향해야 할 연구접근이 어떠해야 하는가를 설정하게 만든다. 그러므로 선행연구 검토는 연구자들에게 단순히 연구물의 '분량을 채우는 역할' 혹은 'Ctrl C—Ctrl V'로 작업되는 영역으로 절대로 폄하될 수 없는 연구 계획단계에서의 필수적인 과정이다. 연구자는 선행연구 검토의 충실성에 따라 연구 전반의 완성도가 결정될 수 있을 정도로 중요한 과정임을 잊지 말고, 이에 대한

충분한 시간을 통해 철저한 관련 자료 조사가 이루어져야 한다. 특히나 연구자는 연구자가 설정하고 있는 연구 주제와 관련하여 최근의 연구 추세를 보여줄 수 있어야 함도 잊어서는 안 된다. 아래의 경우 선행연구 및 이론적 배경 작성의 주요한 7가지 팁(tip)이다.

[선행연구 및 이론적 배경 작성을 위한 7가지 팁]

- 이론적 근거: 연구자가 설정하고 있는 연구 주제의 이론적 근거를 보여주기
- 차별성: 연구자가 설정하고 있는 연구 주제와 기존 연구와의 차별성을 보여주기
- 한계점: 선행연구의 한계점을 보여주기
- 동향: 연구 주제와 관련된 최근의 추세를 보여주기
- 의미: 분량 채우기식의 기술을 지양하고, 의미있게 기술하기
- 방식: 선행연구에 대한 나열식 기술을 지양하기
- 평가: 연구 주제와 관련된 선행연구에 대한 객관적 평가를 수행하기

2. 코로나 시대 기독 청소년에 대한 체계적 분석 연구의 부재

□ 연구자는 연구의 필요성 및 선행연구의 맥락을 통하여 코로나 시대 기독 청소년에 대한 체계적 분석의 필요성을 확인할 수 있었다. 앞서 기술하였지만 팬데믹 상황에서 한국 교회와 국내 학계의 관심은 코로나 시대 예배와 관련된 신학적 이슈, 전반적인 교회 및 선교 사역(김용성, 2021; 김상덕, 2021; 정재영, 2021; 이찬석, 2021; 조해룡, 2021; 김영동, 2021; 윤영훈, 2020; 김주한, 2020; 김은희, 2020; 최원진, 2020)이었으며, 기독교교육과 교육활동과 관련된 논의에 있어서도 코로나 시대의 교회교육과 기독교교육이 어떠한 측면과 방향성으로 나아갈 것인가에 대한 이론적(양금희, 2021; 함영주, 2021; 유재덕, 2020; 김성중, 2020; 채혁수, 2020) 접근이 이루어지고 있음을 확인하였다.

□ 이러한 연구 동향은 코로나 시대를 살아가는 기독 청소년들의 신앙생활과 그들을 지원하기 위한 체계적인 접근에서 반드시 전제가 되어야 할 선행 및 기초 분석의 부재를 의미하는 것이다. 실제로 해당 접근들은 청소년들의 신앙생활을 지원하기 위한 구체적 전략들을 담고 있지는 못하고 있는데 이는 교회 현장 및 청소년 사역자들이 답답함을 느끼고 있는 핵심적 포인트(point)이다. 이와 관련하여 이현철 외(2021)가 코로나 시대 청소년 신앙과 관련된 기초조사를 수행하였으나 그 분석과 논의에서 일반론적 수준에 머물고 있다.

□ 이에 본 연구에서는 코로나 시대 기독 청소년에 대한 체계적 분석 연구의 부재를 극복하고, 기존에 수행된 인식 조사의 한계를 보완하여 양적 및 질적 분석방법론을 통한 고도화 및 완성도 높은 연구를 수행해보고자 한다.

[그림 5-2] 2022년 한국연구재단 중견연구자지원사업 선정 과제 계획서 예시: 계획서 내 선행연구의 한계점 부각 사항

※ 출처: 이현철의 연구계획서

위의 7가지 사항을 제한된 학술지 혹은 계획서에 모두 담기란 현실적으로 어려움이 있지만 각 개념들을 고려하면서 종합적으로 그 의미를 살려 작성할 것을 제안하는 바이다([그림 5-2] 참조).

4) 연구자의 질적연구 목적 달성을 위한 절차

연구계획서에서 가장 핵심적 사항은 어떤 절차와 방법으로 연구의 목적을 달성할 것인가를 명확하게 보여줄 수 있어야 한다. 즉 연구의 로드맵과 청사진을 보여주되 체계적인 과정을 통해 이를 설명할 수 있어야 하는 것이다. 더불어 연구자가 제시하는 과정에 대한 이유와 근거도 동반된다면 매우 설득력 있는 내용이 될 것이다. 그러므로 연구자는 연구계획서 내 연구절차와 설계에 대한 과정을 구체적으로 제시해야 하며, 이 과정에서 시각적인 표현과 접근은 매우 효과적이다([그림 5-3] 참조).

5) 연구자의 자료수집과 분석 과정(연구방법)

연구자는 자료수집과 분석과정을 기술함으로써 설정하고 있는 연구문제의 합리적 해결방안을 보여줄 수 있다. 이에 대하여 연구자는 가능한 구체적이고, 실제적인 방법들을 충분한 자료들과 함께 소개해줄 필요가 있다. 실제로 계획서를 심사하는 이들이 가장 집중적으로

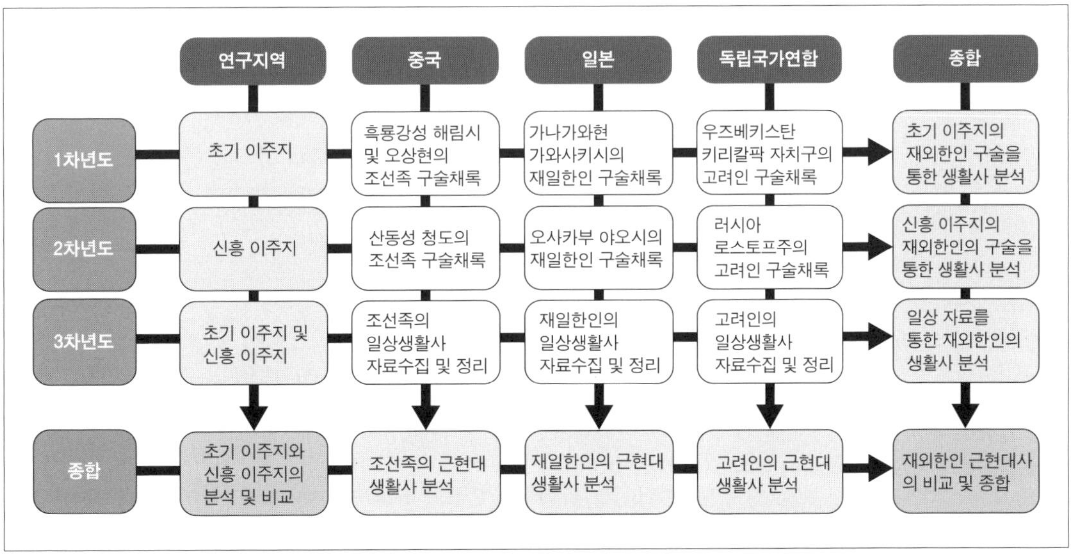

[그림 5-3] 한국사회과학사업(Social Sciences Korea: SSK) 연구계획서 내 연구절차 및 계획 사항

※ 출처: 이채문·이현철의 연구계획서

살펴볼 수 있는 항목이 해당 분야이며, 자료수집과 분석의 합리성을 평가의 주요한 지표로 설정하고 있다. 하지만 연구자들은 전체 계획서 분량에서 자료수집과 분석 과정에 대한 비율을 크게 강조하지 않고 있으며, 그 내용도 매우 기계적 수준에서 작성하고 있다. 연구의 목적과 필요성 파트만큼이나 중요한 영역으로서 그 내용과 분량에서 강조할 필요가 있으며, 더욱이 최근 질적연구의 동향에서 자료수집과 분석 과정에 충실한 소개와 공개에 대한 요구를 고려할 때 다른 영역의 내용을 줄일지언정 자료수집과 분석 영역의 내용은 더욱 강화하고 심사자들에게 보여줄 수 있어야 한다. 이는 수행하게 될 질적연구 전반의 타당성을 확보하는데도 기여할 수 있다. [그림 5-4]는 2022년 한국연구재단 중견연구자지원사업 선정 과제 계획서 내 연구방법 특성을 부각시킨 대목이며, 이 과정에서 주요 내용에 대한 다양한 시각자료도 함께 소개하였다.

영역	주요 내용
연구방법의 체계성	▶ 코로나시대 청소년들의 신앙생활과 그들을 지원하기 위한 방안 도출을 위하여 사회과학적 연구방법을 통해 수행함 ▶ 통합방법연구모형의 적용: 순차적 설명설계 적용 ▶ 과학적/체계적인 자료 분석을 위하여 전국 단위의 대규모 데이터 활용(SFC의 2021년 데이터) 및 질적 자료 분석 컴퓨터 프로그램(CAQDAS: Computer-Aided Qualitative Data Analysis Software) NVivo 활용 ▶ 질적연구의 한계성을 극복하고자 약 20명의 연구참여자를 수행하여 연구방법적인 측면의 엄정성에 기여하고자 함(연구 과정시 추가될 수 있음)
연구방법의 도전성과 차별성	▶ 한국 신학계 특히 실천신학계에 만연한 문헌연구와 사변적이며 철학적 접근 일변도를 극복하고자 함 ▶ 신학계에 보기 드문 전국 단위 대규모의 설문조사 데이터 활용 ▶ 기존의 질적연구와 차별적인 질적 자료 분석 컴퓨터 프로그램(CAQDAS: Computer-Aided Qualitative Data Analysis Software) NVivo를 사용한 자료 분석 논의가 수행됨

[그림 5-4] 2022년 한국연구재단 중견연구자지원사업 선정 과제 계획서 예시: 연구방법 특성 부각 사항

※ 출처: 이현철의 연구계획서

6) 연구자의 타당도 확보 방안

질적연구에서 타당도는 양적연구의 신뢰도만큼이나 중요한 부분이다. 연구 전반의 타

당성을 연구자 스스로가 담보하면서 독자들을 설득해나가야 하기 때문에 연구자는 타당도 증진을 명확한 전략으로 세우고 연구에 임해야 한다. 그러므로 연구자는 연구계획서 작성 단계에서부터 자신의 타당도 확보 전략에 대한 명시적 기술을 통해 이를 설득력있게 제시할 필요가 있다.

연구자는 연구 수행 과정에서 직접 수집한 자료에 근거하여 이루어져야 하며, 인위적으로 가공된 형태의 자료를 사실인 것처럼 기술해서는 안 된다. 더불어 연구자는 연구과정에서의 편향성을 배제하고 최대한 중립적 차원에서 연구참여자 혹은 연구 현장의 목소리를 대변해주어야 한다. 이러한 과정을 거쳐 연구물들이 구성될 때 특수한 상황에 대한 연구와 분석이지만 도출된 연구자의 결과가 적용성있게 구성될 수 있을 것이다. 이러한 타당도를 확보하기 위한 전략으로는 멤버체크(member checks) 전략, 연구 관련 공청회 및 포럼 개최 전략, 연구자의 심층성 추구 전략, 면담가이드 개발 전략, 참조자료의 활용 전략, 연구방법의 다각화 전략, 질적 자료 분석 컴퓨터 소프트웨어(CAQDAS: Computer-Aided Qualitative Data Analysis Software) 활용 전략, 연구참여자와의 상호신뢰적 관계 형성(rapport) 전략, 자기 성찰 일지 작성 전략 등을 살펴볼 수 있다.

7) 기관생명윤리위원회 심의 준비 및 신청

최근 질적연구에서 연구윤리 관련 이슈는 연구자가 수행하는 학술적 의미만큼이나 중요한 가치를 지니고 있으며, 연구자가 수행하는 연구 전 과정에서 반드시 일정 수준 이상 유지 및 수행되어야 할 항목이다. 연구자의 연구윤리 실행은 인간을 대상으로 수행되는 질적연구에서는 반드시 수준 높은 차원에서 이루어져야 하며, 이를 연구자는 기관생명윤리위원회(Institutional Review Board)의 심의 과정을 통해 담보할 수 있게 된다. 연구자는 연구 수행 과정에서 발생할 수 있는 연구대상자와의 이해관계, 취약한 연구대상자에 대한 보호와 고려, 연구 운영 지침 등을 정련된 수준에서 사전에 심의를 받게 되며, 기관생명윤리위원회의 심의 과정에서 요구받은 사항에 대한 수정과 보완을 완료함을 통해 본격적인 연구 수행을 진행할 수 있게 된다. 또한 최근 한국연구재단이나 연구비 수주 사업에서 반드시 인간대상 연구의 경우 기관생명윤리위원회의 심의 대상임을 명시하도록 하고 있어 질적연구를 통해 연구를 수행하는 연구자들의 경우 이에 대한 철저한 준비가 요청된다. 기관생명윤리위원회에서 요구하는 연구계획서와 다양한 서식 자료들을 작성해나가는 것 자체가 연구의 기본적 항목을 채워나가는 과정이 되기도 하기에 이에 대한 연구자의 집중적인 작업이 요청된다. [그림 5-5]는 일반적인 기관생명윤리위원회의 심의신청 흐름도이다.

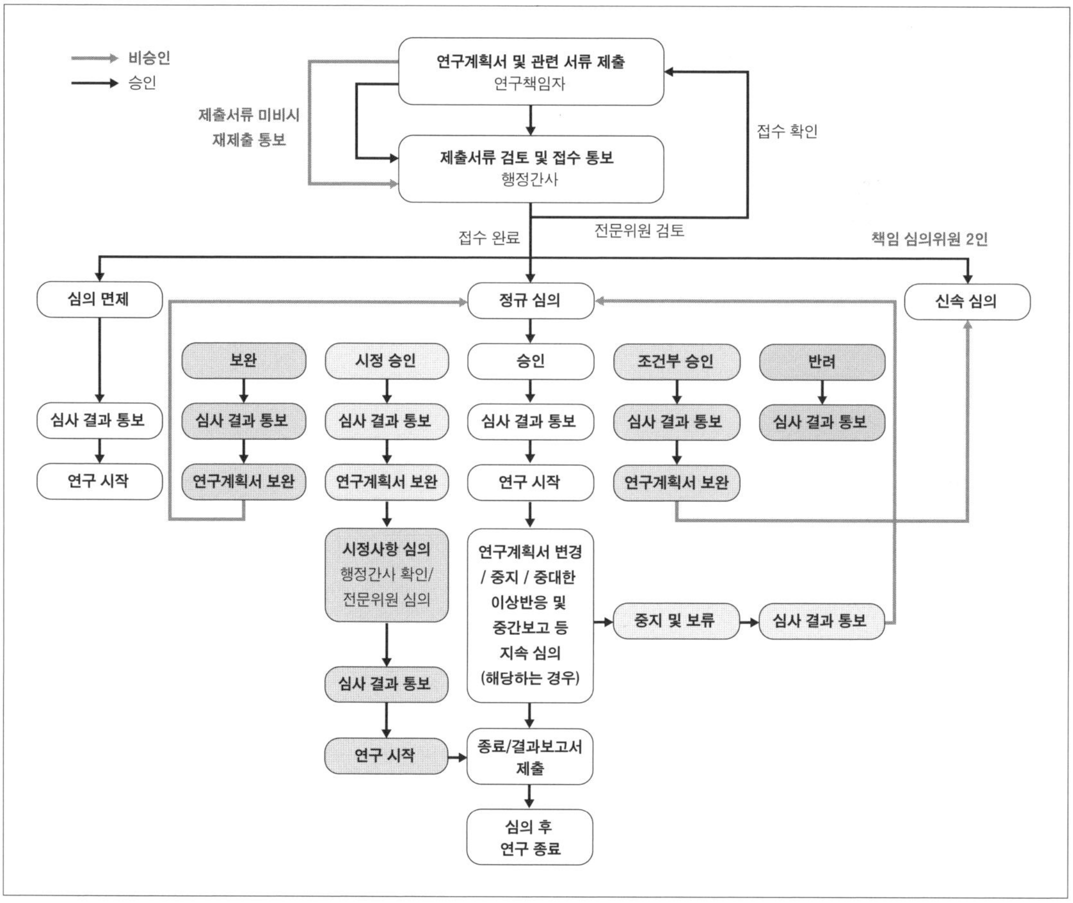

[그림 5-5] 기관생명윤리위원회 심의 흐름도

※ 출처: 고신대학교 기관생명윤리위원회 http://center.kosin.ac.kr/irb//bbs/content.php?co_id=about04

8) 연구자의 연구 결과에 따른 기대효과 및 참고문헌 작성

질적연구에서 연구자는 실제적인 연구과정을 수행하지 않고, 연구결과를 예상하는 것은 현실적으로 불가능할 것이다. 더욱이 선행연구가 충분하지 않으며, 연구자의 특별한 관심에 의해 수행되는 초기 시점의 질적연구일 때는 더욱더 그러할 것이다. 이러한 맥락에서 연구자의 연구계획서 내 기대효과 사항은 연구 주제에 준하여 기본적으로 도출할 수 있을 것으로 예상되는 항목에 대하여 '조심스럽게' 기술하고, 그 결과를 바탕으로 기대하는 기여점과 가능성에 대하여 언급하는 것으로 한계를 설정하는 것이 바람직하다. 물론 해당 연구를 통해 획득하게 될 학문적 가치에 대해서는 합리성을 바탕으로 자신감 있게 기술하는 것도 필요하다.

참고문헌의 경우, 연구계획서에서 인용 및 참고된 자료들을 완벽하게 기재해야 하며, 학문분야 및 전공의 특성에 따라 참고문헌 작성 양식을 고려하여 기술할 필요가 있다. 참고문현이 부정확하게 기술될 경우 연구 전반에 대한 완성도가 미흡해보이는 경우가 많기에 연구자는 이에 대한 세심한 작업이 요청된다.

2. “나는 어떻게 매력적인 계획서를 썼는가?”: 계획서 작성 노하우

1) ‘어떻게 자료를 분석할 것인가를 구체적으로 밝히라’: 현장성 공략법

최근 질적연구에서의 이슈는 자료를 어떻게 분석할 것인가이다. 과거는 질적연구의 연구방법론적 전통들과 소개되는 것에 만족한 수준이었다. 하지만 최근에는 해당 질적연구방법론의 전통 속에서 그 뉘앙스를 살리고, 특색을 보여줄 수 있는 차별적 분석방법들이 주목받고 있다. 즉 단순하게 ‘코딩을 했다’가 아니라 어떠한 코딩 전략을 활용하고, 어떻게 코딩을 하고, 자료는 어떻게 분류가 되어졌는가에 대한 ‘다양하고 체계적’ 과정들이 소개될 필요가 있는 것이다. 이는 자연스럽게 연구 주제에 대하여 현장성이라는 생명력을 불어넣어줄 수 있는 과정이 되는 것이다. 동일한 자료일지라도 그 자료를 어떻게 분석하는가에 따라 그 자료가 죽을 수도 있고 살 수도 있는 것이다. 더욱이 계획서 단계에서는 내가 수집할 자료의 자료 분석방법에 대한 충분한 설명과 예시 제시를 통해 현장성 짙은 연구로 갈 수 있는 나만의 도구가 무엇인가를 효과적으로 기술하고 작성해야 한다. [그림 5-6]은 나의 ‘한국교회 연구’ 계획서의 자료 분석 파트에서 소개되는 사진의 일부이다.

2) ‘당신의 전공만을 고집하지 마라’: 간학문성의 접점 공략법

나는 연구계획서를 작성하면서 반드시 특정한 전공의 영역만을 고집하지 않는다. 나에게는 그것이 자연스럽다. 왜냐하면 나의 학문적 여정이 기독교교육학 및 일반교육학, 신학, 사회학 등 다양하기 때문이다. 그런데 최근의 학문적인 흐름은 그야말로 융복합의 시대요, 간학문의 시대이다. 실제로 한국연구재단에서는 이를 강조하고 있으며, 간학문성의 여부를 중요하게 확인하고 있다. 지나치게 자신의 전공만을 고집하거나 심사 분야를 한정하여 신청할 필요가 없는 시대인 것이다. 개인의 학문성은 점진적으로 변화할 수 있으며, 어찌 보면 그것이 연구자의 연구 관심 변화와 성숙에 따라 자연스러운 것이다. 특정한 학위가 나의 학문성을 담보하는 것이 아니라 나의 연구 관심이 나를 이끌어가기에 자신의 전공에서만 ‘놀지’

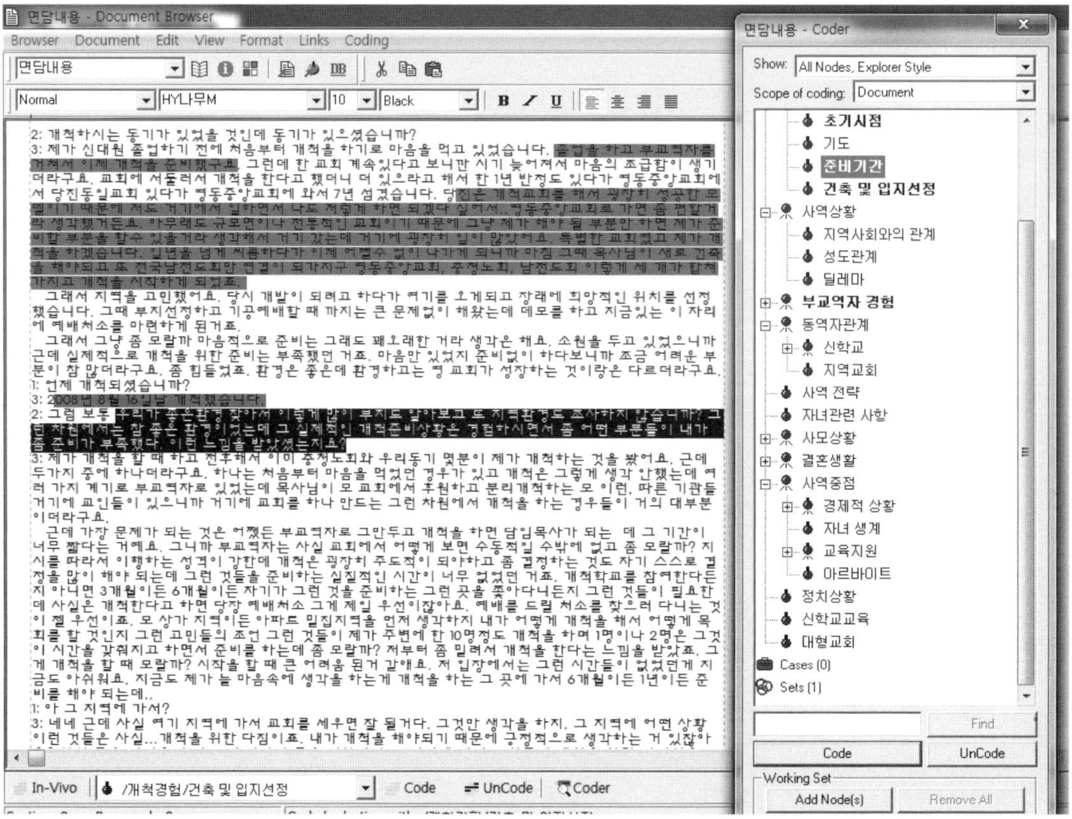

[그림 5-6] 산간벽지 소재 교회의 딜레마 연구 계획서의 자료 분석 파트 자료 사항 예시

※ 출처: 이현철의 연구계획서

말고 '문을 박차고' 나가기 바란다. 전공 영역이 바뀌면 지금 내가 취하고 있는 연구접근법이 다른 전공에서는 완전히 신선하고 새로운 접근법이 될 수도 있다. 예를 들어 나의 경우 교육학과 사회학에서 일상적 연구방법론인 질적연구와 양적연구가 신학 영역에서는 완전히 새로운 접근이며, 누구도 가보지 않은 길이었다. 또한 신학에서의 일상적인 분석적 틀과 개념이 사회학에서는 신선한 접근이며, 분석 체제인 것이다. 전공별 '온도 차이'를 연구자는 계획서 신청 시 심사 분야 설정을 통해 즐겁게 누리기만 하면 되는 것이다. 실제로 나의 '한국교회 분석' 연구들, 이를테면 '한국교회 진입장벽, 한국교회 수련회, 한국사회 내 산간벽지 교회, 한국교회 내 교회학교 교사 연구' 모두 간학문적인 분석과 접근을 통해 수행된 것이며, 심사 분야 설정 시에도 그러했다.

3) '양적연구자들과 심사자들의 시선도 인정하라': 심사자 공략법

나는 전국의 많은 질적연구자들로부터 메일과 연락을 받고 있다. 그리고 지금도 학회활동에서 동료들과 후학들을 만나고 교제를 나누고 있다. 대부분의 질적연구자들의 특징은 질적연구가 주는 '거부할 수 없는 매력'에 빠져 질적연구의 세계관과 언어로만 현상들을 표현한다는 것이다. 물론 나도 그것이 주는 학문적인 기쁨과 즐거움을 알고 있고, 우리가 얼마나 고매(noble)한가를 잊지 않고 있다.

하지만 때로는 그 모든 것을 잠시 블록킹(blocking)하고 계획서를 작성할 필요가 있다. 왜냐하면 내가 작성한 계획서를 심사하는 이들이 모두 질적연구자가 아니라는 충격적인 현실 때문이다! 나의 계획서가 질적연구라 해서 반드시 질적연구 전문가들에게 심사가 갈 것이라는 생각은 순진한 생각이다. 질적연구와 전혀 관계없는 양적연구자들에게도 심사가 갈 수도 있는 상황인 것이다. 그러므로 계획서를 작성할 때 이 글이 양적연구자들과 다양한 차원의 심사자들이 볼 때 충분하게 설득력 있으며, '그들의 언어'로도 이해될 수 있는가를 고려하면서 계획서를 작성할 필요가 있는 것이다. 연구비를 수주한다면 그 순간은 모두 잊혀진다.

제 6 장

질적연구의 타당도 확보 전략

질적연구에서 타당도는 양적연구의 신뢰도만큼이나 중요한 부분이다. 연구 전반의 타당성을 연구자 스스로가 담보하면서 독자들을 설득해나가야 하기 때문에 연구자는 타당도 증진을 명확한 전략으로 세우고 연구에 임해야 한다.

연구자는 연구 수행 과정에서 직접 수집한 자료에 근거하여 이루어져야 하며, 인위적으로 가공된 형태의 자료를 사실인 것처럼 기술해서는 안 된다. 더불어 연구자는 연구과정에서의 편향성을 배제하고 최대한 중립적 차원에서 연구참여자 혹은 연구 현장의 목소리를 대변해주어야 한다. 이러한 과정을 거쳐 연구물들이 구성될 때 특수한 상황에 대한 연구와 분석이지만 도출된 연구자의 결과가 적용성있게 구성될 수 있을 것이다. 이러한 타당도를 확보하기 위한 전략으로는 멤버체크(member checks) 전략, 연구 관련 공청회 및 포럼 개최 전략, 연구자의 심층성 추구 전략, 면담가이드 개발 전략, 참조자료의 활용 전략, 연구방법의 다각화 전략, 질적 자료 분석 컴퓨터 소프트웨어(CAQDAS: Computer-Aided Qualitative Data Analysis Software) 활용 전략, 연구참여자와의 상호신뢰적 관계 형성(rapport) 전략, 자기 성찰 일지 작성 전략 등이다. 이와 관련하여서는 구체적인 사항은 다음과 같다.

[멤버체크(member checks) 전략]

❑ 멤버체크(member checks) 전략은 연구자가 수행한 연구과정, 연구 결과 등 연구 전반에서 수행된 모든 사항에 대하여 연구참여자들에게 공개하고, 그들로부터 의견 수렴 과정을 수

행하는 것이다. 이는 연구자에 의한 왜곡과 오류를 잡아주고, 사실에 기반한 연구가 수행될 수 있도록 만들어 준다. 또한 연구자는 연구참여자들뿐 아니라 연구 주제 관련 전문가, 지도교수, 동료 연구자 등에게도 해당 과정을 공개 및 공유하여 연구과정에서 연구자 스스로가 놓치고 있는 부분과 오류 사항들을 보완할 수 있도록 한다. 멤버체크 과정 자체는 연구자에게 큰 용기를 요구하는 부분이며, 과정 수행 자체가 고통스럽기도 하다. 하지만 질적연구의 타당도 확보를 위한 가장 효과적인 전략이며, 연구자들이 반드시 수행해야 할 절차이기도 하다.

[연구 관련 공청회 및 포럼 개최 전략]

❑ 연구자는 연구 진행 과정에서 도출되는 연구결과에 대하여 관련 전문가들 혹은 연구 주제 관계자들에게 공식적으로 의견을 수렴받는 공청회와 포럼을 통해서도 타당성을 확보할 수 있을 것이다. 이는 멤버체크 차원을 넘어 좀 더 많은 이들에게 연구과정에서 도출된 결과적 측면에 방점을 두고 진행하는 전략으로 볼 수 있다. 연구 주제와 관련된 전문가들과 관계자들은 연구자의 해석과 결과에 대하여 현장성 있는 의견을 줄 수 있을 것이며, 연구자는 해당 사항을 바탕으로 추가적인 분석과 수정 과정을 진행할 수 있을 것이다.

[연구자의 심층성 추구 전략]

❑ 연구자는 연구 주제와 관련된 심층성을 추구하면서 연구 주제에 대한 타당성을 확보해나갈 수 있다. 즉 연구자는 연구 주제와 관련된 심층면담, 참여관찰 등을 수행하면서 자료와 정보에 대한 포화점에 이르기를 노력해야 하는 것이다. 연구 현장의 포화점 접근과 시도는 연구자에게 끊임없는 연구 주제와의 씨름을 의미하는데, 연구도구로서 연구자가 포화점에 이르렀음을 판단하는 데는 많은 시간과 연구과정들이 요청되기 때문이다. 또한 연구 현장의 포화점에 대한 판단 역시 연구자가 수행하지만 전술한 멤버체크 과정을 통해서도 이루어질 수 있기에 연구자는 지속적으로 연구 관계자들과의 협의 과정 속에서 연구의 심층성을 달성하고자 신경을 써야 할 것이다.

[면담가이드 개발 전략]

❑ 연구자의 심층성 추구는 어떠한 질문과 내용을 파악할 것인가와도 직결되어 있다. 이에 연구자는 연구 수행을 위한 면담가이드를 개발할 필요가 있으며, 이를 수준별로 구분하는 것이 좋다. 일반적으로 '비구조화—반구조화—구조화'의 형태로 나누어 연구 주제와 방향성에 따라 선택할 수 있을 것이다. 다만 비구조화와 구조화 면담에서 장점과 단점이 존재하고 있기에 그에 대한 명확한 이해도를 가지고 연구자는 전략을 선택해야 할 것이다. 구조

화된 형태의 접근은 연구과정의 효율성을 추구할 수 있지만 연구참여자들의 상황과 현장에 대한 지나친 연구자의 선입견과 관점이 영향을 줄 수 있다. 이에 반하여 비구조화된 형태의 접근은 연구참여자들의 상황과 현장에 대한 온전한 인식을 파악할 수 있을 것이며, 연구자의 편협된 시각을 제한할 수 있지만 연구 수행 시간과 예산의 한계 그리고 초기 연구 진행 방향성 설정에서 어려움을 겪을 수 있다.

전술한 맥락의 상황을 고려하면서 연구자는 '현장지향적 면담가이드' 개발을 통하여 연구과정에서 직면할 수 있는 한계들을 극복해나갈 수 있는데 지속적으로 연구 현장의 인식을 반영하면서 현장성을 추구해나가는 것이다. 이는 연구 초기의 면담가이드가 고정되는 것이 아니라 현장의 인식을 반영하면서 지속적으로 수정 및 보완되어감을 의미한다. 〈표 6-1〉은 면담가이드의 예시이다.

〈표 6-1〉 면담가이드 예시

〈교회학교 교사 내러티브 탐구 면담가이드〉

*** 면담가이드 개요**

한국 교회학교 교사들의 내러티브 연구는 교회학교의 성장과 발전을 위해 반드시 선행되어야 할 과제이며 이는 침체기를 걷고 있는 한국 교회학교의 부흥을 다시금 이끌 수 있는 핵심 키워드로 작용할 수 있다. 따라서 본 연구의 목적은 교회학교 교사들의 내러티브를 살펴보고 이를 집중적으로 분석하고자 함에 있다. 그러므로 본 면담가이드의 경우 면담의 핵심이 '무엇'의 차원이 아니라 '어떻게'를 파악할 수 있는 것이어야 하며, '결과'라기보다는 '과정'의 이해에 초점이 맞추어져 설계 및 제작되었다.

*** 면담 시 참여자들(피면담자들)에게 주지시켜야 할 사실**

1. "본 연구는 교회학교 교사에 대한 심층적 접근을 통해 한국 교회학교의 질적 개선을 위하여 교사들은 어떤 내러티브를 가지고 있는가를 규명하고, 교회교육 및 정책적 방안을 모색하기 위한 노력의 일환으로 시도되었습니다. 여러분들의 도움은 직접적으로는 본 연구에, 더 나아가서는 교회교육의 질적 수준을 변화시킬 수 있는 일에 크게 기여할 것으로 기대됩니다. 이 면담 내용은 철저하게 연구와 추후 보고서의 작성에만 활용될 것이며, 오직 연구자인 '이현철'에 의해서만 구성될 것입니다. 면담 내용을(보고서 등에) 자료로 활용할 경우, 익명성을 보장함으로써 여러분들의 신분이나 견해, 사생활이 노출되는 일이 없도록 최선의 노력을 다하겠습니다."

2. "본 연구는 교회학교 교사들의 실제적 경험의 세계를 밝히는 일에 초점이 맞추어져 있습니다. 그러므로 교사에 대한 여러분들의 일반적 견해나 의견을 진술하기보다는 실제로 자신의 삶 속의 이야기들과 교회학교 내에서 경험하였던 구체적인 생각이나 느낌을 중심으로 이야기해주시기 부탁드립니다."

*** 질문의 예들**

각각의 질문들은 예시적인 것들이며, 따라서 실제 면담 상황에서 그대로의 적용을 꾀하거나 혹은 질문에 대한 단편적 대답에 만족하는 일로 그쳐서는 안 된다. 질문을 던지고 참여자가 이야기를 시작하면, 때로 해당 질문에 대한 정확한 응답이 아니더라도 의미 있는 내용을 포착하려는 노력 혹은 인내심이 면담자에게 요청된다.

[영역 1: 학습 영역]

1.1 교회학교 학생의 효과적인 학습을 위해 어떻게 대처하십니까?

1.2 교회학교 학생의 학습을 위해 지도하는 경우가 있습니까? 있다면 어떻게 진행하십니까?

1.3 교회학교 학생의 교회생활을 위해 교회활동에 참여하십니까? 참여하신다면 어떻게 활동을 하십니까?

1.4 교회학교 학생들과 학습에 대한 대화는 어떻게 진행하십니까?

1.5 교회학교 학생들의 학습 동기 유발을 위해 구체적으로 어떤 노력들을 기울이고 계십니까?

1.6 학습과제에 직면하게 되었을 때는 어떻게 대처합니까?

1.7 교회학교 학생이 교회생활 및 학습에 관한 흥미가 감퇴하거나 의욕이 떨어질 때는 어떻게 합니까?

1.8 효과적인 교사로서 학습영역에 필요한 자질과 특징은 무엇입니까?

[영역 2: 생활지도 영역]

2.1 교회학교 내에서 교회학교 학생들에 대한 생활지도 및 정서적 지원은 어떻게 하십니까?

2.2 교회학교 내에서 교회학교 학생들과 시간을 어떻게 보내십니까?

2.3 교회학교 내에서 교회학교 학생들에 대한 사랑과 애정을 어떻게 표현하십니까?

2.4 교회학교 내에서 교회학교 학생들과의 대화는 어떻게 진행되며, 그 내용은 어떤 것들입니까?

2.5 교회학교 내에서 교회학교 학생들과 다양한 문화 활동을 진행하고자 하십니까?,

2.6 교회학교 내에서 교회학교 학생들에 대한 생활지도에 가장 큰 난관은 무엇입니까?

2.7 교회학교 학생들에 대한 생활지도는 어떻게 진행하십니까?

2.8 효과적인 교사로서 생활지도 영역에 필요한 자질과 특징은 무엇입니까?

[영역 3: 문화 적응 영역]

3.1 교회학교 동료 교사들과는 어떻게 지내십니까?

3.2 교회학교 담당 교역자들과는 어떻게 지내십니까?

3.3 교회학교에서 교사로 사역함에 있어 가장 큰 난관은 무엇입니까? 그것을 극복하는 방법은 무엇입니까?

3.4 독특한 우리 교회만의 문화에서 잘 적응하는 방법은 무엇입니까?

3.5 효과적인/훌륭한 교사가 가져야 할 마음가짐은 어떤 것들이 있습니까?

3.6 교회 풍토 적응을 위한 자신만의 효과적인 전략은 무엇입니까?

3.7 비공식적인 교회학교 모임에 참여하여 교제를 나누고 있습니까?

3.8 공식적인 교회학교 모임에 참여하여 교제를 나누고 있습니까?

3.9 효과적인 교사로서 문화 적응 영역에 필요한 자질과 특징은 무엇입니까?

[영역 4: 행정 능력 영역]

4.1 교회학교 동료 교사들과 기관의 행정적 업무는 어떻게 진행하십니까

4.2 교회학교 담당 교역자들과 기관의 행정적 업무는 어떻게 진행하십니까

4.3 교회학교에서 교사로 행정적 일을 담당할 때 가장 큰 난관은 무엇입니까? 그것을 극복하는 방법은 무엇입니까?

4.4 많은 행정업무와 사역이 부딪칠 때 어떻게 해결해나가십니까?

4.5 효과적인 교사로서 행정 능력 영역에 필요한 자질과 특징은 무엇입니까?

[영역 5: 종합]

5.1 앞으로 한국 교회학교의 전망에 대해서는 어떻게 생각하십니까?

5.2 앞으로 더 의미 있는 교회학교 교사들이 되기 위해 꼭 필요한 것들은 무엇이라고 생각하십니까?

5.3 현재의 한국 교회학교의 현상을 극복하기 위하여 시도해보고 싶은 생각이나 계획, 대안이 있다면 말씀해 주십시오.

5.4 교회학교 교사 후배들에게 이것만은 꼭 지켜주었으면 하는 것이 있으면 말씀해주십시오.
5.5 가장 중요한 교사로서의 자질과 특징에 대하여 말씀해주십시오.
5.6 교사로서 가장 힘든 점이나 경험이 있으시면 말씀해주십시오.
5.7 교사로서 봉사하게 된 배경과 과정에 대하여 말씀해주십시오.

출처: 이현철(2013). 한국 교회학교 교사들의 딜레마에 관한 내러티브 탐구. pp.254-257.

[참조 자료의 활용 전략]

❑ 연구자는 연구참여자들의 인터뷰와 관찰 사항들에 대한 진위 여부를 그들의 진술 내용만을 가지고 판단하기에는 무리가 따른다. 연구참여자들의 진술 사항에 대한 사실 여부를 그들의 삶 속에 존재하고 있는 다양한 자료들을 통해 교차적으로 확인되어야 할 것이다. 삶 속에 존재하고 있는 다양한 자료들의 경우, 일기, 성적표, 공문, 사진, 비디오, 메모, 주제 관련 뉴스, 연대기적 사건 등 연구참여자가 고백해준 사항을 뒷받침할 수 있는 보조적 자료들을 활용하여 비교 및 확인 작업을 수행하는 것이다. 또한 해당 과정을 통해 도출된 참조자료를 연구에서도 소개하여 독자들로 하여금 연구참여자와 연구자의 기술 사항에 대한 타당성을 확보할 필요도 있다.

[연구방법의 다각화 전략]

❑ 연구자는 연구방법의 다각화 전략을 통하여서도 타당성을 확보해나갈 수 있다. 이러한 측면은 통합방법연구(mixed methods research)의 필요성과 적용적 가치도 시사해주는데, 하나의 연구방법만을 통한 연구 현장에 대한 분석이 오류를 초래할 수 있기 때문에 추가적인 연구방법을 활용하여 자료 분석을 추구해나가는 것이다. 이는 궁극적으로 자료의 통합까지도 이루어 현장에 대한 광범위한 이해도를 제공할 수 있다.

[질적 자료 분석 컴퓨터 소프트웨어(CAQDAS: Computer-Aided Qualitative Data Analysis Software) 활용 전략]

❑ 질적연구에서 자료 분석은 어떤 과정보다 중요하며, 그 과정의 타당성 확보는 연구 전반의 타당성 확보와 직접적으로 연결되어 있다. 특별히 전통적 질적연구 과정에서는 연구자의 코딩과 분석의 전 과정을 독자들에게 공개하기 쉽지 않은 한계가 존재하며, 이는 독자들에게는 암흑상자(black box)와 같았다. 흥미롭게도 질적 자료 분석 컴퓨터 소프트웨어들은 해당 과정을 제시해줌으로써 연구과정 자체에 대한 다양한 의문과 질문들에 명확하게 답을 해줄수 있는 장점을 가진다. 이러한 대표적인 질적자료분석 프로그램으로는 NVivo, MAXQDA, ATLAS.ti, Dedoose, The Ethnograph, QDA MINER 등이 있으며, 국내에서는

파랑새 2.0이 상용화되어 다양한 연구자들에게 활용되고 있다. 구체적으로 아래의 사항들은 질적 자료 분석 컴퓨터 소프트웨어가 왜 타당성 있는 접근을 구현케 하는가에 대한 근거를 제시해주고 있다.

- 질적 자료 분석 컴퓨터 소프트웨어는 연구자가 면담을 완벽하게 녹취 및 전사를 하여야만 프로그램을 실행할 수 있음
- 질적 자료 분석 컴퓨터 소프트웨어는 녹취한 전 자료를 근거로 각 영역 간의 관계를 분석하여 공개할 수 있음
- 질적 자료 분석 컴퓨터 소프트웨어는 방대한 자료를 코딩함으로써 코딩 항목 간의 빈도를 비교 분석하여 어떤 항목이 참여자에게 의미가 있는 것인가를 도출해줄 수 있음
- 질적 자료 분석 컴퓨터 소프트웨어는 연구자가 특정한 인식에 의하여 분석 과정을 수행하고 있음에 대한 방어적 자료를 제시할 수 있음

[연구참여자와의 상호신뢰적 관계 형성(rapport) 전략]

❑ 연구자는 연구참여자와의 기능적인 관계 형성을 통하여 연구 주제에 대한 실체와 본질을 파악할 수 있다. 연구참여자의 입장에서는 예민한 주제와 내용에 대하여 신뢰도가 낮은 이방인에게 해당 사항을 고백하는 것은 불가능할 것이기 때문에 연구자는 최대한 연구참여자와의 관계 형성을 시도하여 안정감 있게 연구 주제와 관련된 정보와 내용을 얻어야 한다. 물론 연구자와 연구참여자 간의 지나친 관계 형성은 연구 전반의 수행에서 부정적 영향을 줄 수 있음도 염두에 두어야 한다.

[자기 성찰 일지 작성 전략]

❑ 자기 성찰 일지는 연구자가 연구 수행 과정에서 경험한 연구자로서의 고뇌와 반성적 성찰을 기술하는 것이다. 이 과정에서 연구자는 자신의 고정관념과 연구에 대한 편협성을 배제하고, 좀 더 현장 지향적인 연구 태도를 견지할 수 있도록 한다. 이는 궁극적으로 연구 자체의 타당성을 확보하고, 연구자의 인식과 고정관념에 함몰되어 연구를 수행하는 오류를 관리하도록 도움을 준다. 더불어 해당 과정을 통해 작성된 자기 성찰 결과물들은 그것 자체가 연구자로서의 성장 과정을 보여주는 의미있는 질적 자료가 되기도 한다.

제 7 장

최신의 질적연구

최근 질적연구의 발전과 기세는 그 어느 때보다 강력하며, 전공을 불문하여 많은 연구자에게 환영받고 있다. 질적연구의 발전 속에서 특별히 관심받고 있는 영역이 있는데 대표적으로 컴퓨터 소프트웨어의 활용과 통합방법연구의 적용이다. 해당 사항들은 질적연구를 통해 질적연구가 지향하는 본질적 의미를 강화시키면서도 질적연구가 가지고 있는 한계를 극복하고자 하는 의미로서 이해된다. 이 장에서는 컴퓨터 소프트웨어의 활용과 통합방법연구의 적용을 중심으로 최신의 질적연구의 관심 분야를 소개한다.

1. 질적연구에서의 컴퓨터 소프트웨어의 활용

질적연구에서 테크놀로지의 활용은 독일, 미국, 영국, 호주 등 각국에서 다양한 CAQDAS(Computer-Aided Qualitative Data Analysis Software)가 개발되면서부터 새로운 국면으로 발전하고 있다. 이러한 대표적인 질적자료분석 프로그램으로는 NVivo, MAXQDA, ATLAS.ti, Dedoose, The Ethnograph, QDA MINER 등이 있으며, 국내에서는 '파랑새 2.0'(오영범·이현철·정상원, 2016)이 개발되어 있다. 해당 프로그램들은 최근 SNS에서와 다양한 온라인 포럼 및 세미나를 통해 CAQDAS를 사용하고자 하는 연구자들에게 실제적인 활용방법을 제공한다. 다음은 질적연구 과정에서 CAQDAS를 통해 수행할 수 있는 일반적인 내용들이다

(Weitzman, 2000; 오영범·이현철·정상원, 2016).

① 현장 노트 만들기(making notes in the field)
② 자료제작(writing up or transcribing field notes)
③ 편집(editing)
④ 코딩(coding)
⑤ 저장(storage)
⑥ 검색(search & retrieval)
⑦ 자료 연결(data lingking)
⑧ 메모하기(memoing)
⑨ 내용분석(content analysis)
⑩ 자료 디스플레이(data display)
⑪ 결과 제시 및 확인(conclusion drawing and verification)
⑫ 이론 개발(theory building)
⑬ 개념지도 제시(graphic mappping)
⑭ 연구 자료 기술(report writing)

CAQDAS의 기본적인 14가지 기능들의 경우 일반적인 한글 프로그램이나 Microsoft Word에서도 일정 부분 작업이 가능한 사항들이지만 현재 CAQDAS 프로그램들의 경우 질적 연구 과정에서 수집되는 방대한 자료들의 체계적 관리와 코드지정, 시각화 작업 등을 포함하면서 좀 더 연구 주제에 부합하고, 연구과정을 논리적으로 구성할 수 있도록 쉽고 간편하게 진행할 수 있는 방향으로 개발되어져 가고 있다. 그러한 과정을 통해 질적연구자가 겪게 되는 연구과정에서의 부담과 딜레마를 덜어주고 있으며, 더욱 강력한 질적자료 분석과정을 가능하게끔 새로운 가능성을 만들어 주고 있다(오영범·이현철·정상원, 2016).

이러한 CAQDAS는 질적연구 과정에서 몇 가지 매력적인 강점들을 제시해주는데 그 내용은 다음과 같다.

1) 질적자료 관리의 체계성

질적연구는 현장으로부터 수많은 자료들을 입수하게 된다. 면담을 통해 수행된 자료들은 전사과정을 거쳐 구체적으로 자료화되며, 관찰을 통해 이루어진 자료들의 경우도 녹화에서부터 현장일지까지 다양하게 존재한다. 그 외 현장 사진, 연구자의 일기, 관련 문서 등 연구 주제와 관련된 모든 것이 넓은 의미에서 질적자료에 포함될 수 있을 것이다. 생애사 연구를 생각해보라. 한 사람의 생애사에 집중할 때 그와 관련된 모든 것이 질적자료가 아니겠는가. 그렇다면 현장에서 수집된 질적자료 관리는 연구의 핵심적 요소로서 이에 대한 과정이 학술적 수준에서 정련되게 이루어지지 못한다면 연구 전반에 치명적 결과를 초래하는 것은 자연스러운 결과일 것이다.

이러한 맥락에서 CAQDAS의 활용은 질적자료 관리의 체계성을 담보할 수 있다. 자료의 저장에서부터 코딩분석, 분석적 메모, 주제 도출에 이르기까지 창조적 작업이 주를 이루는 질적자료 분석은 방대한 자료의 체계적 관리가 전제되어야 한다. 예를 들어 국가 수준의 대형 프로젝트의 경우 전사 자료들만 수천 페이지에 이르며, 개인 학위논문의 경우도 연구참여자의 수에 따라 그 정도 수준에 이를 수 있을 것이다. 또한 현장에서 수집되는 자료들의 양식과 체제가 문서만이 있는 것이 아니라 오디오 파일, 사진 파일, 비디오 파일, 인터넷 문서 등 다양하게 존재하고 있기에 그러한 방대한 연구들이 연구의 초기, 중기, 말기의 시점을 거치면서 어떻게 관리될 것인가에 대한 고민은 질적연구를 수행한 연구자들이라면 모두 고민하였을 주제이다. 실제로 이러한 측면은 NVivo, ATLAS.ti, MAXQDA 등 국외의 대표적인 CAQDAS들이 가진 문제 의식이다. 게다가 질적연구 연구자의 점진적 주관성에 의하여 지속적으로 현상과 개념에 대한 해석들이 생성될 때 연구의 초기 시점의 코딩 사항과 말기 시점의 코딩 사항이 달라질 수 있으며, 이러한 변화에 탄력적으로 대응해야 할 필요성이 있다. 만약 이를 수작업을 통해 수행하게 된다면 수천 페이지에 이르는 질적 자료들을 어떠한 방식으로 처리할 것인가에 대한 문제는 질적연구자들을 당황하게 만드는 요소가 될 수 있다. 하지만 CAQDAS 내에서는 이에 대한 접근이 효율적으로 이루어져 질적자료 관리의 체계성을 확보할 수 있으며, 이는 궁극적으로 자료 분석과도 직접적으로 맞닿아 있는 부분으로 연구 전반에서 주요한 요소로 볼 수 있다.

2) 코딩 과정의 투명성

질적연구를 통해 수행된 연구를 학술대회 발표나 학술지 논문 투고 시 토론자와 심사자들로부터 받는 가장 많은 질문은 단연 질적자료 분석과정에 대한 사항이다. 예를 들어 해당 연구에서 수집된 질적자료들이 어떠한 코딩 과정을 거쳐 이루어졌는가? 해당 코딩 과정에 대한 구체적인 정보와 내용은 무엇인가? 등이다. 최근 질적 자료 분석과정에 대한 학계의 관심 증대와 다양한 연구들의 소개로 말미암아 단순히 '○○코딩' 혹은 특정한 코딩 전략을 활용하였다고만 기술하여 한 문단으로 소개하는 것은 정련된 질적연구 논문으로서 보기 어려운 상황이다. 이는 마치 "연구자가 열심히 연구했으니 당신들은 그저 믿어만 달라"와 같은 뉘앙스를 주기까지 한다. 이제는 연구자의 구체적인 코딩 과정이 세밀하게 소개되어야 하며, 그것은 물론 구체적인 자료들과 함께 공개가 이루어져야 한다.

그러나 CAQDAS를 활용하지 않은 질적자료 분석 접근법에서는 해당 과정을 구체적으로 정리하여 소개하기가 쉽지는 않다. 물론 불가능한 것은 아니지만 코딩 단계에 따른 구체적 자료들을 시각적으로 보여주거나 실증적 자료로 변환하여 소개하기가 간단하지는 않다. 하지만 CAQDAS를 활용한다면 이야기는 달라진다. CAQDAS를 활용하여 코딩 과정의 빈도를 중심으로 다양한 코딩 전략에 따른 구체적 자료들을 연구자의 개념 속에서 충실하게 소개할 수 있으며, 이는 코딩 과정의 투명성과도 직결되어 해당 연구를 접하게 되는 심사자들이나 독자들이 연구자의 코딩 과정과 단계를 구체적으로 확인할 수 있도록 한다. 이는 기존의 'Black Box' 였던 코딩 과정을 투명하게 공개하기에 용이하다는 장점을 지니는 것이다.

3) 주제 도출의 인과성

연구자는 현상에 대한 의미와 해석들을 주제화와 연구결과로서 주요 개념들을 도출시킴으로써 학문성을 구성해나간다. 이 과정은 질적연구를 활용한 연구들에서 가장 핵심적인 과정이 될 수 있으며, 연구자가 설정한 문제 의식이 표현되는 주요한 단계이다. 그런데 해당 연구를 접하는 이들 특별히, 양적연구자들의 관점에서 해당 주제들이 도출되는 과정이 연구자들이 가진 일방적인 논리와 해석에 의해 이루어지는 듯한 이미지들을 강하게 준다. 예를 들어 주제 도출이 어떻게 이루어지며, 어떠한 과정으로 구성된 것인가에 대한 의문들이 제기되는 것이다. CAQDAS에서는 주제 도출의 인과성에 대하여 구체적으로 설명할 수 있는데 코딩 과정에서부터 축적된 자료들을 통해 연구자의 논리와 주제화 과정의 근거가 명확하게 제시되기 때문이다. 물론 해당 과정 자체가 연구자의 주관성과 질적연구 분석 과정을 통해 도출되는 사항이지만 해당 사항들이 빈도와 같은 사항들에 의해 기초적 논리가 구성되기에 해당 주제들의 도출 사항에 대한 연구자의 논리적 흐름을 파악하고 따라가기에 용이해지는 것이다. 여기에서 고려해야 할 사항은 과연 질적자료 분석 과정에서 높은 빈도에 의한 개념 도출이 현상을 주요하게 혹은 핵심적으로서 설명해주는가에 대한 사항은 연구자들에게 쟁점이 될 만하다. 다시 말하면 만약 빈도가 극히 낮게 나온 사항들에 대하여 연구자가 관심을 가지지 않는 것이 질적연구에서 용납될 수 있는가에 대한 쟁점이 발생하는 것이다. 즉 연구참여자가 언급하기 어려운 부분이나 현상에 대하여 용기를 내어 언급한 부분들은 빈도 자체가 낮은데 과연 그것을 '빈도가 낮다'라는 이유로 연구결과로서 배제할 수 있는가하는 것이다.

이러한 쟁점에도 주제 도출의 논리적 흐름에 주목한다면 연구자가 도출한 주제들 혹은 연구 결과 사항들이 어떠한 과정에서 구성된 것인가에 대한 논리적 흐름들을 높은 인과성 속에서 설명해 줄 수 있는 것은 분명하다.

4) 양적연구 결과와의 통합연구 가능성

통합방법연구는 질적연구 패러다임에서 최근 각광받고 있는 영역이며, 그 자체로서도 질적연구와 양적연구에 이어 제3의 연구방법으로서 자리를 잡아가고 있다. 통합방법연구는 단일 연구에서 질적접근과 양적접근을 모두 활용하는 것이며, 양측의 양립 가능성과 실용적 접근을 고수하는 방식으로 정의 내릴 수 있다. 또한 질적접근과 양적접근이 가진 한계점을 극복하면서 그것들이 가진 장점을 제공하여 연구문제에 대한 보다 '온전한' 그리고 '광범위'한 답변을 줄 수 있는 방법으로 볼 수 있다(이현철 외, 2013). CAQDAS는 이러한 통합방법연구가 적용한 연구수행을 용이하게 만들어주는데 양적연구 결과와의 통합 가능성을 열어주는 것이다. CAQDAS는 기본적으로 코딩 과정에서 빈도에 근거한 작업들을 많이 수행할 수 있다. 즉 질적자료의 계량적인 변화가 용이한 것이다. 예를 들어 연구참여자들의 특성에 따른 다양한 요소들을 분류하고 해당 분류 사항을 중심으로 코딩을 수행하여 각각의 요소들을 빈도표로 CAQDAS 내에서 작성한 뒤 그것을 양적연구 통계프로그램에 투입하여 다양한 통계 분석방법을 시도할 수도 있는 것이다. 또한 코딩 분석에서 빈도분석 자체로서의 의미를 강조하여 연구를 수행할 수도 있으며, 그 자체가 계량적 자료로서의 의미를 강하게 지닌다. 그러므로 CAQDAS를 활용한 연구는 정통적인 질적자료 분석의 수행으로서의 의미도 온전히 달성할 수 있으며, 연구자의 연구 아이디어와 창의성을 바탕으로 양적연구로의 발전과 양적연구 결과와의 통합 가능성의 의미도 지닐 수 있는 것이다. 실제로 CAQDAS를 활용한 논문들의 상당수는 질적자료의 계량화 작업을 통한 연구자들의 다양한 해석이 주를 이루고 있음을 확인할 수 있다.

5) 연구 전반의 타당성

CAQDAS 활용은 질적연구의 타당성을 증진시키는 전략으로서 효과적으로 사용될 수 있다. 질적연구에서 타당성 증진은 연구 자체의 질적 수준을 결정하게 하며 만약 타당성있게 연구가 수행되지 못하였다면 연구의 학문적 사항들이 담보되지 못한 것으로 이해할 수 있다. 이러한 연구 자체의 타당성은 구체적으로 전술한 CAQDAS를 활용한 질적자료 관리의 체계성, 코딩과정의 투명성, 주제 도출의 인과성, 양적연구 결과와의 통합 가능성 등에 의해 확보

될 수 있는 것이다.

주지하고 있듯이 질적연구는 연구자에 의해 모든 연구 과정이 수행된다. '연구도구로서의 연구자'의 의미를 여기에서 확인할 수 있으며, 양적연구와 달리 모든 연구 단계와 과정에서 연구자가 이를 수행하는 것이다. 이러한 과정에서 연구자의 질적자료의 관리, 연구자의 질적자료의 코딩 과정, 연구자의 주제 도출 혹은 연구결과 도출, 연구자가 도출한 양적연구 결과와의 통합 등을 체계적으로 지원해주는 것은 해당 연구 전반의 타당성을 잡아주는 과정이 되며 이것을 CAQDAS가 담당할 수 있는 것이다. 만약 연구자가 자신의 질적자료 관리에 실패하거나, 질적자료 코딩 과정이 정련되게 이루어지지 못하거나, 주제 도출 혹은 연구결과 도출이 논리적이지 못하게 구성된 연구물이 있다면 그러한 연구를 타당성 있게 볼 수는 없을 것이다.

2. 통합방법연구의 적용

통합방법연구론에 대한 논의가 본격적으로 진행되어진 것은 비교적 최근의 일이다. 하지만 통합방법연구론에 대한 추구는 거대한 패러다임 간의 철학적 대립, 즉 질적 접근과 양적 접근방식의 치열한 각축장(paradigms war)에서부터 오랫동안 갈구되어져 왔던 것이며, 현상에 대한 '의미와 이해'와 현상에 대한 '객관적 설명'에서 필연적으로 겪고 있는 양측의 딜레마를 해결할 수 있는 실용주의적 접근으로서도 지속적으로 관심받아온 것이 사실이다. 그러나 이러한 관심과 접근은 "통합연구가 무엇인가?"라는 질문 앞에서 힘이 빠지고 마는데 이는 통합연구의 개념을 쉽게 정의 내리기 어렵기 때문이다.

통합방법연구에 대한 개념을 정립하기 위하여 선행적으로 서구의 대표적 학자들의 통합방법연구에 대한 개념적 정의를 중심으로 살펴보자(<표 7-1> 참조). 먼저 국내에 번역본이 소개되면서 많이 알려진 University of North Texas의 Tashakkori와 Louisiana State University의 Teddlie(2003; 2009 재인용)는 연구문제, 연구방법, 자료수집 그리고 분석 절차 및 도출에서 질적과 양적 접근을 취하는 연구 설계로 정의하고 있으며, Tashakkori와 University of Nebraska-Lincoln의 Creswell(2007)은 단일연구 혹은 조사 프로그램에서 자료수집 분석, 결과 통합 및 도출을 위해 질적 측면과 양적 측면을 모두 활용하는 것으로 정의 내리고 있다. 또한 Creswell과 같은 학교의 동료인 Plano Clark(2007)는 연구의 다층적 과정에서 양적/질적 접근의 통합적 자료수집과 분석 과정을 이끄는 철학적 틀을 겸비한 연구 설계로 정의 내리고 있으며, University of South Alabama의 Johnson과 Sam Houston State University

〈표 7-1〉 대표적 학자들의 통합방법연구 정의 및 개념

연구자	정의 및 개념
Tashakkori & Teddlie (2009)	연구문제, 연구방법, 자료수집 그리고 분석 절차 및 도출에서 질적과 양적 접근을 취하는 연구 설계
Tashakkori & Creswell (2007)	단일 연구 혹은 조사 프로그램에서 자료수집 분석, 결과 통합 및 도출을 위해 질적 측면과 양적 측면을 모두 활용하는 것
Creswell & Plano Clark(2007)	연구의 다층적 과정에서 양적/질적 접근의 통합적 자료수집과 분석 과정을 이끄는 철학적 틀을 겸비한 연구 설계
Johnson & Onwuegbuzie (2004)	연구자가 단일 연구 내에서 양적 그리고 질적인 연구 기법, 방법, 접근, 개념 그리고 용어를 통합 혹은 혼합하여 이루어지는 연구
Onwuegbuzie et al. (2006)	연구 목적의 설정에서부터 글쓰기 및 연구문제의 재구성에 이르는 13가지 과정을 통해 통합방법연구에 대한 개념화
Mertens (2005)	통합방법연구를 교육 및 사회 문제가 발생하는 다양하고, 복잡한 맥락 내에서 연구자에 의해 수행되어지는 통합적 과업

의 Onwuegbuzie(2004)는 연구자가 단일 연구 내에서 양적 그리고 질적인 연구 기법, 방법, 접근, 개념 그리고 용어를 통합 혹은 혼합하여 이루어지는 연구로 정의 내리고 있다. 한편 Onwuegbuzie와 그의 동료들(2006)은 연구 목적의 설정에서부터 글쓰기 및 연구문제의 재구성에 이르는 13가지의 과정을 통해 통합방법연구에 대한 개념화 작업을 진행하고 있다.[1] 또한 전술한 연구자들의 기술적인 접근을 넘어 Mertens(2005)의 경우 좀 더 포괄적으로 통합방법연구를 교육 및 사회 문제가 발생하는 다양하고, 복잡한 맥락 내에서 연구자에 의해 수행되어지는 통합적 과업으로 보고 있다.

이상의 통합연구와 관련된 대표적 학자들의 정의와 개념을 중심으로 정리하면 통합방법연구는 단일 연구에서 질적접근과 양적접근을 모두 활용하는 것이며, 양측의 양립 가능성과 실용적 접근을 고수하는 방법론으로 정의 내릴 수 있다. 특별히 질적접근과 양적접근이 가진 한계점을 극복하면서 그것들이 가진 장점을 제공하여 연구문제에 대한 보다 '온전한' 그리고 '광범위' 한 답변을 줄 수 있을 것으로 기대되는 방법론이다. 이러한 맥락에서 통합연구에서 고려하고 있는 몇 가지 실제적 사항과 문제들을 살펴보면 통합방법연구의 개념을 좀 더 구체적으로 확인할 수 있다.

1) Onwuegbuzie와 그의 동료들에 의해 개념화되고 있는 구체적인 내용들은 "A model incorporating the rationale and purpose for conducting mixed methods research in special education and beyond". Learning Disabilities: A contemporary Journal, 4, 67-100. 을 참고.

첫째, 자료 수집에서 양적/질적 자료가 동시적으로 진행되는가? 혹은 순차적으로 진행되는가?(Morgan, 1998; Morse, 1991) 이다. 통합방법연구의 개념은 단일 연구에 양적/질적 접근을 동시적으로 다루고 있기에 양적/질적 자료를 어떻게 활용할 것인가를 고려해야 한다는 것이다.

둘째, 양적/질적 자료 중 무엇이 더 연구에서 중요하게 활용되는가?(Morgan, 1998; Morse, 1991)를 고려해야 한다. 이는 통합연구가 다양한 방법과 수준을 통해 적용될 수 있음을 시사하는 것이다. 다시 말하면 동등한 수준의 양적/질적 접근의 적용이 이루어질 수도 있지만 그러한 수준을 넘어 연구의 전반적 맥락에서 각각의 진영이 취하고 있는 위치와 내용들이 연구자의 관점에 따라 탄력적으로 변화될 수 있음을 의미하는 것이다. 이는 다음의 고려사항과도 직접적으로 상관이 있다.

셋째, 연구 단계의 어느 수준—설문 문항 제작, 자료수집, 자료 분석 또는 자료 해석의 단계—에서 통합방법연구가 적용되었는가? 그리고 단일 수준의 자료인가? 혹은 다층적/복합적 수준의 자료인가?(Tashakkori & Teddlies, 1998) 하는 것이다. 통합연구의 경우 일반적으로 통합방법(Mixed Methods)과 통합모형(Mixed Model)으로 구분되어질 수 있는데, 통합방법의 경우 연구의 방법적 수준에서 통합이 이루어지는 것으로 양적/질적 각각의 특징으로 연구방법의 수준에서 고려되어 통합이 진행되어지는 것이다. 이에 반해 통합모형의 경우 연구의 문제 설정에서부터 자료의 해석 및 기술의 단계에 이르는 연구 전반에 걸친 통합을 의미하는 것으로 통합방법연구의 2가지 큰 축을 구성하고 있다.

넷째, 통합방법연구에서 고려해야 할 사항은 해당 연구에서 통합의 기능은 무엇인가? 삼각화, 설명 또는 탐색의 기능 중 무엇을 담당하는가?(Creswell, 2003)이다. 이는 통합연구가 적용된 연구에서 가지는 의미를 보여주는 것으로 단순히 연구자의 '학문적 욕심' 이나 '거추장스러운 덧붙임'이 아닌 설정한 연구문제에 대한 보다 완전한 해답을 주기 위한 노력의 일환임을 보여주는 것이다. 이에 대하여 Greene et al. (1989)은 통합방법연구의 목적을 크게 다섯 가지로 제시했다. 첫째, 삼각화(triangulation) 또는 결과의 수렴성 탐색, 둘째, 상보성(complementarity) 혹은 어떤 현상의 중첩 및 상이한 국면 조사, 셋째, 개시(initiation) 혹은 역설·모순·신선한 관점의 발견, 넷째, 전개(development) 혹은 첫 번째 방법의 활용에서 나온 결과를 두 번째 방법의 정보로 쓰는 제 방법의 순차적 활용, 다섯째, 확장(expansion) 또는 어떤 프로젝트의 폭과 범위를 더하기 위한 통합방법의 활용 등이다(염시창, 2001 재인용). 이러한 통합연구에서의 고려 사항들은 통합방법연구의 개념을 이해하고 탐색하는데 주요한 시사점을 주고 있다.

이상의 고려 사항을 통해서 볼 때 통합방법연구는 삼각화(triangulation), 현상에 대한 구체적 설명, 현상에 대한 탐색 등 3가지의 공통적 특징으로 규정할 수 있으며, 자료수집, 분석과 해석에 대하여 명확하게 각각이 구분되지만 양적 그리고 질적 접근을 상호 보완하고 있음을 확인할 수 있다(Dovona-Ope, 2008).

이러한 통합방법연구의 장점과 단점을 살펴보자. 먼저 통합방법연구의 장점은 무엇보다 연구문제에 대한 보다 포괄적이며 완전한 이해를 제공함에 있다. 일반적으로 단일 연구방법만을 활용한 연구의 경우 해당 영역의 연구방법이 지닌 편향적 시각에서 벗어나고 있지 못하며, 특정 연구방법이 범하고 있는 한계점을 인정하면서도 이를 연구에 활용하고 있다. 예를 들어 많은 단일 연구방법을 활용한 연구의 경우 '연구의 제한점'이란 절을 통해 해당 연구가 범하고 있는 연구 한계를 기술함과 동시에 단일 연구방법에 의한 연구결과 도출이 포괄적/심층적이지 않음을 인정하고 있다는 내용을 '습관' 혹은 '전통' 처럼 삽입하여 반복적으로 기술하고 있다. 그러나 통합방법연구의 경우 단일 연구방법을 통해 발생하는 위와 같은 문제들을 극복하게 해줌으로써 연구문제에 대한 심층적인 내용과 이해를 제공할 수 있다. 또한 통합방법연구의 경우 양적연구방법과 질적연구방법 각각의 장점을 모두 활용하여 연구에 활용할 수 있다.

양적연구방법의 장점은 연구결과를 질적연구에 비해 일반화할 수 있으며, 연구결과에 영향을 줄 수 있는 다양한 변수들을 통제하며, 신뢰도를 확보하고, 통계적 유의도와 다양한 통계 프로그램을 활용할 수 있다. 그리고 양적연구방법은 경제적이고, 비교적 연구를 신속하게 진행할 수 있다는 장점을 가진다. 또한 질적연구의 경우 연구참여자의 이해를 바탕으로 연구 문제에 접근할 수 있으며, 희귀한/제한적인 연구문제와 주제를 연구하기에 적합하며, 복잡한 사회적 현상들을 분석할 수 있으며, 연구 현장의 문화와 연구참여자들의 경험 등 내재적 의미들을 이해할 수 있는 장점을 가지고 있다. 또한 양적 및 질적연구방법의 한계점도 분명 존재하고 있는데 양적연구방법의 경우 어떤 의미에서 연구결과가 너무 추상적이며, 연구자가 현실을 있는 그대로 반영하지 못할 수도 있다. 질적연구방법의 경우 연구결과를 일반화함에 어려움이 있으며, 연구자의 개인적 특징과 경험에 의해 연구결과가 영향받을 수 있으며, 이는 연구참여자의 측면에서도 마찬가지이다. 또한 질적연구방법은 연구과정에 많은 시간과 경제적 부담이 작용하기도 한다. 그러므로 통합방법연구의 경우 전술한 양적/질적 연구방법의 장점을 활용하고 양적/질적 연구방법이 가지고 있는 한계점을 극복할 수 있는 측면도 분명히 존재하고 있어 연구문제 해결에서 강력한 도구가 될 수 있다(Johnson, & Onwegbuzie, 2004).

반면, 통합방법연구의 장점과 함께 분명히 단점도 존재하고 있다. 첫째, 통합방법연구의 경우 단일연구에서 수행하기 어렵다는 것이다. 즉 일반 개인연구자가 통합방법연구를 수행하기에 어려움이 있다는 것이고, 보통 대규모 국가 수준의 프로젝트에서 활용되고 있는 한계점을 지닌다. 이와 같은 이유는 2가지 통합방법연구의 단점과도 직접적으로 관계를 맺고 있다. 통합방법연구의 두 번째 단점은 바로 개인 연구자가 통합방법연구를 수행하기 위해서는 양적과 질적연구방법 모두에 능통하여야 하고, 두 가지 측면의 핵심적 원리와 실제적 기술 모두를 학습해야 한다는 것이다. 최근 양적연구와 질적연구 모두 지속적으로 각각의 패러다임을 발전시키고 특별히 그 핵심적 내용들을 발전된 도구들 속에서 구축하고자 하는데 양적연구에서는 구조방정식모형(SEM: Structural Equation Modeling), 잠재성장모형(LGM: Latent Growth Modeling), 위계적선형모형(HLM: Hierarchical Linear Modeling) 등등으로 자료에 내재하는 그리고 연구 현장을 좀 더 정밀하게 파악하고자 하는 시도들이 꾸준히 진행되고 있다. 질적연구에서도 질적연구 초기의 연구자들의 관심과 더불어 좀 더 탈경계적이고 실증주의적 사고에서 벗어나고자 하는 움직임들이 질적연구다운 글쓰기를 중심으로 대대적으로 일어나고 있다. 이와 더불어 각국에서 다양한 질적 자료 분석 컴퓨터 소프트웨어(CAQDAS: Computer-Aided Qualitative Data Analysis Software)가 개발되면서부터 새로운 전기를 맞이하고 있다. 이러한 대표적 질적자료분석 프로그램으로는 ATLAS.ti5, Hyper Research, MAXqda, The Ethnograph, NUDIST, NVivo가 있으며, 다양한 온라인 포럼과 세미나를 통해 CAQDAS를 사용하고자 하는 연구자들에게 실제적 활용방법을 제공되고 있다. 이러한 양적연구와 질적연구의 발전은 통합연구를 수행하고자 하는 연구자들에게 두 가지 측면의 학습에 대한 부담으로 작용한다. 이는 자연스럽게 통합방법연구를 활용한 연구의 질적인 수준과도 연결되는데 연구자가 양측의 패러다임과 실제적 방법에 익숙지 못할 시에는 결국 전반적인 연구결과의 수준을 보장할 수 없으며, 도출된 연구결과에 대한 의미가 희석될 가능성이 존재한다. 즉 "두 마리 토끼를 잡으려 하다가 한 마리도 제대도 잡지 못하는 격"이 되거나 '과유불급(過猶不及)'의 상황이 될 수 있다는 것이다. 또한 통합방법연구는 단일 연구방법을 활용한 연구에 비하여 분명 많은 시간과 경제적 부담을 가중시킨다(〈표 7-2〉 참조). 양적연구 파트의 시간과 재정 그리고 질적연구를 진행하는 시간과 재정이 분명 존재할 것이고, 각 파트의 내실 있는 접근을 위해 통합방법연구를 활용한 연구에서는 어느 것 하나도 소홀히 다룰 수 없게 될 것이다.

전술한 통합방법연구의 대표적 연구 모형을 살펴보면 〈표 7-2〉와 같다.

〈표 7-2〉 통합방법연구의 장점과 단점

장/단점	내용
통합방법연구의 장점	• 양적 및 질적 연구방법의 장점을 제공할 수 있다. • 단어, 사진, 이야기 등의 의미들을 창출할 수 있다. • 계량적 수치들이 질적자료와 함께 의미롭게 활용될 수 있다. • 연구문제와 주제에 대하여 보다 포괄적으로 답을 할 수 있다. • 각 연구방법의 약점을 극복하면서 연구를 진행할 수 있다. • 연구결과에 대하여 좀 더 명확한 증거들을 제시할 수 있다. • 특정 연구문제와 주제에서 단일 연구방법을 활용한 연구들이 놓치고 있던 의미있는 내용들을 제시할 수 있다. • 연구결과의 일반화를 높일 수 있다.
통합방법연구의 단점	• 연구자가 질적 및 양적 접근법을 모두 수행하기 어렵다. • 연구자가 두 가지 방법을 모두 학습하여야 되며, 통합방법연구에 대하여서도 학습을 하여야 한다. • 연구방법론적 순수주의자들은 양적연구이든 질적연구이든 한 가지만을 활용해야 함을 주장하고 있다. • 단일연구방법의 연구에서 보다 경제적으로 부담이 된다. • 단일연구방법의 연구에서 보다 더 많은 시간이 활용된다. • 통합연구의 특정 부분에서는 연구방법론자들과의 작업이 필요하다.

※ 출처: Johnson, R. B. & Onwegbuzie, A. J. (2004). Mixed methods research: A research paradigm whose time has come. *Educational Researcher* Vol.*33*(7). 14-26.

1) Morse 모형

Morse 모형은 구체적이며, 요약적으로 통합방법연구의 모형에 대하여 설명하고 있는데 특별히 우선적(priority) 측면과 순차적(sequence) 측면을 중심으로 4가지 접근모형을 제시하고 있다(Morse, 1991). 우선적 측면의 경우 통합적 접근에서 양적과 질적 각각의 측면에서 주요하게 활용될 접근방식을 결정하고, 결정된 해당 방법을 중심으로 자료수집과 같은 연구 절차를 진행하는 것을 의미한다. 다시 말하면 연구자는 연구 목적을 효과적으로 밝혀줄 수 있는 가장 적절한 방법을 선정하고 선정된 방법을 보완해줄 수 있는 방법을 부가적으로 활용하는 것이다.

반면 순차적 측면은 양적/질적 자료의 활용에서 일련의 순서 혹은 차례에 집중한다는 것이다. 철학적 배경이 명확하게 차이가 나고 있는 2가지 방법을 동시에 활용할 때 발생할 수 있는 다양한 어려움들을 극복하기 위하여 순차적으로 이를 적용한다는 것이다. 그러므로 한 측면에서 도출된 결과를 다음의 측면에서 활용하여 실용적으로 접근한다.

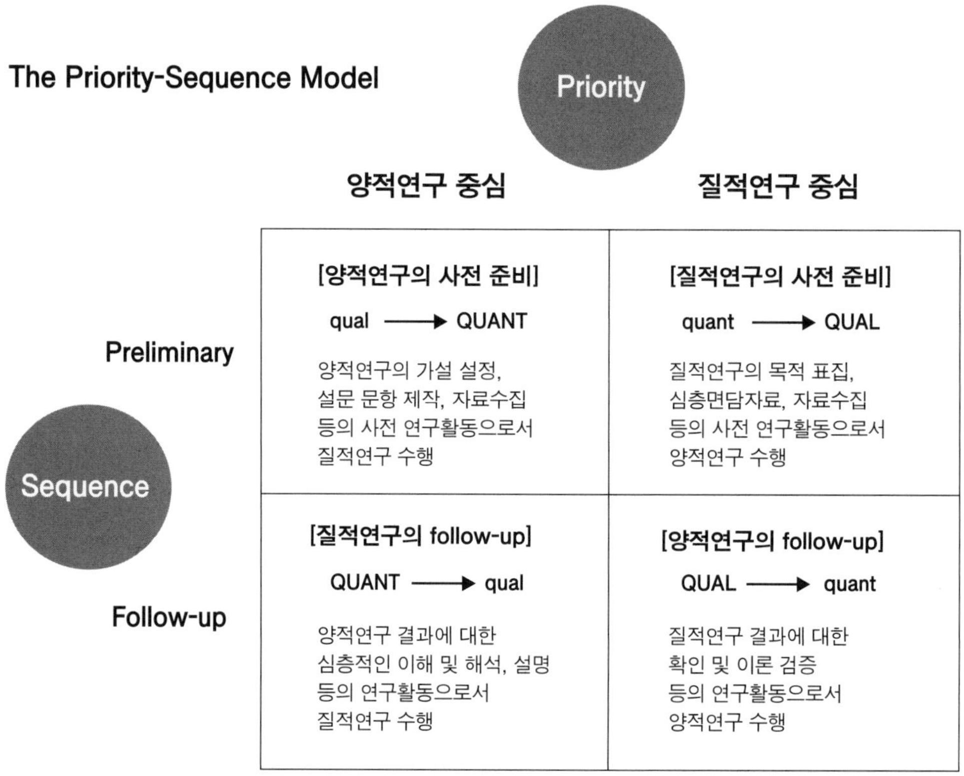

[그림 7-1] The priority-sequence model

※ 출처: Morgan, D., Practical strategies for combining qualitative and quantitative Methods in Bryman, A. (2006). *Mixed methods*. Vol. III, p. 190 재구성.

좀 더 구체적으로 각 영역의 모형을 살펴보면 첫째, 양적연구 중심 설계에서는 양적연구의 가설검증, 설문문항 제작, 자료수집 등의 사전 연구활동으로서의 질적연구를 수행하는 모형을 제시하고 있다. 둘째 영역은 질적연구 중심 설계로서 질적연구의 목적표집, 심층면담, 자료수집 등의 사전 연구활동으로서 양적연구를 수행하는 모형이다. 셋째, 양적→질적 순차적 설계의 경우 양적연구 결과에 대한 심층적 이해 및 해석, 설명 등의 연구활동으로서 질적연구를 수행하는 모형이고, 넷째 영역은 질적→양적 순차적 설계로서 질적연구 결과에 대한 확인 및 이론 검증 등의 연구활동으로서 양적연구를 수행하는 통합연구모형이다. 해당 내용의 경우 [그림 7-1]과 같다.

2) Creswell & Plano Clark 모형

Creswell과 Plano Clark도 통합방법연구에 관한 연구 설계 모형을 제시하고 있는데 삼각화 설계(triangulation design), 포함 설계(embedded design), 설명 설계(explanatory design), 탐색

설계(exploratory design)로 구성된다. 첫째, 삼각화 설계는 양적/질적 자료를 동시에 수집하여 함께 분석하며 두 자료의 비중을 같이 두는 것이다, 둘째, 포함 설계(embedded design)는 1차 질문에 대한 어떤 유형의 자료를 수집하되 또 다른 유형의 자료가 전체 설계에 포함되어 있는 것이다. 셋째, 설명 설계(explanatory design)는 두 단계로 구분하여 1단계에서 양적 자료를 수집하고 2단계에서 1단계 수집 자료를 설명해 줄 수 있는 질적 자료를 활용하는 설계이며, 마지막으로 탐색 설계(exploratory design)는 앞선 설명 설계에서와 같이 두 단계로 구분되며 1단계에서 질적 자료를 수집하고 2단계에서 이를 수량적 자료와 연관 짓는 설계이다(Creswell & Plano Clark, 2007).

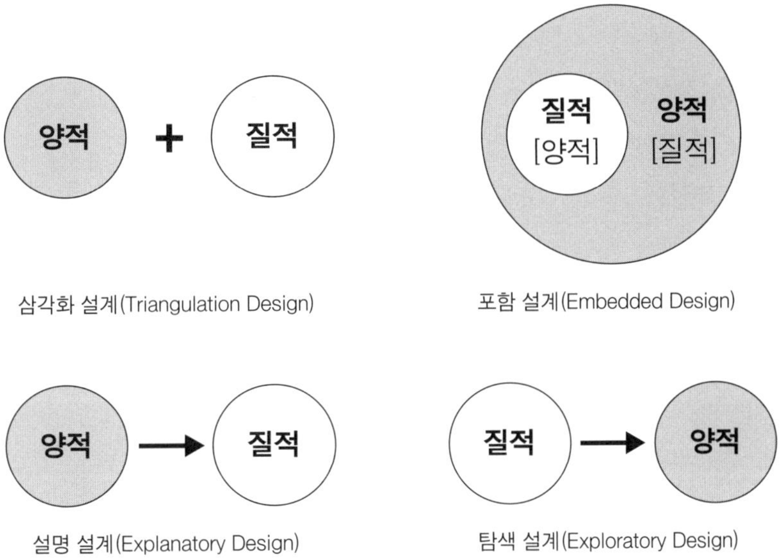

[그림 7-2] Creswell & Plano Clark 모형

앞서 살펴본 Morse 모형과 가장 큰 차이를 보여주고 있는 Creswell & Plano Clark 모형 설정은 바로 삼각화 설계이다. Morse 모형의 경우 연구 수행과정에서 질적/양적 접근의 동시적 진행과 관련하여 '회의적' 이었으나 Creswell & Plano Clark의 경우 삼각화 설계를 바탕으로 연구 목적 달성을 위한 양적/질적 접근방법의 동등한 가치와 활용을 시도하였다. 즉 삼각화 설계의 경우 특정 현상을 분석하고 해석함에 있어 양적·질적 접근을 거의 동등하게 활용하여 연구를 수행하는 것으로 연구의 다양한 절차 및 과정에서 양적·질적 접근의 우선적 혹은 순차적 접근이 아닌 동등한 가치로 사용하여 진행되어진다. 물론 Morse 모형에서도 논의되었던 우선적 측면과 순차적 측면의 경우 삼각화 설계를 제외한 포함 설계, 설명 설계, 탐색 설계에서 그 유사성을 확인할 수 있다.

3) Tashakkori & Teddlie 모형

Tashakkori & Teddlie는 통합방법연구와 관련하여 가장 활발하게 연구를 수행하고 있는 학자들로서 이들은 현재까지도 통합방법연구와 관련된 연구를 진행해오고 있으며, 자신들의 이론과 모형을 지속적으로 개발하고 보완하고 있는 연구자들이다. 이들은 연구 현장에서 연구자들이 결정해야 할 기본적인 연구 설계로 단일방법설계(Monomethod designs)와 통합방법설계(Mixed methods designs)를 제시하고 있다. 전자의 경우 연구 전반에 걸쳐 오직 양적방법 혹은 질적방법으로만 진행되어지는 전략이며, 후자의 경우 연구 전반에 걸쳐 양적방법과 질적방법이 통합되어 진행되어지는 전략으로 정의하고(Tashakkori & Teddlie, 1998; 2003; 2006; 2009) 이를 바탕으로 통합설계의 핵심적 내용들을 메트릭스(Matrix)로 구성하였다. 해당 메트릭스의 경우 Tashakkori & Teddlie(2009)의 『Foundation of mixed methods』 내 7장 Mixed methods research designs을 통해 구체적으로 소개되고 있지만, 이 책에서는 핵심적으로 관심을 가지고 있는 통합방법연구와 직접적으로 관련이 있는 4번째 메트릭스인 통합방법다국면설계(Mixed methods multistrand designs)를 중심으로 살펴본다.[2)]

통합방법다층설계에서 5가지 주요한 모형, 즉 병렬적통합설계(Parallel mixed designs), 순차적통합설계(Sequential mixed designs), 전환통합설계(Conversion mixed designs), 다층통합설계(Multilevel mixed designs), 이상적통합설계(Fully integrated mixed designs)로 제시하고 있다. 구체적으로 해당 모형들에 대하여 살펴보면 첫째, 병렬적통합설계는 유사한 혹은 동일한 연구문제에 대하여 양적 및 질적 접근방법 각각의 문제 의식, 자료수집, 자료 분석들을 진행하여 상호 보완적인 방식으로 이를 통합하여 해당 문제에 대한 답을 제공하고자 하는 통합방법이다. 둘째, 순차적통합설계는 연구 주제에 대하여 양적 접근을 통한 연구 진행 후 새로운 질적 접근방식을 적용한다든가 혹은 질적 접근을 통한 후 양적 접근방식을 적용하는 순서로 연구 설계를 구성하는 모형이다. 이러한 접근은 양적/질적 각 패러다임의 독특한 성격으로 발생할지 모르는 딜레마들을 해소하고자 하는 연구자들에 의해 주로 적용되어지며, 그들이 선호하는 해당 모형의 특징이 순차적통합설계의 장점이기도 하며 단점이 되기도 한다. 셋째, 전환통합설계는 다국면병렬적설계(Multistrand parallel designs)로서 하나의 자료가 변환되는 시점에서 발생하며 변환된 자료는 양적/질적 방법에 의해 분석되어진다. 다시 말하면 이러한 모형에서 자료의 경우 하나의 방법(ex: 질적)에 의해 수집 및 분석되고 변형되어 다

2) Tashakkori & Teddlie는 Foundation of mixed methods 내 7장 Mixed methods research designs에서 연구설계의 유형을 4가지로 구분하였다. 단층설계(Monostrand Design), 다층설계(Multistrand design), 단일방법 설계(Monomethod Designs), 통합방법 설계(Mixed methods Designs)로 구성하였으며, 다층설계(Multistrand design)와 통합방법 설계(Mixed methods Designs)가 중첩되는 영역(Cell 4)에서 통합방법다층설계(Mixed methods multistrand designs)를 제시하고 있다.

른 방법(ex: 양적)에 의해 분석이 이루어지는 것이다. 넷째, 다층통합설계의 경우, 예를 들어 질적 자료는 '가정(family)'이라는 분석 수준에서 수집하고, 양적 자료는 '학교(school)'라는 분석 수준에서 수집하여 이것이 동시적 혹은 순차적 과정을 통해 진행되어지는 모형이다. 이러한 접근은 두 가지 이상의 집단에서 도출된 자료를 통하여 연구 주제와 현상에 대한 보다 포괄적 접근을 시도할 수 있다. 이와 같은 연장선에서 위계적 선형모형(HLM: Hierarchical Linear Modeling)과 같은 양적 연구방법이 시도되고 있다(Raudenbush & Bryk, 2002). 마지막으로 이상적통합설계(Fully integrated mixed designs)는 연구 전반에 걸쳐 양적 접근과 질적 접근의 상호작용을 시도하는 것으로 각 연구 단계, 즉 문제설정에서부터 연구 결과에 이르기까지의 전 과정을 두 패러다임의 통합을 실행하는 것이다.

이상으로 각 모형들을 탐색하고 정리했으며, 이를 통해 다음과 같은 의견을 조심스럽게 제시한다. 즉 Morse 모형은 일련의 순서 혹은 차례에 집중하며, 한 측면에서 도출된 결과를 다음의 측면에서 활용하여 실용적으로 접근하는 성격이 강함으로 비교적 쉽게 통합방법연구를 연구에 적용할 수 있다. 그러나 이러한 접근의 경우 자칫 연구 설계 상 특정 연구방법이 주도적으로 진행되고, 다른 측면의 접근과 분석결과는 단순히 해당 결과와 연구자의 논리를 보조해주는 역할로 전락할 수도 있다. 이에 비해 Creswell & Plano Clark 모형과 Tashakkori & Teddlie 모형은 조금 더 통합방법연구의 의미에 근접하고 있는데 연구 목적 달성을 위한 양적/질적 접근방법의 동등한 가치와 활용에 집중하고 있어 통합방법연구의 성격을 더욱더 잘 대변해 주고 있다고 판단된다.

4) 모형의 확장

국외의 경우 모형의 확장이 최근 들어 다양한 수준으로 진행되고 있으며, 대표적 학자로서 Creswell과 Plano Clark를 들 수 있다. 그들은 내장형 혹은 매립형 모델을 제시함으로써 통합방법연구에서의 모델 구성들을 확장시켜주고 있다. 내장형 모형들과 같은 것은 기본적으로 통합방법연구 모형들이 가지고 있는 한계점을 극복하고자 하는 것이다. 즉 실제 연구현장에 해당 모형들이 적용되었을 때 발생할 수밖에 없는 연구진행 상의 분절과 단절성을 극복할 수 있을 것으로 예상된다.

내장형 모형은 특정 자료의 연구방법적 틀 속에서 다른 체제의 자료를 구성하여 연구의 독특성을 확보하는 접근법이다. 예를 들어 연구자는 양적 연구방법의 틀 속에서 질적 자료를 활용하여 진행하는 것인데 이러한 과정은 실험적인 연구 디자인으로서 볼 수 있다. 반면 질적 연구방법의 틀 속에서 양적 자료들을 활용하여 진행한다면 이것은 현상적인 디자인으로서 파악할 수 있다. 그리고 이러한 과정은 특정한 측면의 자료가 전반적인 연구 모형을 지지해주는 역할을 할 것이다.

전술한 국외 연구자들의 문제 의식과 동일하게 이현철과 동료들은 통합방법연구 진행 상의 분절과 단절성을 극복할 수 있을 것으로 예상되는 통합모형인 확장된 나선형 모형(Extended Spiral Model)도 제안하고 있다(이현철 외, 2013).

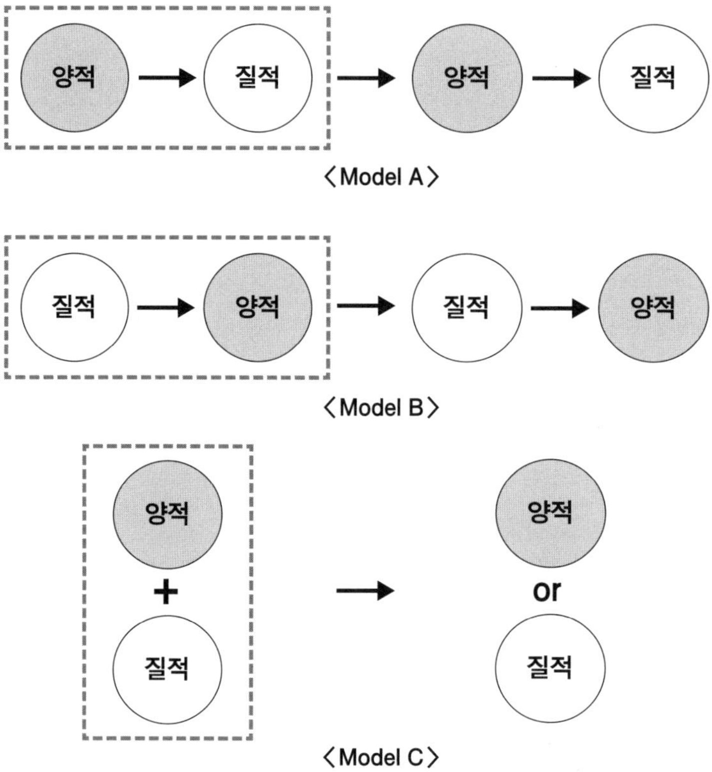

[그림 7-3] 확장된 통합방법연구 설계 모형: Extended Spiral Model

확장된 나선형 모형의 경우 단선적인 통합연구 진행에서 해당 과정을 좀 더 확장하여 반복적으로 통합방법을 적용하는 모형으로서 실제 연구활동 가운데 직면할 수밖에 없는 연구결과의 통합적 확인의 불가피함을 해당 과정을 통해 수행하고자 한다. 또한 통합연구의 핵심 목적인 연구문제와 관련된 좀 더 온전하며, 내실있는 접근과 해답을 이루고자 한다. 구체적으로 해당 모형은 먼저 일반적인 통합방법연구에서 적용하는 순차적 혹은 병렬적 접근을 통해 연구결과를 도출하게 된다. 하지만 실제로 해당 과정을 통해 연구를 진행하게 되면, 도출된 연구결과가 하나의 틀로서 또 다른 차원의 평가와 검증을 요구하게 됨을 연구자는 파악할 수 있게 된다. 물론 도출된 해당 자료 자체가 통합방법연구에 의해 도출된 광범한 답변이며,

접근의 결과이지만 거시적 측면에서 그 내용조차도 연구의 큰 방향 속에서 도출된 연구결과물에 지나지 않는다. 이는 좀 더 심층적인 해당 문제에 대한 이해와 결과의 타당성 확보를 위하여 2차 수준의 탐색이 진행되어야 할 필요성이 있다. 그 2차 수준의 접근을 모형의 확장으로 명하고 이는 다시 한번 질적 혹은 양적 방법을 통해 검증한다는 것이다.

제3부

질적연구를 통해 한국교회 분석하기: 사례

제 8 장

산간벽지 소재 교회의 딜레마

1. 왜 산간벽지 소재 교회에 대한 질적연구가 필요했는가?

산간벽지 소재 교회에 대한 한국교회의 관심은 정련된 수준에서 이루어지지 못하였다. 그동안 도시지역 교회와 성장 위주 패러다임 속에서 산간벽지 소재 교회는 항상 소외되어 왔으며, 목사 후보생들 및 목회자들 역시 산간벽지에서의 사역을 자신들의 주된 관심에 포함시키지 않았다. 이는 학계의 상황도 마찬가지인데 산간벽지 소재 교회에 대한 접근은 개괄적 수준에서 농촌교회 활성화와 선교전략과 같은 측면만이 검토(조용훈, 2015)되었으며, 이 역시도 심층적 분석을 통해 이루어졌다고는 보기 어려운 것이 사실이다. 하지만 한국교회는 산간벽지 소재 교회에 대한 집중적인 관심과 지원방안을 제시해주어야 할 상황과 필요성에 직면하고 있는데 그 이유는 다음과 같다.

첫째, 산간벽지 목회자 지원을 위한 체계적 전략이 요청되기 때문이다. 산간벽지 소재의 지역적 특성으로 인해 목회자들은 다양한 딜레마를 경험하고 있다. 신학교에서 목사 후보생으로서 학습한 '도시 중심' 적인 사역 매뉴얼과 학습 내용은 산간벽지의 급속한 노령화와 공동화 현상에 적합하지 않으며, 그로 인한 많은 시행착오를 거치면서 사역을 하고 있는 것이 현실이다. 해당 현상의 해결을 위해서는 근본적으로 구체적인 사역 현장과 지역별 특성에 따른 전략들이 요청되는데, 이에 대한 구체적 연구와 조사가 필요한 실정이다. 둘째, 한국교회의 소명으로서 산간벽지 소재 교회에 대한 지원의 필요성 때문이다. 한국교회는 복음의 사역지로 외면할 수 없는 산간벽지 교회에 대한 인식을 새롭게 할 필요성이 있다. 산간벽지 소재 교회 구성원들의 영적 성장과 다양한 신앙적 혜택 제공을 위한 관심과 노력도 도시지역 소재 교회만큼 중요하고 강조가 되어야 한다. 한국교회의 성장둔화 속에서 '도시지역을 중심으로 한 목회 패러다임'에서 '산간벽지 교회를 포함하는 새로운 목회 패러다임'으로의 변화가 요청되며, 이는 한국교회 성장을 위한 새로운 동력과 활력을 불어넣을 수 있을 것이다. 이를 위해 산간벽지 소재 교회 자체에 대한 조사와 연구가 필요하며, 이를 바탕으로 체계적인 전략 수립과 접근이 이루어질 수 있을 것이다. 셋째, 한국사회의 귀농·귀촌 현상으로 인한 인구 유입의 증대 때문이다. 취업난에 직면한 청년들과 은퇴한 베이비부머 세대 등이 '귀농·귀촌 트렌드'를 주도하고 있으며, 이에 발맞추어 지역별로 정착 지원을 위한 정책 등을 제공하고 있어 귀농·귀촌 현상을 통한 인구유입이 가속화되고 있다(국민일보, 2017.03.08). 예를 들어 강원도 횡성군의 경우 귀농·귀촌을 꿈꾸는 도시민들의 정착지로 인기를 얻고 있으며, 귀농·귀촌한 전입자 수가 2015년 684가구 1,122명에 이어 2016년 787가구 1,204명으로 2년 연속 1,000명 이상이 횡성에 정착한 것으로 나타나고 있다(국민일보, 2017.02.20). 또한 이 지역은 귀농·귀촌인의 증가에 힘입어 2016년 말 4만5991명을 기록해 2015년에 비해 214명의 인구가 늘었으며, 지역 인구는 2008년 4만4313명을 기록한 후 9년 연속 증가 추세를 보이고 있는 것이다(국민일보, 2017.02.20). 넷째, 한국교회 내 목회자 수의 급속한 증가로 인한 도시지역 사역지의 부재 현상 때문이다. 주지하고 있듯이 한국교회의 성장둔화 현상은 이미 시작되었다. 하지만 목사 후보생들과 목회자 수는 지속적으로 증가하여 도시지역을 중심으로 한 사역과 활동은 분명한 포화점에 이른 상태인 것이다. 이제는 도시지역 교회만을 자신의 사역지로 볼 수 없는 상황이며, 산간벽지에 대한 사역 가능성을 필수적으로 고려해야 할 상황에 이르렀다. 실제로 최근 산간벽지 교회의 담임목사 청빙에 몰리는 수많은 이력서에 대한 실제적인 현상들이 이를 방증해주고 있는 것이다. 하지만 한국교회는 산간벽지 사역과 관련된 구체적인 자료와 연구가 매우 미흡한 것이 사실이다(조용훈, 2015).

이에 해당 연구에서는 질적연구방법을 활용하여 산간벽지 소재 교회 내 딜레마를 분석하고 이를 위한 실제적 지원방안과 전략을 도출하고자 하였다. 이 과정에서 산간벽지 소재 교회와 직·간접적으로 관련된 목회자와 일반성도 등 핵심 관계자들에 대하여 전 방위적으로 심층면담과 FGI를 수행하였다. 이를 통해 산간벽지 소재 교회가 직면하고 있는 딜레마와 해당 지역별 특성을 반영한 교회 구성원들의 내러티브가 무엇이며, 어떠한 요소들이 그들의 딜레마를 구성하게 하는가를 살펴보았다.

2. 산간벽지 교회는 어떻게 분석되었는가?

1) 심층면담과 FGI

산간벽지 소재 교회와 관련된 질적연구를 수행하기 위하여 핵심적으로 심층면담과 FGI(Focus Group Interview)를 수행하였다. 심층면담과 FGI 수행 시 연구참여자들에게 연구의 목적과 의미를 충분하게 설명하였으며, 서면 동의를 구하였다. 이는 연구의 윤리성 차원에서도 구체적으로 기술될 것이지만 ○○대학교 기관생명윤리위원회의 심의 과정에 준하여 체계적으로 수행되었다. 심층면담과 FGI의 경우 최대한 편안한 분위기 속에서 진행되었으며, 전개 방식과 내용이 사전에 미리 연구참여자들에게 전달되어 진행되었다. 심층면담과 FGI의 전 과정은 SONY 보이스레코더를 통해 녹음되었으며, 녹음된 모든 파일은 HWP 파일 형식으로 전사되어 분석 자료로 구성되었으며, 연구대상자별 특성에 따라 1시간당 A4 8~12페이지(11포인트) 분량의 자료들이 축적되었다.

1) 산간벽지 교회에 대한 개인적 생각 및 경험
2) 산간벽지 교회의 현실 영역
3) 산간벽지 교회의 신앙 내용(교리적 사항 포함) 영역
4) 산간벽지 교회의 목회자 및 사역자(목회자 및 간사) 영역
5) 산간벽지 교회의 청년 및 청소년 영역
6) 산간벽지 교회의 교육기관 및 교사 영역
7) 산간벽지 교회의 프로그램 영역
8) 산간벽지 교회의 새신자 영역
9) 산간벽지 교회의 지역사회 및 사회적 신뢰도 영역
10) 산간벽지 교회의 나아갈 방향 영역(정책적 제안)
11) 기타 산간벽지 교회와 관련된 종합적인 영역

구체적으로 심층면담과 FGI 과정에서 수행된 질문은 11가지 영역으로 구분하여 질문이 수행되었다. 연구참여자들의 특성과 경험 차이에 따라 질문 영역에 차이가 자연스럽게 발생하였다.

심층면담과 FGI 연구참여자들은 ○○총회와 총회 산하 교회, 그리고 기독교 및 신학 관련 학회(초교파적 학회)의 네트워크를 통해 추천된 인사들이 선정되어졌다. 선정된 연구참여자들은 다음과 같은 기준에 부합되는 자들인데 1) 현재 산간벽지 소재 교회에서 사역하고 있

거나 직/간접적으로 해당 특성과 관련된 목회자들, 사역자들, 성도들, 2) 산간벽지 소재 교회를 1년 이상 사역하고 있는 목회자 및 사역자들, 3) 산간벽지 소재 교회에 6개월 이상 출석하고 있는 일반 성도들, 4) ○○총회와 총회 산하 교회, 그리고 학회에서 추천된 교회의 소속 구성원들, 5) 산간벽지 소재 교회와 관련된 풍부한 경험을 가진 자들(목회자 및 일반성도 모두 해당)로 이루어졌다. 구체적으로 해당 연구의 참여자들은 <표 8-1>과 같다.

〈표 8-1〉 연구참여자의 특성

대상	성별	연령	직분	교회 및 사역의 특징
연구참여자 1	남	40대 후반	목사	• 20명 내외 규모의 교회로서, 최근 ○○총회와 총회 산하 교회의 후원으로 예배당을 리모델링함
연구참여자 2	남	50대 후반	강도사	• 귀향한 이들을 위한 전원 교회 사역을 지향하고 있으며, 도시지역에서도 성도들이 출석하고 있음
연구참여자 3	남	50대 후반	목사	• 강원도 지역 특화 농산물을 활용하여 사역을 수행하였으며, 도시지역과 직거래 장터도 운영하였음
연구참여자 4	남	50대 중반	목사	• 초고령화 지역에서 목회활동을 하고 있으며, 고령인구 특성을 고려한 교회 프로그램을 운영하고 있음
연구참여자 5	남	50대 초반	목사	• 도시지역에서 담임 목회를 수행 중에 산간벽지 농촌지역 목회 사역과 봉사에 소명을 가지고 이주하여 목회활동을 수행하고 있음
연구참여자 6	여	60대 중반	권사	• 교회 개척 초기부터 담당 목회자와 함께 목회활동을 지원하고 있으며, 지역사회 전도활동에 집중하고 있음
연구참여자 7	여	40대 초반	집사	• 도시지역에서 생활하고 있으나 현재 산간벽지 교회에서의 신앙생활을 위해 장거리 출석하고 있음. 산간벽지 소재 교회에 대한 만족도가 매우 높음
연구참여자 8	남	60대 중반	장로	• 교회가 개척될 당시에서부터 현재 담임 목회자와 함께 교회에서 봉사 및 지원하고 있음
연구참여자 9	남	60대 중반	장로	• 어촌 지역 양식업을 운영하고 있으며, 귀농·귀어 성도들을 지원하고 있음
연구참여자 10	남	60대 중반	장로	• 교직 생활 은퇴 후 산간벽지 소재 교회 활동에 집중하고 있음
연구참여자 11	여	60대 중반	권사	• 정치 및 지역사회 활동가로서 목회자와 팀을 이루어 성도들을 지원하는 봉사 활동을 수행하고 있음
연구참여자 12	여	60대 초반	*	• 목회자의 아내로서 교회 전반을 남편과 함께 운영하고 있음. 전문 상담 자격증을 소지하고 있음

대상	성별	연령	직분	교회 및 사역의 특징
연구참여자 13	남	60대 중반	목사	• 교회를 개척하여 자립교회로 성장시켰으며, 현재도 왕성하게 농어촌 지역에 특화된 목회 및 봉사활동을 수행하고 있음
연구참여자 14	남	60대 초반	목사	• ○○총회 농어촌위원회 전임 회장으로서 농어촌교회 지원을 위한 열정을 가지고 있음. 산간벽지 및 농촌지역 교회를 개척하여 성장시킴
연구참여자 15	남	60대 초반	목사	• ○○총회 농어촌위원회 위원으로서 장기간 동안 ○○총회의 개척교회를 지원하고 봉사하고 있음
연구참여자 16	남	40대 후반	목사	• 전라도 지역사회 거점 교회이며, 지리적 위치가 농촌에 위치하고 있음. 농촌지역이 지닌 구조적인 위기를 극복하여 성공적 목회활동을 수행하고 있음
연구참여자 17	남	50대 중반	목사	• 초고령 지역사회에서 목회를 수행하고 있으며, 자립교회임
연구참여자 18	남	50대 초반	목사	• 전체 출석 성도 130~150명 규모의 농촌 지역 소재 교회로서 안정적인 사역이 수행되고 있음
연구참여자 19	남	50대 초반	목사	• 산간벽지 소재 개척교회에 시무하고 있으며, 지역사회 접촉방식으로서 공예 활동을 수행하고 있음
연구참여자 20	남	50대 초반	목사	• 산간벽지 소재 교회에 대한 목회 및 봉사활동에 대한 비전을 가지고 있음

2) 자료 분석방법

자료 분석은 질적연구에서 핵심적 단계이며, 해당 과정을 통하여 연구자가 집중하고 있는 현장에 대한 심층적 의미와 내용들을 도출할 수 있다. 해당 연구에서는 주로 심층면담과 FGI 과정을 통해 구축된 질적 자료를 전체적으로 4단계를 통해 분석 및 연구결과 도출이 이루어졌다. 1단계: 자료 읽기/정리 ➡ 2단계: 분석적 메모 쓰기 ➡ 3단계: 1차 코딩~N차 코딩 ➡ 4단계: 연구결과 기술의 과정을 통하여 분석을 수행하였다.

특별히 분석적 메모와 1차 코딩~N차 코딩의 경우, 해당 연구가 지향하고 있는 자료 분석의 특징을 명확하게 보여주는 대목으로 볼 수 있다. 분석적 메모는 분석과정에서 연구자가 가진 반성과 성찰 등을 메모 형식으로 기록한 것이며, 자료와 관련된 연구자의 인식과 방향을 명료화할 수 있는 과정으로 활용되었다. 1차 코딩~N차 코딩은 주제와 관련된 코드와 범주를 구성하는 과정이며 초기 단계 코딩으로서 핵심적으로 전체적 코딩(holistic coding), 구조적 코딩(structural coding)을 활용하였으며, 인비보코딩(in vivo coding)을 통해서는 각 주제의 부제목들과 현장성을 살리는데 집중하였다.

구체적으로 코딩과 관련하여 전체적 코딩은 주제와 관련된 전체적 맥락을 파악하는 것에 유용한 코드 부여 방식으로서 자료 분석의 단위를 단어, 한 줄을 넘어 문단 혹은 몇 개의 문단으로 코드를 부여하여 분석을 시도하는 방식이다. 또한 구조적 코딩은 연구 주제와 관련된 어절과 주요 내용을 중심으로 코드를 부여하는 것으로서 연구 주제를 중심으로 한 자료 병합에 유익한 분석방법이다(오영범·이현철·정상원, 2016).

실제로 해당 연구에서 도출한 주제들인 '자녀교육 문제, 1인 사역으로 인한 탈진, 낮은 사례와 경제적 어려움, 산간벽지 사역의 전문성과 노하우 부재, 중·장기 로드맵(road map) 구성의 어려움, 목회자로서 정체성의 혼란' 등은 전체적 코딩과 구조적 코딩에 의해 도출되었으며, 분석적 메모를 바탕으로 더욱 명료화되었다. 예를 들어 '1인 사역으로 인한 탈진: 설교, 새벽기도, 심방, 교제……반복되는 계속적인 일'의 주제는 해당 연구의 전반적인 면담 과정에서 일반적으로 확인되었던 개념인데, 특별히 연구참여자 5번과 16번의 면담 전사자료에서 핵심적 강조 사항으로 확인할 수 있었다. '1인 사역으로 인한 탈진: 설교, 새벽기도, 심방, 교제……반복되는 계속적인 일'의 주제는 문단 혹은 몇 개의 문단으로 코드가 부여될 만큼 연구참여자 5번과 16번에서 명확하게 확인되었으며, 하위 주제와 관련된 어절과 주요 내용도 동일하게 확인될 수 있었다. 구체적으로 목회자의 1인 사역으로 인한 피로도 증가, 설교 부담감, 탈진 등의 핵심적 내용들도 세부적으로 면담 과정에서 확인되었다. 이는 해당 연구의 주제와 관련된 전체적 맥락을 파악하게 하는 유용한 자료들이 되었으며, 해당 연구자의 분석적 메모에서도 유사한 개념들이 구성되어졌다. 더불어 인비보코딩을 통해 각 주제의 부제목들이 도출되고, 연구의 현장성을 개선하고자 노력하였다.

한편, 해당 연구에서는 전술한 자료 분석의 과정들을 좀 더 체계적으로 수행하기 위하여 질적자료분석 프로그램(CAQDAS: Computer-Aided Qualitative Data Analysis Software)을 적용하였다. CAQDAS 프로그램은 자료 분석과정에서 발생할 수 있는 연구자의 오류를 최소한으로 잡아줄 수 있으며, 연구 전반의 타당도를 개선하는데 도움이 되어 전 세계적으로 각광을 받고 있다. 해당 연구에서 활용한 CAQDAS 프로그램은 파랑새 2.0이며, 이는 비서구권 최초의 질적자료 분석 프로그램이다(오영범 외, 2016). 이미 독일, 미국, 영국, 호주 등에서 다양한 CAQDAS가 개발되었으며, ATLAS.ti5, Hyper Research, MAXqda, The Ethnograph, NUDIST, NVivo 등이 상용화되어 연구 현장에서 광범위하게 활용되고 있다(이현철 2016). 파랑새 2.0의 특징은 웹기반으로 자료의 전사에서부터 글쓰기 작성에 이르기까지 원스톱(one-stop) 체제를 구현하고 있으며, 분석적 메모 작성 기능과 같이 질적연구자들에게 필요한 장치들을 사용자 친화적으로 제공하고 있다([그림 8-1] 참조).

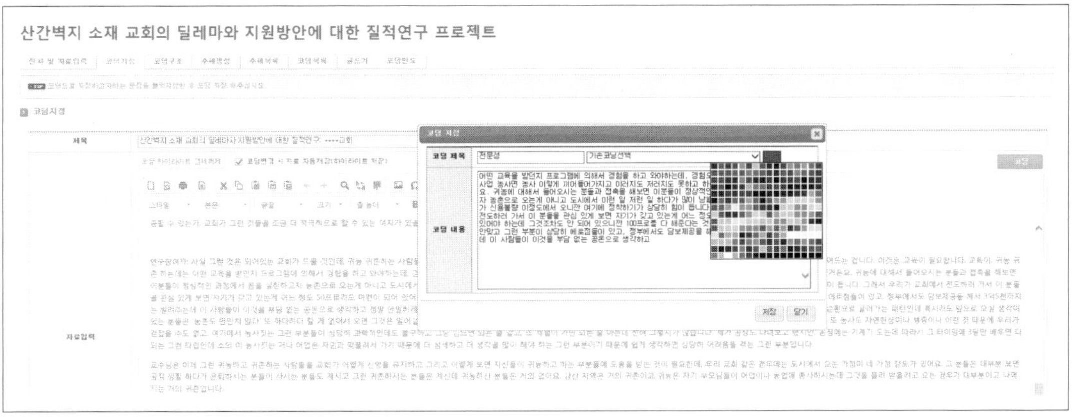

[그림 8-1] 해당 연구에서의 CAQDAS 분석 과정 예시

3) 연구의 타당도와 글쓰기

해당 연구의 타당도는 연구 주제와 관련된 1) 현장에 대한 심층성, 2) 라포르(rapport) 형성, 그리고 3) 산간벽지 목회자 대상 포럼 개최(member check 수행)를 통해 확보되었다. 연구 현장에 대한 심층성의 경우, 연구기간 동안 연구자로서 연구대상자들과 연구 주제에 대하여 심도 있는 접근을 시도하고자 노력하였다. 이를 위해 연구참여자들의 현상에 대한 충실하고도 생생한 해석과 인식들을 확보하고자 노력하였으며, 이는 선정된 연구참여자의 엄격한 선정 기준과 그들과의 라포르 형성을 통해 지속적으로 발전되어 갔다. 연구참여자의 선정 기준은 전술하였듯이 5가지 기준에 따라 엄격하게 선정되었으며, 이들은 연구 주제와 관련하여 가장 명확하게 표현해줄 수 있는 이들로서 연구 현장에 대한 심층적 이해를 바탕으로 생생하게 풀어내 줄 수 있는 풍성한 경험을 가진 자들이었다. 또한 연구자는 연구참여자가 활동하는 교회에서의 심층면담과 FGI를 수행하였으며, 연구 수행 지역에 따라 회기별 당일 혹은 1박2일에서 2박3일의 일정으로 진행되기도 하였다. 이때 연구 주제 외의 다양한 삶의 주제와 교회목회 사항들을 나누며 심층적인 관계를 형성하여 갔다. 이 시간 동안 연구참여자들과 함께 개인 인생사 공유하기, 식사하기, 차 마시기, 산책하기, 연구참여자들의 가족 및 교회 성도들 소개받기, 지역사회 인사 및 주요 관계자 소개 받기, 교회목회 사항 공유하기, 후속 연구 논의하기 등 광범위한 주제들을 나누며 연구참여자들과 라포르를 형성해나갔다. 이 과정에서 자연스럽게 연구 주제와 관련된 사항이 심도 있게 논의되기도 하였다. 하지만 특정 시간에 이루어진 심층면담과 FGI와 달리 전술한 과정에서 진행된 대화는 완벽하게 녹취하는 것이 현실적으로 불가능하였다. 한편, 연구과정에서 연구참여자(<표 8-1> 참조)에 기재된 참여자 외에도 연구참여자들의 경험을 사실적으로 확인해 줄 수 있

었던 대상자들도 존재하였는데, 이들은 해당 교회의 성도들 혹은 관계자와 연구참여자들의 섭외에 도움을 주었던 소개자들이다.

또한 해당 연구에서는 산간벽지 목회자 40가정을 대상으로 연구결과를 중심으로 한 포럼을 개최하여, 해당 연구결과에 대한 사전 공개와 피드백을 받는 과정도 수행하였다. 이는 연구 주제와 직접적으로 관련된 산간벽지 소재 교회의 목회자들로부터 연구결과에 대한 의견과 보완 사항을 충실하게 받을 수 있는 시간이 되었다. 그리고 해당 포럼에서 연구 과정에 참여하였던 실제 연구참여자들도 참석하여 연구결과에 대한 사전 공개와 확인 과정을 받는 작업을 수행하여, 내실 있는 멤버체크(member check)가 수행될 수 있도록 하였다. 이러한 과정들은 모두 연구 현장에 대한 심층성을 확보하는데 기여하였으며, 궁극적으로 해당 연구의 타당도를 개선시켜주었다.

[그림 8-2] 해당 연구의 타당도 증진을 위한 산간벽지 소재 교회 목회자 대상 연구결과 사전 공개 및 피드백 수행(2018년 6월, 연구참여자 중 일부도 참석자로서 포함됨)

한편, 해당 연구의 글쓰기는 도출된 주요 사항에 대하여 매력적으로 표현하기 위하여 '주제 관련 도입 ➡ 선행자료 및 이슈화된 자료 제시 ➡ 연구참여자의 인용문 제시 ➡ 연구참여자의 인식 제시 ➡ 연구자의 해석 제시' 과정으로 수행되어졌으며, 이때의 연구참여자의 인용문은 제시된 연구 주제와 관련된 핵심적 증거로서 특정한 연구 주제 상황을 생동감 있게 확인해주는 사실적인 가치들로 활용되었다. 이는 연구 주제와 관련된 핵심적 사항들을 '있는 그대로 드러내고, 묘사하는 것'에 목표가 있었으며, 이를 위해 해당 연구는 사실적 글쓰기(realistic tales) 양식(Van Maanen, 2011)에 기반하여 연구자의 분석적 접근을 취하였다. 해당 연구는 연구자인 저자가 연구참여자들의 이야기와 상황에 직접적으로 개입하지 않고, 그들의 세계를 가능한 관찰자 측면에서 제시하고자 하였으며, 이는 독자들에게 연구 주제와 관련된 현상을 있는 그대로 전달하기 위함이다.

또한 이 과정에서 분석적 메모도 해당 연구의 글쓰기를 위한 주요한 아이디어와 창의적 접근을 이룰 수 있도록 도움이 되었으며, 연구자의 해석적 과정을 더욱 정밀하고 현장지향적으로 만드는데 도움을 주었다. 이는 구체적으로 연구참여자들로서 산간벽지 교회 목회자들의 실제적 딜레마인 자녀교육 문제, 1인 사역으로 인한 탈진, 낮은 사례와 경제적 어려움, 산간벽지 사역의 전문성과 노하우 부재, 중·장기 로드맵(road map) 구성의 어려움, 목회자로서 정체성 혼란 등을 사실적으로 드러내주는데 도움이 되었다. 물론 이는 연구자이며 글쓰기 주체로서 연구참여자들이 속한 현장을 분석하고 해석하는 것에 충실히 임함으로써 도출된 요소들이다.

4) 연구의 윤리성: IRB 과제번호 1040549-171102-SB-0082-01

해당 연구의 윤리성은 기본적으로 오프라인 형식의 생명윤리 교육프로그램을 연구자가 철저히 이수하였으며, 이수 후 ○○대학교 기관생명윤리위원회의 심사 과정을 통과하였다(IRB 과제번호: 1040549-171102-SB-0082-01). ○○대학교 기관생명윤리위원회 심의 과정에서 요구되는 항목들을 중심으로 연구참여자에게 전달되어야 할 핵심적 사항들과 연구 자료수집 및 분석단계에서 범하지 말아야 할 연구 윤리 이슈들을 철저하게 준수하고자 노력하였다.

구체적으로 연구 수행에서 이들에게 연구의 목적과 동의서 작성을 수행하고 명확하게 안내하였으며, 연구참여자들에게 서면 및 구두로 수집된 자료는 학술적 자료와 목적으로만 활용될 것을 안내하였다. 연구과정을 통해 수집된 자료는 연구책임자가 철저히 관리하였으며, 연구 관련 자료의 경우 연구책임자의 연구실 내 지정된 장소에 보안 및 잠금장치로 관리되었다. 또한 파일 형식으로 DB화된 전사자료 및 녹취파일과 같은 전자 기록물은 연구책임자의 연구실 내 개인 컴퓨터에 저장 및 관리되었으며, 연구 종료 후 개인정보, 연구 파일, 모든 전자파일(녹취 파일 포함) 등의 경우 복원이 불가능한 형태로 삭제되었다. 해당 자료에는 연구 관련 기록물, 전사자료, 연구과정에서 수집된 모든 형태의 자료가 온전히 포함되었다.

3. 산간벽지 소재 교회의 딜레마

분석과정을 통해 도출된 산간벽지 소재 교회의 딜레마에 대한 핵심적 사항들을 정리하였으며, 해당 사항은 자녀교육 문제, 1인 사역으로 인한 탈진, 낮은 사례와 경제적 어려움, 산간벽지 사역의 전문성과 노하우 부재, 중·장기 로드맵(road map) 구성의 어려움, 목회자로서 정체성 혼란 등의 차원으로 확인할 수 있다. 이는 산간벽지 소재 교회의 딜레마 해결과 지원 방안 구성을 위한 기초자료로서 주요한 시사점을 줄 것으로 예상된다.

1) 자녀교육의 문제: "할머니하고 있으라 하고 그냥 저희만......"

산간벽지 소재 교회에서 사역하는 목회자들은 교회가 위치한 독특한 상황으로 인해 자녀교육에 어려움을 호소하고 있었다. 농어촌 지역 소규모 학교의 통폐합과 같은 한국 교육의 현실적인 변화는 모든 산간벽지의 학부모들에게 유사한 딜레마를 경험케 하고 있다. 실제로 최근 교육재정 효율화 입장에서 소규모 학교통폐합은 강력하게 진행되고 있는데, '면·도서·벽지지역 초·중등 60명 이하, 읍 지역 초등 120명 이하, 중등 180명 이하, 도시 지역 초등 240명 이하, 중등 300명 이하, 복식학급 운영 학교, 최근 3년간 신입생이 없는 학교, 교직원 수가 학생수보다 많은 학교' 등을 통폐합 기준으로 제시하여 강력하게 추진 중인 것이다(엄문영, 2017). 이에 따라 소규모 학교가 급속하게 사라지고 있으며, 그 영향력으로 해당 지역사회로의 인구 유입의 어려움과 경제 생태계가 크게 변화하고 있다(주동범·이동성·이현철·이원석·김광석, 2018). 이러한 변화는 산간벽지 정주자로서 목회자들에게도 실제적인 자녀교육의 어려움과 같은 딜레마를 안겨주고 있는 것이다.

> **연구참여자(1)**: 지역에서 사역하시는 분들은 대부분 나이가 있는 분들이라...... 이미 자녀들을 다 키우신 분들입니다. 저도 제가 여기 들어올 때, 우리 딸은 대학생이었고...... 아들은 ○○○에서 학교를 다니고 있던 차에 제가 여기로 와가지고 그냥 그대로 놔두고 ○○○에서 할머니하고 있으라 하고 그냥 저희만 (여기로) 들어왔어요. [개인심층면담, 2018년 1월 10일(수)]

연구참여자(1)의 인용문에서도 확인할 수 있는 것은 산간벽지 지역의 기본적인 교육 인프라가 구축되지 못함으로 인해 사역 초기에는 자녀와 함께 생활하지 못하였으며, 자녀를 대도시에 있는 친척에게 맡겨 생활할 수밖에 없었던 것이다. 이로 인해 사역과 목회활동을 안정감 있게 수행하는 것에 어려움이 되고 있었으며, 장기적인 농어촌 지역 사역의 맥락에서도 반드시 해결되어야 할 요소인 것이다. 한편, 자녀교육 문제는 성장기 자녀를 둔 젊은 목회자들이 공격적으로 산간벽지 교회 사역에 관심을 가지게 하는 것을 막는 유의미한 진입장벽이 되기도 하였다. 이를 단순히 목회자와 가정의 헌신의 문제로 설명하기에는 무리가 있어 보인다. 또한 이는 젊은 목회자들이 산간벽지 소재 교회에 현실적으로 관심을 가지고 사역해 나갈 수 있는 풍토 및 인프라 구축에 대한 요구와 내용을 확인시켜주는 대목이기도 하다.

2) 1인 사역으로 인한 탈진: "설교, 새벽기도, 심방, 교제......반복되는 계속적인 일"

목회자의 목회활동에서 나타나는 탈진은 장기적인 목회활동의 안정감 있는 유지를 저해하는 주요 요소로서 작용할 수 있다. 이와 관련하여 오태균(2009)은 한국 목회자의 현실과 관련하여 탈진의 사항들을 정리했다. 이는 1) 반복되는 계속적인 일, 2) 사역의 결과에 대한 불확실성, 3) 과다한 사역 업무, 4) 쉼의 가치를 인정하지 않는 태도, 5) 상대적으로 낮은 급여 등으로 한국 사회 내 목회자들에게 탈진이 촉발되고 있으며, 이에 대한 적절한 대책들이 필요함을 강력하게 제시해주었다. 오태균의 지적은 산간벽지 목회자들에게도 여과없이 적용될 수 있으며, 산간벽지 목회자들이 직면하고 있는 사역 환경들을 고려할 때 더욱더 이러한 요소들이 강하게 확인되었다.

> **연구참여자(16)**: 처음 부임을 하고 몇 년간 정말 열심히 사역을 했습니다. 무조건 열심히 모든 일을 감당했습니다. 성도들과의 만남, 심방, 설교, 행사...... 열심히만 하면 될 줄 알았고, 그것이 제가 해야 할 일로 생각하기도 했습니다. 그렇게 시간을 보내니 내 자신이 정말 힘들어지더군요. 완전히 모든 것을 포기하고 싶고, 그야말로 끝을 보았습니다......그때 선배 목사님께서 며칠 어디 가서 그곳에서 잠을 푹 자라고 하시더군요.....이제는 그 선배 목사님의 말씀이 무엇인가 이해하지요. [개인심층면담, 2018년 2월 20일(화)]

> **연구참여자(5)**: ......계속해서 내 안에 공급되는 뭔가가 없으면 나올 수 있는 것이 고갈돼 버리거든요. 목회자가 스스로 지쳐버리면 의욕 자체가 사라져버리니까. 그런 부분들이 마음이 쓰이죠......촌교회 목사님들 혼자 다 하니까......설교라던지 그런 부분들 부담이 많고. 도시교회 목사님도 설교야 많이 안하겠습니까만은......저희 교회에서도 설교 부담들이 참 많습니다. [개인심층면담, 2018년 2월 1일(금)]

농·어촌지역과 산간벽지 소재 교회는 1인 목회자에 의해 사역이 진행될 가능성이 높으며, 부교역자와 함께 사역할 수 있는 형편이 아닌 경우가 대부분이다. 실제로 해당 연구 과정에서도 1개 교회를 제외하고는 부교역자를 청빙할 수 있는 상황이 아니었다. 이러한 맥락은 특정 목회자에게 교회의 모든 업무와 사역이 집중될 수밖에 없음을 시사하는 것이며, 이는 결국 목회자의 탈진 결과를 초래하고 있는 것이다. 이는 해당 목회자들의 탈진을 극복할 수 있는 방안과 관련된 직·간접적 지원을 강력하게 요청하는 대목이다. 연구참여자들의 경우 동료 목회자들과의 네트워크를 통한 쉼과 교제, 지역 기반 사모들의 활동 등을 실제적으로 요청하고 있었다. 즉 자신들의 형편을 나누고 이해할 수 있는 목회자들 간의 의미 있는 교제의 시간을 통해 사역의 정보도 공유하고, 선·후배 간의 지지도 받을 수 있는 시간들을 목회자들은 원하고 있는 것이다.

3) 낮은 사례와 경제적 어려움: "300만 원에서 160만 원으로"

해당 연구의 연구참여자들과 산간벽지 소재 교회의 목회자들은 낮은 사례와 경제적 어려움을 감당하면서 목회활동을 수행하고 있는 것이 현실이었다. 도시지역보다 낮은 사례로 생활하고 있었으며, 교회 구성원의 초고령화로 인해 십일조와 헌금 수준이 높지 않아 장기적으로 낮은 사례와 관련된 딜레마가 근본적으로 극복되기란 쉽지 않은 것이 산간벽지 교회의 상황이다.

> **연구참여자(1)**: 사실 경제적인 거죠. 저도 서울 있을 때 마지막 사례가 연봉제긴 했습니다만 300만 원이 넘었거든요. 여기 딱 들어오는데 기본 사례가 160만 원이라 하더라구요. 거의 딱 절반 아닙니까. 어떻게 먹고살지 우리 와이프(아내)한테 물어봤죠. 평소에 제가 이런 자리가 몇 번 있어가지고 물어봤었는데, 안 가려고 하더라구요. 그런데 이번에는 와이프가 가겠대요. 160만 원이라도. 그래서 저도 왔거든요...... [개인심층면담, 2018년 1월 10일(수)]

이미 이신철·이현철(2013)은 미자립교회와 작은 교회 목회자들이 경험하는 핵심적 문제로 경제적 압박에 대하여 제시해주었다. 목회자들이 경험하고 있는 다양한 딜레마들이 경제적인 문제와 이슈로 인해 더욱 가속화되고 가중되고 있음을 지적해준 것이다. 해당 연구에서는 동일하게 경제적 차원의 문제가 목회자들이 경험하고 있는 딜레마 중의 하나로 확인되고 있으며, 이에 대한 해결책이 시급하게 도출되지 않는다면 산간벽지 소재 목회자들의 사역 자체가 안정감 있게 진행되기가 쉽지 않을 것으로 판단된다. 이를 단순히 목회자들의 헌신과 소명에 따른 책임으로 돌리기에는 무리가 있으며, 현실적인 지원책을 통해 안정감 있는 사역이 지속될 수 있도록 해야 할 것이다.

또한 산간벽지 소재 목회자들은 경제적 차원의 문제와 관련하여 은퇴 이후의 상황들로 인해서도 심적 부담감을 가지고 있었다. 목회 사역이 진행되고 있는 현 시점에서는 비록 충분하지는 않아도 사례를 받고 생활하고 있지만 은퇴 이후에는 생활이 막막한 것이 사실인 것이다.

> **연구참여자(4)**: 우리 같은 상황에 있는 목사들은 대부분이 은퇴 후를 걱정할 겁니다. 솔직히 "무슨 교회, 무슨 교회 원로목사다, 은퇴로 돈을 얼마 받는다"라는 이야기를 들으면 다른 나라 이야기 같습니다. 그렇게 사역하신 분들이 10%나 될까요. 은퇴를 하고 나면 어떨까, 지금보다

좋아질까. 글쎄요. 쉽지는 않겠지요. [FGI, 2018년 2월 20일(화)]

매스컴을 통해 이슈가 되고 있는 수천만 원 혹은 수십억 전별금과 노후 보장과 관련된 뉴스들은 산간벽지 소재 목회자들에게는 상대적 박탈감을 주고 있는 요소였다. 물론 목회자 노후와 관련하여 교단마다 은급제도를 운영하고 있지만 상당수 목회자들은 은급 기금을 납부하지 못하고 있는 현실이다. 또한 노후를 위한 국민연금제도 역시 경제적 여유가 없어 납부하지 못하고 있는 실정인 것이다(뉴스앤조이, 2017.02.07). 이는 산간벽지 소재 목회자들을 위한 실제적인 도움이 경제적 차원을 반드시 포함하여 진행되어져야 함을 강력하게 시사하는 부분이다.

4) 산간벽지 사역의 전문성과 노하우의 부재: "전문적으로 준비되지 못함의 답답함"

교회 현장에서 목회사역은 광범위하게 구성되는데 설교사역, 예배사역, 전도와 선교사역, 교육사역(성경교육과 제자훈련), 상담사역, 구제와 봉사사역, 음악사역 등이다(박영철, 2009). 이는 교회 현장과의 상호작용 속에서 부단히 재구성되어져 나가며, 개체 교회의 구성원들의 특성을 반영하여 특색 있게 사역해야 할 부분이기도 하다. 이러한 맥락에서 산간벽지 소재 교회의 목회자들은 자신의 지역적 특수성을 반영하여 목회사역이 이루어지고 있었으며, 도시지역 사역과는 명확하게 구분되는 요소들을 지니고 있었다. 이를테면 교회 내 초고령 구성원들의 특성을 반영한 설교, 찬양, 상담, 건강 사역 등이 그와 같을 것이며, 이는 목회자로서의 정련된 역량이 요청되는 부분이기도 하다. 이슈는 여기에서 발생한다. 산간벽지 소재의 특수한 사역과 관련하여 목회자들이 그것을 온전히 담아낼 수 있는 전문적 역량이 갖추어진 상태로 사역을 하고 있는가 하는 것이다.

연구참여자(20): ……안 그래도 주변의 목사님들이 어려움을 토로하면서 도움을 받고자 하는 것이 설교 파트입니다…..현장에 들어오고 난 다음에 발가벗은 채로 설교 현장에 뛰어들어야 되거든요? 그러면 배웠던 신학적인 교리 가지고 의욕적으로 설교를 합니다……성도님들의 삶은 그것이 아닌데. 지금 너무도 아프고 너무도 힘들고……고통과 고난이라는 것을 전혀 이해하지 못하고……동떨어진 설교를 하는 것이죠. [개인심층면담, 2018년 1월 30일(화)]

농·어촌 및 산간벽지 사역은 신학교 및 신학대학원에서부터 철저하게 관리되어지고, 준비되어져야 할 사역이다. 농·어촌 및 산간벽지 지역사회의 특성을 고려한 설교, 상담, 목회사역들은 단기간에 역량을 갖출 수 있는 부분들이 아니며, 중·장기적 교육과정 속에서 이루어져야 할 내용들이다. 또한 지속적으로 목회자 재교육과 개척교육 속에서도 진행되어야 할 내용들이다. 하지만 현재 신학교 및 신학대학원 내 교육과정의 주요한 방향성은 일반적인 도시지역 목회자 양성에 초점이 맞추어져 있으며, 전문화된 차원에서의 목회자 양성은 내실있게 구성되지 못한 실정이다.

실제로 연구자가 소속된 대한예수교장로회(고신)의 신학대학(신학과·기독교교육과·국제문화선교학과)과 신학대학원(M.div) 내 교육과정 필수과목으로는 해당 성격을 반영한 교과목 강좌는 전혀 개설되지 않고 있는 실정이며, 신학대학원에서 선택과목 내 유사 교과목으로 '장노년사역'이 개설되어 있다. 이는 농·어촌 및 산간벽지 목회자 전문성 함양을 위한 집중적 훈련 과정과 교육이 제대로 이루어지고 있다고 보기 어려우며, 내실있는 특수사역과 관련된 교육적 지원이 미흡함을 시사해주는 사항이다. 또한 총회의 목회자 재교육을 위한 교육과정 속에서도 농·어촌 및 산간벽지 목회자들을 위한 집중적인 지원은 찾아보기 어려운 상황이며, 농·어촌 및 산간벽지 목회자들을 단순히 격려하고 위로하는 차원에서만 수행되고 있어 안타깝다. 이러한 측면은 신학대학과 신학대학원 교육과정 차원에서 재구성이 필요하며 총회 차원에서 지원과 관심을 강력하게 요청하는 대목이며, 농·어촌 및 산간벽지 목회자들의 전문성 향상을 위한 근본적 접근이 필요함을 시사해주는 내용들이다. 그러므로 이제는 농·어촌 및 산간벽지 목회자들을 위한 좀 더 실제적인 전략과 전문성 함양을 위한 장들이 필요한 때이며, 개개인이 시행착오를 겪으면서 역량을 키우고 있는 이러한 상황을 타개할 수 있는 정책들이 요청된다.

5) 중 · 장기 로드맵(road map) 구성의 어려움: "5년, 10년 밖에 희망이 없다"

목회사역에서 중·장기적 로드맵 구성은 목회자의 사역 내용과 방향을 구성함에 있어 중요한 역할을 한다. 더욱이 성도들의 신앙적 성숙과 성장을 위한 교육적 과정은 단기간에 효과성을 확인할 수 있는 사항이며, 중·장기적 차원에서 고민하고 이루어져야 할 사항이다. 이와 관련하여 교계와 목회 현장에서 확인할 수 있는 중·장기적 목회 로드맵에 대한 목회자들의 관심은 해당 사항이 사역에서 중요한 역할을 차지하고 있음을 방증하는 현상으로 볼 수 있다. 하지만 산간벽지 소재 교회의 목회자들은 이처럼 중요한 목회사역의 중·장기적 계획과 로드맵 구성의 구조적인 어려움과 한계를 느끼고 있었다.

연구참여자(17): 저희가 전체 교인이 50명인데, 숫자상으로 출석하는 숫자가 40명입니다. 80대가 10명, 70대가 10명, 그 밑에가 10명. 그렇게 보시면 돼요. 그러니까 조금씩 더 봐야 되겠죠? 80대가 12명, 70대가 12명, 60대가 12명, 밑에는...... [개인심층면담, 2018년 3월 9일(금)]

연구참여자(3): ......이 분들이 적게는 10여년 되신 분도 있고, 많게는 한 30년, 40년 되신 분도 있다구요. 우리 교회 오신 지. 그런데 전체적인 숫자를 따져보면 예전보다 지금이 못하거든요......이제 젊은 층들이고 뭐고 다 빠져나가 버리고, 지금은 와봐야 들어올 젊은 사람은 없고, 나이 많은 분들 들어올 일 밖에 없는데, 그렇다 보니까 나이 많은 분들 더 들어와봐야 불과 5년, 10년 밖에 희망이 없다는 거죠...... 그런 부분에 있어서는 "크게 교회에 기대하고, 바라고, 미래는 어떻게 됐으면 좋겠다" 이런 전망들을 가지고 있는 부분들은 적지 않겠냐 싶고......전도의 마인드는 여전히 있지만, 교회 20년, 30년 후에 "우리 교회가 크게 부흥할 거다" 이런 희망들은 사실 가지고 있진 않는 거 같고...... 이게 농촌 교회의 실정입니다. [개인심층면담, 2018년 1월 31일(수)]

산간벽지 소재 교회에서 사역하는 목회자들은 지역사회의 초고령화와 인구 유입 부재와 같은 사회구조적 측면의 한계 등 자신들이 직면하고 있는 현실적 상황 앞에서 중·장기적인 교회의 청사진과 로드맵을 구성함에 어려움을 느끼고 있었다. 지역사회의 초고령화와 인구 유입의 부재는 교회로 하여금 5년, 10년 뒤를 대비한 정책을 구성하고 계획을 수행하는 것에 실제적인 한계가 있는 것이다. 이러한 상황에서 농·어촌 및 산간벽지의 특성에 부합하고, 현실적인 목회 사역을 지원할 수 있는 중·장기적 인식과 패러다임의 전환이 요청되는데, 이러한 측면의 관심과 지원을 통해 산간벽지 교회 목회자들을 유의미하게 격려하며 지지해줄 수 있을 것으로 판단된다. 이와 관련하여 2017년 대한예수교장로회(통합) 총회 농어촌선교부 정책협의회에서 '마을목회와 귀농귀촌상담소 운영 사례' 발표가 진행된 후 마을목회에 대한 노회와 총회의 지원에 대한 토론회가 진행되어 의미가 있었다(한국기독공보, 2017.11.20). 이때 목회자들은 농어촌 상황이 각기 다르기 때문에 총회가 관심을 갖고 현실적인 로드맵을 함께 고민하며 제시해주길 희망하였으며, 이는 전술한 문제 의식을 반영한 현장 목회자들의 움직임으로 볼 수 있을 것이다.

6) 목회자로서 정체성의 혼란: "바다양식을 하면 돈이 얼마 되느냐 물어 봤어요"

산간벽지 소재 교회에서 사역하는 목회자들은 도시지역 목회자들과 비교할 때 다양한 활동들을 사역의 체제 속에서 수행하게 된다. 정형화된 형태의 사역과 내용들 외에도 지역사회의 특싱과 요구를 반영한 활동들에 응하게 된다는 것이다. 예를 들어 지역사회 특산물 재배에 관심을 가진다든지, 지역 내 젊은 층에 속할 수 있기 때문에 간단한 가택 수리를 도와준다든지, 집안의 업무를 돌보아 준다든지, 농업 생산 시즌에 일손으로 도움을 주는 것과 같은 활동들이 그러하다. 실제로 연구기간 연구참여자들과의 면담을 통해 산간벽지 소재 목회자들이 자연스럽게 언급해주었던 사항들이 이와 같은 지역사회에서의 다양한 활동들이었다. 하지만 해당 사항들이 산간벽지 소재 교회 목회자로서 수행해야 할 여러 활동들 중에 주요한 측면이기는 하지만 그러한 활동으로 인해 목회자로서의 정체성에 혼란과 심적 부담을 겪는 사항들도 확인할 수 있었다.

> **연구참여자(13)**: 제가 세미나 다닐 때 세미나 내용이 뭐냐 하면 뭘 키우라는 게 많아요. 뭘 재배하라, 키워라. 초기에는 그런 것들을 많이 하고.....그래서 내가 장로님에게 바다양식을 하면 돈이 얼마 되느냐 물어봤어요......농사를 지으려고 했어요 농사를. 논을 좀 사가지고 분배도 해주고 수확을 해가지고 좀 떳떳하게 살아보자 이런 얘기를 했는데...... [FGI, 2018년 2월 7일(수)]

관련 선행연구와 자료들을 통해 확인할 수 있었지만 도농 직거래 장터 등 실제적인 지역사회의 특성을 반영한 활동들(호남신학대학교 농어촌연구소, http://www.lifenongsun.com/)이 있어 왔으며, 그와 연계된 활동들이 사역의 주요한 축인 것은 사실이다. 하지만 그와 같은 활동들이 목회의 도구적 차원에서 수행되어져야지 그것이 본질적 측면으로 부상하게 될 때 목회자들은 정체성 혼란과 심적 부담감을 겪고 있음을 확인할 수 있었다. 또한 목회자의 생활 관리 차원에서도 자기주도적으로 관리되어야 할 부분들이 많아 목회로서의 정형화된 틀을 유지하기가 어려움을 호소했다. 이는 목회자로서의 일상적인 패턴들이 지역의 독특성에 의해 구체적으로 구현되지 못할 때 촉발되는 상실감 혹은 우울증과도 관련되어 나타날 수 있는 부분으로 여겨진다. 이에 해당 연구의 연구참여자(2)는 해당 사항을 고려하여 일과 자체를 촘촘하게 구성하여 일상적인 목회 활동의 체제를 유지하고, 시간을 관리하고자 노력하고 있는 모습을 제시해주었다.

> **연구참여자(2)**: 여기는 프리하게 돌아가려면 한도 끝도 없구요. 누가 감시하는 사람도 없습니다. 노회 목사님들, 교회 목사님들 이쪽에까지 올 수도 없구요. 그래서 저는 시간표를 딱 짜서 생활합니다. 그래서 하루 3시 50분에 일어나서, 운전해서 성도 분들 모시고. 5시에 예배를 드리고. 또 모셔다 드리고 올라오면 6시 반. 3시 반에서 7시 정도까지는 기도회, 새벽 경건시간을 가지고...... [FGI, 2018년 1월 15일(월)]

4. 산간벽지 소재 교회 지원을 위한 방안은 무엇인가?

해당 연구에서는 질적연구방법을 활용하여 산간벽지 소재 교회 내 딜레마를 분석하고 이를 위한 실제적인 지원방안과 전략을 도출하고자 하였다. 이 과정에서 산간벽지 소재 교회와 직·간접적으로 관련된 목회자와 일반성도 등 핵심 관계자들에 대하여 전 방위적으로 심층면담과 FGI를 수행하였다. 이를 통해 산간벽지 소재 교회가 직면하고 있는 딜레마와 해당 지역별 특성을 반영한 교회 구성원들의 내러티브가 무엇이며, 어떠한 요소들이 그들의 딜레마를 구성하게 되는가를 살펴보고자 하였다.

해당 연구결과를 살펴보면 자녀교육 문제: "할머니하고 있으라 하고 그냥 저희만……", 1인 사역으로 인한 탈진: "설교, 새벽기도, 심방, 교제……반복되는 계속적인 일", 낮은 사례와 경제적 어려움: "300만 원에서 160만 원으로", 산간벽지 사역의 전문성과 노하우 부재: "전문적으로 준비되지 못함의 답답함", 중·장기 로드맵(road map) 구성의 어려움: "5년, 10년 밖에 희망이 없다", 목회자로서 정체성 혼란: "바다양식을 하면 돈이 얼마 되느냐 물어 봤어요" 등으로 도출되었다. 이러한 사항들은 산간벽지 소재 교회와 관련된 기초자료와 선험적 이해 요소로서의 성격을 지니며, 이를 바탕으로 산간벽지 소재 교회의 딜레마 해결과 지원을 위한 몇 가지 정책적 아이디어를 제안하면 다음과 같다.

첫째, 산간벽지 소재 목회자 및 사역자 지원을 위한 체계적인 교육활동이 요청된다. 현재 목회자 양성 과정에서 집중하고 있는 것은 변화무쌍한 현장 목회의 상황과는 다소 동떨어져 있는 것이 사실이다. 특별히 세분화되어가고 있는 목회 현장을 고려할 때 천편일률적인 교육과정보다는 목회자와 사역 현장의 특성을 고려한 분야별 트랙을 구성하고, 영역별 전문성을 심화시켜나갈 필요가 있다. 이와 관련하여 신학대학원 차원에서 교육과정 재구성 및 농어촌위원회의 재교육과정에서 관련 분야의 전문성 함양을 추구하는 현실적이고 체계적인 접근이 시급히 요청된다. 또한 이를 통해 현재의 산간벽지 목회자들의 바통을 이을 수 있는 '다음 세대 목회자' 들의 양성도 관심을 가지고 진행할 필요가 있다.

둘째, 산간벽지 소재 목회자 및 사역자 지원을 위한 목회자 간 네트워크 구성이 정책적으로 요청된다. 연구과정에서 목회자 간 네트워크의 중요성을 지속적으로 확인할 수 있었으며, 실제로 목회자들의 경우 개인적/사적인 네트워크 구성을 하고 있었다. 산간벽지 목회자들은 해당 네트워크를 통해 심리적 지원과 안정감을 포함하면서 실제적인 사역 노하우 전수까지 공유하고 있었는데, 이를 제도 및 정책 차원에서 체계적으로 확장할 필요가 있는 것이다. 이는 형식적 차원에서의 제도가 아니라 실제적으로 산간벽지 목회자의 문제해결과 지원을 위한 공동체적인 네트워크를 구성해나가는 의미로 구성되어야 할 것이다. 여기에는 제도적으로 전문가 집단으로부터의 상담 프로그램도 포함시켜 목회자들의 실제적 상황을 개선하는데 도움을 줄 수 있을 것이다.

셋째, 산간벽지 소재 목회자 및 사역자 지원을 위한 국민연금 및 은급재단 납부 지원 방안 및 정책이 논의될 필요가 있다. 목회자들의 경우 노후 준비와 관련된 불안감을 가지고 있었으며, 이를 위한 실제적인 방안이 요청되고 있었다. 실제로 대부분의 산간벽지 소재 목회자 및 사역자의 경우 체계적인 노후 준비가 이루어지지 않은 상황이며, 은퇴 이후의 삶에 대한 준비도 안정감 있게 구성되지 못하고 있는 현실이다. 이를 고려할 때 산간벽지 소재 목회자 및 사역자를 위한 국민연금 및 은급재단 납부 지원 방안 및 정책이 논의될 필요가 있다. 이는 목회자들의 노후 준비를 위한 기본적 차원의 안전망을 형성케 할 것이며, 국민연금 및 은급재단 납부조차 힘겨워하는 목회자들에게 유의미한 도움이 될 것으로 본다.

넷째, 산간벽지 소재 목회자 및 사역자 지원을 위한 사회복지 영역과의 연계 및 활용방안들이 논의될 필요가 있다. 산간벽지 목회사역을 위한 지역사회와의 상생 논의가 본격적으로 추진되고 있으며, 이는 새로운 목회 패러다임으로서 자리 잡을 가능성이 높다. 산간벽지 지역사회 자체의 특수성에 의해 요청되어지는 복지적인 수요는 교회로 하여금 정형화된 목회사역뿐 아니라 지역사회와 함께 소통할 수 있는 사역을 기대하게끔 만들고 있다. 실제로 교단별 다양한 형태의 사회복지위원회가 구성되고 있으며, 연구자가 속한 대한예수교장로회(고신)는 정기적으로 사회복지위원회 세미나를 개최하고 있다. 이와 관련하여 대한예수교장로회(고신)의 사회복지위원회에서 2018년 5월 “우리 마을에 그리스도인 산다”를 주제로 지역사회 내 교회의 존재 이유와 목회 방향에 대한 실제적 논의와 사례 발표가 있었다.

다섯째, 산간벽지 소재 목회자 및 사역자 지원을 위한 도시지역 교회의 아웃리치 활동 및 연계 정책이 구체적으로 구성될 필요가 있다. 산간벽지 소재 교회는 제한된 예산과 인력으로 인해 지역사회 봉사활동, 주일학교 및 교육기관 운영, 자체 수련회 활동, 신앙양육활동 등 기본적으로 목회사역 속에서 갖춰져야 할 사항들에 미흡한 것이 사실이다. 이에 대한 도시지역 교회의 지원은 효과적일 것이며, 이를 통해 산간벽지 해당 교회의 역동적 사역을 위한 기초석이 마련될 수 있을 것이다. 기본적으로 해당 과정은 형식적이고 간헐적인 차원에서 진행되는 것을 지양하고, 책임감 있게 지속적으로 수행될 수 있어야 할 것이다. 예를 들어 도시와 산간벽지 교회가 주일 오후예배를 함께 드린다든지, 주일학교 및 수련회 봉사활동을 지원한다든지, 성도들을 공유 지원한다든지 등등 다양한 프로그램들이 구성될 수 있을 것이다.

제 9 장

한국교회 내 부교역자의 삶과 문화

1. 부교역자는 누구인가?

한국교회가 직면하고 있는 사회적 신뢰도의 하락과 교회 성장곡선의 심각한 감소는 과거 어느 시기보다 목회사역의 어려움을 제공하고 있다. 이는 교회 현장의 목회자들이 직접적으로 경험하고 있는 실제적 문제들이며 이를 해결하기 위한 다양한 수준의 노력과 활동들이 각 교단마다 진행되고 있다. 변화된 한국사회에서 전술한 문제 해결을 위한 노력과 활동들이 효율적으로 달성되기 위해서는 과거 1970~80년대 한국교회의 성장 시기처럼 1인 담임목사의 카리스마적인 사역과 활동을 통해서는 해결의 실마리를 찾기 어려우며, 담임목사와 함께 공동으로 사역하고 있는 부교역자들과 높아진 성도들의 수준과 요구에 부합하는 전문화된 사역이 함께 이루어질 때 효과성이 나타날 것으로 판단된다(나삼진, 2013). 이러한 맥락에서 최근 한국 교계에 일고 있는 부교역자 리더십 및 전문성에 대한 관심과 여러 프로그램들의 발생은 목회현장 내 사역 주체들의 강력한 요구를 반영한 접근과 운동으로 이해된다.

하지만 한국교회의 부교역자들의 삶과 문화에 대한 충분한 이해 없이 제시되는 방안과 접근들의 경우 부교역자들의 역량을 강화하기 위한 구조적이면서 핵심적인 요소들을 외면한 가운데 피상적 측면들만을 다룰 수밖에 없을 것이다. 즉 부교역자들에 대한 본질적인 이해와 접근 없이 부교역자들의 사역구조 개혁과 역량강화의 강조는 현상 자체에 대한 임시변통적 방안만을 제시하거나 아니면 부교역자 측면만의 일방적인 변화와 수용만을 강조할 수밖에 없는 내용들로 또다른 측면의 부교역자의 탈진을 초래할 수 있을 것이다.

그러므로 부교역자들의 삶과 문화에 대한 심층적 이해는 부교역자들이 처한 상황과 맥락을 면밀하게 교계에 제공해주어 그들이 겪고 있는 실제적 어려움과 내용들에 대한 현장 중심적인 대안과 처방을 제시할 수 있다. 이는 근본적으로 부교역자들이 영위하고 있는 삶의 질적 개선을 위한 전제 조건을 구축할 수 있는 계기가 마련될 수 있는 것이다. 그리고 좀 더 확장하여 이러한 부교역자의 삶과 관련된 논의는 서두에서 언급한 한국교회가 직면하고 있는 실제적인 위기를 극복하게 해주는 주요한 내용이 될 수 있다. 부교역자들의 측면을 통해 해당 문제들에 대처할 수 있는 새로운 혹은 또 다른 형태의 대안과 방향을 제시할 수 있을 것으로 판단된다.

이러한 문제 의식을 바탕으로 한국교회에서 부교역자들의 상황을 살펴보면 먼저 부교역자의 등장 배경은 한국교회의 급속한 부흥과 성장의 맥락을 통해 이루어졌다. 한국교회는 100여년 되는 짧은 기간 속에서 세계 기독교 역사에서 그 유래를 찾아볼 수 없는 급속한 부흥과 성장을 달성하였다. 이 과정에서 특별히 대도시를 중심으로 한 교회 성장은 담임목사 1인 중심적인 목회의 한계를 경험하게 하였으며, 점차 공동사역을 지향하게 되었다. 공동사역의 모습들은 전문화된 목회 기능을 바탕으로 한 사역 역할과 기능의 세분화를 추구하였다(최상호, 2000). 이러한 한국교회의 성장, 담임목사의 제왕적 혹은 1인 중심적인 목회의 한계, 사역 현장의 전문성 및 다양성에 대한 요구 변화가 현재의 부교역자 시스템이 현실적으로 뿌리내리는데 중요한 측면으로 작용하였음을 볼 수 있다. 물론 교회의 성장 및 목회자의 사회적 지위가 상승함과 더불어 목회자 지원자들의 증가가 이루어졌으며, 담임목회자의 수요와 공급의 어려움으로 인해 부교역자들이 양산된 측면도 있지만 기본적으로 한국교회의 양적 팽창과 변화 속에서 이루어진 결과물로 이해할 수 있다.

이러한 부교역자에 대한 한국교회의 정의와 인식을 살펴보면 우선 연구자가 소속된 대한예수교장로회(고신)의 경우 일반적으로 부교역자를 지칭할 때 담임목사를 제외한 부목사, 강도사, 목사 후보생 및 전도사를 통칭하는 표현으로 사용되고 있다. 구체적으로 교단 헌법 제2부 관리표준 교회정치 제5장 제42조에서는 부(副)목사를 담임목사를 보좌하는 목사로 정의내리고 있으며, 강도사는 제8장 준직원과 임시직원 제89조에서 총회에서 실시한 강도사 자격 심사를 받아 설교할 자격을 취득하고 노회의 지도를 따라 사역하는 자로 정의된다(최상호, 2000). 또한 목사 후보생은 노회의 허락을 받고 그 지도대로 신학대학원에서 교육을 받는 자이며, 전도사는 제92조에서 25세 이상 65세 이하의 무흠 세례교인으로 5년을 경과하고 노회의 전도사 고시에 합격한 자로 개체교회의 직무를 돕는다(제93조)고 정의된다(대한예수교장로회 고신총회, 2011). 타 교단의 측면들도 유사한 맥락에서 이루어지고 있는데 합동교단에서도 부목사, 강도사, 전도사가 있으며, 부목사는 위임목사를 보좌하는 임시목사이며, 당회의 결의로 청빙하되 계속 시무하게 하려면 매년 당회장이 노회에 청원하여 승낙을 받아야 함을 밝히고 있다(문민웅, 2003).

또한 교단에 따라 강도사에 대한 규정에는 차이가 있겠지만[1] 대부분이 부교역자 특별히 부목사에 대한 정의는 일맥상통하고 있다. 대한예수교장로회(통합) 헌법에서는 부목사에 대하여 위임목사를 보좌하는 목사로 정의 내리고 있으며 그 명칭은 임시목사(부목사)이다. 한국기독교장로회 헌법에서도 부목사를 담임목사를 보좌하는 목사로 명칭은 부목사로 정의(안승철, 2004)하고 있음을 볼 때 각 교단 별 부목사에 대한 개념적 혹은 정의적 차이는 없는 것으로 판단된다. 이는 현재 부목사로 대표되는 다른 부교역자 그룹들의 개념들에도 적용될 것이다. 즉 부교역자들의 핵심적 요소가 담임목사를 보좌하여 담임목사의 사역에 도움이 되는 사역자로서의 의미가 중요한 특징임을 추측하게 하며, 부교역자가 담임목사를 제외한 교회 안에서 목회 고유의 업무를 담당하고 있는 자들을 의미한다고 볼 수 있다(서승룡, 2008).

한편 부교역자의 인식과 관련하여서는 한국교회의 담임목사 중심의 사역 풍토가 부교역자에 대한 인식을 형성하는데 주요하게 작용하고 있다. 특별히 한국교회의 권위적·위계적인 관계 속에서 담임목사와 부교역자는 서열 체제를 통해 그 관계성을 형성하고 있다. 이는 초기 한국장로교 역사 속에서도 초기 목사 간의 관계가 '동사목사'로서의 이해에서 '부목사'로 대체(김경선, 2011)됨을 통해서도 서열화의 특징들이 잘 나타나고 있다. 이러한 모습은 자연스럽게 성도들로 하여금 부목사의 지위에 대하여 교회 내 목회 동역자로서의 모습이기보다 담임목사보다 지위가 낮은 보조자로서의 역할을 인식시키게 하는 것이다.

또한 Radcliffe(1998)도 흥미로운 보고를 하였는데, 부교역자들에 대한 왜곡된 인식들은 평신도들이 가지고 있는 일반 기업 구조적 이해와 전통적인 성직관 구조에서 연유한다고 하였다. 다시 말하면 일반성도들은 부교역자를 마치 교회의 단순 피고용자로 이해하면서 일반 사회 기업에 존재하는 직원들처럼 바라본다는 것이다. 그리고 전통적인 성직관을 통해서도 목회자는 성도들보다 더 헌신되었거나 거룩한 존재라는 전제 속에서 그러한 측면들이 온전히 '담임목사'에게만 투영되고, 부목사는 그러한 존재가 아님으로 그에 준하는 지위를 누리지 못하게 되는 것을 보고하였다.

좀 더 구체적으로 한국적 맥락 속에서 부교역자와 관련하여 수행된 선행연구들을 살펴보면 안승철(2004)은 부목사의 역할에 집중하여 목회협력자로서 교회 내의 역할, 담임목사와

---

1) 강도사 직책은 예장고신, 예장합동, 예장합신, 예장대신 등과 같은 예장 계열의 보수적 장로 교단에만 남아 있는 직책으로서 예장통합이나 감리, 성결 등에는 없는 직책이다. 강도사와 부목사의 차이점은 부목사는 축도권과 설교권이 있지만 강도사는 설교권만 있다(김애란·류혜옥, 2013).

의 관계, 교인 및 임원회와의 관계, 그리고 부목사의 내면적 특징들까지 부목사와 관련된 광범위한 내용들을 개괄적으로 정리했다. 안승철이 부목사에 대한 일반적 내용들을 보고하였다면 문민웅(2003)과 김경선(2011)은 좀 더 부교역자의 사역 측면에 집중하여 그들의 스트레스와 탈진 그리고 극복 방안에 대한 영역에 집중하였다. 이들의 경우 각각 질적연구와 양적연구를 통해 해당 영역에 대한 비교적 실제적 접근을 추구하였다고 판단된다. 문민웅은 교회에서 전임으로 사역하고 있는 6명의 남성 부교역자들을 대상으로 면담을 통한 그들의 스트레스 의미들을 도출하였다. 그리고 김경선은 총 11개 교회(감리) 부교역자 118명(최종 회수는 100명)에게 설문조사하여 부교역자로서 탈진의 원인들은 무엇인가를 기술 및 빈도분석을 통해 제시하였다. 문민웅과 김경선이 부교역자의 상황에 집중한 반면 최상호(2000)는 담임목사와 부교역자의 관계적 상황이라는 요소를 중심으로 부목사의 건강한 목회적 관계를 구축해야 함을 보고하였다. 또한 김애란과 류혜옥(2013)이 부교역자는 아니지만 부교역자의 아내를 대상으로 부교역자의 역할과 이미지들이 투영되는 부교역자 아내들의 삶에 대한 질적연구를 수행하여 부교역자들의 교회 내 모습들에 대한 간접적 의미들을 파악할 수 있도록 해주었다. 그 외 부교역자에 대한 연구와 보고들로서 서승룡(2008), 김형태(2010), 김민정(2012) 등의 내용들을 확인할 수 있으며 이들의 경우 부교역자의 정체성과 역할에 집중하여 보고하였으며, 이 중 김형태는 부교역자와 관련된 역사적 사항과 문제분석까지 폭넓게 다루어 이 분야의 확장을 꾀하고 있다.

하지만 선행연구들에서 확인할 수 있듯이 한국교회 내 부교역자들에 대한 신학계와 교계의 심도 있는 관심은 담임목회자에 대한 관심에 비해 양적 수준이 미흡한 실정이며, 부교역자와 관련하여 수행된 연구들의 경우도 그들의 전반적인 삶과 문화에 대한 심층적 이해의 측면보다는 거시적 맥락에서 경향성과 내용들을 살피거나 단순히 부교역자와 관련된 특정한 내용들만을 살피는 연구들이 대부분이다. 그러므로 해당 연구에서는 부교역자의 상황과 맥락을 심층적으로 접근하는 연구들이 부재한 한국의 학문적 상황을 극복하고, 부교역자와 관련된 기존의 이론적 접근보다 실제적으로 그들과 관련된 현상과 의미를 탐색하는 접근을 취하였다. 이는 선행연구들이 공통적으로 지적하고 있는 부교역자와 관련된 심층적 접근의 필요성(김경선, 2011)에 부응하고자 하며, 그것을 통해 학술적 의의도 확보하고자 한다.

이를 위해 해당 연구에서는 질적연구방법론 중 문화기술지(Ethnography) 연구를 중심으로 한국교회 내 부교역자의 삶과 문화에 대하여 심층적으로 탐색해보고자 하였으며, 해당 과정에서 핵심적으로 심층면담과 심층면담의 의미들을 추가적으로 확인할 수 있는 참여관찰 및 내용분석이 부수적으로 수행되었다. 또한 교회 현장과 연구참여자들을 통해서 도출된 질적자료의 경우 질적 자료 분석 컴퓨터 소프트웨어(Computer-Aided Qualitative Data Analysis

Software: CAQDAS)인 NVivo를 통해 코딩분석이 수행되어졌다. 이를 바탕으로 한국교회 내 부교역자의 삶과 문화에 대한 현장 중심적인 의미와 문화를 도출하여 부교역자에 대한 심층적 이해를 위한 의미 있는 학술적 기초자료들을 제공하고자 하였다. 나아가 한국교회가 직면하고 있는 다양한 딜레마를 극복하기 위한 전제로서의 부교역자의 삶의 질적 개선을 위한 정책적 시사점도 제공하고자 하였다.

2. 어떻게 한국교회 내 부교역자의 삶과 문화는 분석되었는가?

이 절에서는 한국교회 내 부교역자의 삶과 문화에 대한 현장 중심적인 의미와 문화를 도출하기 위한 해당 연구의 목적을 달성하기 위하여 문화기술지(Ethnography)를 중심으로 한 질적연구방법(Qualitative Approach)을 소개한다. 이러한 접근은 부교역자에 대한 심층적 이해와 내용 파악을 위한 적절한 전략으로 판단된다.

1) 문화기술지(Ethnography)

질적연구의 저명한 학자인 Patton(2002)은 문화기술지와 관련하여 핵심적 특징을 간략하게 언급했다. 그는 문화기술지가 연구대상자들의 일상적인 삶에 대한 심층적 기술이며, 그들이 인식하거나 행위하고 있는 일상성 이면의 의미를 검토해보는 것이다라고 하였다. 그리고 국내에 일반적으로 많이 소개된 Spradley & McCurdy의 문화기술지에 대한 언급은 문화기술지에 대한 특성을 가장 잘 반영한다고 판단되는데, 문화기술지는 특정한 문화(particular culture)를 정밀하게 묘사하는 과업이라는 것이다(Spradley & McCurdy, 1972; Denzin, N. K. and Lincoln, 2005).

이러한 연구자들의 문화기술지에 대한 의미들을 해당 연구의 맥락에서 좀 더 구체적으로 적용한다면 문화기술지는 특정한 문화공유집단이 가지고 있는 가치, 행동, 신념, 언어의 학습된 패턴을 기술하고 해석하는 질적연구 설계로서(Creswell, 2013) 해당 연구에서는 한국교회 내 부교역자 집단이라는 특정한 문화공유집단이 가지고 있는 일상적인 삶과 문화를 분석하여 그 이면에 있는 의미들을 묘사하고자 한다. 이러한 연구문제 의식은 해당 연구가 적용하고 있는 문화기술지 연구방법의 특징적 측면과 궤를 같이 한다.

2) 심층면담(Depth Interviews)과 타당도 개선

해당 연구에서는 한국교회 내 부교역자들이 어떤 삶과 독특한 문화를 가지고 있는지를 심층적으로 분석하기 위하여 핵심적으로 심층면담 방법이 적용되었다. 면담은 주로 자유스러운 분위기에서 이루어졌으며, 효율적인 면담 진행과 면담의 목적을 분명하게 하기 위하여 면담가이드가 개발되어 면담에 적용되었다. 면담가이드의 주요한 구성의 경우 부교역자로서의 정체성, 부교역자로서의 가정생활, 부교역자로서의 교회활동, 부교역자로서의 경력 준비, 부교역자로서의 일상적 활동 사항 등을 포함하고 있다. 연구참여자들의 경우 해당 참여자들의 공식적인 동의에 따라 연구가 진행되었으며, 연구참여 동의 과정에서 IRB 연구윤리 기준에 준하는 모든 과정을 엄중히 이행하였다.

연구참여자들의 소속 교단은 대한예수교장로회(합동), 대한예수교장로회(고신), 대한예수교장로회(합신) 소속의 부교역자들이며, 사역 경이 2년 이상을 기준으로 설정하였다. 2년 이상을 설정한 이유는 부교역자로서 경험하게 되는 기본적인 교회 활동에 대한 이해도를 위해서 해당 기간을 설정하였다. 구체적으로 연구참여자들의 경우 부목사 7명, 강도사 6명, 전도사 7명이며, 이 중 남성 16명, 여성은 4명으로 문화기술지의 일반적인 연구 참여 인원으로 볼 수 있는 총 20명 이상을 선정하였다(Creswell, 2013).

〈표 9-1〉 연구참여자들의 특징

대상	성별	직분	교회 규모	특징
연구참여자 1	남	부목사	1000명 이상	신학 석사(Th.M) 학위
연구참여자 2	남	부목사	500명 이상	사역 연차 높음(20대부터 사역)
연구참여자 3	남	부목사	500명 이상	개척교회 준비
연구참여자 4	남	강도사	300명 이하	직장 생활 후 신대원 진학
연구참여자 5	여	전도사	300명 이하	직장 생활 후 교회사역
연구참여자 6	남	부목사	1000명 이상	청년부 담당 사역
연구참여자 7	남	부목사	500명 이상	행정 담당 사역
연구참여자 8	남	강도사	300명 이하	중고등부 담당 사역
연구참여자 9	남	강도사	300명 이하	신학 석사(Th.M) 과정중
연구참여자 10	남	전도사	300명 이하	학부 신학과 졸업
연구참여자 11	남	전도사	100명 이하	학부 일반대 졸업

대상	성별	직분	교회 규모	특징
연구참여자 12	여	전도사	300명 이하	유치부 담당 사역
연구참여자 13	남	부목사	500명 이상	기독교교육학 박사과정
연구참여자 14	남	부목사	300명 이하	청소년 연계 사역
연구참여자 15	남	강도사	100명 이하	개척교회 사역
연구참여자 16	남	강도사	300명 이하	교회 임지 이동 고려
연구참여자 17	남	강도사	300명 이하	사회복지학 석사과정
연구참여자 18	남	전도사	100명 이하	*
연구참여자 19	여	전도사	300명 이하	유치부 담당 사역
연구참여자 20	여	전도사	100명 이하	*

한편 해당 연구의 핵심적 연구방법인 심층면담 외에도 추가적으로 심층면담의 내용을 확인하기 위하여 참여관찰과 내용분석이 부가적으로 수행되었다. 참여관찰은 연구참여자로 선정된 20명의 교회 현장 및 삶의 현장에 직접 참여하여 이루어지는 것으로서 연구자가 직접 관찰자로서 참여관찰을 수행하였다. 참여관찰은 연구기간 중 탄력적으로 이루어졌으며, 관찰의 영역은 부교역자의 전반적인 삶과 교회사역의 현장에 집중하였다. 또한 내용분석은 문서 또는 자료들을 분석하는 방법으로 연구진행 과정에서의 연구참여자들의 특징과 다양한 맥락을 실증적으로 확인하는데 효과적으로 활용되었다. 이러한 접근은 연구타당도 개선을 위한 삼각화 방법으로서의 의미도 지닐 수 있다.

3) 질적자료분석 컴퓨터 프로그램(CAQDAS: Computer-Aided Qualitative Data Analysis Software) NVivo의 활용

해당 연구에는 전통적인 질적자료 분석과정에서 탈피하여 질적자료분석 프로그램인 NVivo를 활용하였으며, 이는 질적연구 전 과정의 타당도를 효과적으로 개선할 수 있는 방법이다. 해당 기법의 활용은 전통적 질적연구 과정에서 소홀히 다루어졌던 코딩과 분석의 전 과정에 대한 독자들과의 소통과 공개가 가능하며, 연구분석과정과 코딩에 대한 다양한 질문들에 명확하게 답을 해줄 수 있는 장점을 가진다. 자료분석적 측면에서 일반적으로 질적자료 분석 과정에서 NVivo를 활용할 경우 다음과 같은 연구의 특징과 장점을 지닌다. 첫째, 연구자가 면담을 완벽하게 녹취 및 전사를 하여야만 프로그램을 실행할 수 있으며, 둘째, 연구자가 녹취한 전 자료를 근거로 각 영역 간의 관계를 분석할 수 있고, 셋째, 방대한 자료를 코딩함으로써 코딩 항목 간의 빈도를 비교 분석하여 어떤 항목이 참여자에게 의미 있는 것인가를 알 수 있으며, 넷째, 연구자의 참여 정도를 NVivo 내의 주제 영역들 간의 관계를 보면 쉽게 알 수 있고, 마지막으로 질적연구방법론을 취한 연구들의 경우 연구 맥락에 지나치게 의존하여 명확한 연구 절차가 없는 것은 아닌가에 대한 의문에 명쾌히 답을 할 수 있어 연구 수행 전 과정의 신뢰성을 확보할 수 있다(박종원, 2004; 이현철, 2013 재인용; 강용원·이현철, 2010).

3. 한국교회 내 부교역자들의 삶과 문화에 대한 7가지 Spectrum

이 절에서는 한국교회의 부교역자들의 삶과 문화와 관련된 사항을 내부자적 관점을 바탕으로 현장 중심적으로 기술하였다. 여기에서 소개되는 그들의 삶과 문화는 총 7가지 주제로 설명되고 있으며, 한국교회의 부교역자들과 관련된 현상과 의미를 탐색해주고 있다.

1) 과중한 업무와 '슈퍼맨(Superman)' 문화

주지하고 있듯이 한국교회의 목회자들은 과중한 업무와 스트레스에 시달리고 있다. 이는 부교역자의 상황에서도 예외일 수 없으며, 부교역자들의 경우 더욱더 심각한 상황으로 현재 그야말로 탈진을 경험하고 있었다. 탈진은 헌신에도 불구하고 기대했던 성과나 결과가 주어지지 않을 때 느끼는 신체적, 정서적, 정신적, 영적 피로와 권태로 에너지와 목표를 잃어버린 상태로 볼 수 있는데(조규황, 2014), 이를 부교역자들이 경험하고 있는 것이다.

> **연구참여자**(7): ...... 어떤 경우에는 정말 지칩니다. 일주일에 설교가 몇 번 있는 줄 아십니까? 거기에다가 교회 행사와 행정 그리고 심방까지 있다면...... 어떨 때는 새벽기도 알람소리도 못 듣는 경우가 있다니깐요(웃음). 우리 교회 같은 경우에는 행사들이 좀 있습니다. 다른 부교역자들이 있지만 아직은 제가 정리를 해야 할 시점이기에 더욱 심한 상황이지요.

이러한 탈진의 배경에는 부교역자로서 감당해야 할 다양한 활동이 자리 잡고 있다. 이러한 활동에는 교역자로서 기본적으로 감당해야 할 설교, 담당부서 사역, 심방과 장례예식, 찬양사역 등과 함께 교회의 각종 행사의 진행 및 준비를 포함한다. 특별히 부서의 성장과 인상적인 활동과 관련하여 부교역자들의 경우 많은 스트레스를 경험하고 있었다. 그리고 교회 규모와 상황에 따라 교회의 물품과 청소 관리에 이르기까지 부교역자가 다루지 않는 영역이 없을 정도로 과중한 상태에 있다.

> **연구참여자(8)**: 정말 모든 것을 다합니다. 심지어는 교회의 물품 관리까지 , 마이크 수리, 등등……뭐가 제대로 돌아가지 않으면 제일 먼저 저를 찾습니다. 때로는 내가 무엇하고 있는가 가끔 고민되기도 합니다. 교역자가 해야 할 것이 있고, 집중해야 할 것이 있는데……

게다가 부교역자에게 부여되는 다양한 활동에 대한 업무 처리 능력이 결국 자신의 능력으로 인정받는 풍토 속에서 부교역자는 만능 '슈퍼맨'으로서의 삶을 살아가야 하는 것이다. 다시 말하면 그들의 경우 교회에서 무슨 일이 일어나면 모든 것을 '척척' 해나가야만 하는 능력 있는 존재가 되어야 하며, 그렇게 해야만 부교역자로서 자신의 가치가 인정받을 수 있는 상황인 것이다. 이러한 상황은 오히려 부교역자들로 하여금 교회 사역의 몰입도를 떨어뜨리게 하고 있으며, 이는 핵심적인 그들의 사역인 설교와 성도들의 신앙교육을 소홀하게 만들고, 쉽게 눈에 보여지는 것들 혹은 질적 가치와는 다른 외형적 활동들을 신경 써야만 하는 상황에서 사역을 하고 있음을 확인할 수 있었다.

2) 경제적 어려움과 딜레마 문화

2022년 7월 보건복지부 장관이 중앙생활보장위원회를 통해 밝힌 2023년 최저생계급여는 4인 가구 기준으로 월 162만 289원이다.[2] 국민기초생활보장법 제2조 제6호는 최저생계비를 "국민이 건강하고 문화적인 생활을 유지하기 위해 소요되는 최소한의 비용"으로 정의내리고 있지만, 해당 정의에 대한 삶의 현장에서의 현실적 괴리감은 크다(서병수, 2008). 특별히 최저생계비에 미치지 못하는 부교역자들의 낮은 사례는 이들로 하여금 다양한 수준의 경제적 어려움에 직면하게 하고 있다.

> **연구참여자(14)**: 이야기하기가 어려운 것이 사례 부분입니다. 사역자가 사례가 적다고 교회에 어떻게 이야기할 수 있겠습니까……교회에서 실생활을 고려하여 현실적으로 담당해주면 좋겠지만 그것도 교회의 생각에 따라 다른 것이거든요. 교회에서는 사역자이기에 당연히 그래야 한다라고 한다면 정말 할 말은 없습니다……교회마다 편차도 큰 것이 사실입니다. 어떤 동기들은 사례를 많이 받기도 하지만 대부분이 기본적인 생활하기에도 빠듯합니다. 자녀들까지 생각하면……때로는 미안할 때가 있지요. 그래도 감당해야 하지 않겠습니까.

2) 보건복지부 2022년 7월 29일 보도자료. 해당 내용은 현재성을 고려하여 최신의 자료로 수정·보완하였음.

경제적 어려움과 딜레마는 부교역자로서의 안정적인 교회 사역을 위한 환경적 요소 확립 측면에서 어려움을 제공하고 있었다. 또한 그것은 자연스럽게 사역자로서의 전문성을 갖추기 위한 집중적인 자기개발의 장애물로도 작용하고 있었다.

우선 가정 내의 상황으로, 경제적 어려움이 아내를 포함하는 가족 간의 불화와 자녀교육의 문제에 영향을 주고 있음을 확인할 수 있었으며, 나아가 아내의 부가적인 취업 등을 고려해야만 하는 상황으로 진행되고 있었다. 자녀들의 경우, 교육적 지원이 충분하게 이루어지지 못하는 상황에서 고군분투하는 모습을 연구과정을 통해 확인할 수 있었다.

한편 자지개발의 맥락 속에서도 경제적 어려움은 교역자로서의 전문성 개발에 어려움을 주고 있었다. 최저생계비 수준의 경제적 상황으로는 대학원 과정의 진학 및 재교육을 시도하기란 어려웠다. 각 신학대학 및 대학원마다 교단 출신 혹은 사역자들을 대상으로 장학금을 제공하고 있지만 대부분이 전액이 아니며 일부에 그치고 있어 현실적으로 대학원에 참여하고자 하는 부교역자들의 경우 학자금 대출과 기타 보조를 통해 진학을 수행하고 있었다. 그리고 대학원 진학이라는 많은 예산이 들어가는 자기개발이 아니더라도 설교 준비와 관심 주제에 대한 신학 도서 구입이라는 차원에서도 부담감을 안고 구입해야 할 상황인 부교역자들도 연구과정에서 확인할 수 있었다.

이러한 맥락에서 최근 목회자들의 이중직에 대한 관심이 증대되고 있으며, 이에 대한 논의와 검토가 활발하게 이루어지고 있는 것은 당연한 결과로 판단된다. 그러므로 부교역자들을 향한 현실적인 사례 수준 확정을 통해 부교역자들이 가정과 자기개발에 어려움을 느끼지 않으면서 사역에 더욱 집중할 수 있도록 교회의 사례 풍토를 현실적으로 개선해나가야 할 필요가 있다.[3)]

3) 경력과 업적 쌓기 문화

연구과정에서 부교역자들이 평균 2~4년 사이에 교회를 이동하고 있음을 확인할 수 있었다. 개인에 따라 차이가 있지만 교회 이동의 가장 큰 요인은 해당 교회에서의 경험이 자신의 목회 사역에 도움이 될 수 있는가에 대한 요소가 강하게 작용하고 있었다. 즉 자신이 앞으로 목회 사역을 해나감과 담임목회로서의 유익한 경력이 될 수 있는가와 관련되어 있는 것이다. 이러한 맥락에서의 교회 이동은 가능하면 규모가 있는 대형교회에 대한 선호도가 있었으며, 이는 경제적 이유와도 함께 맞물려 살펴볼 수 있었다.

---

3) 물론 이와 관련된 논의에서 담임목사도 예외일 수는 없다. 많은 미자립교회의 담임목사들이 겪는 경제적 어려움들은 이미 보고되었으며, 이에 대한 적절한 대응도 교단 차원에서 필요할 것이다(이신철·이현철, 2013).

연구참여자(2): 궁극적으로 담임목사로서 교회를 맡을 수 있는가에 대한 관심이 큰 것이 사실입니다. 안 그래도 요즘은 담임목회하기 힘든 시기인데 부교역자 때부터 소문이 잘 나야 되거든요. 청빙 과정에서 요즘은 그 이전 사역지에 다 전화도 해보고, 알아봅니다. 지나간 것은 어쩔 수 없지만 그것이 이미지가 되면…… 힘들지요. 그래서 관계도 잘하고 잘해야 하는 것입니다.

담임목사로서 교회를 맡아 사역할 수 있는가에 대한 걱정과 고민은 많은 부교역자들이 안고 있는 숙제였다. 점차 한국교회의 성장둔화 속에서 담임 사역지와 목사들의 수급 문제는 심각한 상황으로 진행되고 있음을 고려할 때 이들의 고민은 삶의 방향을 결정하는 주요한 사항이 될 수 있는 것이다. 특별히 최근 담임목사 청빙의 시기가 40대 초·중반에서 이루어지는 상황에서 자신의 40대 초·중반 이후에서부터 은퇴하기 전까지의 사역의 틀이 결국은 담임목사로서 청빙을 받을 수 있는가와 직결되어 있기에 이는 더욱더 중요한 것으로 인식되고 있는 것이다.

그러므로 부교역자들은 전술한 시기가 이르기 전에 자신만의 매력적인 경력과 학력을 갖추어야 경쟁력이 있을 것이라는 인식을 하게 되며, 이를 위해 상당 부분이 그와 같은 경력과 업적에 맞추어져 수행되고 있음을 확인할 수 있었다.

이는 한국교회의 담임목사 청빙 문화와 관련된 논의를 이끈다. 얼마 전까지 한국교회는 박사학위를 취득한 목회자들과 대형교회에서 성공적으로 사역한 목회자들이 담임목사로 청빙되는 모습을 보여줌으로써 많은 목회자들로 하여금 상대적 박탈감을 안겨주었다. 그리고 현실적으로 그러한 청빙과정을 목도한 부교역자들의 경우 해당 체제에 순응하고자 무리하게 자신의 상황과는 달리 해외 학위 과정으로 진학하거나 대형교회만을 찾아 사역지를 이동하는 패턴을 취하게 된 것이다. 이에 대한 비판적 반성과 건강한 담임목사 청빙과 관련된 심도 있는 논의가 이루어져야 할 것이며, 구체적으로 한국교회에 적합한 청빙과 관련된 전략과 방안들이 모색되어야 할 것으로 판단된다.

4) '빨간 날'으로서의 월요일 여가 문화

주일의 사역을 마치고 부교역자들은 월요일에 상대적으로 여유로운 시간을 할애한다. 월요일에 취미 활동을 하거나 가족들과 시간을 보내거나 자신만의 개성을 살려 다양한 활동을 수행하는 것이다. 월요일이 부교역자들에게는 '빨간 날'인 것이다.

연구참여자(16): 월요일 등산도 가고…… 월요일날 교회 장례가 터지면 황당하지요. 새벽기도 마치고 개인적으로 여유롭게 보내야 하는데 그 시간을 못보내니깐 제일 그렇습니다. 평일은 출근해서 정신없이 보내지요. 월요일은 저의 빨간 날이잖아요. 공식적으로(웃음).

연구참여자(4): 저는 저희 신대원 동기들과 같이 야구를 합니다. 꽤 많이 모입니다. 같이 운동하면서 이야기도 하고, 식사도 하고, 월요일 남들이 출근할 때 운동장에서 보면 재미있기도 합니다. 방학이야 여러 사역들이 있어 때로는 모이기 어렵지만 가능하면 한달에 2~3번 꼭 월요일에 모여서 운동하고 같이 노는 것이지요.

이러한 활동을 통해 부교역자들은 교회와 사역으로 인한 스트레스도 풀고, 사역을 위한 재충전의 시간을 가지는 것이다. 전술하였듯이 부교역자들은 많은 업무와 인간관계 속에서 피로도가 높은 것이 사실이다. 월요일 활동은 사적인 시간으로 자신들만의 특징을 살려 자유롭게 활용하고 있는 것이다. 흥미로운 것은 부교역자들 간의 모임과 활동이 이 시기에 이루어지기 때문에 독특한 문화적 요소를 공유하고 있다는 것이다. 이러한 과정에서 동료들 간의 관계도 친밀하게 형성하고 새롭게 자기 개발을 위한 대학원 과정도 진학하는 것을 확인할 수 있었다.

5) 눈치 보며 참아야 하는 문화

교회 현장에서 부교역자의 고충으로 가장 많이 언급한 것이 바로 관계적 맥락에서의 갈등과 독특한 문화였다. 교회 공동체는 다양한 이들의 인간관계 속에서 이루어지고 있다. 부교역자들은 기본적으로 담당부서 구성원들, 담당부서 외의 구성원들, 동료 부교역자 및 교회 직원, 담임 목사와의 관계 속에서 교회 내 인간관계를 형성하고 있다.

하지만 그러한 인간관계 속에서 기능적 관계성을 형성하면서 생활이 이루어지는 경우도 있지만 일부에서는 그러한 인간관계가 '갑과 을'의 관계로 인식되는 상황도 있었다.

연구참여자(10): 아무래도 성도들의 눈치와 교육을 받게 됩니다. 교회에서 옷을 어떻게 입는가부터 말을 어떻게 하는가 작은 것부터 하나하나 신경이 쓰이게 됩니다. 편하게 활동하는 것이 쉽지는 않지요. 특히나 어른들에게는 신경을 쓸 수밖에 없습니다. 장로님들이나 권사님들의 경우 인사도 신경쓰게 되는 것입니다. 그게 나쁜 것만은 아닌 것 같은데 때로는……

부교역자는 관계성 속에서 약자의 자리에 설 경우가 있다. 불합리한 내용에 대해서도 부교역자라는 역할로 인해 순순히 받아들여야 하는 경우도 많이 있었음을 확인할 수 있었다. 교회의 사역과 사임에서 부교역자의 의지보다는 담임목사와 당회의 결정권이 절대적이며, 이는 자신의 생활과 직결되어 있어 인사 결정권에 영향을 줄 수 있는 이들에 대한 관계적 맥락에 신경 쓰지 않을 수 없는 실정이다.

일반적으로 교회 현장에서는 10월 혹은 11월에 내년 교회사역에 대한 교역자들의 방향을 결정하게 되며, 그 시기에 부교역자들의 임지 이동이 이루어진다. 만약 해당 시기 외에 여러 가지 상황으로 인해 사역지를 옮겨야 할 상황에 직면하게 된다면 부교역자들에게는 상당한 부담으로 작용할 가능성이 있다. 왜냐하면 다른 교회에서는 이미 년차 계획과 사역자들이 청빙된 상태이기 때문이다. 해당 시기에 이동을 하더라도 직전 사역지에서의 관계와 활동으로 인해 문제가 되어 이동하는 것이라면 사역지를 옮긴 후에라도 낙인 및 꼬리표가 되어 이어져갈 것이기 때문에 부교역자들은 이에 대한 관리와 신경을 써야 하는 것이다. 이러한 상황은 교회와 부교역자들 간의 위계적 구조가 형성될 수밖에 없는 메커니즘으로 작용하고 있으며, 나아가 그 사이에서 부교역자들의 인권과 관련된 사각지대가 형성될 수 있음도 고려되어야 할 것이다. 그동안 한국교회와 실천신학 분야에서는 이와 관련된 부교역자들의 실생활에 대한 논의가 이루어지지 못하였는데 이에 대한 관심이 강력하게 요구되는 대목으로 볼 수 있다.

6) 부교역자 간의 경쟁과 갈등 문화

부교역자로서 동료 부교역자 간의 관계는 다양하게 형성될 수 있으나 사역의 동료이면서 경쟁관계에 있다고 볼 수 있다. 성도들로부터의 평가와 지지는 사역 현장에서 중요하게 작용하고 있으며, 그 평가의 대상이 동료 교역자일 경우에 높은 심적 부담감을 가질 수밖에 없다. 경쟁적인 영역의 경우 설교, 부서활동, 교회 구성원들로부터의 지지와 평가 등 모든 다양한 교회 사역 영역에서 나타날 수 있으며, 부교역자로서의 안정적인 사역을 구축해 나가는 과정에서 항상 관리되어야 할 내용으로 제시되었다.

> **연구참여자(1)**: 동료 교역자가 설교시간에 '홈런'을 치게 되면 오히려 부담이 될 경우가 많습니다. 성도들은 설교에 민감하게 반응하기 때문에 만약 그렇게 되면 심적 부담이 큽니다...... 부서 사역도 마찬가지입니다. 갑자기 어느 부서가 부흥을 한다, 어느 부서가 분위기가 좋다. 이러면 교회를 위해서는 좋기도 하지만 당연히 내 자신도 돌아보게 되지요.

부교역자 간의 관계는 교회사역의 전반에 영향을 줄 수 있는데, 담당 부서 간의 조율과 협력을 통해 교회 사역들이 효율적으로 이루어질 수 있기 때문이다. 예를 들어 주일학교 교사로서 섬기고 있는 청년들의 활동은 청년부 담당 교역자의 지원을 통해 더욱 효과적으로 이루어질 수 있는 것이며, 반대로 주일학교 담당 교역자의 청년부 활동에 대한 상황 파악과 이해도도 동일하게 중요할 것이다. 만약 해당 부교역자 간의 관계적인 문제나 갈등 상황이 있다면 이러한 협력을 기대하기란 어렵다는 것이다.

연구참여자(13): 부교역자 사무실에서 분위기는 정말 다르죠. 서로 사이가 좋지 않으면 살얼음판입니다. 의견만 나오면 반대하지요...... 정말 어렵습니다. 그런데 관계가 좋으면 일사천리로 갈 때도 많지요. 참 어딜 가나 그런 것은 중요하겠지만 특히나 교역자실은 더 그런 것 같습니다.

인용문에서 확인할 수 있듯이 특정 부교역자 간의 갈등은 부교역자 전체의 분위기에도 영향을 줄 수밖에 없다. 결국 부교역자 간의 경쟁 구도가 아닌 상생의 동역자로서의 파트너십을 어떻게 조성하는가에 활동 전반의 분위기와 효율성이 창출될 수 있다는 것이다. 이는 부교역자들의 협력과 기능적 공조가 교회 사역의 핵심 요소가 될 수 있음도 시사하는 것이다. 그동안 부교역자들의 삶과 이에 대한 관심이 부재하였기에 좀 더 실제적인 측면에서 부교역자들의 동료 의식과 동역자로서의 중요성을 새롭게 강조해야 할 필요가 있을 것이다. 또한 부교역자들 스스로도 단지 거쳐가는 교회에서 만난 동료로서의 교역자가 아닌 하나님 나라 확장의 동력자로서의 인식을 가져야 할 것이며, 이러한 역량 개발을 위한 다양한 프로그램도 구성될 필요가 있다.

7) 사역 초기 경험과 관계성 정립에 따른 정체성 형성 문화

일반적으로 부교역자들은 신학대학원(M.div) 과정 중이거나 혹은 신학대학원 졸업 후 교회 사역을 시작하게 된다. 각 교단별 상황에 따라 다소 차이가 있을 것이지만 일반적으로 목사안수를 받기 전부터 교회에서 교역자로서 사역과 삶은 시작되고 있으며, 학부과정을 신학대학에서 이수한 이들의 경우 사역 시작 시점이 좀 더 앞당겨질 수 있다.

이들의 경우 그동안 평신도로서의 삶과는 다른 형태의 교회 활동이 이루어지게 되며, 교역자로서의 책임과 정체성이 형성되게 된다. 특별히 이 초기 사역의 과정에서 교역자로서의 정체성 확립에 지대한 영향을 주게 되는 상황들을 경험하게 되며, 이는 이후의 사역에 주요한 바탕이 됨을 확인할 수 있었다.

연구참여자(3): 전도사 시절의 경험과 정체성이 영향을 많이 주는 것 같아요. 장로님들과 교회 어른들이 나를 사역자로 보는구나. 느끼면 이래저래 신경이 쓰이게 됩니다. 학생 시절에 편하게 하였던 것이 이제는 한번 생각하게 되고, 그러면서 처음에는 답답하기도 하고 스트레스를 받기도 하였는데 점차 상황과 환경이 요구하는 방식에 스스로도 맞추게 되는 것 같습니다.

인용문에서 확인할 수 있듯이 부교역자들은 초기 자신의 사역 경험을 통해 자신이 어떠한 존재이며, 어떠한 패턴으로 살아가야 할 것인가를 방향 잡게 된다. 이러한 과정에서 사역에 대한 관점과 자신만의 체계를 형성하여 나가는 것이다. 예를 들어 교회에서 자신의 역할에 대한 생각들을 정립하고, 교인들과의 관계에서 자신의 모습이 어떠해야 하는가를 고민하고, 목회자로서 나아가야 할 방향 등에 대하여 실제적으로 교회 사역을 경험하면서 정립해나가는 것이라 볼 수 있다.

> **연구참여자(3)**: 제 생각에는 그때 정체성이 어떻게 형성되는가가 중요합니다. 높은 자존감이 있을 수 있고, 때로는 교회의 심부름꾼과 같은 부정적 위치로만 형성될 수 있을 것 같습니다. 교회나 주변 사람들과 어떻게 관계를 맺어지는가가 중요한 것 같습니다.

부교역자의 초기 경험과 다짐들은 이후 자신의 사역에 지대한 영향을 미칠 수 있음을 예상할 수 있다. 만약 이들이 이 초기 시기에 교회 내의 역기능적 관계들을 통해 건강하지 못한 정체성을 형성한다면 이는 이후 활동의 방향성과 근본적인 동인의 왜곡을 초래할 수도 있음을 확인해 볼 수 있다.

4. 한국교회의 부교역자를 위해 무엇을 해야 하는가?

해당 연구에서는 그동안 교회 내 부교역자의 상황과 맥락을 심층적으로 접근한 연구들이 부재한 한국의 학문적 상황을 극복하고, 부교역자와 관련된 기존의 이론적 접근보다 실제적으로 그들과 관련된 현상과 의미를 탐색하는 접근을 취하고자 하였다.

이를 위해 해당 연구에서는 질적연구방법론 중 문화기술지를 중심으로 한국교회 내 부교역자의 삶과 문화에 대하여 탐색하였으며, 해당 과정에서 심층면담을 중심으로 참여관찰 및 내용분석을 부수적으로 적용하였다. 또한 교회 현장과 연구참여자들을 통해서 도출된 질적자료의 경우 질적자료분석 컴퓨터 소프트웨어(Computer-Aided Qualitative Data Analysis Software: CAQDAS)인 NVivo를 통해 코딩분석이 수행되어졌다.

이를 바탕으로 한국교회 내 부교역자의 삶과 문화에 대한 현장 중심적인 의미와 문화를 도출할 수 있었으며, 부교역자에 대한 심층적 이해를 위한 의미 있는 학술적 자료들을 제공할 수 있었다. 구체적으로 그 내용을 살펴보면 첫째, 과중한 업무와 '슈퍼맨(Superman)' 문화, 둘째, 경제적 어려움과 딜레마 문화, 셋째, 경력과 업적 쌓기 문화, 넷째, '빨간 날'으로서의 월요일 여가 문화, 다섯째, 눈치 보며 참아야 하는 문화, 여섯째, 부교역자 간의 경쟁과 갈등 문화,

일곱째, 사역 초기 경험과 관계성 정립에 따른 정체성 형성 문화를 확인할 수 있었다.

이러한 측면들은 다시 개인적 영역과 교회적 영역으로 재구성될 수 있다. 개인적 영역의 경우 경력과 업적 쌓기 문화, '빨간 날'으로서의 월요일 여가 문화, 사역 초기 경험과 관계성 정립에 따른 정체성 형성 문화이며, 교회적 영역은 과중한 업무와 '슈퍼맨(Superman)' 문화, 경제적 어려움과 딜레마 문화, 눈치 보며 참아야 하는 문화, 부교역자 간의 경쟁과 갈등 문화로 볼 수 있다. 물론 개인적 영역에 속한 항목들의 경우도 교회적 영역을 포함하여 거시적인 목회자들의 구조와 관련된 사항에 영향을 받는 항목으로 볼 수 있지만 부교역자의 개인 수준과 관련된 활동 성격이 강함으로 개인적 영역으로 구분하였다. 개인적 영역과 교회적 영역의 두 가지 측면은 결국 부교역자들의 삶을 이해하는 축이 될 수 있으며, 이들의 삶과 관련된 질적 제고의 전략과 방향들이 이 두가지 축에 집중하여 이루어져야 할 것으로 예상하게 하는 내용이다. 실제로 도출한 주요한 문화적인 주제와 두가지 큰 축의 경우 한국교회 내 부교역자들의 삶을 이해할 수 있는 주요한 단초들을 제공하고 있으며, 실제적으로 부교역자와 관련된 현상들의 의미들을 파악하게 해주는 핵심 내용들을 제공해주고 있다고 판단된다. 이러한 내용들을 바탕으로 부교역자들의 삶의 질적 개선을 위한 정책적 시사점과 아이디어를 제시한다면 다음과 같다.

첫째, 탈진에 따른 부교역자 재교육과 상담 프로그램 지원정책이 시급히 요구된다. 한국교회의 부교역자들은 심각한 탈진과 경력 중심의 사역으로 인해 사면초가의 상황에 처해 있다. 이러한 측면은 그들에게 창의적이며, 역동적인 사역을 기대치 못하게 하고 있으며, 그들을 위한 재교육을 통한 회복과 쉼의 기회가 제공되어야 할 필요성을 강조하는 것이다. 특별히 '사역자로서의 분명한 소명의식'과 '하나님 앞에서 신실한 목회자' 로서 살아가기 위해 몸부림치고 있지만 탈진적 상황과 현장의 어려움은 그들로 하여금 유의미한 회복의 시간들을 요구하고 있었다. 게다가 전술한 맥락은 부교역자들의 개인 수준의 상처와 역기능적인 가정생활을 부추기는 요인이 되어 남편으로서 혹은 아버지로서의 역할과 건강한 활동에 장애를 야기하고 있다. 이는 자연스럽게 가정 내 대화 단절과 아내(혹은 남편)와 자녀와의 관계성에서의 어려움을 초래하고 있어 적절한 개인상담 및 가정 회복 대책이 요구되는 실정이다.

둘째, 교단 차원에서의 대대적인 목회자 수급 조절 정책이 요구된다. 각 교단마다 차이가 있을 것이지만 신학대학원 지원자와 졸업생들이 넘치고 있으며, 이는 자연스럽게 목회자 간 경쟁을 부추기고 있는 것이 사실이다. 특히 한정된 담임목회지를 두고 서로 간의 경쟁이 불가피함으로 부교역자 시절에서부터의 경력과 업적 위주의 사역에 치중할 수밖에 없는 구조인 것이다. 그러므로 교단 차원에서의 목회자 수급 조절을 위하여 신학대학원 입학인원을 조정하고, 졸업 요건을 강화하여 일차적으로 목회자들의 배출 자체를 억제하고, 나아가 질적으로 우수한 목회자들을 양성하는 것에 목표를 두는 장기적 접근들이 요구된다.

셋째, 교회 내 현실적인 부교역자 지원 시스템 구축이 요구된다. 연구과정에서도 확인할 수 있듯이 부교역자의 삶에 결정적 영향을 행사하는 것이 교회이며, 교회의 지원적인 태도이다. 즉 부교역자들은 교회의 유무형적인 지원과 맥락 속에서 교회로부터 영향을 받고 있으며, 특별히 경제적 측면은 더욱더 그러하다. 뿐만 아니라 부교역자에 대한 지원적인 태도와 정책은 담임목회자에 비하여 부족한 실정이며, 교회 구성원의 인식에서조차 온전하게 환영받지 못하는 내용이다. 그러므로 현실적인 부교역자 지원 시스템을 교회가 구축하고 교회 내 구성원들이 부교역자에 대한 지원적인 관심과 풍토로 전향할 수 있는 방안들이 요구된다.

넷째, 교단 차원의 실제적인 교회개척 지원 정책 구상과 노력이 요구된다. 이는 부교역자들을 위한 교회개척 지원체제를 전제하는 것이며, 교회개척을 통한 사역의 역동성을 확보하고 부교역자 스스로도 사역의 장 자체를 다각적으로 고민해볼 수 있는 정책들이 필요한 것이다. 개인적 연령 및 여러 상황과 조건에 의해 수동적으로 교회개척의 장으로 떠밀려나는 것이 아니라 우수한 인력들이 안정적인 교회개척 지원 정책 속에서 창조적으로 사역을 추구해나가는 것이다. 각 교단에 따라 차이가 있을 것이나 연구자가 소속된 예장 고신의 경우 국내전도위원회 산하 교회개척지원 사업들을 운영하고 있다. 구체적으로 선발된 목회자들에 대한 개척교회 지원(1,500만 원)을 하고 있으며, 미자립교회 지원을 총회로 일원화하였다. 또한 신학대학원 내 교회개척지원연구소 설립과 교육과정 내 교회개척 과목을 개설하여 개척준비 목회자들을 지원하고 있다(물론 이와 관련된 정책과 지원에 대한 정련된 평가와 효과성 검증에 대한 연구도 관심을 가져야 할 영역임). 이러한 측면들을 통해 부교역자들은 기존의 담임목회 청빙과 사역에만 집중하는 것이 아니라 교회개척도 자신의 사역 영역으로 확장하여 고려할 수 있도록 하고 있다.

다섯째, 부교역자로서 은퇴할 수 있는 분위기와 인식의 전환이 필요하다. 부교역자로서 특정한 영역의 전문성을 갖추고 사역을 지속적으로 수행하는 이들에 대하여 긍정적 시선과 인식이 요구되는 것이다. 특별히 담임목회 사역을 굳이 하지 않더라도 그 전문성을 인정받으며 은퇴할 수 있는 교단 차원의 분위기와 인식 전환이 필요하다. 예를 들어 북미 교회의 목회자들은 담임 목회 사역만이 자신의 목회 경력의 최종적 영역으로 인식하고 있지 않으며, 전문성을 가지고 자신만의 영역을 개척하여 부교역자로서 전 생애적인 사역을 수행하는 이들이 많다. 오히려 그들의 경우 교회 내 특정 사역 영역의 전문성을 인정받으며 효과적인 사역을 하고 있다. 동시에 높은 자존감을 유지하면서 자신들의 사역을 수행하고 있는 것이다. 또한 그들을 바라보는 성도들 역시 그들에 대하여 담임 사역 유무에 따른 인식의 차이가 크게 존재하고 있지 않다. 하지만 한국적 풍토에서는 부교역자들이 성취/달성해야 하는 과업으로서 담임목회라는 인식이 존재하고 있으며, 이는 유·무형적 압력으로 부교역자들에게 부담으로 작용하고 있는 것이 사실이다. 그러므로 담임목사가 아닌 부교역자로서도 부담감 없이 은퇴할 수 있는 분위기 형성과 인식 전환을 위한 노력이 요구된다.

제 10 장

소형교회 은퇴목회자의 삶

1. 왜 소형교회 은퇴목회자의 삶을 연구해야 하는가?

초고령화 사회로 접어든 한국사회는 다양한 분야에서 은퇴자들에 대한 정책과 노후생활과 관련된 논의가 활발하게 이루어지고 있으며, 은퇴 후 노후를 안정적으로 준비하고자 하는 이들도 증가 추세에 있다. 이를 방증해주는 전국에 분포된 지역노후준비지원센터는 107개에 이르며, 국민연금공단에서 국민을 대상으로 실시하고 있는 노후 준비 상담은 2012년 5만 3123건에서 2015년에는 6만 7001건으로 꾸준히 증가해왔으며, 현재 그 증가 폭은 가파르게 상승하고 있는 실정이다(이소정, 2016). 이러한 상황은 일반 국민들에게 노후 준비와 관련된 상황들이 상식적 수준에서 논의될 수 있는 사안임을 시사하는 것이며, 이러한 논의가 어색하거나 무리한 것이 아님을 의미한다.

하지만 해당 노후 준비와 관련된 사항이 목회자들에게 적용되어 논의될 때는 상황이 달라진다. 현재 목회자들의 노후와 관련된 준비는 교회의 형편과 상황에 따라 큰 차이를 보여 실제적 맥락에서 대다수 목회자는 은퇴 후 노후에 있어 안정적인 사항들을 확보하고 있지 못한 실정이다. 특별히 교회의 양극화로 인해 목회자들의 은퇴 후 삶에 극심한 양극화 현상이 나타나고 있다. 즉 중대형교회 은퇴목회자와 작은 교회의 은퇴목회자 간에 커다란 양극화가 발생하고 있다. 소형교회 목회자들의 경우 은퇴 자금은커녕 자신이 거주해야 할 자택마저 소유하지 못한 경우가 많으며, 이는 누구에게도 말못할 다양한 아픔들을 상상케 하는 대목이기도 하다.

그동안 한국교회와 실천신학계는 소형교회 은퇴목회자들에 대하여 그들의 삶이 어떻게 구성되고 있으며, 어떠한 딜레마가 있는가에 대하여 면밀하게 분석하거나 논의를 깊이 있게 다루어내지 못하였다. 단순히 목회자의 은급재단과 관련된 문제들과 일부 소수 목회자들의 과도한 은퇴 자금에 대하여 비판하였을 뿐 대다수의 '평범한 은퇴목회자' 들의 삶에 대해서는 큰 관심을 기울이지 못한 것이 사실이다. 하지만 한국교회 내 은퇴목회자들이 증가하고 있으며, 초고령화 시대로 접어든 상황들을 고려할 때 은퇴목회자들에 대한 현장성 짙은 연구와 분석은 그들을 위한 정책 도출과 발전적 논의를 위한 기초자료를 제시해줄 수 있을 것으로 예상한다. 좀 더 구체적으로 소형교회 은퇴목회자들의 삶과 딜레마에 대한 집중적인 분석을 수행해야 할 이유는 다음과 같다.

첫째, 소형교회 은퇴목회자들의 가치와 의미에 대한 재발견이다. 한국교회의 성장은 현재 은퇴를 한 목회자 세대들의 수고와 헌신이 없었더라면 불가능하였을 것이다. 하지만 그동안 한국교회에서의 은퇴한 목회자들에 대한 가치 인식은 성공한 중대형교회 목회자의 그것에 비하여 현격히 낮은 것이 사실이다. 이러한 소형교회 은퇴목회자들의 삶과 딜레마에 대한 연구는 한국교회 내 은퇴목회자들의 가치와 역할에 대한 재발견을 이룰 것이며, 나아가 은퇴한 목회자들의 노후 정체성에 대한 새로운 논의의 장도 확보할 수 있을 것으로 판단된다.

둘째, 소형교회 목회자들의 삶에 대한 '아래로부터'의 분석의 필요성이다. 그동안 한국교회는 평범하고, 일반적인 소형교회 은퇴목회자들에 관하여 관심을 가지지 않았으며, 특정한 업적이 있거나 대형교회의 성공적인 목회 배경을 바탕으로 활약한 은퇴목회자들의 신앙적 전기에 집중했다. 하지만 이러한 접근은 '아래로부터' 터져나올 수 있는 평범한 은퇴목회자들의 일상적 삶에 기반을 둔 현실적 모습들을 외면할 수 있으며, 업적 중심의 사항들만을 구성할 가능성이 크다. 일상적 차원에서의 평범한 은퇴목회자의 삶을 분석함으로써 그들의 삶 속에 내재하고 있는 다양한 수준의 의미와 딜레마들을 살펴봄으로써 소형교회 은퇴목회자들에 대한 이해도를 증진할 수 있을 것이다.

셋째, 소형교회 은퇴목회자들이 경험하고 있는 문제 및 딜레마 해결을 위한 기초적인 방안 및 전략 제시를 위함이다. 현장에 기반을 둔 삶과 딜레마에 관한 연구는 한국교회 내 그들이 경험하고 있는 갈등과 문제들을 해결할 수 있는 선험적인 기초자료가 될 것이다. 실제 소형교회 은퇴목회자들이 인식하고 경험하고 있는 갈등과 문제가 무엇이며, 그것을 어떻게 스스로 관리할 수 있는가에 대한 실제적 방안 및 전략을 제시해줄 수 있을 것이다. 이는 개인의 신앙 및 삶의 만족도에 직접적 영향을 줄 것이며, 나아가 은퇴목회자들에 대한 교회 전반의 인식에도 유의미한 관련성이 있을 것이다.

넷째, 은퇴목회자와 일반교회(성도) 간의 이해도 증진의 필요성이다. 한국교회가 직면하고 있는 다양한 문제 중 목회자와 교회(성도) 간의 갈등은 주요한 요소로 자리 잡고 있다(기독일보, 2018년 2월 10일 기사). 은퇴목회자들의 삶과 딜레마에 대한 현장지향적인 분석과 연구는 일반교회(성도)로 하여금 은퇴목회자들에 대한 이해의 수준과 폭을 실제적으로 넓혀줄 수 있을 것이며, 나아가 건강한 목회자 인식과 교회 사역을 위한 선험적 자료가 될 수 있을 것이다. 실제로 현재 많은 교회가 소위 '목회자의 은퇴' 문제들로 인해 어려움에 직면하고 있음을 고려할 때 이는 매우 시급하게 탐색해야 할 요소이다.

전술한 내용과 연구의 필요성을 바탕으로 해당 연구에서는 질적연구방법론 중 내러티브 탐구를 활용하여 소형교회 은퇴목회자들의 삶과 딜레마를 현장 중심적으로 분석하였다. 해당 과정을 바탕으로 소형교회 은퇴목회자들이 직면하고 있는 딜레마는 무엇이며, 어떠한 삶의 요소들이 그들의 딜레마를 구성하게 되는가를 살펴보고자 하였다. 이는 한국교회가 직면하고 있는 은퇴목회자들의 삶의 문제와 그들의 기능적인 은퇴 이후의 사역을 위한 정책적인 시사점을 줄 것으로 판단된다.

2. 은퇴목회자에 대한 선행연구는 어떠한가?

은퇴목회자와 관련된 개념은 일반적으로 은퇴 연령 70세를 기준으로 정년제를 실시하고 있으며, 감리교단의 경우(기독교대한감리회 '교리와 장정' 제3편 74조) 70세 정년제에 65세에 자원은퇴제를 두고 있다(손의성, 2013). 또한 은퇴목사와 관련하여 원로목사의 개념도 존재하고 있는데, 한 개체교회에서 20년 이상 시무한 목사가 교회에서 원로목사로 추대되어 은퇴할 수 있는 것이다. 이 과정에서는 해당 교회에서 추대 절차를 따라 공동의회에서 추대 결의하고, 노회의 허락을 받아 원로목사로 추대할 수 있다(대한예수교장로회 고신총회 헌법, 2011). 해당 개념에 준하여 은퇴목회자들과 관련된 선행연구들을 살펴보면 주로 그들의 심리적 측면과 경제적 측면(은급재단 관련 포함)을 고려한 일상생활과 관련된 연구가 수행되었음을 확인할 수 있다.

먼저 심리적 측면과 관련하여 대표적으로 손의성(2013)은 은퇴목회자의 우울, 고독감, 대처자원 실태를 파악하고자 65세 이상 은퇴목회자 140명을 대상으로 통계 분석 연구를 수행하여 노후 준비의 사각지대에 놓여 있는 은퇴목회자들의 정신건강을 위한 대책들이 요구됨을 밝혀주었다. 또한 서정국·김미경(2013)도 은퇴목사의 갈등관리 유형, 삶의 만족도 등이 갈등 감소에 미치는 영향을 은퇴목사 84명을 대상으로 설문조사하여 분석하였다. 이를 통해 은퇴목사의 갈등 감소에 영향을 미치는 갈등관리 유형과 삶의 만족도가 무엇인가를 제시하여 은퇴목사의 갈등 감소를 위한 실증적 자료를 제공해주었다.

한편 경제적 측면(은급재단 관련 포함)을 고려한 일상생활과 관련된 연구는 대학원 박사학위 논문 수준에서 꾸준하게 연구가 이루어져 왔으며, 대규모의 연구를 수행한 변은미의 연구가 대표적이다. 변은미(2012)는 각 교단의 은퇴목회자 656명을 대상으로 노후생활 실태를 조사하였는데, 은퇴목회자들의 경제생활, 가족관계 및 가정활동, 여가 및 봉사활동, 일상생활과 건강, 교단에 대한 복지 정책 및 요구 인식 등 전방위적 차원에서 기초조사를 수행하였다. 변은미의 연구는 은퇴목회자들의 상황과 실태에 대하여 주요한 흐름들을 파악하게 해주는 의미있는 연구로 볼 수 있다. 또한 강명환(2011)은 목회자의 은급제도 모형개발을 위한 분석을 수행해주었는데, 그는 국내 7개 교단(예장합동, 예장통합, 기장, 감리회, 예성, 기성, 예장고신 등)의 은급제도를 분석하고 목회자들을 대상으로 한 양적 연구를 시도하였다. 이를 통하여 목회자의 은급제도에 대한 요구를 바탕으로 은급제도 도입과 수행을 위한 절차와 범위에 대하여 제안하였다. 그리고 박근수(2013) 역시 65세 은퇴목회자들을 대상으로 설문조사를 수행하였으며, 해당 결과 은퇴목회자들의 노후소득보장 수준이 열악한 것으로 확인되어 제도적 차원의 노후소득 보장 체계를 강화할 필요가 있음을 제시해주었으며, 은퇴목회자의 은퇴 후 소득활동에 대한 필요성을 제시해주었다. 그 외 석사학위 논문 수준에서도 지속적으로 연구가 이루어져 오고 있으나 대부분이 설문통계에 기반을 둔 접근법으로 확인되었다.

이러한 선행연구의 동향은 해당 연구에서 집중하고자 하는 소형교회 은퇴목회자들의 삶과 딜레마와 같은 심층적 차원의 내용을 학계에서 다루어주지 못하였다는 것을 강력하게 시사하는 것으로 볼 수 있으며, 연구자의 문제 의식과 유사하게 수행된 연구는 국내에서 거의 이루어지지 못하였다는 것을 의미한다. 이는 은퇴목회자에 대한 의미와 중요성을 고려할 때 매우 안타까운 상황으로 볼 수 있다.

이러한 맥락에서 흥미로운 선행연구 1편이 조사되었는데 침례교 은퇴목회자를 중심으로 수행된 권지성(2017)의 연구이다. 권지성의 연구는 침례교 은퇴목회자들의 생활경험을 이해하고자 사례연구를 수행하였으며, 침례교단에서 은퇴한 원로목사들을 대상으로 한 심층면접을 통해 자료를 수집하고, 분석하였다. 권지성(2017)은 은퇴 단계에 따른 시간 순서를 반영하여, 은퇴 과정, 은퇴 후 초기 적응, 은퇴 후 생활, 미래 전망 등으로 분석을 시도하여, 은퇴목회자들의 생활경험에 대한 흥미로운 자료들을 제시해주었다. 권지성의 연구는 은퇴목회자들과 관련된 선행연구들과는 접근법에서 차별성이 있어 학술적 의미가 크다고 할 수 있으며, 연구자의 문제 의식과도 유사하다. 하지만 연구대상자로 선정된 7명의 목사들이 모두 개체교회에서 20년 이상 목회활동을 성공적으로 수행한 '원로목사'들이며, 비교적 안정적인 교회 및 경제적 지원을 경험하고 있는 목회자들을 대상으로 연구가 수행되었기에 보편적인 은퇴목회자들과 소형교회 은퇴목회자들의 상황과 맥락을 보여주기에는 다소 미흡한 부분들이 있다. 더욱이 특정 교단 소속의 목회자들만을 다루고 있어 더욱 그러하다.

전술한 은퇴목회자들에 대하여 그동안 한국교회와 학계의 접근은 심리적 차원, 은급재단과 관련된 경제적 차원, 업적 및 인물 중심의 차원에 집중하여 수행되어온 것이 사실이다. 또한 분석적 차원에서도 설문조사에 근거하여 심층적인 문화와 맥락을 심도 있게 분석하는 것에 한계가 있음을 확인할 수 있다. 이러한 선행연구의 동향은 은퇴목회자에 대한 한국교회와 학계의 관심이 매우 지엽적인 수준에서만 수행돼왔음을 강력하게 시사하는 것이다. 즉 한국교회 내 은퇴목회자의 역할과 가치가 중요하였음에도 이를 충분하게 다루지 못하고 피상적으로 분석하였던 것이다.

이에 해당 연구에서는 선행연구의 한계를 극복하고, 교회 현장에 기반한 소형교회 은퇴목회자들에 대한 생생한 아래로부터의 분석과 연구를 수행하고자 하였다. 이는 한국교회 내 은퇴목회자들에 대한 가치를 재발견하게 하는 계기가 될 것이며, 은퇴목회자들과 관련된 새로운 논의의 장을 실제적으로 열어갈 수 있을 것으로 판단된다.

3. 소형교회 은퇴목회자들의 삶을 어떻게 연구하였는가?

1) 자료수집 방법

은퇴목회자들의 삶과 관련된 자료수집을 위하여 연구자는 심층면담, FGI(Focus Group Interview), 현장자료 등을 통하여 수집을 시도하였으며, 특별히 심층면담, FGI를 통하여 주요 연구대상자들인 은퇴한 목회자들이 경험하고 있는 딜레마를 도출하고자 하였다. 연구자는 심층면담을 진행하면서 편안한 분위기를 연출하여 주제와 관련된 심층적 내용을 듣고자 하였으며, 은퇴목회자의 삶을 구성하고 있는 심연의 내용을 파악하고자 하였다. 이를 위해서는 적절한 질문 구성 및 개발이 요청되었으며, 해당 과정은 해당 연구의 면담가이드를 통해 구현되었다. 구체적으로 1) 은퇴에 대한 개인적 생각 및 경험 영역, 2) 은퇴의 현실 영역, 3) 은퇴와 소명 및 신앙 영역, 4) 은퇴와 교회 영역, 5) 은퇴와 가족 영역, 6) 은퇴 준비 영역 등으로 구성되었으며, 각 항목에 따른 질문들이 주어졌다.

FGI는 관련 주제에 대한 핵심 관계자들의 소그룹 면담을 통해 이루어졌으며, 여기에는 은퇴목회자, 목회자의 아내, 소형교회 성도 등이 포함되어 함께 수행됐다. 현장에서 수집된 자료들은 은퇴목회자들의 딜레마와 관련된 문서 또는 목회 자료들을 대상으로 내용분석을 시도하였으며, 연구참여자들의 특징과 은퇴 후 활동과 관련된 사항들을 실증적으로 확인하는데 효과적으로 활용되었다. 해당 연구에서 수집된 현장자료와 내용분석의 대상으로는 은퇴 후의 활동 관련 자료(책자, 서술 시집 및 작품 등), 개인 문서, 사진, 기타 목회 당시 자료 등 연구참여자들의 삶 속에서 확인될 수 있는 모든 자료들이 포함되었다.

2) 연구대상자 선정 및 윤리적 고려사항

연구대상자로서 은퇴목회자들은 해당 연구의 문제 의식을 적합하게 설명할 수 있는 대상자들을 선정하였으며, 해당 기준의 경우 연구자가 소속된 교단(고신)과 산하 교회, 그리고 초교파적인 교계의 네트워크를 통해 추천이 이루어졌다. 은퇴목회자의 삶과 관련된 연구대상자의 선정 및 추천의 기준은 현재 소형교회 은퇴목회자로서 직·간접적으로 해당 특성과 관련된 목회자, 사역자, 성도들을 대상으로 이루어졌으며, '소형교회 사역 경험자, 소형교회 은퇴목회자, 소형교회 직분자, 소형교회의 집사, 권사, 장로, 지역별 소형교회' 등을 고려하여 진행되었다. 더불어 소형교회의 은퇴 준비와 관련된 영역에 대한 실제적 내용을 확인하기 위하여 소형교회 및 개척교회 목회자와 아내도 연구의 대상으로 포함하였다. 구체적으로 은퇴목회자 및 현장목회자 남성 10명, 여성 5명, 소형교회 구성원 5명(장로, 권사, 집사) 총 20명을 대상으로 연구가 수행됐다. 특별히 교회 특성은 농촌지역과 도시지역 모두를 고려하였으며, 연구에 참여한 소형교회 구성원(장로, 권사, 집사)은 50~60대 자영업 및 전업주부였다.

또한 해당 연구의 핵심적 연구대상자인 은퇴목회자들은 취약한 연구대상자(노인)에 해당되기에 연구과정에서 이들을 배려하기 위한 방법을 다음과 같이 고려하여 수행하였다. 1) 노인의 신체적 특성을 고려한 면담 수행: 청력, 시력 저하 등을 고려하여 반복적인 질문과 말의 속도를 조절하여 수행하였다. ② 노인의 심리적 특성을 고려한 면담 수행: 개별화를 전제한 존중을 바탕으로 한 면담을 수행하였다. ③ 연구면담시간: 면담시간을 장시간 수행하지 않고, 참여자가 무리하지 않는 시간 범위에서 수행하였다. 특별히 연구기간 중 코로나19 팬데믹의 발생으로 심층면담과 FGI 수행에 어려움이 있었으며, 면담 보조활동으로서 전화를 통한 비대면 면담도 수행되었다.

해당 사항 모두는 기관생명윤리위원회의 심의결과를 준수하기 위함이었으며, 연구의 전 과정에서 철저하게 기관생명윤리위원회의 지침과 권고 사항을 준행하였다(승인번호 KU IRB 2019-0064).

3) 자료 분석방법 및 글쓰기

해당 연구에서는 질적자료 분석 프로그램(CAQDAS: Computer-Aided Qualitative Data Analysis Software) 파랑새 2.0을 활용하여 자료 분석을 수행하였다. 해당 연구에서 활용한 파랑새 2.0의 특징은 웹 체제를 기반으로 무선 인터넷이 허락되는 곳이면 어디서든지 질적연구 작업이 가능한 현장성을 갖추고 있으며, 자료의 전사에서부터 글쓰기 작성에 이르기까지 원스톱(one-stop) 체제를 제안하고 있다(이현철, 2018). 또한 파랑새 2.0은 질적연구 과정에서 도출되는 주제 관련 개념과 연구자의 현장성 짙은 통찰(insight)의 분석적 메모 작업을 통해서도 면밀하게 작업을 수행할 수 있도록 지원하고 있다. 해당 연구에서의 자료 코딩 방법은 전체적 코딩(holistic coding)을 통해 수행되었다. 전체적 코딩의 특징은 하나 혹은 여러 개의 문단에 코드를 부여하는 방식인데 이는 현상과 관련된 맥락과 전체적인 흐름을 파악하는데 유용한 코딩전략이다(오영범·이현철·정상원, 2016). 이를 통해 연구자는 연구 주제와 관련된 핵심적 의미와 현상이 제시하는 주요 메시지를 파악할 수 있다. 구체적으로 해당 연구에서는 소형교회 은퇴목회자들이 직면하고 있는 '시간 활용과 일상생활 측면, 경제적 측면, 목사의 정체성 측면, 은퇴준비의 측면, 교회와의 관계 측면' 들을 핵심적인 딜레마와 이슈들로 도출할 수 있었으며, 각 주제는 하위의 코드들의 종합적인 개념과 가치로서 볼 수 있다. 예를 들어 '시간 활용과 무료한 일상생활: 시간에 대한 문제가 힘들어요'의 경우 전체적인 코드로서 생성된 소형교회 은퇴목회자와 아내들의 '반복되는 하루 일과, 성경 읽기, TV 시청, 등산, 취미 활동, 여행, 소소한 일상, 단순함이 주는 피곤함' 등등의 상황과 관련된 하나 혹은 여러 개의 문단에 주어진 코드들의 상위 개념이다. 이를 통해 '시간 활용과 무료한 일상생활'이라는 핵심적 주제가 구성될 수 있었다. 이러한 전체인 코딩 과정을 통해 소형교회 은퇴목회자들이 직면하고 있는 삶과 딜레마들에 대한 전체적인 맥락을 파악하고자 시도한 것이다.

해당 연구의 글쓰기는 도출된 '주제 관련 도입 → 선행자료 및 이슈화된 자료 제시 → 연구참여자의 인용문 제시→ 연구참여자의 인식 제시 → 연구자의 해석 제시'의 과정으로 수행하였으며(이현철,2018) 이는 연구 관련 주제의 의미를 좀 더 효과적으로 설명하기 위하여 적용되었다. 이 과정에서 연구참여자들의 생생한 인식과 목소리를 제공하기 위하여 연구 주제와 연계된 대표적인 내용들은 연구참여자의 인용문을 통하여 제공되었다.

4) 타당성 확보 및 개선 노력

해당 연구의 타당성 확보는 다양한 측면을 통해 이루어졌다. 첫째, 자료 분석방법으로서 CAQDAS의 활용이다. 이는 기존 질적자료 분석 과정이 지닌 타당성의 한계를 극복하게 해주며, 방대한 자료의 관리를 위한 체계성을 개선해줄 수 있는 접근이므로 분석과정의 타당성을 개선하는데 이바지하였다. 둘째, 연구방법론 전문가들로부터 자료 분석과정에 대한 의견 및 피드백을 수렴하면서 연구를 수행해나갔다. 해당 전문가들은 현직 교수 1인, 전문 연구자 2인(국립대학 외래교수)이었으며, 이 중 1인의 경우 박사학위를 가진 소형교회 현장목회자이기도 하다. 이들의 경우 자료 분석과 코딩 과정에서 나타날 수 있는 연구자의 오류를 검토 및 수정해주는 임무를 수행해주었다. 셋째, 현장목회자들과의 공개 포럼 개최이다. 연구자는 연구결과를 통해 구성된 기초적 사항들을 2020년 7월 20일(월) 포럼의 형식으로 공식적으로 발표하였다. 이는 멤버체크(member check)의 과정으로도 볼 수 있는데 전문가 및 현장목회자들에게 분석과정과 초안 형태의 연구결과들을 공개함으로써 분석결과에 대한 타당성을 확보하고자 하였다. 구체적으로 포럼을 통하여 전문가 2인의 지정토론을 수행하고, 소형교회(농어촌교회 등) 현장 목회자들의 의견을 수렴하는 시간을 가졌다. 포럼의 경우 코로나19 팬데믹의 상황에서 발열 체크, 마스크 착용, 거리 두기, 명단 작성 등의 방역 수칙을 철저히 지키며 진행되었다.

4. 소형교회 은퇴목회자의 삶과 딜레마

1) 시간 활용과 무료한 일상생활: "시간에 대한 문제가 힘들어요"

일반적인 목회자들의 삶은 주일만이 아니라 일주일 그 자체가 사역과 관련된 활동으로 가득하다. 특별히 소형교회 목회자들은 부교역자 없이 교회의 모든 제반 업무를 담당해야 하고, 동시에 교회의 안정과 성장을 추진해야 한다. 이는 해당 목회자의 삶이 물리적 시간 자체로도 바쁜 일상을 보낼 뿐 아니라, 개인 내면적으로도 안정감 있는 여유를 갖기 힘든 상황임을 추측하게 하는 대목이다. 즉 교회사역과 관련한 모든 활동을 목회자가 지녀야 할 책임감을 안은 채 탈진에 이르는 생활을 영위하고 있음을 의미하는 것이며, 그것이 그들의 일상적 삶의 양식으로 자리 잡고 있다는 것이다. 이와 관련하여 Hye-Jeong Cho(2016)는 소형교회 목회자들이 교회 성장으로 인한 좌절과 탈진현상을 경험하고 있음을 확인해주었다. 하지만 은퇴 이후의 목회자의 삶은 은퇴 전의 바쁜 일상과는 많은 차이가 있으며, 소형교회 은퇴목회자들은 은퇴 전과 후의 일상적 삶의 변화에 큰 딜레마를 안고 있었다.

연구참여자: 사실 시골 목회하고 난 이후에 은퇴하고 나니깐 뭘 해야 할지를 모르겠더라고요. 예를 들면 일반 사회 사람들이 퇴직하면은 그래도 그 사람들은 준비된 물질이라든지 관련된

부분이 있기 때문에 할 수 있는데, 목사는 정말 할 게 없어요. 그니깐 시간에 대한 문제가 힘들어요. 그 부분이 많은 분들이 아마 동의하실 분들이 있을텐데……, 일상생활을 어떻게 보내는 것인가가 가장 큰 문제가 아닌가 싶습니다. 이거를 어떻게 대책을 세우겠냐는 겁니다…… 점심 먹고 오후에 운동 좀 하고, 호수가 있어서 40분정도 걷고 오기도 하고, 그렇게 시간을 보내죠…… (2020년 1월 15일 포커스 그룹 면담)

연구참여자는 자신의 일상생활에서 가장 힘든 부분이 시간 활용에 있음을 고백해주고 있었다. 자신이 시간 활용과 관련된 스트레스를 안고 있었으며, 자신에게 허락된 많은 시간을 어떻게 활용해야 할 것인가에 대한 고민으로 답답함을 토로하였다. 이는 해당 연구참여자만의 문제가 아니었으며, 해당 연구에 참여한 대부분 은퇴목회자들이 공통적으로 경험하고 있는 일상적 딜레마였다. 이를 해결하기 위한 개인적 노력과 시도들이 이루어지고 있었지만, 신체 및 사회적 활동은 상당히 제약돼 있는 상황이었다. 신체적으로는 고령화 단계에 이르러 역동적 활동을 수행하기에는 어려움이 있었으며, 사회적으로 여전히 목사로서 정체성을 가지고 있기에 평신도 은퇴자들처럼 새로운 직업군에 대한 도전을 수행하는 것도 어려움이 있음을 확인하였다.

2) 극심한 경제적 어려움: "내가 수급자로 있으니깐, 정부가 39만 원 줍니다"

소형교회 은퇴목회자들이 경험하는 경제적 상황은 은퇴 전 목회자들이 경험하는 압박보다 더욱 크다고 할 수 있다. 이미 선행연구들에서 확인되고 있듯이 도시지역 혹은 산간벽지 소재의 교회이든 소형교회의 목회자들은 심각한 경제적 어려움에 직면하고 있다(이현철, 2018; 이신철·이현철, 2013). 연구과정을 통하여 그러한 상황이 목회 현장에서 은퇴한 이후에도 변화 없이 지속되고 있다는 것이다. 오히려 그 압박의 수준이 더욱 커지고 경제적 상황이 악화되고 있는 경향이었다. 실제로 연구참여자들은 일선 목회 현장에서 은퇴함으로 말미암아 그나마 있었던 보조와 목회 활동에 의한 작은 사례도 끊어져 더욱 경제적 압박을 받는 상황이었다.

연구자: 목사님 그럼, 여기가 보증금 50만 원, 월 15만 원인데, 그 경제는 어떻게 유지하십니까?

연구참여자: 내가 수급자로 있으니깐, 정부가 39만 원 줍니다. 39만 원하고, 장애 3급이니깐, 이제 4만 원 나옵니다. 그리고 노령연금……도시 목회를 한 사람들은 몇 년을 했든 조금은 낫고, 도시라고 해도 개척을 해서 어렵게 있다가 은퇴를 했던지, 농어촌에 몇 명씩 열 몇 명 이런

데 목회를 하다가 은퇴하면 정말 힘들어. 내가 살아온 것이 어쩌면 우리 ○○(교단)의 정 코스 인지 몰라...... (2020년 1월 10일 심층면담)

2020년 3월 현재 정부 최저임금위원회 공시에 따르면 법제적으로 시급 8,590원, 일급(8시간 기준) 68,720원, 월급(209시간 기준) 1,795,310원을 최저임금으로 규정하고 있으며, 이는 한국사회에서 안정적인 생활을 유지하며 기능적인 사회 구성원으로서의 활동을 위해 요구되는 최소한의 임금과 경제적 수준임을 의미하는 것이다. 해당 기준에 준하여 은퇴목회자들의 경제적 상황을 살펴본다면, 소형교회 은퇴목회자와 그 목회자의 아내는 경제적인 최소한의 소득 요건을 충족하지 못하고 있는 상황이다. 그로 인해 안정적인 생활을 유지하기가 어려운 실정임을 강력하게 시사해주고 있다. 실제로 해당 연구 과정에 참여한 대부분의 은퇴목회자들과 목회자의 아내들은 해당 상황으로 인해 심각한 경제적 어려움에 직면해 있었다. 대부분 목회자들에게 소득원은 존재하지 않았으며, 정부로부터 보조를 받거나, 자녀들로부터 지원을 받아 생활하는 형국이었다. 이러한 맥락에서 가장 중요한 요소로서 자택 소유 여부는 안정적인 생활을 위한 기반이 되고 있었으며, 자택을 소유하지 못한 은퇴목회자의 경우 더욱 어려운 상황에 머물고 있는 모습이었다.

이와 관련하여 목회자들이 자신들의 은퇴를 체계적으로 준비해야 할 필요성이 대두된다고 할 수 있다. 실제로 각 교단에서는 다양한 은퇴준비 정책들이 추진되고 있다. 하지만 소형교회 목회자들에게는 해당 준비 과정마저도 매우 힘든 모습으로 확인되었다. 그것은 은퇴 전 사역 당시에도 이미 경제적인 한계로 인해 체계적인 은퇴 준비 자체가 구조적으로 불가능한 상황이었기 때문이다. 이와 관련하여 해당 주제만을 구분하여 다음 절('체계적인 은퇴 준비의 한계와 어려움')에서 다루었다.

3) 목사의 정체성: "유지와 갈등 사이에서"

목사는 그리스도의 복음 전파, 성례집례, 교인 축복, 장로와 협력하여 교회를 치리하는 자이다.[1] 구체적으로 목사는 교인을 위하여 기도하는 일, 하나님의 말씀을 봉독하고, 설교하는 일, 찬송을 지도하는 일, 성례를 거행하는 일, 하나님의 사자로서 축복하는 일, 교인을 교육하는 일, 교인을 심방하는 일, 장로와 협력하여 치리권을 행사하는 일을 감당하는 것이다.[2] 이는 그리스도께서 맡겨주신 사역을 감당하는 구체적인 직무들이므로 노회의 안수로 장립을 받은 목사의 경우 어떠한 상황에서도 이를 소홀히하지 말고, 전심으로 사역을 감당해

1) 대한예수교장로회 고신총회, 『헌법』 제5장 제39조(목사의 의의).

2) 대한예수교장로회 고신총회, 『헌법』 제5장 제41조(목사의 직무).

야 함이 마땅한 것이다. 그리고 이는 성도의 영성 및 교회의 성장과도 깊은 관련성을 가지고 있으며, 장로교회에서도 강조하고 있는 부분이다(김진홍, 2019).

해당 연구 과정에 참여한 대부분의 은퇴목회자의 경우, 목사의 사명과 의미에 전적으로 동의하고 있으며, 은퇴 이후에도 모양과 성격은 다르지만 목사의 정체성을 훼손하지 않는 범위에서 자신의 삶을 이해하고 바라보고 있었다.

> **연구참여자**: 은퇴를 하였지만 저는 목사입니다. 그리고 그 목사로서의 삶에 은퇴 이후에도 충실한 것이 당연할 것입니다. 어떻게 목사로 살다가 은퇴하였다고 목사가 아니겠습니까. 제가 목사가 아닌 것은 아니지 않습니까. 하나님 앞에서 한 사람의 신앙인으로서 그리고 목사로서 살아가는 것이지요. (2019년 10월 2일 심층면담)

연구참여자의 인용문이 보여주는 것은 자신이 가지고 있는 목사의 정체성을 발휘하고, 수행할 수 있는 장이 변화되었거나 사라졌음에서 오는 딜레마로 이해할 수 있다. 다시 말하면 은퇴한 목사는 자신의 삶과 정체성 측면에서는 여전히 목사이며, 은퇴를 한 것과는 상관없이 그 정체성이 훼손되어서는 안 된다는 것이다. 그러나 은퇴한 목회자들이 경험하고 있는 딜레마는 그러한 목사로서의 정체성과 가치가 은퇴 이후에 건강하게 발휘되고, 자연스럽게 은퇴 이후의 모습에서도 표출될 수 있는 장이 없다는 것에서 나타난다. 그리고 그러한 맥락 안에서 일상적 삶의 활동과 교제 속에서도 어려움을 느끼고 있는 모습도 시사해주고 있었다. 이는 동일하게 목회자 아내들에게도 유사한 맥락이 이루어지고 있음을 확인할 수 있었다.

> **연구참여자**: .....은퇴하기 전에는 지역 사모님과 모임이 좋았어요. 한 번씩 모여서 대화도 하고 커피도 마시면서 여행도 가고, 사모님들과 상당히 위로가 되었고, 그런 시간이 좋았는데 막상 은퇴하고 나니깐 제가 리드할 수 없겠더라고요. 저는 시간도 많은데 그분들은 시간이 없다 보니깐 괜히 눈치도 보이고, 경제적으로 그 사람들한테 밥 사줄 만한 그런 것도 안 되고, 현역에 있을 때 괜찮았지만...... (2020년 1월 15일 포커스 그룹 면담)

목회자로서의 정체성 유지는 하나님 앞에서 그리스도의 종으로 평생의 삶을 영위한 신실한 목회자들로서는 당연한 생각일 것이다. 그러나 목회 현장에서 주도적으로 사역을 감당하였던 상황과는 다른 차원에서 이루어지는 은퇴 이후의 일상생활에서 은퇴 이후의 목사 정체성에 대한 방향성과 개념 정립은 은퇴 이후의 일상적인 삶 속에서 그에 맞는 형편과 내용으로 재구성될 필요가 있음을 확인하였다. 그로 인해 삶의 행위와 활동 영역에서도 편하게 지낼 수 있는 것은 아님을 확인하였다.

4) 체계적인 은퇴 준비의 한계와 어려움: “교회의 생존과 존폐 앞에서 나의 은퇴 준비를 어찌할 수 있겠습니까!”

은퇴목사는 정년이 되거나, 혹은 특수한 사정으로 퇴임한 목사이며, 원로목사는 한 개체 교회에서 20년 이상 시무한 목사가 교회에서 원로목사로 추대되어 은퇴함을 의미한다.[3] 해당 연구에서 집중하고 있는 은퇴목회자들은 ‘소형교회’의 은퇴목회자들로서 정년이 되었거나, 특수한 사정으로 한 개체 교회에서 은퇴한 이들이었으며, 그들 중에는 20년을 기준으로 그 이상을 근무한 이들과 그렇지 않은 이들도 있었다. 소형교회에서 은퇴한 이들의 경우 세간을 떠들썩하게 하는 거액의 전별금이나 은퇴 이후의 보장된 삶의 모습과 상황은 찾아볼 수 없었다. 실제로 은퇴 이후의 안정적 생활이 영위될 수 있도록 경제적 측면이 보장되거나 지원을 받을 수 있는 구조를 가진 연구참여자는 거의 없었다. 이는 연구참여자로 선정된 이들의 개인적 상황이기보다는 소형교회에서 은퇴한 목회자들의 일반적 상황이었으며, 이를 연구참여자들로부터 명확하게 확인할 수 있었다. 또한 이는 앞서 언급된 극심한 경제적 어려움과도 관련되어 있는 것이다.

이러한 맥락에서 볼 때 한국교회 내 대다수를 차지하고 있는 중소형교회의 목회자들은 은퇴 이후에 아내와 함께 거주할 집을 마련하는 것도 부담스러운 상황이며, 노후 대비를 위한 체계적인 준비를 시도하는 것 자체가 힘겨운 상황임을 파악할 수 있다. 이와 관련하여 소형교회 은퇴목회자들 가운데 확인할 수 있는 요소가 바로 체계적인 은퇴 준비의 한계와 어려움이었으며, 그로 인한 딜레마였다.

> **연구참여자**: 은급비를 교회에서 넣어주면 좋죠. 저도 만약 은급비를 교회에서 넣어주었다면 계속 갔겠죠...... 한 달에 40, 50만 원, 호봉이 자꾸 늘어나니깐 한 달에 40, 50만 원, 우리 애가 ○○동에서 고시공부를 했거든요. 한 5년 공부했으니깐 거의 다 거기에 대주고, 우리가 시골이니깐 우리 쓰는 생활비는 얼마 안 들었었어요. 교회에서 식량 나오고 야채 나오니깐, 그러니깐 볼 때 도시 교회 목사님들은 은급비 넣는 게 상당히 힘들겠다. 큰 교회 같은 경우에는 차라리 교회에서 넣어줘서 괜찮지만, 어제 만난 사모님도 많이 어려워하시더라고요...... (2020년 1월 15일 포커스 그룹 면담)

> **연구참여자**: 솔직히 말하면 작은 소형교회는 답은 없죠. 어떤 대안도 없고, 사실은 이제 이걸 고민을 많이 해야 하는 문제도 하고. 개척교회 있는 입장에서 뭔가 조금이라도 뭘 할 수 있는 여건이 되면, 어떻게 방법을 연구해볼 수 있지만, 사실은 그게 소형교회, 시골 교회 가면 열댓

3) 특별히 원로목사로 추대하여 은퇴할 때는 해당 교회에서 추대 절차를 따라 공동의회에서 추대 결의하고, 노회의 허락을 받아 원로목사로 추대받아야 한다. 이 과정에서 시무기간 산정은 해당 교회에서의 전 시무기간을 통산하여 이루어진다. 대한예수교장로회 고신총회, 『헌법』 제5장 제42조(목사의 칭호), 271.

명, 열명 미만 이런 교회가 대부분인데, 더군다나 그런 규모의 재정이 없을 상황이 많고, 주로 또 노인계층이고, 그러다보면 재정적으로 수입원이 없는데, 무슨 다른 일을 할 수 있다든지, 노후를 준비한다든지, 은퇴를 하게 되면 새로운 목사님이 부임해도 그분이 할 수 있는 것이 없다는 거죠. 그분이 은퇴 목사님에게 마음이 없어서 못해주는 것보다 여건이 안 되어서 못해주는 게 대부분이라 볼 수 있죠......우리 교회는 개척을 하면서, 80퍼센트가 부채인데...... 답이 없는 거예요. (2020년 1월 29일 포커스 그룹 면담)

연구참여자의 인용문에서 확인할 수 있듯이 현재의 미자립교회로서 소형교회 사역 자체도 감당하기 어려운 상황에서 은퇴 이후의 노후를 체계적으로 준비하며 나아간다는 것이 쉽지 않음을 확인할 수 있다. 더불어 은퇴 자금의 준비 혹은 은급재단 가입과 같은 형태의 내용도 매월 납입 금액 자체의 부담도 존재하고 있음을 확인할 수 있었다.

일반적으로 소형교회에서 사역하고 은퇴하는 목회자들은 기본적으로 소형교회가 지닌 한계 속에서 자신을 희생하며 사역을 감당하고 있는 것이 사실이다. 목회자 자신과 가족에게 기본적인 생활 유지를 위하여 활용 및 적용되어야 할 유·무형적 요소들이 교회의 생존과 사역의 유지를 위하여 활용되어야만 하는 상황이 존재하는 것이다. 이러한 측면이 소형교회 목회자들로 하여금 자신의 은퇴 준비와 같은 내용이 교회의 존폐(存廢)를 고민해야 할 당장의 상황 앞에서 우선순위에서 밀리게 되는 것이며, 목회자로서 쉽게 선택할 수 있는 내용이 되지 못하는 것이다.

5) 은퇴 후 출석 교회와의 관계성: "누구에게도 부담 주지 않고, 지혜롭게 출석해야지요"

목회자로서의 삶에서 매주일의 교회 출석과 예배 참석은 일상적이라 고민의 여지가 없을 수밖에 없는 내용들이다. 평생을 목회자로서 살아가는 이들에게 교회와 관련된 활동은 행복이요, 기쁨이기도 하다. 하지만 은퇴목회자로서의 삶에서 매주일의 교회 출석과 예배 참석은 고민의 여지가 발생할 수 있는 요소가 상당 부분 존재하고 있었다. 이는 기본적으로 개인적 측면과 교회 공동체적 측면으로 구분되고 있었으며, 그 내용은 다음 연구참여자의 인용문을 통해 확인할 수 있다.

연구참여자: 은퇴하고 그 주일날 돌아오는 주일날 당장 교회를 가야 하는데, 이거부터가 피부적으로 와 닿더라고요! 이게 뭐냐 하면은 내가 섬기는 교회가 여기서 5분 거리의 ○○교회인데, 은퇴할 때 교회에서 원로라는 칭호를 해주었는데, 그래도 이제 내가 교회에 나올 때 당분간 이 교회는 출석 안 한다...... 그 문제가 내가 평생을......27년을 목회를 했는데, 막막하더라

고요. (2020년 1월 16일 심층면담)

개인적 차원의 경우 은퇴 이후에 목사로서 편하게 주일예배를 참석할 곳이 사라져버렸다는 것이다. 위에서 언급된 연구참여자의 고백에서도 확인할 수 있지만, 은퇴 이후 맞이한 첫 주일의 상황은 은퇴 준비 과정에서 전혀 예상치 못한 상황이었다. 은퇴하였으니 기존에 사역하였던 교회에 가서 예배에 참석하는 것도 부담스러웠다는 것이며, 그렇다고 하여 이웃교회에 참석하고자 하니 여러 관계적인 측면에서 쉽게 결정할 수 있는 내용이 아니었다는 것이다. 또한 은퇴목회자의 경우 개인적 측면의 맥락과 더불어 교회공동체적 측면에서도 출석교회와의 관계성을 고민하고 있었다.

연구참여자: ○○교회는 장로님들이 저희를 다시 그냥 ○○교회에 나오시라고 이야기하거든요……(장로님들이) 후임 목사님에게 "우리는 원로 목사님 다시 모신다"고…… 원래는 올 1월(2020년 1월)부터 가려고 했어요. 교회도 가깝고, 차타고 먼 곳까지 25분 걸리니깐……우리도 사실은 고민은 되더라고요. 후임 목사님하고 관계가 어떨까?……지금 목사님이 대답을 안 하시는 거예요……목사님이 대답을 안 하시더라고요……안 가고 있는데……목사님들이 은퇴하고 나면 갈 곳이 없으니깐. (2020년 1월 15일 포커스 그룹 면담)

연구참여자: 출석하는 교회에서도 의도적으로 본의 아니게, 자꾸 담임목사를 잘 챙겨라 하는 것도 역효과가 나타나죠…… 한, 두 마디만 해도 영향이 가는 거예요. 평소에 이렇게 이렇게 하면 오히려 역효과가 나고, 그런 면에서 목회자한테 힘을 줄 수 있죠. 도움을 줄 수 있고. (2020년 1월 29일 포커스 그룹 면담)

은퇴목회자로서 출석하는 교회에서 자신의 역할과 정체성이 해당 교회의 담임 목회자와 교역자들에게 부담이 되어서도 안 되며, 해당 교회의 성도들로부터도 지나치게 관심과 존경을 받아서는 안 될 것을 인식하고 있었다. 특별히 은퇴목회자들은 출석하는 교회의 일반성도들이 가지는 인식과 행해지는 작은 언급들이 해당 교회의 교역자들에게 부담과 오해를 줄 수 있다는 생각에 많은 고민을 하고 있었으며, 어떤 의미에서는 눈치를 보는 모습도 확인할 수 있었다. 이와 관련하여 출석교회의 담임목사와의 관계성은 중요한 요소로 부각되는데, 은퇴목회자에 대한 이해도에 따라 출석 교회에서의 상황들이 상당한 차이가 나타나고 있음을 확인하였다.

이러한 맥락은 은퇴자로서 자신이 사역하였던 교회와의 관계성 정립에서도 관련이 있는 내용이었다. 즉 은퇴 이후에 자신이 사역하였던 교회와의 관계성 정립에 있어서도 후임 목회자 및 성도들과의 관계성을 어떻게 구축하는가에 따라 해당 교회와 연관된 활동과 인식을 결정하는 주요한 요인이 될 수 있음을 시사해주는 대목으로 볼 수 있다.

5. 소형교회 은퇴목회자들을 위하여 무엇을 할 수 있을 것인가?: 정책적 시사점

해당 연구에서는 소형교회 은퇴목회자들의 삶과 딜레마를 현장 중심적으로 분석하였으며, 이 과정을 바탕으로 소형교회 은퇴목회자들이 직면하고 있는 '시간 활용과 일상생활 측면, 경제적 측면, 목사의 정체성 측면, 은퇴준비의 측면, 교회와의 관계 측면' 들을 확인할 수 있었다. 해당 사항들은 소형교회 은퇴목회자들이 직면하고 있는 현상적인 삶의 문제와 딜레마들이며, 이에 대한 적절한 대응 방안들이 강력하게 요청됨을 알 수 있다. 전술한 분석결과들을 바탕으로 몇 가지 정책적 시사점을 제시하면 다음과 같다.

첫째, 은급재단 혹은 관련 제도 등의 가입과 월납입금액 지원 방안이 요청된다. 은퇴목회자들을 위한 경제적 측면은 은퇴목회자들의 삶의 문제와 관련하여 현실적인 요소와 직접적으로 관련되어 있다. 특별히 소형교회 은퇴목회자들의 경우 교회 은퇴 후 생계를 위한 일정한 수입원을 구하지 못하고 있었으며, 이는 은퇴 이후 삶의 질적 수준을 떨어뜨리는 요소가 되고 있었다. 이에 은급재단과 교단에 따라 관련 제도가 운용되고 있기에 이에 대한 적극적인 가입과 월납입 사항이 필요한 실정이다. 하지만 소형교회 목회자들은 교회의 유지 자체에 집중할 수밖에 없는 현실적인 상황에서 해당 제도의 월납입 자체가 부담스럽기 때문에 체계적인 은퇴준비의 구조적인 한계가 존재하고 있다.

둘째, 은퇴목회자들의 사택 준비와 관련된 방안이 요청된다. 경제적 측면과 더불어 가장 현실적인 어려움으로 발생하고 있는 것이 사택 문제이다. 소형 은퇴목회자들은 은퇴 시점에 이르러 해당 사항을 준비함으로써 교회와 성도들에게 부담도 주고 있었다. 소형교회에서 갑작스러운 사택 준비 자체가 불가능한 상황이며, 이에 대한 의견들도 다양하게 나타나고 있기 때문이다. 이와 관련하여 장기적인 준비과정으로서 사택 준비를 위한 목적헌금을 교회가 준비하고, 이를 위해 5년, 10년, 15년 단위 등으로 체계적으로 구성해나간다면 이와 관련한 갑작스러운 예산 준비에 따른 부담감을 최소화할 수 있을 것이다. 더불어 이를 위해서는 목회자와 그 가족을 위한 안정적 삶의 체계(사택 및 경제적 활동 포함)를 보장해주는 것에 대한 교계와 교회 구성원들의 인식 변화가 요청된다 할 수 있다.

셋째, 은퇴 이후의 삶과 관련된 체계적인 준비 방안이 요청된다. 은퇴목회자들은 경제적 측면의 준비 외에도 은퇴 이후 사역 및 활동과 관련된 체계적인 준비가 이루어지지 않았으며, 갑작스럽게 허락된 은퇴자로서의 삶에 대한 고민으로 딜레마를 경험하고 있었다. 그러므로 소형 목회자들을 위한 은퇴 전 체계적인 준비와 관련된 교계의 다양한 프로그램, 세미나, 포럼 등의 활동들이 요청된다. 은퇴와 관련된 이슈가 더 이상 특정한 세대에만 국한된 것이 아니라 사역의 현장에서부터 연계되어 체계적으로 준비되어야 할 요소라는 것에 대한 교계의 인식 변화와 관심이 필요하다.

넷째, 은퇴 이후의 활동과 사역을 위한 장이 요청된다. 은퇴목회자들은 은퇴 이후에도 목사로서의 정체성을 유지하면서 자신의 삶을 영위하고자 하였으며, 시간 활용에서도 목회자로서의 정체성에 반하는 활동을 원하지 않았다. 이는 자연스럽게 은퇴 이후에도 목회자로서의 정체성을 간직하면서 활동할 수 있는 장이 필요로 함을 의미하는 것이다. 이와 관련하여 지역적 특성 혹은 교회 내 상황으로 인해 목회자의 설교를 듣지 못하는 교단 내 교회들을 연결하여 은퇴목회자들을 활용한 설교 지원이나 성례 집행 등을 추진해볼 수 있을 것이다. 이는 현재 한국교회가 유지하고 있는 노회와 시찰 간의 네트워크를 바탕으로 현실적으로 진행해 볼 수 있는 사업이며, 도서·산간벽지 교회의 어려움도 덜어주며, 은퇴목회자들의 은퇴 사역적 측면에서도 의미가 있을 것으로 보인다. 실제로 은퇴목회자들이 가진 노하우와 역량은 힘든 시기를 겪고 있는 교회들에 큰 힘이 될 수 있을 것이다.

다섯째, 은퇴목회자 및 목회자 아내들 간의 네트워크와 활동이 요청된다. 은퇴목회자들과 아내들은 여전히 건강하며 행복한 삶을 영위하고자 하는 마음과 태도를 지니고 있었다. 하지만 교회 은퇴 후 사역의 장이 사라지고, 후배들과 교회를 향한 덕을 세우기 위해 자신들을 '지우는' 과정을 보내고 있었다. 이에 은퇴목회자와 아내들을 위한 그들 간의 소통과 활동을 위한 네트워크가 필요하며, 이에 대한 교계의 관심이 요청된다. 실제로 은퇴목회자들이 출석하고 있는 교회도 존재하고 있지만, 단순히 예배적 차원에만 머물 것이 아니라 그들의 역량을 발휘하고 교계와 사회에 이바지할 수 있는 역동적인 활동을 수행할 수 있는 장들이 열릴 필요가 있을 것이다.

여섯째, 소형교회 목회자와 사역자를 위한 체계적 연구 및 지원이 요청된다. 은퇴목회자들을 위한 프로그램 개발과 지원은 단회적인 차원에서 이루어질 수 없으며, 소형교회와 관련된 현장 목회 상황과 패러다임을 고려하면서 추진되어야 효과를 발휘할 수 있을 것이다. 이를 위하여 교단 및 신학교의 실천신학적 접근과 분석의 체계성을 보완하고, 실제적으로 소형교회 현장 목회 지원을 위한 전문적인 연구자들과 연구사업들을 지원해야 할 것이다. 이와 관련하여 교단 산하에 전문적인 사역을 지원하는 상설 기구 혹은 위원회 구성이 필요할 것이며, 신학대학 소속 연구자들의 참여와 관심도 이루어질 필요가 있다.

제 11 장

한국교회의 진입장벽과 딜레마

1. 한국교회를 향한 '차가운 시선'

한국교회는 지난 120여 년의 개신교 역사에서 세계 어느 나라에서도 경험하지 못한 놀라운 성장과 부흥을 경험하였다. 특별히 1960년대부터 80년대까지 1년에 무려 60만 명이 넘는 불신자들을 전도하였고, 10년 사이에 200%가 넘는 성장을 경험하였다(기독교보, 2012년 2월 6일 기사). 그러나 주지하고 있듯이 1990년대와 2000년대에 들어오면서 한국교회와 개신교의 인구는 급격하게 줄어들었으며, 이 과정에서 주일학교와 청소년들의 쇠퇴는 뚜렷이 확인되고 있다. 실제로 문화체육관광부가 2009년 1월에 발표한 〈2008 한국의 종교현황〉에 의하면 개신교 교회수는 5만8,612개이며, 이것은 〈2002년도 종교현황〉 조사의 교회 수 6만 785개와 비교하여 2,173개(약 4%)가 감소한 수치이다(이신철·이현철, 2013). 이러한 수치와 관련하여 흥미로운 것은 각 교단의 교회 수 통계를 종합한다면 대체로 연간 1,000개 교회가 새로 생겨나고 있었으며, 이를 문화체육관광부 자료와 비교한다면 이는 2002년에서 2008년까지 6,000개의 교회가 새로 생겨났으며, 문을 닫는 교회는 8,000개가 넘는다는 결론을 도출할 수 있다. 이것을 평균하면 매년 1,300여 개의 교회가 문을 닫고 있으며, 이는 하루 3~4개의 교회가 문을 닫는다는 것을 의미하는 것이다(이신철·이현철, 2013).

이처럼 한국교회 및 개신교의 성장둔화와 이전 세대와는 다른 국면을 초래하는 이유는 무엇일까? 다양한 접근과 관점을 통해 설명되어질 수 있지만 먼저 한국사회의 저출산과 이에 따른 교회학교 성장의 쇠퇴 측면으로서 인구통계학적 설명이다. 한국 사회의 경우 인구 자체가 지속적으로 감소하고 있는 실정이다. 통상적으로 출산율이 2.08 이하이면 저출산, 1.5 이하이면 초저출산으로 규정한다. OECD 회원국 중 출산율 1.3 미만을 기록했던 국가는 우리나라를 포함해 그리스, 일본, 이탈리아, 스페인 등 12개국이며, 2011년 기준으로는 우리나라와 헝가리가 1.3 미만이었으며, 2022년 출생사망 통계에 따르면 우리나라의 경우 합계 출산율 0.78로 충격을 주고 있다(2023.2.22. 중앙일보).

또한 한국교회의 부흥과 성장의 위기는 사회적 신뢰도와도 깊은 관련성을 맺고 있는데 한국 사회 속에서 교회가 지니고 있는 위상이 무너짐으로써 나타나고 있다는 것이다. 이는 개신교 및 한국교회가 사회로부터 비판의 대상이 되고 있는 최근의 모습을 통해 여실없이 드러나고 있다. 기독교윤리실천운동(기윤실)이 수행한 '한국교회의 사회적 신뢰도 여론 조사' 결과가 2014년 2월에 발표되었는데 만 19세 이상의 남녀 1,000명을 대상으로 유무선 전화면접조사를 통해 실시한 결과 한국교회 신뢰지수는 3년 전보다 경미한 회복을 보이고는 있지만, 여전히 2.62로서 이는 '신뢰하지도 않고 불신하지도 않는 수준'인 3점보다도 낮은 수준이었다. 이는 지난 세 차례의 조사결과가 모두 비슷한 것으로, 한국교회의 낮은 신뢰도가 만성적인 것임을 보여준다고 보고하였다(기독교보, 2014년 2월 19일 기사). 실제로 해당 결과를 제시한 기윤실에서도 한국교회에 대한 낮은 신뢰도는 한국교회의 성장에 중요한 제약 요인이 되고 있음을 제시하였다.

개신교와 한국교회의 성장둔화와 관련된 좀 더 거시적인 설명은 한국 사회의 역사 및 사회 발전과정을 통해 해석하려는 시도이다. 즉 역사적으로 90년대에 이루어진 민주화와 자유화 바람은 사람들의 마음에도 안이함을 주었으며, 경제적 만족 등에서 오는 질서와 기강의 문란이 기독교 전도에도 영향을 주었을 것이라는 지적이다. 한편 한국 사회의 다원화 현상 및 사회보장제도의 발전 그리고 다양한 여가문화의 정착 및 확대 역시 교회의 사회·심리적 기능을 대치하기 시작했다(강용원, 2004).

하지만 전술한 한국교회와 개신교의 성장둔화와 관련된 설명과 해석은 인구통계학적인 거시적 설명이거나 이론적 혹은 문헌에 근거한 접근으로서 실제의 교회 현장에서 묘사되고, 심층적인 문화·맥락적 차원에서 일어나는 과정을 살피는데 한계를 가지고 있다.

실제로 그동안 실천신학을 포함하는 신학 전 분야에서의 교회의 현장적인 모습과 맥락을 교회 현장의 구성원들의 경험과 관련자들의 목소리를 통해 탐구하는 것은 한국 신학계와 교회 관련 연구 풍토에서 도외시되어 온 것이 사실이다. 그러나 신학계를 제외한 일반 사회과학의 영역과 현장성을 중요시 여기는 학문 분야(예를 들어 교육학)에서는 해당 기관의 핵심 구성원들의 이야기와 삶을 연구하는 것이 주안점이 되고 있으며, 특별히 개개인들의 생애사를 바탕으로 한 내러티브 접근은 각광을 받고 있다. 예를 들어 서구의 Pinar와 Grumet (1976), Eisner(1985), Connelly와 Clandinin(1988), Grumet(1990), Doll(1982), Ayers(1990), Miler(1992)의 접근을 살펴보면 연구 현장의 묘사와 기술이 심층적이며 그로 인해 도출되는 현장 이해도가 얼마나 높은가를 확인할 수 있다. 특히 William F. Pinar, Madeleine R. Grumet, Janet Miller와 같은 학자들은 한 개인의 경험을 재해석함으로써 개인들의 경험을 기술하고 이해하는 방법으로서 생애사와 자서전적 연구방법의 중요성을 이론화시켜왔다(이현철, 2013).

국내에서도 내러티브를 활용한 다양한 영역에서의 실제적 접근들을 확인할 수 있는데 대표적으로 김정희·소경희(2014), 김지헌·김승재·박인서(2014), 최성광(2014), 김병극(2013), 강현석(2012), 강현석·조인숙(2013) 등이며 이외에도 많은 국내 연구자들이 관심을 가지고 있다. 이들의 연구들은 내러티브와 관련된 이론적 논의를 포함하고 있으며, 내러티브를 활용하여 구체적으로 연구 현장을 분석하는 수준에 이르고 있다.

이러한 맥락에서 내러티브적인 문제 의식을 한국교회에 적용한 연구도 최근 확인할 수 있는데 이신철·이현철(2013)의 한국교회 내 미조직 및 개척교회와 관련된 내러티브 접근이다. 그들은 목회자, 사모, 교회 구성원들과의 심층면담과 현장참여관찰을 통해 그들이 겪고 있는 실제적인 문제가 무엇이며, 어떠한 상황에서 사역을 진행하고 있는지를 심층적으로 탐색하였다. 이를 통해 작은 교회가 경험하고 있는 현장의 문화·맥락적 의미를 도출하였으며, 작은 교회를 지원하고 개선시키기 위한 정책적 전략들을 제안하였다. 또한 이현철(2013)은 한국 교회학교 교사들에 대한 내러티브적 분석을 수행하여 교회학교 교사들이 경험하고 있는 딜레마에 집중하고 그들의 관점으로 현장을 재해석하여 기존의 이론적이며 거시적이었던 설명 사항들을 새롭게 해석해주었다.

이처럼 실천신학 분야에서의 내러티브 관점을 지향하는 몇몇 논문들이 출판되고 있으나 양적 수준은 매우 미미한 상황이며, 개신교 및 한국교회 성장둔화 및 쇠퇴 요인과 관련된 전술한 미시적 접근과 해석은 이루어지지 않고 있는 실정이다. 이에 해당 연구에서는 광의적이면서 일반적인 의미로서 개인이 경험하게 되는 인위적 진입장벽을 포함하는 다양한 수준의 교회 진입의 장애 사항들을 분석하고자 한다. 즉 인위적인 교회의 정책이나, 제도적 장치를 포함하여 일반 사회구성원들이 한국교회에 진입할 때 경험하게 되는 장애물들의 측면을 살펴보고자 하는 것이다. 이를 통해 한국교회가 직면하고 있는 성장둔화라는 문제 앞에 한국교회의 성장 전략 및 질적 개선을 위한 기초자료를 제시하고자 한다. 이를 위하여 초교파적으로 현재 교회와 직/간접적으로 관련된 목회자, 부교역자, 장년성도, 청년 대학생들 그리고 일반 사회인들(비성도)을 대상으로 그들의 내러티브를 중심으로 한 심층면담, 참여관찰의 질적 접근을 수행하고자 한다. 특별히 교회에 출석한 지 2년 미만의 성도들(새신자)도 연구대상자로 포함시켜 그들이 교회에 정착을 하며 진입할 당시의 상황들도 심층적으로 탐색하고자 한다. 이를 통해 한국 교회의 진입장벽과 관련된 구성원들의 내러티브가 무엇이며, 어떠한 요소들이 그들의 진입장벽을 높이는지 혹은 낮추는지를 살펴본다. 이는 자연스럽게 한국 교회학교의 질적 개선을 이끌 수 있는 주요한 시사점을 줄 것으로 판단된다.

2. 진입장벽과 한국교회에 대한 내러티브 접근

공동체 혹은 특정 집단은 고유한 문화와 맥락적인 특징을 형성하고 있으며, 이는 외부인들이 해당 집단으로의 진입을 위한 장애와 장벽의 기능을 나타낼 수도 있다. 더욱이 현대사회와 같이 다양한 문화와 가치들이 공존하고 있는 상황에서는 특정한 집단의 독특한 의미들은 그 집단에 익숙하지 않은 이들로 하여금 어색함과 경계를 초래할 가능성이 있을 것이다. 이러한 논의가 경제학, 사회학, 행정학 등에서는 '진입장벽(entry barrier)'의 개념으로 구성되고 있다.

진입장벽이란 생활세계의 언어공동체에 자유롭게 참여하는 것을 방해하는 장벽(Husserl, 1970; 이광석, 2009)으로서 그 공동체에서의 삶에 다른 구성원과의 차별적 조건을 의미한다(이광석, 2009). 해당 연구에서는 좀 더 광의적이면서 일반적인 의미로서 개인이 경험하게 되는 인위적 진입장벽을 포함하는 다양한 수준의 교회 진입의 장애 사항들을 분석하고자 한다. 다시 말하면 인위적 교회의 정책이나, 제도적 장치를 포함하고 일반 사회구성원들이 한국 교회에 진입할 때 경험하게 되는 장애물들의 측면을 살펴보고자 하는 것이다.

안타깝게도 이러한 진입장벽의 개념을 적용하고 내러티브적/현장중심적 관점을 견지하면서 한국교회를 분석한 선행연구는 찾아보기 어려웠다. 물론 강병오의 연구(2012)가 해당 연구의 문제 의식과 유사한 차원에서 사회적 신뢰도 조사를 바탕으로 분석을 시도하였지만 해당 사항의 경우 2차 자료에 근거한 거시적 분석과 해석이라는 한계점을 가진다. 한편 한국교회 구성원들이 겪는 딜레마와 교회의 상황들을 심층적으로 묘사한 내러티브적 논문들도 찾아볼 수 있었다(강용원·이현철, 2011). 특별히 강용원·이현철(2011)은 성장하는 교회의 특성을 내러티브 분석을 통해 어려운 내외적인 상황에서도 성장세를 이어나가고 있는 7개를 사례로 분석하였다. 연구결과는 1) 예배의 중요성, 2) 목회자의 철학과 믿음 그리고 소명, 3) 담임교역자의 부교역자에 대한 믿음, 4) 단합된 리더들의 힘, 5) 활발한 교회 활동 및 새 신자 프로그램, 6) 지역사회의 배경/특징에 맞는 전략과 지역사회 내 교회의 위상, 7) 교회의 시스템과 환경의 측면으로 그 성장의 요인들을 도출하였다.

한편 이신철·이현철(2013)은 교회를 개척하였거나 미자립, 미조직교회에서 사역하고 있는 목회자, 사모, 교회의 구성원들과의 현장지향적인 연구를 통해 그들이 겪고 있는 실제적 문제가 무엇이며, 어떠한 상황에서 사역을 진행하고 있는지를 심층적으로 분석하고자 하였다. 이를 통해 1) 성급한 개척, 2) 개척 멤버의 부재로 인한 어려움, 3) 사모와 자녀의 희생, 4) 경제적 압박, 4) 목회자의 우울증, 5) 목회자 및 사모의 커뮤니티 필요, 6) 대형교회의 공격적 사역 속에서 우리만의 전략의 주제들을 도출하였으며, 이를 바탕으로 미자립 및 개척교회 사역 현장 개선을 위한 정책을 제시하였다. 그 외 이현철은 교회학교 교사들이 경험하고 있는 딜레마를 내러티브 시각으로 분석하였는데 현장에서 활동하고 있는 교회학교 교사들과 목회자들을 심층면담함으로써 그 의미들을 도출하였다.

전술한 연구들의 경우 한국교회를 대상으로 심층적인 문화/맥락적인 의미를 도출하기 위한 선도적 연구들이나 한국교회와 해당 분야와 관련된 분석기법과 담론 형성을 위한 양적 수준에 있어서는 여전히 매우 미흡한 상황이다. 게다가 전술한 논문들의 문제 의식은 해당 연구에서 관심을 가지고 있는 교회 외부자적인 시각을 포함하고 있지 못하다는 맥락에서 교회에 대한 진입장벽이 무엇이며, 그것을 해소하기 위한 구체적인 전략 도출에 어려움과 다소 간의 차이가 존재하고 있다.

3. 한국교회의 진입장벽과 딜레마를 어떻게 분석하였는가?

1) 심층면담과 내용분석

한국교회의 진입장벽과 관련하여 관련 인물들이 어떤 내러티브를 가지고 있으며, 어떤 맥락 속에서 진입장벽을 이해하고 개념화하고 있는지를 심층적으로 분석하기 위하여 심층면담방법이 적용되었다. 면담은 주로 자유스러운 분위기에서 이루어졌으며 면담가이드가 개발되어 진행되었으며, 의미 있는 자료를 생성하기 위하여 연구참여자들과 라포르 형성과 감정의 공유를 위하여 노력하였다(강윤수 외, 2005). <표 11-1>은 해당 연구의 연구참여자들의 일반적 특성을 정리한 표이다. 이외에도 보조연구참여자로서 연구의 면담 과정에 참여해준 연구대상자들이 있었음을 밝혀둔다.

〈표 11-1〉 주요 연구참여자들의 특징(보조 연구참여자는 제외)

대상		성별	직분 혹은 직업	교회 규모	비고
성도	연구참여자 1	남	목회자(목사)	1,000명 이상	목회 경력 높음
	연구참여자 2	남	목회자(목사)	500명 이상	박사학위 취득
	연구참여자 3	남	일반성도(새신자)/자영업	500명 이상	친구 통해 교회 등록
	연구참여자 4	남	목회자(강도사)	1,000명 이상	사회복지학 대학원과정
	연구참여자 5	남	목회자(목사)	500명 이상	부교역자
	연구참여자 6	남	목회자(강도사)	300명 이하	Th.M 석사과정 진행
	연구참여자 7	남	일반성도(새신자)/자영업	300명 이하	*
	연구참여자 8	여	일반성도(새신자)/주부	500명 이상	부부 동반 등록
	연구참여자 9	남	목회자(전도사)	500명 이상	*
	연구참여자 10	남	목회자(강도사)	300명 이하	*
	연구참여자 11	남	목회자(전도사)	100명 이하	개척교회 사역
	연구참여자 12	남	일반성도/대학생	500명 이상	자연계열 졸업반
	연구참여자 13	여	일반성도/주부	400명 이상	직장생활 후 전업주부
	연구참여자 14	남	일반성도/자영업	500명 이상	도매업, 고등부 교사
	연구참여자 15	남	목회자(목사)	300명 이하	협동사역
	연구참여자 16	여	성도/목회자사모/대학강사	200명 이하	사모, 박사학위 취득
	연구참여자 17	남	목회자(강도사)	500명 이상	*
	연구참여자 18	여	일반성도(새신자)/대학생	500명 이상	지방 유학생
	연구참여자 19	남	목회자(강도사)	100명 이하	분립개척교회
	연구참여자 20	여	일반성도(새신자)/주부	500명 이상	*
비성도	연구참여자 21	남	비성도/회사원	*	무기계약직 회사원
	연구참여자 22	남	비성도/학원 운영	*	기독교에 긍정적
	연구참여자 23	남	비성도/대학교수	*	아내 종교(불교)
	연구참여자 24	여	비성도/연구원	*	대학 연구소 근무
	연구참여자 25	여	비성도/대학원생	*	학위 논문 작성중
	연구참여자 26	여	비성도/자영업	*	도매업
	연구참여자 27	여	비성도/주부	*	60세 이상

대상		성별	직분 혹은 직업	교회 규모	비고
비성도	연구참여자 28	여	비성도/초등교사	*	3년차 초등교사
	연구참여자 29	여	비성도/대학생	*	*
	연구참여자 30	남	비성도/영업직	*	제약회사

〈표 11-2〉 면담가이드

<한국교회의 진입장벽 내러티브 탐구 면담가이드>

*** 면담가이드 개요**

한국교회의 진입장벽에 관한 내러티브 연구는 교회학교의 성장과 발전을 위해 반드시 선행되어야 할 과제이며 이는 침체기를 걷고 있는 한국교회의 부흥을 다시금 이끌 수 있는 핵심 키워드로 작용할 수 있다. 따라서 본 연구의 한국교회의 진입장벽과 관련된 각 구성원들의 내러티브를 살펴보고 이를 집중적으로 분석하고자 함에 있다 그러므로 본 면담가이드의 경우 면담의 핵심이 '무엇'의 차원이 아니라 그 내러티브가 '어떻게' 구성되는가에 집중하여 '과정적 맥락'의 이해에 초점이 맞추어져 설계 및 제작되었다.

*** 면담시 참여자들(피면담자들)에게 주지시켜야 할 사실**

1. "이 면담 내용은 철저하게 연구와 추후 보고서의 작성에만 활용될 것이며, 오직 연구자에 의해서만 공유될 것입니다. 면담 내용을(보고서 등에) 자료로 활용할 경우, 익명성을 보장함으로써 여러분들의 신분이나 견해, 사생활이 노출되는 일이 없도록 최선의 노력을 다하겠습니다."

2. "본 연구는 교회에 대한 실제적 경험의 세계를 밝히는 일에 초점이 맞추어져 있습니다. 그러므로 여러분들의 일반적 견해나 의견을 진술하기보다는 실제로 교회와 관련하여 경험하였던 구체적인 생각이나 느낌을 중심으로 이야기해주시기 부탁드립니다."

*** 질문의 예들**

각각의 질문들은 예시적인 것들이며, 따라서 실제 면담 상황에서 그대로의 적용을 꾀하거나 혹은 질문에 대한 단편적 대답에 만족하는 일로 그쳐서는 안 된다. 질문을 던지고 참여자가 이야기를 시작하면, 때로 해당 질문에 대한 정확한 응답이 아니더라도 의미 있는 내용을 포착하려는 노력 혹은 인내심이 면담자에게는 요청된다.

[영역 1: 개인적 생각 및 경험]

1.1 교회 진입과 관련된 특별한 경험이 있으신가요?
1.2 교회에 있어 가장 심각한 진입장벽은 무엇이라고 생각하시나요?
1.3 교회 성장에 있어 가장 심각한 장애는 무엇이라고 생각하시나요?

[영역 2: 교회의 진입장벽 – 문화적 영역]

2.1 교회 내 문화적 영역에 있어 가장 어색한 것은 무엇인가요?
2.2 교회 내 문화적 영역에 있어 적응하기 어려웠던 것은 무엇인가요?
2.3 교회 내 문화적 영역에 있어 일반사회와 가장 큰 차이는 무엇인가요?

[영역 3: 교회의 진입장벽 – 언어적 영역]
3.1 교회 내 언어적 영역에 있어 가장 어색한 것은 무엇인가요?
3.2 교회 내 언어적 영역에 있어 적응하기 어려웠던 것은 무엇인가요?
3.3 교회 내 언어적 영역에 있어 일반사회와 가장 큰 차이는 무엇인가요?

[영역 4: 교회의 진입장벽 – 목회자 영역]
4.1 교회 내 목회자에 대한 일반사회의 시선은 어떠한가요?
4.2 교회 내 목회자에 대한 자신의 고정관념은 어떠하였나요?
4.3 교회 내 목회자와 관련된 진입장벽은 존재하고 있나요?
존재하고 있다면 어떠한 측면으로 나타나고 있나요?

[영역 5: 교회의 진입장벽 – 활동 영역]
5.1 교회 내의 활동 영역에 있어 가장 어색한 것은 무엇인가요?
5.2 교회 내의 활동 영역에 있어 적응하기 어려웠던 것은 무엇인가요?
5.3 교회 내의 활동 영역에 있어 일반사회와 가장 큰 차이는 무엇인가요?

[영역 6: 교회의 진입장벽 – 교회 내 구조 영역]
6.1 해당 교회의 프로그램은 세련되게 진행되나요?
6.2 해당 교회의 대표적인 프로그램은 무엇인가요?
6.3 해당 교회의 프로그램은 신앙 성숙을 위해서 기여하나요?
6.4 해당 교회의 프로그램에 만족하나요?
6.5 해당 교회의 프로그램은 구성원들에게 충분한가요?
6.6 해당 교회의 프로그램은 구성원들에게 유익한가요?
6.7 해당 교회의 프로그램은 신앙적인 분위기를 조성하는 일에 기여하나요?
6.8 해당 교회의 프로그램은 교회의 성장에 집중하고 있나요?
6.9 해당 교회의 프로그램을 통해 회복이 일어나고 있나요?

한편 내용분석은 문서 또는 자료들을 분석하는 방법으로서 연구진행 과정에서의 연구참여자들의 특징과 교회의 진입장벽을 높이는 다양한 맥락을 실증적으로 확인하는데 효과적으로 활용될 것이다. 해당 연구에서 내용분석의 대상으로는 연구참여자들이 사용하고 있는 문서, 학습교재, 일과표, 기타자료, 지역사회의 관계 자료, 연락 내용, 전도자료, 아동 지도 내용 등 모든 교회 활동의 자료들이 해당되었다.

2) 자료의 분석: 질적자료분석 프로그램(CAQDAS: Computer-Aided Qualitative Data Analysis Software) NVivo

해당 연구에서는 전통적인 질적자료 분석과정에서 탈피하여 질적자료분석 프로그램인 NVivo를 활용하고자 하며, 이는 질적연구 전 과정의 타당도를 효과적으로 개선할 수 있는 방법이다. 이러한 접근은 기존의 질적연구 과정에서 투명성 있게 밝혀주지 못하였던 분석과정에 대하여 어떠한 방식과 절차를 통해 주제가 도출되며, 코딩이 수행되었는가에 대한 타당성을 확보해주는데 기여할 수 있다.

이러한 NVivo의 특징적 체계를 설명하면(박종원, 2004; 이현철, 2013) 첫째, 연구자는 연구 전 과정에 대한 면담을 완벽하게 녹취 및 전사를 하여야만 NVivo 프로그램을 활용할 수 있다. 둘째, 연구자가 연구 현장에서 녹취한 자료를 근거로 주요한 개념과 영역 간의 구조적 관계를 분석할 수 있다, 셋째, 연구 현장에서 수집한 대규모의 자료를 코딩함으로써 코딩 항목 간의 빈도를 비교 분석할 수 있다. 이는 어떤 항목이 연구참여자에게 의미 있는 것인가를 시사해주는 주요한 자료가 된다. 넷째, 연구자의 연구 현장과 주제에 대한 심층적인 참여 수준을 NVivo 내의 주제 영역들 간의 관계를 보면 파악할 수 있다. 다섯째, 연구 맥락에 지나치게 의존하여 명확한 연구 절차가 없는 것은 아닌가에 대한 논쟁에 구체적으로 답을 할 수 있어 연구 수행 전 과정의 신뢰성을 확보할 수 있다.

3) 타당도 증진 전략

해당 연구에서는 연구의 타당도 증진을 위하여 다음과 같은 몇 가지 전략을 구성하여 적용하였다.

첫째, 연구참여자들과 질적연구 전문가들의 연구과정에 대한 멤버체크(member check) 과정을 수행하였다. 진입장벽과 관련하여 도출한 다양한 결과들에 대하여 연구자들이 직접 해당 사항을 검토하였으며, 질적연구 전문가들에게 해당 사항들을 공개하여 연구의 타당성을 확보하고자 하였다.

둘째, 타당도 증진을 위한 심층적 연구 대상에 대한 분석과 접근이다. 해당 연구에서는 한국교회의 주요한 주체들로서 교회사역을 감당하거나 새신자로서 교회에 등록한 경험이 있는 이들을 목적표집하여 연구대상자들로 선정하였으며, 그들의 삶의 정황에서 포착될 수 있는 유의미한 사건을 심층적으로 분석하였다.

셋째, 체계적인 자료 분석 과정을 위하여 질적자료 분석 컴퓨터 프로그램이 적용되어 수행되어졌다. 앞서 자료 분석 절에서 기술하였듯이 질적자료 분석 컴퓨터 프로그램은 연구 현장에서 도출한 방대한 질적 자료에 대한 관리와 코딩분석의 과정을 체계적으로 수행할 수 있게 한다. 특별히 해당 연구의 경우 다양한 경험을 지닌 연구참여자들이 포함되어 그들로부터 도출되는 여러 질적인 사항들을 체계적으로 정리하는 것은 핵심적인 연구과정일 것이다.

4) 해당 연구의 윤리적 고려: IRB 승인 및 연구참여자 정보관리 사항

해당 연구는 연구수행에 앞서 기관생명윤리위원회(IRB)로부터 연구심의 승인을 받았으며(승인번호 KUIRB 2014-13), 심의 결과 통지서 수령 후 연구가 진행되었다. 연구참여자들과의 면담과 모든 연구과정에서는 연구의 목적과 분석사항을 상세히 설명하였으며, 연구과정의 녹취 및 익명성에 대하여서도 충분히 안내하였다. 또한 연구참여자가 원치 않을 시 언제든지 연구 참여를 중단할 수 있으며, 연구참여자들로부터 자발적으로 참여동의서를 작성하도록 하였다. 연구과정에서 수집된 모든 자료의 경우 연구자가 지정한 별도의 하드디스크에 보관되었으며, 연구 목적 외의 어떤 용도로도 사용되지 않았다. 또한 연구의 종료와 함께 연구과정에서 수집된 모든 연구참여자들의 자료들은 삭제 혹은 폐기될 것이며, 서면으로 사용된 자료들의 경우 안전하게 분쇄 처리될 것임도 안내하였다.

4. 한국교회의 진입장벽은 무엇인가?

이 절에서는 한국교회의 진입장벽과 관련된 사항들을 연구참여자의 인식을 중심으로 심층적으로 탐색하고자 한다. 이를 통해 한국교회의 진입장벽과 관련된 성도와 비성도들의 내러티브가 무엇이며, 어떠한 요소들이 한국교회의 진입장벽으로 구성되고 있는지를 분석한다. 이는 자연스럽게 한국 교회학교의 진입장벽을 해소하고, 질적 개선을 이끌 수 있는 주요한 시사점을 줄 것으로 판단된다.

1) 양질의 신앙교육 부재와 교회의 세속화: "말씀이 없고 세속적인 모습이 싫습니다"

신앙과 믿음이 일차적으로 우리의 결과가 아닌 것은 분명하며, 개인의 자격과 노력으로 구성될 수 없는 것이다. 전적인 하나님의 은혜이며, 성령께서 우리에게 효과적으로 적용해주신 덕분으로 우리 안의 믿음을 일으켜주셨으며, 우리를 그리스도와 연합시켜주셨다(웨스트민스터 소요리문답 제30문). 교회 내의 안정적인 정착은 전술한 정확무오한 하나님의 말씀인 성경에 기초한 핵심적 말씀의 선포와 철저한 교리교육에 기반한 기독교교육의 가르침을 통해 이루어질 수 있다. 하지만 새롭게 교회에 진입해 들어왔던 이들은 자신이 기대하였던 신앙교육을 받지 못하였음을 안타까워하였다.

> **연구참여자(10)**: 새신자반을 수료하고 계속해서 말씀과 기독교에 대하여 알고 싶었는데요. 막상 교회를 다니면서 그것을 가르쳐주는 사람이 없더라구요. 답답하데요. 책도 사보고, 혼자 알아봤는데 그것도 누가 알려주는 사람이 있으면 어떤 책을 봐야 할지부터 이것저것 실수를 덜 할 텐데...... 매번 목사님이나 교회에 물어볼 수도 없잖아요.

교회의 안정적인 정착과 성숙한 그리스도인으로서의 자라감에는 본질적으로 신앙교육이 이루어져야 한다. 이와 관련하여 교회 공동체는 성도들의 신앙교육에 대한 책임을 간과해서는 안 되는 것이다. 교회의 다양한 프로그램들이 단순히 교회의 성장에만 집중하는 것은 분명 옳지 않다. 오히려 모든 활동과 사역이 복음의 전파와 구성원들의 신앙 성숙이 이루어질 수 있도록 집중하는 것이 더욱 중요한 것이다.

또한 신앙교육을 통해 기독교세계관에 입각한 삶이 무엇인가를 가르치고, 실제로 실천적으로 살아갈 수 있도록 인도해주어야 한다. 특별히 모든 일반적인 삶의 체계를 지배하는 것이 우리와 하나님과의 관계에 대한 해석이기 때문에(김기찬 역, 2014) 철저히 하나님 중심, 성경 중심, 교회 중심으로 양육하여 나갈 수 있어야 할 것이다.

문제는 현재의 교회가 이것을 기능적으로 감당해주고 있지 못하다는 것이며, 교회에 새롭게 진입하여 들어오는 이들이 진입장벽으로서의 신앙교육의 부재를 지적하고 있다는 것이다. 이에 대하여 철저하게 본질을 회복하는 교회의 사역 방향이 필요함을 확인할 수 있다. 한편 교회의 세속화에 대한 인식도 교회에 대한 진입장벽으로 자리잡고 있었다. 비성도들의 경우 교회에 대한 높은 수준의 경건과 세속화의 거부를 요구하고 있었다.

> **연구참여자(23)**: ......종교의 기본이 경건한 거, 그리고 자신을 되돌아 볼 수 있는 것인데 그런 고유의 것이 잃어버릴 때는 오히려 더 안 좋게 보입니다.....오히려 외형적으로 너무 화려하면 거부감을 느끼고 차라리 성도나 목사님이나 장로님이나 이런 분들에게서 따뜻한 말 한마디를 얻는 것이 더 좋다고 봅니다. 마음의 상처를 입은 자들이 다니게 되는 경우가 있을 때 치료상담이나 이런 것을 더 전문적으로 하여서 감싸 안을 수 있는 것이 더 좋다고 봅니다.

인용문에서 확인할 수 있듯이 비성도들의 경우 기독교 본연의 경건한 모습 그리고 세속의 일상적 모습과는 다른 방향으로서의 차별적인 교회의 모습을 기대하고 있었다. 이는 일반사회가 소유하지 못한 교회의 본질적인 것에 대한 집중을 촉구하고 있음을 의미하는 것이다. 이러한 측면은 현재 한국교회가 우리 사회에서 보여주는 이미지와도 직결되는 것이며 성경적 교회의 회복과 세속화를 막기 위한 시급한 개혁과 조정이 필요하다고 볼 수 있다.

2) 목회자의 윤리 · 도덕적 문제: "성추행, 돈 문제, 사회보다 더 합니다"

최근 한국교회는 목회자와 교회의 윤리적 문제와 추락으로 인해 많은 비판을 받고 있다. 가장 윤리·도덕적으로 모범이 되어야 할 목회자와 교회가 사회가 요구하는 수준에도 미치지 못하고 있는 실정이다. 역사적으로 한국 교계가 우리 사회에서 어떠한 존재였는지를 고려한다면 최근의 비판은 너무나도 가슴 아픈 소리들이다. 신앙을 바탕으로 사회적인 지도층으로서의 목회자와 교회가 사회의 윤리·도덕인 기준이 되어야 함에도 현실은 그와는 다른 양상이다. 특별히 사회 내 일반 시민들에게 비춰지는 전술한 모습들로 인해 교회의 사회적 신뢰도는 추락하였으며, 만성적으로 낮은 상태임을 나타내고 있다(기독교보, 2014년 2월 19일 기사). 문제는 이러한 측면이 교회의 전도 활동을 어렵게 하거나 전도 대상자로서 새롭게 유입하게 될 예비자들에게 치명적 영향을 준다는 것이다.

> **연구참여자(5)**: 기독교를 대표하는 목사님들이 언론에 '성적이나 돈 문제들'이 나오니깐 그리고 교회에서도 새신자들이 있는데 목사들이 그런 얘기나 험담을 하니깐 이런 것도 요인이 있죠......이웃 성도나 언론에서도 그렇게 보이니 교회를 잘 안 가게 되죠.

> **연구참여자(23)**: 대형교회의 문제가 뭐냐면 상속. 교회 세습. 이런 것들이 이해하기가 힘듭니다. 그리고 목사들이 직업인인지 아닌지 잘 모르겠습니다......

> **연구참여자(25)**: 부정적으로 비춰지죠. 교회든 절이든 성장한 것을 건물로 확장하며 보이게 하니 제일주의로 보입니다. 뭔가 성과로 내기를 원하고 낭비로 보입니다. 가톨릭을 닮아가야 된다 생각합니다. 교회 안의 사람들은 잘 단결하는데 외부 사람들은 함께 어울리지 못하는 모습을 보이니 그렇게 보입니다.

그러므로 목회자와 교회의 윤리·도덕적 책임을 강화하고 개선할 수 있는 노력들이 필요하다. 목회자의 영향력은 교회 현장에서 핵심적이다. 특히 목사는 그리스도의 복음을 전파하며, 성례를 집례하며, 교인을 축복하며, 장로와 협력하여 교회를 치리하는 자이다(롬 11:13). 이러한 목사가 기본적으로 윤리·도덕적 측면에 확고한 삶을 살아가야 함은 마땅한 것이다. 실제로 연구자가 속한 교단(고신)의 헌법 교회정치에서는 목사의 자격으로 "행위가 복음에 적합한 자, 신(信)-불신(不信) 간에 신임과 존경을 받는 자"를 명확하게 포함하고 있다.[1)]

1) 좀 더 구체적으로 대한예수교장로회 고신총회의 헌법 교회정치 제5장 제40조(목사의 자격)에서 목사는 다음 자격을 구비하여야 한다고 명시해두고 있다. 1. 남자 세례교인으로 무흠하게 7년 이상을 경과한 자, 2. 목사의 신학적 자격은 총회 직영 신학대학원 졸업자로서 강도사 자격을 취득한 자, 3. 총회가 정하는 수련 봉사기간을 필한 자, 4. 노회의 목사 고시에

한편 교회의 성숙한 사역과 성도로서의 수준있는 생활도 중요한 요소가 될 수 있으며, 교회가 지역사회와 주변에서 어떠한 이미지/역할과 사역을 감당하는가와 관련된 것이다.

연구참여자(24): 외부(비성도로서)에서 봤을 때는 교회도 너무 정치적이지 않나 생각합니다. 대부분 큰 교회같은 경우에는 누구파 누구파 이렇게 나눠어지는 모습을 보고 정치랑 다를 게 없다라는 생각이 드니깐 외부인이 보기에는 거부감이 들 수도 있겠다 생각합니다……동네분들에게 대체로 얘기를 많이 듣죠. 저 교회는 싸움이 났다더라. 주로 안 좋은 이야기만 하시니깐 그런 이미지가 점점 고착화되는 것이 아닌가 생각합니다…… 그래서 이웃과 하는 프로그램이나 이런 것을 많이 하면 오히려 늘어날 건데……오히려 천주교가 늘어난 걸 보면 그것을 보고 생각을 해야 할 것 같아요.

강용원·이현철(2011)의 "성장하는 교회에 대한 분석"에 따르면 한국교회의 위기극복 대안으로 지역공동체에 적합한 문화운동과 지역사회를 섬기는 교회의 역할이 중요함을 확인할 수 있다. 구체적으로 지역공동체 문화운동은 지역사회의 배경과 특징 그리고 독특한 문화를 이해하고 지역사회의 필요를 공유하고 지역 구성원으로서의 역할을 지속적으로 수행하는 것을 의미한다. 여기에는 지역의 취약계층을 섬기는 활동들도 포함될 수 있는 것이다.

목회자와 교회는 사회의 기준보다 더욱 철저한 책임을 지니고 사역을 수행해나가야 함이 자명하다. 만약 이를 온전히 수행하지 못할 경우 복음 전파의 방해가 됨을 엄중히 새기고, 목회자와 교회가 한국교회의 진입장벽이 되는 아이러니한 상황을 타개해야 할 것이다.

3) 기독교 문화에 대한 어색함: "너무 이상하고 어색한 거예요"

최근 문화적 자본(Cultural Capital)이 학계의 관심을 받으면서 개인이 지니고 있는 경제적 자본 외의 내면적인 문화적 역량에 대한 관심이 커졌다. 즉 개인마다 문화적 수준에 차이가 있으며, 특정한 이들의 경우 상대적으로 그러한 경험을 하지 못한 이들에 비하여 문화적 역량과 수준이 차이를 낼 수 있다는 것이다. 이러한 맥락에서 새롭게 교회로 진입하여 들어오는 이들에게 기독교 문화는 그들에게 문화적인 자본으로서 그동안 경험해보지 못한 문화일 것이며, 당연히 해당 부분에 대한 이해도가 차이 날 것이 분명하다.

연구참여자(6): 문화 충격이죠. 기도하자고 해서 갔는데 방언하면 상당히 이질감을 느끼죠.

합격한 자, 5. 신앙이 진실한 자, 6. 교수의 능력이 있는 자, 7. 행위가 복음에 적합한 자, 8. 자기 가정을 잘 다스리는 자, 9. 신(信), 불신(不信) 간에 신임과 존경을 받는 자. 대한예수교장로회 고신총회. 『헌법』. 서울: 대한예수교장로회 총회출판국, 2011.

불교같은 경우에는 묵언 기도를 드리죠. 사회는 시끄럽고 어지러우니깐 요즘은 템플스테이를 많이들 갑니다. 그 이유가 명상이나 그런 것을 하러 가는 거죠. 그러나 교회는 시끄럽고……교회 가면 찬양도 시끄럽게 뛰면서 하고 기도도 소리 내서 하고 그럼 옆에서 봤을 때 문화충격이고 힘들지요. 이 상황이 교회 문턱을 높이는 거죠.

연구참여자들은 처음 접하여 보는 기독교 문화에 대하여 어색해하고 때로는 부담스럽게 느끼고 있었다. 예를 들어 그들에게만 집중되는 축복송, 실생활에서 자주 사용하지 않는 용어와 단어들의 사용 등은 기독교문화에 대한 어색함을 주기에 충분한 것임을 볼 수 있다. 이러한 내용들의 경우 신앙생활의 기간이 경과함에 따라 자연스럽게 해결될 수 있는 문제이지만 처음 교회로 진입하고자 하는 이들에게 좀 더 그들의 입장에서 배려하고 안내해줄 필요는 분명히 있을 것이다. 만약 진리와는 상관없는 기독교에 존재하는 문화로 인해 교회 진입에 어색함을 느끼는 부분이 있다면 교회가 양보하지 못할 부분이 없기 때문이다.

또한 새신자 과정의 내실화도 관련성이 있다. 새신자 과정에서 좀 더 그들의 관점과 인식의 수준에서 기독교의 문화와 기본적 소양들을 길러주어야 할 필요가 있는 것이다. 형식적 순서가 되어 일정 회기를 마무리하는 것이 아니라 실제적으로 교회 현장에 기초한 교육들이 이루어지는 것이다. 성도들 간의 호칭의 의미가 무엇인지, 사회에서 잘 사용하지 않는 용어와 단어들이 어떠한 맥락에서 사용되고 있는 것인지 등이다. 특별히 젊은 세대들의 경우 기성세대들과 달리 문화적 민감성이 높은 세대이며, 그들을 위한 적절한 언어와 문화를 고려하는 지혜가 필요할 것이다.

4) 주변인으로서의 정체성 형성과 끼리끼리 문화: "처음에 저도 주변인이었습니다"

특정 공동체에 진입하기 위해서는 기존의 공동체 구성원들과의 원만한 관계 설정은 핵심적 사항이다. 이는 교회진입 사항에서도 동일한 맥락이다. 특별히 교회 내에서는 성별, 연령별, 기관별, 교회의 사역특성별에 따른 다양한 소그룹 모임들이 존재하고 있어 해당 그룹별 모임에서의 적응과 관계 형성이 교회 정착의 핵심적 요소임을 쉽게 확인할 수 있다. 하지만 현재 연구참여자들과의 면담을 통해 확인할 수 있듯이 그들은 주변인으로서 생활하며 기존의 성도들과의 관계 형성에서 어려움이 있었음을 확인할 수 있다.

연구참여자(18): 처음 교회에 오면 전체 돌아가는 것도 잘 모르고 정신이 없었던 것 같습니다. 사람들을 만나는 것도 한정적이라 쉽게 친해지기도 어려웠구요. 주중에 연락이 활발한 것도 아니고……시간이 지나면 해결될 것이나 그래도 처음에는 조금 그랬지요.

위의 인용문에서도 확인할 수 있듯이 교회 적응과정에서 기존의 성도들과의 공유도가 높지 못함으로 인해 어려움이 있었음을 알 수 있다. 이러한 측면은 연구대상자들의 상황과 맥락에 따라 다소 차이가 있지만 공통적으로 경험하였던 내용이라는 것이다. 새롭게 교회로 들어오는 이들의 경우 다음 절에서도 기술될 것이지만 교회의 문화와 내용에 대해 잘 모르고 있으며, 자신을 전도한 소수의 사람들과의 제한적인 인간관계에 처하게 된다. 그러면서 자연스럽게 주변인 혹은 손님으로서의 정체성을 형성하게 되는 것이다.

또한 주변인의 정체성이 장기화될 때 소그룹 내 인간관계의 질적인 차이를 경험하게 되는 것이다. 물론 교회공동체 내에 존재하는 인간관계의 질적인 차이를 무시할 수는 없지만 현상적으로 외부인들이 교회에 진입하고자 할 때 느끼는 강한 주변인이라는 인식은 기존의 성도들이 상상하는 수준 이상의 스트레스를 경험하는 것으로 판단된다.

연구참여자(20): 우리 교회 같은 경우에는 오래된 교회입니다. 역사가 오래되다보니깐 사람들이 쭈욱 함께 오래 교회를 다니는데 그 틈에 들어가는 것이 쉽지는 않습니다. 어떤 때는 순간순간 차이가 크다는 것도 느끼지요. 내야 들어온 지 얼마되지 않았으니 그분들에 비하면 시간적으로는 몇 년 안 되잖아요. 권사님들 그분들은 어릴 적부터 친구이거나 몇 십년 보던 사이인데……

주변인으로서의 정체성이 장기화될 때 교회 내 적응과 정착에 장애가 될 것이다. 이는 결국 안정적인 신앙생활마저 도전받게 되는 결과로 작용할 것이다. 동질성을 지닌 사람들이 끼리끼리 모이는 것은 매우 자연스러운 현상이나 그것이 전체 교회의 유익을 생각하지 못한다면 분명 성숙하지 못한 모습으로 봐야 할 것이다(현유광, 2013).

전술한 상황은 실제로 대부분의 연구참여자들이 경험한 적이 있는 일반적 사항이었다. 이와 관련하여 흥미로운 사항은 주변인의 정체성을 극복할 수 있는 핵심적 내용이 바로 관계성의 질적 개선을 통한 만족이라는 것이다.

연구참여자(10): 저는 ○○○장로님께서 많은 도움을 주셨답니다. 처음 교회에서 제가 뭐 아는게 있습니까. 호기심은 많고 궁금한 것도 많은데 어디 물어볼 곳도 없고……사람들하고도 잘 모르지 난감하더라구요. 새신자 수료 이후에 조금 막막했습니다. 그런 상황에서 ○○○장로님께서 이런저런 이야기도 하고, 또 모르는 것도 물어보면서…… 지금 생각하면 참 고마워요. 아주 초보적인 질문도 많이 했는데요.

교회 내 주변인으로서의 상황은 결국 기존 성도들의 태도에 상당 부분이 달려있음을 기억해야 한다. 새롭게 진입해서 들어오고자 하는 이들에게 적극적인 태도를 요구하기보다는 교회 내 정보와 관계성의 우위를 선점하고 있는 기존의 성도들이 '의미 있는 타자'로서 먼저 다가가는 노력들이 요구된다. 이와 관련하여 교회 전체의 체질을 개선시켜 나갈 필요가 있을 것이다.

5) 공격적인 전도방식이 주는 강한 이미지: "과격하게 전도하시는 분들이......"

유네스코 세계문화유산으로 지정된 인도의 한 사원에서 2014년 한국의 일부 개신교인들이 찬송가를 부르면서 일명 '땅밟기' 전도 행사를 하는 모습이 매스컴에 집중 조명을 받았다(한겨레, 2014년 7월 8일 기사). 이와 유사한 비판들은 쉽게 접할 수 있는 사항들이며, 타 종교를 포함하는 일반 대중들에 대한 공격적 전도방식이 주는 이미지들은 비상식적 수준으로서 복음 확장에 걸림돌이 되고 있음을 확인할 수 있다. 이러한 측면들은 결국 개신교에 대한 이미지를 긍정적으로 형성시키지 못하게 하고 있으며, 교회로 진입하고자 하는 이들에게 부정적 영향을 주고 있다.

> **연구참여자(8)**: 역에서 막 큰소리로 전도하시는 분들을 보면...... 모든 사람들이 그렇다라고 생각하지는 않습니다만...... 조금은 이상하게 보였던 것이 사실입니다. 솔직히 좀 그렇잖아요. 바쁜데 남에게 피해 주고, 확성기로 외치는 것을 보면 짜증이 나기까지 합니다. 그리고 좀 예의가 없어 보이기도 하고요......

이 시대의 전도활동에서 가장 필요한 것은 지혜롭게 수행해나가는 것이다. 과격하거나 공격적 활동을 통해 그것을 수행하는 이들은 강한 신념을 바탕으로 그 행위들을 수행할 수는 있지만 상대방이 느끼는 상황과 맥락을 무시한 일방적인 활동과 행동에 대한 지혜로운 판단이 요구된다.

> **연구참여자(14)**: 제 생각으로는 요즘에는 그런 식으로 전도하여서 정말 교회로 오겠습니까. 저도 노방전도를 나가고는 있지만 전도지를 주는 것으로 끝나는 형식이 솔직한 모습입니다. 오히려 시간은 걸리지만 친한 관계로, 삶으로 이야기하면 좋고, 밥도 같이 먹으며 고민도 나누고 이렇게 돼야지요......

인용문의 연구참여자는 관계전도의 중요성을 이야기해주고 있다. 이는 단순하게 전도의 방식으로서 관계의 측면을 의미할 수도 있지만, 실천적인 삶을 살아가는 그리스도인의 중요성에 대한 의미로서 바라볼 수 있다. 목회자들에게만 삶이 요구되는 것이 아니라 성숙한 그리스도인으로서의 삶을 책임감 있게 감당하며 나아가야 하는 것이다. 이것이 우리가 고민해야 할 전도 방식이기도 할 것이다.

6) 새신자부에 대한 체계적인 접근 부족: "새가족부를 갔는데 연령도 다양하시고..."

교회에 정식으로 등록하게 되는 새신자들의 경우 각 교회의 상황에 따라 차이가 있을 것이나 일반적으로 새신자부 혹은 새가족부로 명칭되는 기관의 지도를 받게 된다. 이곳에서 다양한 기간으로 기독교의 기본적 사항들과 내용들을 교육받게 되며, 아울러 등록한 교회의 개괄적인 정보와 내용들을 확인할 수 있다. 그리고 이 기관에서의 일정 교육과정을 수료하게 하여 수료식의 행사도 가진다.

의미론적으로 볼 때 새신자의 경우 처음 예수 그리스도를 자신의 구세주와 주님으로 영접한 사람으로 지칭할 수 있으나(김신호, 2003) 현상적으로 '방문자'의 성격도 지니고 있다. 그러므로 처음 교회에 등록하거나 방문한 이들에게 해당 교회의 이미지를 전달할 수 있는 핵심적 과정이고 이후의 신앙생활을 위한 핵심적 틀을 제공한다는 차원에서 새신자부의 역할은 주요하다고 볼 수 있다. 하지만 연구참여자들의 경우 이러한 새신자부의 중요성에도 실제 해당 부서의 활동은 그에 준하여 이루어지지 못하고 있음을 확인해주었다.

> **연구참여자(12)**: 네 저도 새가족부를 갔는데 연령도 다양하시고 성별도 다르시더라구요. 근데 찬송가 같은 경우는 20대들에게는 받아들이기 힘들거든요. 근데 그것을 고려하지 않고 일반적으로 다 적용을 시키니깐...... 또 그 프로그램을 4주를 진행해야 한다는데 과연 그 시간 동안 이 새가족들이 어떤 흥미와 관심을 가질 수 있을지 의문입니다......

연구참여자들이 지적하듯이 실제 새신자부의 교육과정의 경우 체계적으로 구성되기보다는 형식적 측면에서 이루어지는 경우가 많았다. 또한 다양한 연령별 특성을 고려하여 차별적인 전략을 통해 수행되는 새신자부의 경우도 없었다. 이러한 측면은 그들로 하여금 교회로의 안정적인 정착과 진입에 어려움을 가지게 하는 요소로서 작용할 수 있다.

> **연구참여자(12)**: 나이가 다른 분이 같은 프로그램을 받는데 물론 말씀을 듣는데는 연령이 없지만 그것을 조금 더 체계적으로 연령에 맞게 전해진다면 공동체에 더 쉽게 동화될 수 있을 것 같습니다.

이러한 측면들은 새신자들에게 최초의 이미지 전달 창구로서의 새신자부의 중요성을 고려할 때 반드시 개선되어야 할 측면이다. 양육을 담당하고 있는 새신자부 구성원들의 역량강화와 프로그램 개발에도 관심을 가져야 함을 강조해주는 대목으로 볼 수 있으며, 앞서 언급된 기독교문화 교육과 전달의 의미도 고려해야 할 것이다.

5. 정책적 시사점

해당 연구에서는 광의적이면서 일반적 의미로서 개인이 경험하게 되는 인위적인 진입장벽을 포함하는 다양한 수준의 교회 진입의 장애사항들을 분석했다. 여기에는 인위적인 교회의 정책이나, 제도적 장치를 포함하여 일반 사회구성원들이 한국교회에 진입할 때 경험하게 되는 장애물들의 측면을 동시에 고려하여 분석이 시도된 것이다. 이러한 과정을 통해 한국교회가 직면하고 성장둔화라는 문제 앞에 한국교회의 성장전략 및 질적 개선을 위한 기초자료를 제시하고자 하였다.

이를 위하여 해당 연구에서는 현재 교회와 직/간접적으로 관련된 목회자, 부교역자, 장년성도, 청년 대학생들 그리고 일반 사회인들(비성도) 총 30명(남: 19명, 여: 11명)을 대상으로 그들의 내러티브를 중심으로 한 심층면담을 수행하였다. 특별히 교회에 출석한 지 2년 미만의 새롭게 교회에 등록하여 정착한 성도들(새신자)도 연구대상자로 포함시켜 그들이 교회에 정착하면서 진입할 당시의 상황들도 심층적으로 탐색해보았다. 이를 통해 한국교회의 진입장벽과 관련한 사물들이 어떤 내러티브를 가지고 있으며, 어떤 맥락 속에서 진입장벽을 이해하고 개념화하고 있는지를 심층적으로 분석해보았다.

이러한 접근은 자연스럽게 한국 교회학교의 질적 개선을 이끌 수 있는 주요한 시사점을 줄 것으로 판단되며, 한국교회의 진입장벽 해소를 위한 기초자료를 제공할 수 있을 것으로 기대된다. 해당 연구의 분석과정을 통해 도출된 한국교회의 대표적 진입장벽의 요소들을 살펴보면 첫째, 양질의 신앙교육 부재와 교회의 세속화, 둘째, 목회자 그리고 교회의 윤리·도덕적 문제, 셋째, 기독교 문화에 대한 어색함, 넷째, 주변인으로서의 정체성 형성과 교회 내의 끼리끼리 문화, 다섯째, 공격적 전도방식이 주는 강한 이미지, 여섯째, 새신자부와 관련된 체계적인 교육과정 및 프로그램 구성의 부족을 확인할 수 있었다.

이러한 6가지의 한국교회의 진입장벽과 관련한 연구결과를 바탕으로 좀 더 논의를 확장한다면 해당 진입장벽들의 경우 외재적 측면의 진입장벽과 내재적 진입장벽으로 재구성할 수 있다. 외재적 측면의 진입장벽은 교회의 비구성원들 및 새신자들의 초기 시각에서 강하게 작용하는 교회의 진입장벽들이며 여기에는 신앙교육 부재와 교회의 세속화, 목회자 그리고 교회의 윤리·도덕적 문제, 공격적 전도방식이 주는 강한 이미지가 속할 수 있을 것이다. 한편 내재적 측면의 진입장벽은 교회에 속한 구성원들(정착한 새신자들 포함)의 관점과 입장에서 형성될 수 있는 진입장벽으로서 신앙교육 부재와 교회의 세속화, 기독교 문화에 대한 어색함, 주변인으로서의 정체성 형성과 교회 내의 끼리끼리 문화, 새신자부와 관련된 체계적인 교육과정 및 프로그램 구성의 부족이 해당될 것이다. 교회의 본질적인 측면과 관련된 신앙교육과 세속화의 경우 두 진영 모두에 해당될 수 있다.

이러한 논의는 결국 한국교회의 진입장벽이 가지고 있는 내외적인 특성과 속성의 차이를 시사하고 있다고 판단되며, 각기 다른 측면의 상황을 고려한 차별적인 전략 구축과 정책 제안이 요구됨을 의미한다. 이와 관련하여 다음의 몇 가지 사항들을 강조한다.

첫째, 철저한 성경 및 교리 중심의 신앙교육의 회복이 강력히 요구된다. 역설적으로 한국교회는 성경과 교리 중심의 교육이 내실 있게 이루어지지 못하고 있는 안타까운 모습에 직면하고 있다. 이러한 측면은 교회의 세속화와도 직접적으로 관련되어 있을 것이다. 개혁교회의 본질은 성경적인 신학을 실천함에 달려있을 것이다. 정확무오한 하나님의 말씀인 성경을 강조하고, 그것과 더불어 살아가는 생활을 강조함을 통해 오직 성경의 의미와 가치를 드높여야 할 것이다. 이는 비성도들로부터 세상과 구별되는 가장 교회다운 모습으로도 비춰질 것이며, 교회 내 구성원들로부터도 교회의 본질적 모습으로 안정감 있게 다가갈 것이다. 이러한 맥락에서 종교개혁 및 개혁파 정통주의(Reformed Orthodox) 역사에서 구성된 주요한 신앙고백서들과 교리사항들을 가르치는 것은 오직 성경에 대한 균형 잡힌 시각을 제공할 수 있을 것이기에 더욱 강조되어야 할 것이다.

둘째, 목회자 재교육에 대한 체계적 접근과 지원방안이 구성될 필요가 있다. 신학대학원 M.div 3년 과정 이후 현장 목회자들에 대한 관리적 차원의 재교육과 지원체제가 부재한 실정에 있다. 다양한 현장세미나가 존재하고 있지만 대부분이 사역을 위한 기술적 측면에 집중하고 있다. 한국사회 내 목회자들의 일상적인 삶은 '채움'의 방식이기보다 탈진에 가까운 '쏟아냄'의 일상이 더 어울리는 표현일 것이다. 이 과정에서 교회사역은 지극히 개인적 차원에서 이루어지며, 소통보다는 일방적인 사역에 따른 방향성 상실의 역기능적 악순환을 경험할 가능성이 크다. 실제로 도시지역 개척교회에 대한 이신철·이현철(2013)의 현장조사 결과는 더욱더 이를 방증해주고 있다. 그러므로 목회자들을 위한 상담과 회복을 포함하는 체계적인 재교육을 통해 목회자가 자신의 위치와 상황을 외면하지 않고 안정감 있게 사역에 집중할 수 있도록 지원할 수 있는 체제가 필요할 것이다. 이는 각 교단의 총회 차원에서의 결의와 재정적 지원이 전제되는 것이다. 이 과정이 내실있게 수행된다면 목회자에 대한 윤리·도덕적 차원의 역량강화도 기능적으로 수행될 수 있을 것으로 본다.

셋째, 새신자부와 관련된 체계적인 교육과정 및 프로그램 구성이 요구된다. 연구결과를 통해서도 확인할 수 있듯이 새신자들이 경험하는 교회 진입의 첫 장은 새신자부일 가능성이 높다. 이곳에서 해당 교회에 대한 정보와 소개를 받을 것이며, 가장 기본적인 신앙교육도 이루어질 것이다. 그러므로 새신자들의 안정적인 교회로의 진입과 정착에서 새신자부의 역할은 무엇보다 중요할 수 있다. 하지만 현재 새신자부와 관련된 교육과정과 프로그램은 새신자들의 연령과 특성에 따라 탄력적으로 구성되기보다는 형식적 수준에서 진행되고 있는 것이 사실이며, 새신자부를 수료한 이들도 해당 과정에 대한 중요성을 인식하지는 못한 채 수료에만 집착하고 있다. 이에 대하여 새신자부와 관련된 각 교단 및 교회 차원에서의 매뉴얼 작업 및 새신자부 전문가 양성과정에 대한 노력들이 필요할 것이다.

넷째, 사회적 신뢰도 향상을 위한 기독교 공동체 진영과 교회의 지혜로운 알림과 안내가 요구된다. 기독교윤리실천운동의 보고(2014)에 따르면 사회 봉사활동을 가장 많이 하며, 가장 도움되는 봉사활동을 하는 종교로 모두 개신교로 확인되었다. 사회 봉사활동에서는 개신교(41.3%), 천주교(32.1%), 불교(6.8%) 순으로 많다고 보고되었으며, 가장 도움이 되는 봉사활동을 하는 종교도 개신교(35.7%), 천주교(29.3%), 불교(13.2%) 순으로 나타났다. 이와 관련해 교회가 사회통합과 사회발전에 기여한다는 응답도 전체의 절반이 넘는 58.6%나 보고되었다. 이러한 측면은 사회적 신뢰도에서 천주교에 비하여 떨어지는 것과 비교하여 볼 때 기독교의 활동과 관련된 효과적인 홍보 전략과 이미지 개선을 위한 노력들이 필요로 함을 강력하게 시사해준다. 즉 한국교회가 사회봉사와 사회발전에는 이바지하는 바가 큼에도 그에 준하는 사회적 평판과 인정을 거두지 못하고 있는 실정인 것이다. 이와 관련하여 교회의 진입장벽을 해소하고 전체 덕(德)을 위한 지혜로운 알림과 안내가 필요하고 여기에 대한 구체적인 관심과 전략들을 구축할 필요가 있을 것이다.

제 12 장

한국교회의 청소년 수련회

1. 왜 청소년 수련회를 심층적으로 살펴보아야 하는가?

한국교회의 청소년 수련회[1]는 개체교회의 수련회와 특정기관 위탁 수련회의 형태로 이루어지고 있으며, 수행되고 있는 수련회에 대한 정확한 기초통계 자체가 존재하고 있지 못할 만큼 다양한 형태로 이루어지고 있다. 일반적으로 교회에서는 하계와 동계방학을 중심으로 정례화된 청소년 수련회를 개최하고 있으며, 개체 교회 중심의 자체 수련회 프로그램을 운영하기도 하고 혹은 특정 선교단체나 청소년 전문 사역 기관에 위탁하여 학생들의 신앙 활동을 지원하고 있다. 특별히 계절 수련회 활동이 한국교회의 전형적인 여름과 겨울 사역임을 가정할 때 이는 각 교단의 교회와 청소년 교육기관의 수에 정비례하여 개최된다고 예상할 수 있어 그 양적인 수가 엄청날 것으로 파악된다.

이러한 계절 사역의 전형성과 문화적인 맥락은 교회교육 내 청소년 수련회 활동의 위상과 중요성이 한국 교회교육의 주요한 축으로서 작용하고 있음을 시사하는 것이다. 그러므로 청소년 수련회 활동에 대한 심층적 이해는 건강한 교회교육과 청소년 사역을 위한 의미 있는

1) 일반적인 용어로서 수련회는 캠프와 구별될 수 있다. 캠프의 경우 군대가 들에서 야영한다는 군대용어에서 비롯되었으며, 근래에는 실외의 환경에서 그룹 생활의 고유한 경험으로 정의할 수 있으나(정춘석, 1989; 박미라, 2010 재인용), 신앙공동체와 교회교육 내에서의 수련회의 의미는 성도들이 일정 기간 특수하게 교육받고 수련받기 위한 프로그램과 모임이라고 볼 수 있다. 본 연구에서는 신앙생활을 하는 청소년들이 일정 기간 일정한 장소에서 예배활동과 계획된 신앙교육 프로그램을 경험하는 모임으로 정의하였다.

기초자료를 제공할 수 있으며, 한국교회의 성장둔화와 침체를 해결할 수 있는 주요한 정책적 전략 도출의 실마리도 제공할 수 있을 것을 예상케 한다. 그동안 청소년 수련회에 대한 실천신학과 기독교교육 분야에서의 관심은 매우 미흡한 실정인 것으로 판단된다. 특별히, 내부적 관점 혹은 미시적 관점으로 수련회 자체를 이해하지 못하고 있으며, 대부분의 학문적 접근과 관심이 청소년 수련회 자체에 대한 의미와 프로그램에 대한 거시적 맥락과 추상적·이론적 측면에만 머물고 있다.

이와 관련하여 실제로 그동안 국내에서 수행된 청소년 수련회 관련 연구동향을 살펴보면 청소년 수련회의 의미와 방향, 그리고 교육적 활용(김창용, 1992; 이현구, 2007; 김성욱, 2010; 정승일, 2010), 청소년 수련회 내 프로그램 개발(엄진흠, 1996; 최진이, 2003; 안춘전, 2004; 오상균, 2015), 수련회의 전반적인 문제점과 요구분석 및 활성화 방안(홍광표, 1994; 김태오, 2002; 박미라, 2010)과 같은 수련회 자체에 대한 거시적 주제에 집중되고 있으며, 수행된 청소년 수련회에 대한 연구 자체도 양적 수준에서 매우 미흡한 실정에 있음을 확인할 수 있다.

이러한 선행연구의 동향과 한계는 의미론적으로 청소년 수련회와 관련된 개괄적인 논의 위주의 틀 속에서 연구들이 수행되어져 왔음을 시사하는 것이며, 이에 대한 현장 중심적 관점과 실제 수련회 관련 주체 혹은 구성원들을 통한 구체적인 청소년 수련회와 그 속에 담겨져 있는 다양한 주체들의 복잡한 관계성에 대한 접근을 요구하는 대목으로도 볼 수 있다. 즉 수련회 현장으로부터의 실제적인 자료를 통해 수련회를 직접 경험하고 신앙생활을 하며 살아가는 청소년들과 청소년 사역자들 그리고 관계자들의 내부자적 관점을 바탕으로 한국교회 내 청소년 수련회 현상을 재조명하는 데는 극히 소홀하였다는 것이다.

최근 실천신학과 기독교교육 분야에서의 질적연구방법을 적용한 다양한 연구들이 수행되고 있는데 이는 교회교육 현상에 대한 추상적이고 파편적인 이해가 아니라 실제적 대안을 요구하는 교회와 사역 현장의 요구가 강력하게 반영된 것으로 볼 수 있다. 본 연구의 주제와 관련하여 살펴본다면 청소년 수련회에 대한 접근도 추상적이거나 파편적 혹은 이론적 의미들에만 집중하는 것이 아니라 정말로 청소년 수련회의 직접적 경험자들인 청소년과 청소년 수련회 사역자(목회자 포함)의 목소리에 귀를 기울임으로써 청소년 수련회가 지니고 있는 딜레마와 방향성에 대한 논의가 필요하다는 것이다.

따라서 본 연구에서는 청소년들과 청소년 수련회 사역자들 그리고 관계자들(목회자 포함)이 실제적으로 경험하는 수련회의 과정과 의미를 질적연구의 내러티브 탐구를 통해 심층적으로 기술하고, 그 속에서 그들이 경험하는 다양한 딜레마와 내용들을 파악하는데 집중하고자 한다. 이러한 현장지향적이며, 미시적 접근은 청소년 수련회와 핵심적인 주체 및 구성원들에 대한 이해도를 증진시킬 것이고, 청소년 수련회에 대한 기능적 방향성 제고를 위한 평가와 시사점을 제공해 줄 수 있을 것으로 기대한다.

2. 청소년 수련회 연구를 위한 방법

이 절에서는 전술한 문제 의식을 바탕으로 한국교회의 청소년 수련회와 관련된 실제적인 주체들과의 현장지향적인 연구 수행을 통해 그들의 체험적 목소리에 귀를 기울이고, 청소년 수련회와 관련된 생활에서 자신들을 둘러싼 환경을 어떻게 인식하며 나아가 어떠한 문화적 삶을 가꾸어가는지 내러티브 탐구를 통하여 살펴본다. 이를 질적자료 분석 컴퓨터 프로그램(CAQDAS: Computer-Aided Qualitative Data Analysis Software) 파랑새 2.0을 통해 효과적으로 분석해보고자 한다.

1) 내러티브 탐구(Narrative Inquiry)와 연구참여자

내러티브 탐구는 American Educational Research Association(AERA)의 Educational Researcher에서 Connelly & Clandinin에 의해 구성되었으며, 이후 질적연구방법의 주요한 개념으로 확산되었다(김병극, 2012). Connelly & Clandinin에 따르면 내러티브 탐구는 연구참여자들의 이야기로서 그들의 삶 속에서 만들어내는 의미와 맥락을 조사(research)하고 이해(understand)하고자 하는 것으로 이를 탐색하기 위한 자료들은 전방위적 도구들이 활용된다. 예를 들어 현장에서 도출되는 이야기, 자서전, 현장일지, 편지, 대화, 면담, 사진, 개인적 경험 등이 총망라되어 구성된다(Clandinin & Connelly, 2000). 이러한 내러티브 탐구는 인간의 경험을 이해하고 경험에 의미를 부여해주기 때문에 그가 살아가는 상황을 심층적으로 파악하게 해주며, 이들의 경험을 '상호작용', '시간성', '장소'라는 3차원적 측면에서 조망하게 해준다(김대현, 2006).

그러므로 본 연구에서 집중하고자 하는 한국교회의 청소년 수련회와 관련된 실제적 경험에 대한 분석은 내러티브 탐구를 통해 분석될 때 더욱 효과적으로 살펴볼 수 있을 것이며, 청소년 수련회와 관련된 그들의 삶 속에 존재하고 있는 상호작용, 시간성, 장소성에 의한 생생한 경험들을 현장감 있게 제시해줄 수 있을 것으로 판단된다. 나아가 내러티브 탐구의 의미 가운데 연구 주요 관계자들의 사회적 역할과 신앙적 사명감까지 각성시켜 준다는 특성과 의미를 고려할 때 단순히 관련된 인물들의 삶을 탐색하는 것을 넘어 그들의 상황과 문제들을 개선시키는데 이바지하고자 하는 본 연구의 취지에도 부합한다고 판단된다. 왜냐하면 본 연구의 주요한 목적은 청소년 수련회에 참여한 주체와 구성원들의 삶만을 피상적으로 분석하는 것에 목적이 있는 것이 아니라 그들의 삶을 심층적으로 탐색함으로써 청소년 수련회와 관련된 다양한 수준의 딜레마와 문제들을 해결하고, 그들을 향한 실제적인 정책적 방안과 대안 제시를 위한 기초자료를 제공하고자 하는데 있기 때문이다.

〈표 12-1〉 연구참여자

순	연구참여자	성별	연령대	특징
1	연구참여자 1	남	50대	• 청소년 사역자(목사) • 전국단위 선교단체 대표 역임 • 전국단위 청소년 수련회 기획 및 운영
2	연구참여자 2	남	40대	• 청소년 사역자(목사) • 전국단위 선교단체 위원 역임 • 전국단위 청소년 수련회 기획 및 운영
3	연구참여자 3	남	40대	• 청소년 사역자(목사) • 중고등부 청소년 수련회 기획 및 운영
4	연구참여자 4	남	30대	• 청소년 사역자(강도사) • 중고등부 청소년 수련회 기획 및 운영
5	연구참여자 5	남	20대	• 교회 내 교회학교 교사 • 전국단위 및 교회단위 청소년 수련회 스태프 경험
6	연구참여자 6	남	20대	• 교회 내 교회학교 교사 • 전국단위 및 교회단위 청소년 수련회 스태프 경험
7	연구참여자 7	남	20대	• 청소년 사역자(교육전도사) • 전국단위 및 교회단위 청소년 수련회 스태프 경험
8	연구참여자 8	여	20대	• 교회 내 교회학교 교사 • 전국단위 및 교회단위 청소년 수련회 스태프 경험 • ○○교단 신학대학 재학
9	연구참여자 9	여	20대	• 교회 내 교회학교 교사 • 전국단위 및 교회단위 청소년 수련회 스태프 경험 • ○○교단 신학대학 재학
10	연구참여자 10	여	40대	• 교회 내 교회학교 교사
11	연구참여자 11	여	30대	• 교회 내 교회학교 교사 • 대학원생(교육학 전공)
12	연구참여자 12	남	20대	• 교회 내 교회학교 보조 교사 • 대학부 임원/교회단위 청소년 수련회 스태프 경험

순	연구참여자	성별	연령대	특징
13	연구참여자 13	남	10대	• 모태신앙 • 중고등부/청소년 수련회 경험
14	연구참여자 14	남	10대	• 모태신앙 • 중고등부/청소년 수련회 경험
15	연구참여자 15	남	10대	• 모태신앙 • 중고등부/청소년 수련회 경험
16	연구참여자 16	여	10대	• 모태신앙 • 중고등부/청소년 수련회 경험
17	연구참여자 17	여	10대	• 중고등부/청소년 수련회 경험
18	연구참여자 18	여	50대	• 교회 사역자(전도사)
19	연구참여자 19	남	40대	• 교회 담임목회자
20	연구참여자 20	남	50대	• 교회 담임목회자

연구대상자 모집을 위해 ○○교단 총회와 교단 산하 교회, 그리고 한국기독교교육학회(초교파적인 학회)의 네트워크를 활용하여 청소년 수련회 운영 및 개최와 관련된 인사들을 추천받았으며, 추천받은 이들을 중심으로 연구참여자들을 최종 선정하였다. 이들은 연구문제의식을 적합하게 설명할 수 있는 청소년 수련회 기관 담당자(대표 포함), 목회자, 교회학교 교사, 수련회 보조 스태프들, 청소년 수련회에 참여하는 청소년들로 남성 13명, 여성 7명이다.

2) 연구참여자를 위한 윤리적 사항: IRB 승인(KU IRB 2015-29) 및 연구참여자 정보관리

연구참여자를 위한 윤리적 사항의 경우, 본 연구는 ○○대학교 기관생명윤리위원회 심사 과정(IRB 승인번호: KU IRB 2015-29)에 준하여 다양한 기준과 내용들에 부합하고 동의된 자들이다. 좀 더 구체적으로 연구 수행에서 이들에게 연구의 목적과 동의서 작성을 안내하였으며, 명확한 표현으로 연구목적과 수집된 자료가 오직 학술적 목적으로만 사용될 것을 밝혀주었다. 또한 모든 개인적 정보는 자료를 확인하는 목적으로만 활용되어 실제 분석과정에서는 정보들이 밝혀지지 않음도 안내하였다. 연구를 통해 수집된 자료의 관리는 연구책임자로서 연구자가 수행하며, 수집된 자료는 지정된 장소에 보관하고 전자기록물은 연구자 개인 컴퓨터에 저장하여 보관, 관리하였다. 모든 현장 및 전사 자료의 경우 컴퓨터 패스워드를 사용하여 보안을 유지하고 보안과 관련한 모든 사항은 연구자가 직접 관리하였으며, 연구 종료 후 모든 연구자료(개인정보, 파일 등)의 경우 복원이 불가능한 방법으로 영구 삭제되었으며, 그 외 기록물, 인쇄물, 서면, 기록매체는 파쇄 또는 소각되었다.

3) 자료 분석: Computer Aided Qualitative Data Analysis Software로서의 '파랑새 2.0' 활용과 전체적(holistic) · 과정적(process) · 구조적(structural) 코딩 전략

수집된 자료들의 경우 그 의미하는 바를 고려할 때 신뢰롭고 타당성 있게 분석될 필요성이 있다. 하지만 자료 분석이 연구진들의 주관적 측면을 완벽하게 배제할 수 없기 때문에 자료 분석 과정에서 신뢰롭고, 타당한 분석 과정을 거쳐야만 한다. 이를 위해 본 연구에서는 질적자료 분석 컴퓨터 프로그램을 통해 효과적으로 이를 수행하고자 하였다. 전통적으로 질적 연구는 연구도구인 연구자 스스로 각 단계, 즉 전사에서부터 분석에 이르는 연구 전 과정의 작업을 수행하면서 진행되어진다. 하지만 이러한 맥락은 독일, 미국, 영국, 호주 등에서 다양한 CAQDAS(Computer-Aided Qualitative Data Analysis Software)가 개발되면서부터 조금씩 변화 및 발전하고 있다. 이러한 대표적인 질적자료분석 프로그램으로는 ATLAS.ti5, Hyper Research, MAXqda, The Ethnograph, NUDIST, NVivo가 있다.

본 연구에서는 한국형 질적자료 분석 프로그램인 '파랑새 2.0'을 활용하여 분석을 시도하였다. 파랑새 2.0의 경우 비서구권 최초의 질적자료 분석 프로그램으로서 자료의 전사에서부터 글쓰기 작성에 이르기까지 원스톱(one-stop) 체제를 구현하여 연구자 친화적인(user-friendly) 구성으로 이루어져 있으며, 특별히 분석적 메모, 자료의 구조화, 자료의 양적 결과 제시에 강점이 있는 프로그램이다(오영범·이현철·정상원, 2016).

본 연구에서는 해당 CAQDAS를 통하여 자료 분석과 코딩이 수행되었으며, 기본적으로 원자료 전사를 바탕으로 '전체적 코딩(holistic coding)', '과정적 코딩(process coding)', '구조적 코딩(structural coding)'을 동시적으로 활용하였다(오영범 외, 2016). 전체적 코딩은 연구자료들을 세부적으로 나누기보다 큰 의미와 단위들로 코드를 부여하는 것이며, 과정적 코딩은 현장의 자료 속에서 나타나는 참여자들과 핵심적 인물들의 행위와 관련된 개념들에 대하여 코드를 부여하는 것이다. 또한 본 연구에서 핵심적 코딩 전략으로서 구조적 코딩은 문제 의식에 초점을 맞추어 연구 현상에 대한 핵심적인 주제들을 도출하기 위한 코딩 전략이다. 이러한 코딩 전략과 방법은 구체적으로 청소년 수련회에 대한 연구참여자들과 핵심적 인물들이 가지고 있는 내부적인 시각과 인식이 무엇이며, 딜레마적 상황의 근원과 이유들에 대한 전체적이고 주요 개념들을 파악하는데 용이하게 해주었다. 그리고 청소년 수련회와 관련된 심층적이면서 총체적인 내용들을 파악하게 해주었다. 예를 들어 본 연구의 주요한 주제로 도출된 스타 강사와 동일한 프로그램의 식상함: "○○목사님과 ○○찬양팀을 해야 대박"의 경우 청소년 수련회에 대한 연구참여자들과 핵심적 인물들이 가지고 있는 내부적 시각과 인식을 극명하게 반영해주는 것으로 연구참여자들의 문제 의식에 초점을 맞추어 코딩을 수행하여 그들의 관점을 제시한 것이다.

3. 한국교회의 청소년 수련회와 관련된 내러티브

1) 수련회의 본질과 성격의 문제: "수련회의 특색이 없어졌습니다"

한국교회 내 청소년 수련회는 교회의 차원과 선교단체의 차원으로 크게 구분할 수 있다. 교회 차원의 수련회는 교회의 교육기관이 중심되어 위탁하지 않고 자체 프로그램을 통해 신앙교육이 진행되어지는 것이다. 선교단체의 수련회는 특정한 강사와 내용들을 구성하고 이를 홍보하여 단위 교회의 신청과 접수를 통해 수련회가 운영되어지며, 단위 교회는 자신들의 교육기관 학생들을 해당 선교단체 수련회에 위탁하여 행사를 진행하는 것이다. 교회의 수련회와 선교단체 수련회 모두 수련회를 기획하고 운영할 때는 명확한 철학과 방향성이 존재하고 있다. 이는 수련회 주강사 및 특강 강사 섭외와 세부 프로그램 구성을 결정하는 중요한 요소이다. 더욱이 선교단체가 운영하는 수련회의 경우 이러한 철학과 방향성이 현장 교회와 학생들로부터 해당 수련회에 참여하게끔 만드는 핵심적 동기가 되기도 한다. 하지만 현재 한국교회의 청소년 수련회는 각 수련회만이 가진 본질적 특색과 내용이 부재한 상태임을 확인할 수 있었다.

> **연구참여자 1**: 수련회의 특색이 없어졌습니다...... 단체가 가지는 특색이 있습니다. 지금은 특색이 없어져버렸습니다. 비슷한 강사에다가 비슷한 프로그램에다가 비슷한 무엇인가를 하는 캠프들이 너무 많아요. 수련회 포스터를 펼쳐놓고 보면 이 강사가 저 강사가 전국구 강사들이 한 바퀴 도는 거죠. 그러면 이 수련회를 굳이 할 이유가 무엇이냐는 거죠? 가장 딜레마가 그러면 이 캠프를 굳이 해야 되는 이유나 목표가 무엇이냐 하는 거죠. 다 똑같은데. 강사도 비슷하고 프로그램도 비슷하고 게스트도 비슷하고 다 비슷한 수련회를 하고 있는데 이것을 한 개 더 늘려서 한 개 더 해야 될 이유가 무엇인가? 이게 가장 큰 딜레마입니다. 그래서 특색 있는 수련회 우리만 할 수 있는 수련회 이것이 기획되어야 합니다. 이것이 가장 중요한 것 같아요.

연구참여자 4: 제가 생각할 때 현대 시대의 수련회에 가장 큰 문제점은, 무언가 이것 때문에 수련회 한다가 아니라 수련회 해야 되기 때문에 하는 수련회를 하는 느낌이에요. 연례행사 중에 여름 한번 겨울 한번 수련회가 없으면 이상하니깐 수련회를 기획하고 기획하면서……

한국교회 내 유사하거나 중복적 성격의 수련회로 말미암아 청소년 수련회를 개최하는 기관의 각기 특색과 의미들이 사라졌음을 확인할 수 있다. 이러한 이유에는 동일한 주강사 및 특강 강사와 유사한 성격의 프로그램 구성을 들 수 있으며, 이는 청소년 수련회의 특색들을 희석시키는 핵심적 요소임을 보여주고 있다. 수련회와 직접적 관련을 맺고 있는 내부자들의 기본적 인식과 관점은 청소년 수련회를 진행하는 교회와 단체의 본질적인 방향과 의미들을 다시금 새롭게 할 필요가 있다는 것이다. 즉 '연례행사' 혹은 '시즌 때우기식 행사'가 아닌 청소년 수련회가 가진 본연의 의미를 철저히 회복하고 새롭게 할 필요가 있다는 것이다. 나아가 해당 수련회를 주최하는 교회와 단체의 정체성에 부합하는 주제와 내용들을 정련되게 구성하여 그것이 초기 수련회 기획 및 준비과정에서부터 실제적인 운영과정에까지 분명하게 나타날 수 있도록 구성되어야 할 필요가 있다는 것을 강조하고 있는 것이었다.

2) 스타 강사와 동일한 프로그램의 식상함: "○○목사님과 ○○찬양팀을 해야 대박"

앞서 청소년 수련회의 본질과 성격이 유사하게 흘러가는 핵심적 요인 중의 하나로 스타 강사와 유사한 프로그램의 운영을 확인할 수 있었다. 실제로 본 연구자의 조사를 통해서도 확인될 수 있었는데 2015년과 2016년 하계 청소년 수련회를 살펴본 결과 소위 '스타 강사'의 겹치기 강의와 설교가 실제로 존재하였으며, 이에 대한 수련회 참여자의 당황스러움도 확인할 수 있었다.

연구참여자 2: '타이틀'로 내세우는 게 찬양집회, 찬양 인도자가 누군가이고……유명강사들 소위 스타 강사들을 초빙을 많이 하게 되는데 스타 강사들을 초청하는 이유가 말씀 중심으로 아이들을 변화시키겠다가 아니라 아이들의 코드에 맞춰서 간지러운 부분을 긁어주는 설교를 하다보니깐 학생들도 많이 오게 되고 수련회 진행하는 입장에서는 많이 와야지 속된 말로 장사도 잘되고 그렇게 되지 않습니까? 그렇게 되니깐 말씀 중심 수련회가 아니라 아이들의 간지러운 부분을 긁어주는 수련회……

연구참여자 9: 제가 했던 경우에는 큰 것이었어요. 700명정도 모이는 수련회였는데 유명한 CCM 가수분들이 오시면은 그 회차는 1000명이 넘어서 통제를 하려고 앞 줄에 자리를 맡거나 하는 경우에 굉장히 엄격하게 하고 있거든요……

연구참여자들은 청소년 수련회에서 스타 강사와 특정 유명 찬양단의 중요성을 인식하고 있었으며, 수련회의 성공 여부 중 가장 우선순위를 차지하고 있는 것이 이들의 섭외와 참여를 들고 있었다. 왜냐하면 청소년 수련회의 참여자들 입장에서는 어차피 참여하게 될 수련회라면 유명한 사역자나 찬양팀이 배정된 날짜에 참여를 희망하고 있기 때문이었다. 또한 청소년 수련회를 기획하는 단체의 입장에서는 참여자들의 만족도를 증진시키기 위해 스타 강사들의 배정 빈도를 높일 수밖에 없는 상황이었으며, 참여자들의 수가 수련회의 예산 부분과도 직접적으로 관련된 사항은 더욱더 이를 확고하게 만드는 요소가 되고 있었다. 그러므로 전술한 구성원들의 이해관계 속에서 특정한 강사의 쏠림 현상과 그에 따른 유사 프로그램의 나열식 구성이 표출되고 있었으며, 이는 청소년 수련회를 식상한 행사로 만드는 메커니즘을 여과 없이 보여주는 것이다.

연구참여자 4: 주제는 하나 던져 놓았는데 오전집회, 오후집회, 저녁집회의 주제와 관련이 없이 제목이 다 다릅니다. 유명한 강사들을 모시다 보니깐 그분들이 가장 자신 있고 잘하는 설교들을 가지고 나옵니다. 그러니깐 주제는 이겁니다라고 주최 측에서 말한다 하더라도 각자 성량대로 설교를 하시다보니깐 '김밥천국식' 수련회가 됩니다. 예를 들어 '일어나라 빛을 발하라'로 주제를 잡았다. 주제와 관련 없는 설교를 하시는 거죠. 2박3일, 3박4일. ○○○ 같은 단체의 경우, 강사가 굉장히 많습니다. 정신이 없습니다. 강사들이 다 딴소리합니다. 주제도 없고 맥락도 없고 흐름도 없이 갑니다.

이러한 맥락에서 강사 중심의 내용들은 식상한 행사의 원천이 되며, 전술한 단체의 특색과 수련회가 담고 있는 방향성을 상실하게 하는 주요한 요인이 되고 있었다. 이로 말미암아 수련회의 주인공으로서 유익들을 누려야 할 청소년들이 자연스럽게 피해자가 되고 있는 안타까운 상황이었다. 특히 청소년 수련회에 참여하는 이들의 상당 비율이 기존의 교회에서 신앙생활을 하고 있는 청소년들[2]이며, 이들이 새신자가 아닌 청소년 수련회에 참여하는 것이 어색하지 않은 교회 문화에 익숙한 이들임을 고려할 때 그들이 느낄 식상함과 특정 강사 및 인물 중심의 수련회가 주는 문제들은 더욱 클 것으로 예상된다.

2) 실제적으로 수련회에 참석하는 청소년들의 높은 비율은 기존 성도로서의 청소년들이다. 하지만 청소년 수련회 내 새신자들에서부터 다양한 신앙적 차이를 가진 학생들도 참여하고 있음도 부정할 수 없다. 이는 청소년 수련회에서 발생하고 있는 또 다른 딜레마이기도 하다. 이와 관련하여서는 6) 다양한 구성원들의 신앙적 차이: "수련회 처음 온 아이들은 어쩌지요?"에서 확인할 수 있다.

3) 수련회 주제의 세속화: "왜곡된 힐링과 비전"

한국교회의 성장주의는 교회 구성원들로 하여금 물질적 축복과 안위에 대한 왜곡된 인식을 심어주었으며, 세속화된 가치들은 교회 내 다양한 프로그램들의 방향성을 설정함에 있어 고려되어야 할 요소로 자리 잡았다. 즉 교회의 세속주의 속에서 교회 구성원들이 듣기에 좋은 내용들을 안타깝게도 추구하기 시작한 것이다. 이러한 교회의 세속화는 한국교회의 건강한 성장을 방해하고 있으며, 한국교회로의 기능적인 유입을 막는 진입장벽적인 요소가 되고 있음이 보고되었다(이현철, 2015). 이러한 맥락에서 청소년 수련회도 청소년들에게 신앙의 본질적인 것을 강조하고 가르치기보다는 부수적인 것이나 세속적 가치를 학생들에게 신앙의 이름으로 전달하고 있는 모습이 나타나고 있었다.

> **연구참여자 4**: 제목은 비전입니다. 제목은 비전인데 대체로 세속적인 방향으로 가는 거죠. 요즘에는 시대가 힐링시대 아닙니까? 힐링에 초점을 많이 맞춰서 합니다. '위로', '회복' 그것이 영적 회복이 아니라 지금 가정에서나 학교에서 받은 상처에 대한 회복이고 억압되고 눌린 것에 대한 회복 그런 어떤 힐링쪽으로 많이 합니다. 그 전에는 비전을 얘기하면 성공 비전으로 합니다……

연구참여자의 인용문에서도 확인할 수 있듯이 청소년 수련회에서의 주제와 내용이 신앙적으로 균형 잡혀있는 것인지, 아니면 세속적인 사항으로 구성된 것인지 충실하게 살펴볼 필요가 있다. 연구기간 동안 청소년 수련회의 주제들을 살펴본 결과 상당수 내용이 청소년들의 비전과 회복에 집중되고 있었는데 그러한 수련회에서 지향하는 비전과 회복이 어떠한 차원에서 구성되는 것인가에 대하여 신중하게 살펴볼 필요가 있다는 것이다. 예를 들어 비전이 단순히 직업적 성공과 경제적 부를 통한 영향력만을 다룬다면 이것이 과연 신앙적으로 균형 잡혀있는 내용인가 하는 것이다. 다시 말하면 청소년들에게 왜곡된 '고지론'과 같은 인식을 참된 비전으로 포장시키고 있는 것이 아닌가 하는 것이다. 이는 단순히 강사들에게만 일임할 것이 아니라 수련회를 기획하는 초기 시점에서부터 정련되게 이루어져야 할 것이며, 평가와 피드백 체제를 통하여 비신앙적 사항과 세속적 가치에 대한 내용을 엄중하게 차단해야 할 것이다.

4) 찬양 중심 집회의 아쉬움: "말씀시간에는 대부분 나가거나 잡니다"

청소년 수련회를 수행하는 여러 이유들이 존재하고 있지만 그중에서 가장 주요한 측면은 청소년들을 위한 신앙교육의 몰입과 집중적 활동을 위해서이다. 하계 및 동계 방학 이외 학기중에서 충분한 시간을 가지고 학생들을 위한 몰입감 있는 신앙교육을 수행하기가 현실적으로 어려운 것이 사실이다. 주일 내 교회학교 교육기관의 시간도 충분하지 못하고, 부족한 시간마저도 여러 기관 행사와 프로그램으로 인하여 본질적인 신앙교육 자체에 집중하기가 어려운 것이 한국 교회학교의 현실이다(함영주, 2015). 그러므로 청소년 수련회 기간은 무게감 있는 기독교교육을 통해 평상시 이루어지지 못한 신앙교육의 내실성을 기함에 초점이 맞추어져야 할 것이며, 청소년들이 인격적으로 말씀 앞에 설 수 있도록 구성되어야 함이 바람직할 것이다. 하지만 한국교회의 청소년 수련회는 이러한 측면에서도 다소 균형 있게 구성되지 못하고 있는 상황을 확인할 수 있었다.

> **연구참여자 12**: 대체로 찬양집회 위주로 진행이 많이 됩니다. 학생들 보면 중고등부 수련회, 청소년 수련회, 대학청년부 수련회를 보면 공통적으로 찬양집회에 시간을 많이 할애합니다……찬양집회 때는 굉장한 은혜를 받는 것처럼 많이 울고 도전도 받고 뛰고 손들고 하면서 '말씀' 시간에는 대부분 나가거나 잡니다. 다시 찬양시간에 들어오고 그래서 마치 예배가 찬양중심으로 수련회 은혜가 찬양의 은혜를 받는 것에 집중이 되어 있기도 하고 학생들 성향도 끌려가고 장기적으로 볼 때 찬양에는 은혜를 받는데 말씀에는 은혜가 없는 얕은 은혜, 가벼운 은혜로 치닫게 되는 것이 문제점입니다. 장기적으로 보면 그렇게 신앙훈련이 되었을 때 학생들이 앞으로도 가벼운 은혜에 길이 들어져서 그런 은혜만 추구하게 되는 문제가 있습니다. 그러다 보니깐 수련회 프로그램을 준비하시는 분들도 말씀에 집중하기보다 찬양집회에 집중하게 되는 것이죠.

예배에서 찬양은 핵심적 요소이며, 이를 절대로 간과해서는 안 될 것이다. 또한 청소년들과 같이 풍성한 감정과 음악적 지향성을 고려할 때 청소년 수련회에서 찬양 시간은 반드시 강조되어야 할 사항이며, 소홀하게 다루어져서는 안 될 것이다. 하지만 그러한 찬양시간이 예배의 구성에서 적절한 위치와 수준을 벗어나 청소년들이 예배에 집중하는 것을 방해하거나 걸림돌로 작용하게 될 때는 찬양 시간과 관련된 전반적인 내용 구성과 시간적 할애의 수준을 재조정해야 할 필요가 있을 것이다. 실제로 대부분의 연구참여자들의 경우 현재 찬양시간의 비율이 전체 경건회의 비율에서 줄어들 필요가 있음을 제안하였으며, 말씀 시간 이후 이루어지는 찬양과 기도회 시간도 말씀 및 주제와 연계하여 감정적 차원만을 공략하기보다는 전인격적 차원에서 의미있게 조정될 필요가 있음을 고백해주었다. 이와 관련하여 해당 시간에 실제적으로 참여하고 있는 청소년들도 지나치게 긴 찬양시간과 감정적 면만을 강조하는 것에 대하여 우려함을 고백해주기도 하였다.

연구참여자 15: 찬양 1시간 하고 나면 힘이 다 빠져요. 말씀 시간에 그러면 잠이 오고, 물 마시러 나가고 그래요……어떨 때는 가사나 의미보다는 그냥 뛰고 신나게 하기 때문에 허무할 때도 있습니다.

5) 수련회 참석 교회 간 양극화 문제: "위엄이 있는 큰 교회와 몇 명 없는 작은 교회"

최근 한국교회의 양극화 상황은 심각한 수준에 이르고 있다. 지역사회 안에서 메가 처치(mega church)의 블랙홀(black hole)과 같은 형태의 이미지 독식과 성도 흡수는 동일한 지역사회 기반의 중·소형 교회들이 구축해 온 사역의 장과 영역을 상실하게 하고 있다. 이와 관련하여 신광은(2015)은 메가 처치가 기업화된 초대형 교회로서 교인의 점유율뿐 아니라 강력한 상징력을 통해 많은 영향력을 행사하고 있다고 지적하였다. 이러한 상징력은 브랜드 가치로 치환되고, 이것이 신자들의 수평이동 종착지가 되도록 만든다고 보고하고 있다. 실제로 대형교회 중심의 다양한 활동과 프로그램들은 지역 기반의 중·소 규모 교회의 활동을 저해할 만큼 엄청난 영향력을 발휘하고 있으며, 지역 내 많은 중·소 규모 교회 사역자들의 사역활동에 어려움으로 나타나고 있다(이신철·이현철, 2013). 청소년 수련회라는 활동의 장에서도 유사한 맥락을 확인할 수 있었는데, 교회 간 양극화로 인한 역기능적 모습들이 나타나고 있었다. 즉 개척교회 및 미자립교회와 일정 규모 이상 혹은 오랜 전통을 가지고 있는 조직교회들 간 차이에 의한 상대적 박탈감이 나타나고 있는 것이다.[3]

연구참여자 11: 수련회 참가하는 교회들끼리 경쟁적인 요소들도 있다고 생각합니다. 어떤 교회 이름 부를 때 와~ 하는 큰소리가 점수로 주기도 하니깐 식사할 때도 응원점수나 점수화해서 작은 교회일수록 불리한 면도 있고, 팀을 이루는데도 분명히 교회마다 분배해서 팀을 만들고 한 팀이 되는데, 거기서도 같은 교회 몇 명 한 세 명정도 있으면, 작은 교회는 한 명 정도 밖에 없고요.

연구참여자 12: 저희 교회가 작기 때문에 제가 경험한 거라서, 특히 좀 교회가 저기 ○○○교회다 하면 와~ 하고 우리는 ○○○○교회다 하면 거기가 어딘데 하고……진짜 큰 교회는 일단 엄청 많이 있으니깐, 군대 같은 위엄이 있어요. 다 주눅이 들죠……

---

3) 물론 청소년 연합 수련회와 같이 여러 교회들이 참여하는 형태의 수련회에 소위 유명 초대형 교회들의 참석은 이루어지지 않고 있으며, 그러한 교회들은 자체 수련회로 하계와 동계 수련회를 구성하고 있음을 확인할 수 있었다. 이러한 측면도 재정적 측면만을 고려한다면 넓은 의미에서는 양극화의 맥락에서 살펴 볼 수 있는 사항으로 판단된다. 왜냐하면 그러한 교회들은 개척교회 및 미자립 교회가 수행할 수 없는 재정을 투입하여 수련회를 개최하기 때문이다.

연구참여자들은 청소년 수련회 기간에 나타날 수 있는 교회 간 차이의 일부분을 현장감 있게 이야기해주었다. 청소년들이 느낄 수 있는 작은 교회와 큰 교회의 차이는 자신들이 경험하고 있는 신앙 교육적 수준에서도 차이가 나는 것은 아닌지 우려하기도 하였다. 교회의 크기가 신앙 교육의 질과도 연결될 수 있다고 느끼는 안타까운 현상이 나타나기도 하는 것이다. 이러한 맥락이 가능할 수 있는 것은 실제 규모가 있는 조직 교회들은 교사들의 관심과 참여가 내실 있게 이루어지고 있었으며, 이는 구체적인 형태로 학생들을 지원함으로써 나타나기도 하는 것이다. 예를 들어 수련회 기간 동안 교회 자체적으로 해당 교회 학생들에게 간식을 지원한다든지, 많은 교사들이 참여하여 격려를 해준다든지, 자신들만의 교회 단체 티셔츠나 옷을 입고 활동을 수행한다든지 하는 것이다. 이는 다른 교회, 특별히 개척교회 및 미자립교회 청소년들에게는 상대적인 수준의 차이를 경험하게 하는 것으로 자신들의 교회가 가지고 있는 지원적 성격에 부정적 이미지를 심어줄 수 있는 내용이 되는 것이다. 이와 관련하여 교회가 가지고 있는 사회적 자본의 영향력(강용원·이현철, 2009)을 고려한다면 더욱더 이러한 교회 간 차이의 상황에 대한 관심과 구체적인 해결방안이 도출될 필요가 있다.

6) 다양한 구성원들의 신앙적 차이: "수련회 처음 온 아이들은 어쩌지요?"

주지하고 있듯이 신앙성숙의 개념을 통하여 개인적인 우선순위, 헌신 등의 신앙적 차이가 나타나고 있음을 다양한 연구들에서 보고하고 있으며, Benson, Donahue, & Erickson (1993)의 연구는 해당 신앙성숙도를 측정할 수 있도록 주요한 기초자료까지 제공해주었다. 이러한 맥락에서 청소년 수련회에 참여하는 구성원들을 살펴보면 동일한 청소년 수련회에 참여하였을지라도 그들 내 신앙적 성숙과 차이는 상당한 수준에서 나타나고 있었다. 청소년 수련회에 참여하는 학생들의 경우 생애 처음 교회에 출석한 학생들에서부터 모태신앙으로서 청소년 수련회에 매년 참석하는 학생들까지 다양하였으며, 실제 그들의 신앙에 대한 이해 수준은 그들만큼이나 다양한 수준으로 차이가 나고 있음을 확인할 수 있었다. 이뿐 아니라 중학교 1학년 학생들에서부터 고등학교 3학년 학생들에 이르기까지 연령과 발단 단계수준에서도 큰 차이를 보이고 있는 것이 청소년 수련회 구성원들의 현실적인 모습이었다. 이러한 참여 학생들의 다양한 구성과 차이는 프로그램의 집중적인 대상 선정에 어려움을 줄 수 있으며, 그로 인해 참여자들의 프로그램 만족도와 적합성을 바탕으로 한 프로그램 몰입도를 방해하는 요소가 될 수도 있는 것이었다.

연구참여자 9: 수련회 자체가 기존 신자들을 목표로 하는 거잖아요...... 새로운 사람들도 분명히 있어요. 그런데 가면 다짜고짜 분위기가 형성이 되니깐 적응을 못하는 거예요. 오히려 반감을 가지게 된 경우도 봤거든요. 막 울고불고하는 것을 옆에서 보게 되는 거죠.....완전히 사이비같이 자기가 알고 있던 종교의 허상적이거나 미신적인 모습을 자기가 직접 보니깐 오히려 오해하게 되는 계기가 되는 것 같기도 합니다.

연구참여자의 인용문에서도 확인할 수 있듯이 청소년 수련회가 기존 신앙 청소년들 중심으로 운영되고 있다면 해당 청소년 수련회에 참여하는 그 외 다양한 특성을 가진 학생들의 입장에서는 매우 어색한 내용들이 될 가능성이 클 것이다. 예를 들어 다양한 구성원들을 대상으로 설교를 어떠한 방향과 내용으로 구성할 것이며, 그 외 프로그램들을 수행할 때 신앙교육적 효과성을 담보하기 위한 교육대상자 이해의 측면은 어떻게 정련되게 구성할 것인가에 대한 의문이 생기는 것이다. 물론 몇몇 수련회의 경우 새신자 청소년들을 위한 자체 프로그램을 구성하고 있었지만 해당 프로그램 운영이 전반적인 청소년 수련회의 보편적 모습으로 보기는 어려운 것이 사실이며, 이와 관련된 추가적인 예산이 책정되어야 할 상황이기에 수련회 주최 측의 입장에서는 청소년 수련회 내 세분화된 트랙 구성은 현실적으로 쉽지 않은 모습이었다.

7) 청소년 수련회의 변함없는 의미: "신앙적 회복을 위한 몸부림"

연구과정을 통해 청소년 수련회에 참여하는 학생들의 참여 동기는 다양하게 구성되고 있음을 확인할 수 있었다. 교회학교 담당 교역자와 교사의 설득으로 참여하는 것에서부터 단순히 친구들과 놀기 위해서까지 다양하게 구성되고 있었다. 또한 청소년들은 가정과 학교를 떠나 2박3일 혹은 그 이상의 시간을 동료들과 함께 보낸다는 것 자체가 흥미로운 문화로 자리 잡고 있는 것이기도 하다. 하지만 청소년 수련회에 참여하는 학생들 가운데 자신의 신앙적 회복을 위한 진지한 몸부림으로서 의미 있게 시간을 보내고자 하는 내용들을 매우 주요한 내용으로 확인할 수 있었다.

연구참여자 16: 수련회에 와서 친구들과 놀지만 그래도 저녁 경건회 때나 기도회 시간에 집중합니다. 앞자리에 앉거나 말씀 시간에 자지 않고 배울려고 합니다. 예수님을 통해 내 삶을 다시 한번 새롭게 하고 싶은 마음이 있어요......학교에서나 평상시에는 여러 가지로 잘 안 되니깐......보충수업 빠지고 왔으니......

연구참여자 7: 아이들이 수련회를 통해서 결단하고 자신의 삶에 비전을 고민하는 것이 없는 것이 아니잖아요. 저도 중학교 때 수련회를 통해 목회자로서 삶에 관심을 가지고 나아 왔으니깐요. 교수님도 비슷하지 않나요......

장신근(2006)은 수련회가 지닌 교육적 의미를 몇 가지로 정리하였다. 집중적 신앙교육, 하나님과 자신과의 만남, 공동체 경험, 소명의 분별과 헌신 결단, 섬김과 나눔 등으로 제시하였다. 이는 청소년 수련회에 참여하는 청소년들이 경험할 수 있는 주요한 내용으로도 볼 수 있으며, 이와 관련하여 수련회의 신앙적 의미는 본질적이며 가치지향적이라 할 수 있다. 이러한 맥락에 대한 청소년들의 관심 역시 크게 나타나고 있었으며, 신앙적 부분에 집중하고자 하는 청소년들의 노력들도 확인할 수 있었다. 무엇보다 청소년 수련회를 통해 학생들은 자신의 신앙을 회복하고 좀 더 신앙적인 성숙에 대한 갈망을 채우고자 하는 동기가 분명히 존재하고 있는 것이다. 이는 청소년들에게 수련회의 의미가 단순하게 '노는 것'의 맥락과 인식만이 존재하는 것이 아니며, 수련회 참여의 동기가 매우 신앙적인 차원도 존재하고 있음을 재확인해주는 대목이다. 즉 신앙과 관련된 청소년 수련회의 변함없는 가치가 지속되고 있는 것이었다. 이러한 측면이 존재하는 한 시대적인 난제 속에서 청소년 수련회의 지속가능성에 대한 긍정적 확신을 유지하고, 수련회의 교육적 의미를 퇴색시키기보다 오히려 좀 더 신앙 본질적인 성격에 집중해야 할 필요가 있음을 강력하게 시사하는 것이다. 그러므로 현장 사역자들의 경우 청소년 수련회를 통하여 수행할 수 있는 신앙교육의 특색들을 더욱 발전시켜 나갈 필요가 있을 것이며, 좀 더 전문적인 수준에서 이를 기획하고 연구·분석할 필요도 있을 것이다.

4. 한국교회의 청소년 수련회를 위한 방향성 제시

본 연구에서는 청소년들, 청소년 수련회 사역자들, 교회 관계자들이 실제적으로 경험하는 수련회의 과정과 의미를 질적연구의 내러티브 탐구를 통해 심층적으로 기술하고, 그 속에서 그들이 경험하는 다양한 딜레마와 내용들을 파악하고자 하였다. 이를 통해 다음과 같은 청소년 수련회와 관련된 딜레마와 이슈들을 도출하였다. 첫째, 수련회의 본질과 성격의 문제, 둘째, 스타 강사와 동일한 프로그램의 식상함, 셋째, 수련회 주제의 세속화, 넷째, 찬양 중심 집회의 아쉬움, 다섯째, 수련회 참석 교회 간 양극화 문제, 여섯째, 다양한 구성원들의 신앙적 차이, 일곱째, 청소년 수련회의 변함없는 의미 등이다. 해당 연구결과를 바탕으로 한국교회의 청소년 수련회의 건강한 수행과 발전을 위하여 몇 가지 주요한 방향성을 제시하면 다음과 같다.

첫째, 청소년 수련회 운영 교회와 기관 및 단체에서는 중·장기적 수련회 로드맵 구성이 필요하다. 청소년 수련회가 스타 강사와 유사한 프로그램으로 구성되는 주요한 이유에는 본질적으로 장기적인 계획에 기반한 청소년 수련회 로드맵이 부재하기 때문이다. 단발성의 행사 중심의 수련회에서는 스타 강사를 통한 강한 임팩트를 기대하지만 실제로 그 효과성에 대해서는 좀 더 신중한 접근이 요청된다. 스타 강사 중심의 수련회를 탈피하고 유사한 프로그램의 백화점식 혹은 나열식 구성을 벗어나기 위해서는 교육과정에 기반한 중·장기적 계획 속에서 단계·심화적 구성 혹은 특정 주제 중심의 체계적 구성을 구축해나가는 것이다. 이를 통해 교육적 효과성을 달성하는 동시에 수련회 참여 구성원들의 만족도를 증진시키고 프로그램의 식상함을 타개할 수 있을 것으로 판단된다.

둘째, 한국교회와 주요 수련회 수행 기관 및 단체에서는 청소년 수련회의 질적 수준 평가를 위한 명확한 기준 개발이 필요하다. 이를 위한 전제로는 유명한 강사와 찬양단을 중심으로 한 수련회 인도가 수련회의 질적 수준을 가늠하는 핵심적 요소라는 전제를 재고할 필요가 있을 것이다. 수련회의 질적 평가에서 강사와 주요 게스트들의 내용은 무엇보다 중요하다. 하지만 그것이 전반적인 수련회의 질적 수준을 확정 짓는 최우선의 기준과 잣대가 되어서는 안 될 것이다. 수련회의 질적 수준을 평가할 수 있는 다양한 지표와 내용들을 개발하고 이를 통해 그야말로 참여자 중심의 청소년 수련회 그리고 현장 지향적인 청소년 수련회로 탈바꿈하기 위한 접근들이 요청되는 것이다. 이와 관련하여 청소년 수련회에 대한 양적인 통계 분석과 척도 개발이 수반되어야 할 것으로 보며, 이에 대한 후속 연구가 시급하게 요청된다.

셋째, 맞춤형 청소년 수련회 프로그램 개발이 필요하다. 현재 청소년 수련회의 경우 교회 규모별 갈등, 수련회 참여 학생들의 신앙적 수준 차이에 의한 딜레마 등 다양한 참여 구성원들의 차이에 의한 어려움들이 현상학적으로 존재하고 있다. 좀 더 효과성 있는 프로그램이 되기 위해서는 청소년 수련회 참여자들의 상황과 맥락을 충분히 고려한 세분화된 청소년 프로그램들이 구성될 필요가 있다. 예를 들어 '농어촌 지역 교회를 위한 청소년 수련회', '새신자들을 위한 청소년 수련회', '목회자 자녀들을 위한 청소년 수련회', '중학생들을 위한 혹은 고등학생들을 위한 청소년 수련회' 등과 같이 특정 집단으로 한정하되 집중적으로 해당 집단을 위한 정련된 프로그램을 구성하여 운영해나가는 것이다. 이는 수련회 참여자들의 상황과 맥락을 고려함으로써 그들의 실제적 삶에 의미있는 영향력과 접근이 될 것으로 본다.

넷째, 본질적으로 수련회 참여자들과 교회 및 단체에서는 수련회의 참여 이유와 근본적인 수련회 개최 동기가 무엇인가를 재정립할 필요가 있으며, 청소년 수련회를 통해 얻고자 하는 본질적 내용들에 더욱 집중할 필요가 있을 것이다. 청소년들이 삼위하나님의 인격적이며 주권적인 부르심에 응답할 수 있도록 공동체적인 지원이 핵심적 과업임을 기억해나가는 것이다. 청소년들의 회심과 관련된 그리고 신앙적 결단을 이룰 수 있는 의미 있는 수련회의 역할을 고려할 때, 이를 단순히 연례행사로 치부하기에는 아쉬움이 남는다. 그러므로 청소년 수련회를 개최하고 이를 통해 무엇을 추구할 것인가에 대한 충분한 이해와 비전을 공유하여 참여자들과 이를 준비하는 이들의 본질적 인식의 전환이 요청되며, 청소년들을 향한 신앙교육적인 참된 의미에 대한 반성적 고찰이 요청된다.

다섯째, 청소년 수련회 기획 및 운영에서 기독교교육학 전문가들의 적극적 참여가 필요하다. 청소년 수련회의 교육적 의미와 가능성을 고려할 때 이에 대한 정련된 접근과 집중적 관리가 이루어진다면 해당 수련회를 통해 획득할 수 있는 신앙 교육적 효과는 클 것이다. 하지만 청소년 수련회의 기획 단계에서부터 실제 운영의 과정에서 기독교교육학적인 철학과 관점을 적용할 수 있는 기독교교육 전문가들이 부재한 상태에 있어 안타까운 현실이다. 실제로 대부분의 수련회의 경우 그동안 축적된 자료와 반복적 틀에 의해 수련회가 기획되고 운영되고 있으며, 정련된 기독교교육적인 접근을 통한 적용을 찾아보기는 어렵다. 이러한 맥락은 천편일률적인 수련회를 양산하는 요인이 되기도 하는 것이다. 그러므로 청소년 수련회에 대한 기독교교육학 전문가들의 적극적 참여와 연구가 필요하며, 이는 청소년 수련회 운영 매뉴얼 개발과 같은 다양한 수요자들을 위한 현장감 있는 지원들로 표출될 필요가 있다. 나아가 이러한 접근은 이론과 현장을 향한 기독교교육학의 정체성을 더욱 견고히 담아내는 측면에서도 유익할 것으로 판단된다.

제 13 장

한국교회의 교리교육 부재와 딜레마

1. 교리교육 그리고 한국교회의 '슬픈 현실'

성도의 삶에서 진정한 의미는 삼위하나님을 온전히 즐거워하는 것[1]이며, 이 의미를 위해서 하나님께서는 우리에게 정확무오한 말씀을 주셨다. 성도들은 그 하나님의 말씀을 삶의 유일한 준칙으로 삼으며, 그 안에서 지도받으며 살아갈 때 가장 행복한 삶을 영위할 수 있다.[2] 구체적으로 이 과정에서 성도들은 말씀의 은혜를 누리며, 삶의 문제와 고민들을 해결하고, 신앙적 결단을 수행하며 살아가는 것이다. 이러한 측면이 기능적으로 이루어지기 위해 전제되어야 할 사항은 신앙의 체계로서 정통적 교리에 대한 이해와 확신의 측면이다. 종교개혁 500주년을 맞이하는 한국교회의 상황에서 신앙의 체계로서 교리교육과 관련된 딜레마를 탐색하는 것은 유의미하다. 그 이유는 한국교회의 교리교육과 관련한 '슬픈 현실'이 존재하기 때문이며, 그동안 종교개혁의 아름다운 유산으로서의 정통적 교리가 강조되지 못한 채 그것을 잃어버렸기 때문이다.

주지하고 있듯이 초기 한국교회는 교리교육에 대한 지속적인 강조가 있었으며, 새신자

---

1) 웨스트민스터 소요리문답 1문: 사람의 제일 되는 목적이 무엇입니까? 답: 사람의 제일 되는 목적은 하나님을 영화롭게 하고 하나님을 영원토록 즐거워하는 것입니다.

2) 웨스트민스터 소요리문답 2문: 하나님을 영화롭게 하고 즐거워하는 것을 지도하시려고 하나님께서 우리에게 주신 준칙은 무엇입니까? 답: 하나님을 영화롭게 하고 즐거워하는 것을 지도하시려고 하나님께서 우리에게 주신 유일한 준칙은 구약과 신약 성경에 기록된 하나님의 말씀입니다.

교육을 포함한 다양한 연령대의 신앙교육에서 핵심적 역할로서 교리교육을 강조해왔다. 특별히 한국장로교회의 '12신조'는 한국장로교회 최초의 신앙고백이면서 동시에 초창기 한국교회의 캐터키즘 교육의 효시로서 그 역할을 유의미하게 해주었다(황재범, 2006). 하지만 1970~80년대 그리고 그 이후 시대에 들어서면서 한국교회의 교리교육은 성장과 부흥의 패러다임 속에서 점차 자리를 잃어갔으며, 더 이상 교회와 성도들에게 매력적 요소로 다가가지 못한 채 잊혀져버린 것이 사실이다. 이러한 측면은 교리교육이 담고 있는 아름다운 가치의 상실을 의미하는 것이다. 다시 말하면 신실한 그리스도인이 자신의 신앙적 정체성을 확립하도록 체계성을 잡아주는 것 그리고 스스로가 고백하고 믿는 바에 대한 구체적인 내용들을 명확하게 정리하여 확신에 찬 신앙생활을 할 수 있도록 방향을 잡아주는 교리교육의 가치를 상실했다는 것이다.

재차 강조할 필요 없이 정통적 기독교에서 교리는 그리스도인들의 신앙을 체계화하는 것이며, 이를 통해 자신의 삶에서 신앙을 아름답게 표출하는 요소이다. 이에 대한 강조는 신앙의 핵심적 근간과 기본을 강조하는 것이며 그 어느 것보다 중요한 것이다. 실제로 이에 대한 인식은 종교개혁과 그 유산 속에서 다양한 방식으로 교리 및 교리교육을 강조한 문서와 내용들을 통해 확인할 수 있으며, 이는 구체적으로 유의미한 요리문답서의 작성을 통해 강력하게 표출된 것이다(이현철, 2015). 이는 종교개혁 당대와 칼빈 이후 개혁파 정통주의자들의 시대 그리고 그 이후까지 연속적·지속적으로 이어져 큰 흐름을 형성하기도 하였는데, 궁극적 목적은 성도들로 하여금 확고한 지식을 바탕으로 신실한 그리스도인으로서 살아갈 수 있도록 하기 위함인 것이다. 이와 관련하여 제네바 요리문답(Geneva Catechism, 1541년), 스코틀랜드 신앙고백(Scotland Confession, 1560년), 벨직 신앙고백서(Belgic Confession, 1561년), 하이델베르크 요리문답(Heidelberg Catechism, 1563년), 영국교회의 39개조 신조(39 Articles, 1563년), 제2 스위스 신앙고백서(Second Helvetic Confession, 1566년), 도르트신조(Canons of Dort, 1619년), 웨스트민스터 신앙고백서(Westminster Confession of Faith, 1647년) 등은 매우 소중한 유산임이 분명한 것이다.

전술한 의미들을 고려할 때 한국교회가 교리와 같은 소중한 유산을 잃어버린 것은 심각한 상황으로 이해할 수 있다. 1970년대 들어서면서 한국교회의 교리교육은 교회의 양적 성장과 부흥의 패러다임 속에서 고리타분한 것으로 치부되었으며, 성장을 위해서는 '선택해서는 안 될 사역활동'이 되어버린 것이다. 이러한 측면은 한국교회와 성도들로 하여금 내적 측면과 외적 측면의 심각한 딜레마를 경험하게 만들었다. 먼저 내적 측면의 경우 그리스도인으로서 자신이 무엇을 믿고 있는지 그리고 어떠한 내용이 신앙의 기준인지를 파악치 못하는 딜레마를 경험하게 하였고, 나아가 성숙한 그리스도인으로서 삶을 영위하는 기쁨을 온전히 누리지 못하게 만들어버린 것이다. 다음으로 외적 측면은 교회 밖 이단 및 사이비 단체의 교리적 위협과 침투 속에서 한국교회가 적절한 응전 없이 속수무책으로 당하게 되는 상황을 초래하게 한 것이다. 이는 교리가 가지고 있는 주요한 가치와 용도에서 벗어나는 것인데, 정통적 교리를 통해 이단으로부터 교회를 지킬 수 있기 때문이다(우병훈, 2017). 아이러니하게도 이단 및 사이비 단체로부터 교리공부를 배우기 위해 정통교회를 떠나는 현상이 발생하고 있으며, 정통교회에서 가르쳐주지 않는 사이비 교리에 매력을 느껴 참된 신앙을 떠나는 상황이 나타나고 있는 것이다. 이는 교회사적 측면에서 볼 때, 교리 자체가 이단들에 대한 응전으로 정교해져갔던 상황들(황대우, 2017; 송인설 역, 2012)을 고려할 때 더욱 안타까운 현실이라 할 수 있다. 그러므로 전술한 내적인 그리고 외적인 측면 모두가 한국교회의 민낯이고, 슬픔 현실임이 분명하다.

이러한 맥락에서 해당 연구는 종교개혁 신학과 신앙의 정수인 정통적 교리에 대한 한국교회의 무관심과 딜레마가 어떠한 양상으로 표출되고 있으며, 그것이 본질적으로 어떠한 맥락에서 나타나고 있는가에 대하여 내러티브 탐구를 통해 탐색한 것이다. 이를 통해 교리교육에 대한 한국교회 목회자, 교사 등 현장에서 사역하고 있는 이들의 내부자적 관점과 의미들을 파악하고, 한국교회 내 정확무오한 하나님의 말씀에 철저히 입각한 교리교육의 건강한 회복을 위한 기초자료를 제공하고자 한다.

2. 교리교육의 부재와 딜레마 분석방법

해당 연구는 종교개혁 신학과 신앙의 정수인 정통적 교리에 대한 한국교회의 무관심과 딜레마가 어떠한 양상으로 표출되고 있으며, 그것이 본질적으로 어떠한 맥락에서 나타나고 있는가에 대하여 현장지향적인 접근을 통해 탐색해보고자 한다. 이를 위해 해당 연구에서는 현장성 짙은 연구를 위한 연구방법으로서 질적연구방법론의 내러티브 탐구를 활용하여 수행하였다.

1) 연구참여자

해당 연구에 참여한 연구참여자들의 경우 현재 한국교회 내 목회사역과 교회교육에 직접적으로 관여하고 있는 15명이며, 이들을 대상으로 한 심층면담을 수행하였다. 이는 2016년 12월부터 2017일 2월까지 3개월의 면담조사를 통해 수행되었으며, 연구참여자들의 일정에 따라 추가적인 면담 시 전화인터뷰도 병행되었다.

선정된 참여자들은 연구자로부터 한국교회의 교리교육 부재 및 딜레마와 관련된 연구 주제 및 내용에 대한 명확한 설명을 들었으며, 연구참여자로서 역할과 수행 내용에 대한 동의를 바탕으로 이루어졌다. 연구참여자에 대한 선정은 기본적으로 목회사역 및 교회교육에 직접적으로 관여하고 있는 자들이었으며, 소형교회, 중형교회, 대형교회로 구분하여 교리교육과 관련된 경험과 시도가 있는 이들이 우선적으로 선정되었다. 한편 해당 연구에서는 효과적 면담 진행을 위해 면담 시 주요한 질문들이 구조적으로 구성되었으며, 이는 면담 과정에서 수정 및 보완되어 이후 면담에서도 재사용되었다. 해당 연구에서 적용된 면담 질문들의 경우 핵심적으로 1) 교리교육과 관련된 개인적 경험, 2) 교리교육 적용의 문제점, 3) 교리교육의 현실적 가능성과 전략 등이었으며, 이에 대한 연구참여자들의 개인적 경험과 생각들을 심층적으로 도출하여 내용들을 구성하였다.

〈표 13-1〉 연구참여자들의 특징

순	성명	성별	연령	직분	특징
1	송OO	남	30대 후반	목사	• 중형교회 부교역자로서 교회학교를 담당하고 있음 • 교리교육을 시도하였으며, 오랜 경험을 가지고 있음
2	신OO	남	30대 초반	강도사	• 중형교회 부교역자로서 교회학교를 담당하고 있음
3	이OO	남	40대 초반	목사	• 대형교회 부교역자로서 교회학교를 담당하고 있음 • 교리교육의 중요성에 대하여 강하게 인식하고 있음
4	박OO	남	30대 초반	강도사	• 중형교회 부교역자로서 교회학교를 담당하고 있음
5	이OO	남	50대 초반	목사	• 중형교회 담임 목사 • 매우 교리에 바탕을 둔 설교를 시도하고 있음
6	이OO	남	40대 후반	집사	• 중형교회 교회학교 교사로서 고등부를 담당하고 있음
7	김OO	남	50대 중반	장로	• 중형교회 교회학교 교사로서 고등부를 담당하고 있음
8	김OO	여	30대 후반	집사	• 소형교회 교회학교 교사로서 중등부를 담당하고 있음
9	박OO	여	40대 중반	집사	• 소형교회 교회학교 교사로서 청소년부 부장
10	백OO	남	40대 후반	집사	• 중형교회 교회학교 교사로서 중등부 부장
11	이OO	남	30대 후반	목사	• 중형교회 부교역자로서 교회학교를 담당하고 있음 • 교리교육을 통한 다양한 교육적 활동을 시도하고 있음
12	손OO	여	40대 초반	집사	• 중형교회 집사이며, 기관 임원을 맡고 있음 • 학생시절부터 신앙생활 기간이 오래됨

순	성명	성별	연령	직분	특징
13	배OO	남	40대 초반	집사	• 소형교회 집사이며, 과거 선교단체 활동 경험
14	이OO	남	30대 후반	목사	• 중형교회 부교역자로서 대학부를 담당하고 있음 • 매주 대학부 교리교육 관련 공부를 수행하고 있음
15	김OO	남	30대 초반	목사	• 소형(개척)교회 부교역자로서 교회학교를 담당하고 있음

2) 자료분석 방법

해당 연구는 연구참여자들에 의해 수집된 면담자료들을 구조적 코딩(Structural Coding)과 인비보코딩(In vivo coding)을 시도하여 자료를 분석하였다(오영범·이현철·정상원, 2016). 먼저 구조적 코딩은 특정한 주제를 드러내는 내용들에 코드를 부여하는 것으로서 연구 주제에 초점을 집중하여 분석을 용이하게 도움을 주는 코딩 방식이다. 해당 연구에서는 구조적 코딩을 통해 교리교육의 부재와 관련된 핵심적 사항에 집중하여 '교리의 적용성 문제'와 '교리교육에 대한 부정적 고정관념' 등의 내용들을 도출할 수 있었다. 또한 인비보코딩은 연구참여자들이 직접적으로 활용하는 언어를 중심으로 코드를 부여하는 것인데 이는 연구의 현장감과 실재성을 극대화하며, 이를 통해 연구의 투명성을 확보하는 측면이 있다. 이는 한국교회 내 교리교육이 직면하고 있는 딜레마에 대하여 독자들이 생생히 이해할 수 있도록 해줄 수 있을 것이며, 해당 연구의 주제와 관련된 내부적 차원에서의 본질적 의미와 민감한 측면이 무엇인가를 현장의 언어를 통해 확인할 수 있도록 해준다.

3. 한국교회 내 교리교육의 부재와 딜레마에 대한 내러티브

1) 목회자들의 전문성 부재

한국교회 내 신앙교육의 핵심적 활동과 과정은 현장 목회자들에 의해 이루어지고 있으며, 이는 목사에게 가장 중요한 직무이기도 하다.[3] 주지하고 있듯이 개혁신학의 전통 속에서 자녀들을 향한 신앙교육의 책임은 기본적으로 부모들에게 강하게 요구하고 있지만, 동시에

3) 대한예수교장로회 고신총회의『헌법』교회정치 5장 목사 제41조에서 목사의 직무를 ① 교인을 위하여 기도하는 일, ② 하나님의 말씀을 봉독하고, 설교하는 일, ③ 찬송을 지도하는 일, ④ 성례를 거행하는 일, ⑤ 하나님의 사자로서 축복하는 일, ⑥ 교인을 교육하는 일, ⑦ 교인을 심방하는 일, ⑧ 장로와 협력하여 치리권을 행사하는 일로 정하고 있다. 대한예수교장로회 고신총회,『헌법』(서울: 대한예수교장로회 총회출판국, 2011), 270.

신앙교육의 실행은 그러한 가치 및 의미와 함께 현장 목회자들에게 부여되고 있는 것이 현실이요 한국적 상황이다. 이는 한국교회의 신앙교육의 내용과 의미가 현장 목회자들의 맥락과 독립적으로 구분하여 설명할 수 없다는 의미이며, 현장 목회자들의 교육적 역량과도 직접적으로 관계하고 있음을 강력하게 시사하는 것이다.

> **연구참여자(1)**: 저도 전도사로서 사역을 하면서 지금까지 교리교육을 한번 적용하고, 실천하려고 노력을 많이 했습니다. 부교역자로서 쉽지는 않았는데, 여러 가지로(…) 그중에서 솔직히 가장 어려움은 제가 교리교육을 수행할 만한 모습들이 많이 부족한 것이 사실입니다. 교리 자체에 대한 지식이 부족한 것이 아니라, 뭐 그것도 실은 부족하지요. 더 그것을 어떻게 전달하고, 가르칠 것인가 하는 것입니다. 어디서 배운 적도 없고 내가 알아서 해봐야 하니깐요.

인용문에서 확인할 수 있듯이 현장 목회자들은 자신이 교리교육과 관련된 전문성과 역량이 실제적으로 충분하지 못하며, 또한 그것이 그동안 효과적으로도 양육받지 못하였다고 인식하고 있었다. 이는 현장 목회자들에 의한 교리교육의 실천과 수행이 기능적으로 이루어지지 못한 근본적 원인이 무엇인가를 보여주는 것이다. 이러한 측면을 인식할 때 그 영향 요인이 다양하게 존재하겠지만, 핵심적으로 신학교의 교육과정 문제를 들 수 있다. 실제로 한국내 주요 신학교의 교육과정은 'seminary'의 특성과는 달리 목사 후보생들의 학술적 측면에만 무게중심을 두고 교육과정이 구성되고 있는 것이 사실이며, 이는 사역 현장으로부터 지속적으로 비판받아오고 있는 측면이기도 하다(함영주·신승범·이현철·전병철·조철현, 2015). 즉 실천신학에 기반한 실용적인 사역 활동을 지원하고, 그와 관련된 역량을 개발시키기 위한 충분한 교육적 활동이 신학교에서 제공되지 않음을 지적하는 것이다. 이는 목회자들의 교리적 전문성과도 동떨어진 사항이 아니다. 신학교에서 교리와 관련된 심도 있는 공부를 하지 못하고, 그와 관련된 정련된 교육과정이 부재한 것이 사실이다. 현장 목회자로서의 교리교육의 전문성은 단기간에 형성되지 않으며, 이는 전반적인 교회교육 측면의 역량과도 직결되어 구성되기에 이에 대한 기능적 활동이 신학교의 교육과정에서 강력하게 요청되는 것이다.

2) 성도들의 삶에 대한 교리적 적용의 실천성 부재

성숙한 그리스도인의 삶에서 교리의 중요성은 무엇보다 중요하다. 그 이유는 교리와 그것에 대한 신실한 고백을 통해 자신이 무엇을 믿고 있는가와 같은 본질적 사항에 대한 명확한 개념을 구성하고, 자신의 신앙적 체계성을 이룰 수 있기 때문이다. 또한 그 체계성은 자연스럽게 구체적인 삶의 적용점도 제시해주기 때문에 성도 개인 혹은 신앙공동체의 교리에 대한 이해 수준은 개인 및 공동체의 신앙생활을 영위하는데 있어 핵심적 사항으로 볼 수 있다. 그래서 우리의 전통은 이를 삶의 규칙 또는 신앙의 규칙(regula fidei)으로 이해한 것이다. 이처럼 신앙에서 중요한 역할을 하는 교리가 실제로 사역 현장과 성도들의 삶에 쉽게 다가가지 못하는 이유는 그것이 구체적인 성도들의 삶에 적용되지 못하고 단순한 지식적 차원의 성격으로만 인식되고 있기 때문이었다.

> **연구참여자(12)**: 저도 교리가 중요할 것 같기도 해요. 그런데 그건 꼭 공부하는 것 같고 적용하기가 어렵잖아요. 교리는 잘 아는 내용도 있는데 그런 것들을 쉽게 적용하고 이해하는 것이 구체성이 떨어지는 것 같아요. 공부해서 외우기는 할 수 있지만 그것이 아무 쓸모가 없으면 안되는데(…)나의 삶하고 실제적으로 연결되어서 적용하기에는 좀 거리가 먼 것 같이 느낍니다. 수학을 배우는데 그걸 왜 배우는지 모르는 것처럼(…)제가 잘 몰라서 그럴 수도 있지만 뭐(…) 그런 것 같아요.

연구 현장에서 교리교육의 경우 성도들에게 자신의 신앙과는 상관없는 다소 동떨어진 내용으로 이해하고 있었으며, 단순히 지식적 측면만이 부각되어 실제적인 적용성과는 거리가 먼 내용으로 이해하고 있었다. 이는 교리교육을 통한 실제적인 삶의 적용을 이끌지 못한 기존의 교육방식과 체제의 한계로 볼 수 있으며, 교리를 통한 구체적인 삶의 적용을 구성할 수 있는 방안들이 시급히 이루어져야 할 것을 강력하게 시사하는 것이기도 하다.

목회 현장과 성도들에게 교리교육이 환영받기 위해서는 그것이 단순히 지식적 측면만을 설명하는 '공부'가 아니라 내 삶의 구체적인 고민과 내용들을 해결할 수 있는 적용성이 강한 실천적인 내용임을 새롭게 인식시킬 필요가 있다. 이를 위해서는 교리를 바탕으로 한 실천적인 적용 및 활용에 대한 다양한 시도들이 창의적으로 구성될 필요가 있다. 이와 관련된 '손에 잡히는' 현장지향적인 자료와 교재들도 필요할 것이다. 이는 목회현장 및 성도들의 삶과 직접적으로 관련성이 높은 구체적인 내용으로 충실하게 구성된 자료들을 의미한다.

3) 하향 평준화된 신앙생활로 인한 교리 자체의 필요성에 대한 부재

한국사회 내 그리스도인들의 신앙생활은 세속적 가치와 불신앙에 대한 치열한 고민과 갈등을 경험케 한다. 더욱이 일상적인 삶의 문제와 신앙적 가치의 대립이 많은 사회와 직장 환경에서 생활하는 이들의 경우, 바른 신앙과 그에 준하는 삶을 추구하고자 하는 열망이 더욱 클 것으로 예상된다. 하지만 전술한 그리스도인들의 삶과는 달리 종교적 활동과 행위로서의 기독교신앙을 화석화하여 살아가는 성도들도 존재하고 있으며, 그들에게 신앙은 단지 주일에 예배에 참석하고, 교회 프로그램을 향유하며, 종교적인 안위를 누리는 것으로 제한하고 있을 가능성이 크다. 그러한 이들에게는 교리를 통한 지식과 삶의 변화는 필요하지 않은 사항일 것이며, 단순히 기복적인 신앙 행위에 준하여 삶을 영위하기에 급급할 것으로 판단된다(박종원, 2016). 즉 신앙생활의 표준적인 기준이 하향 평준화되어 더 이상 교리와 같은 신앙적 체계에 대한 열심과 관심을 낼 필요가 없는 '편안한' 신앙생활을 추구하며 살아가는 것이다.

> **연구참여자(15)**: 성도들의 삶은 실제로 팍팍합니다. 새벽부터 일하고, 정신없이 살다가 이것 저것 해야 하는데, 거기다가 교회 봉사도 하지요. 때로는 저도 안쓰럽고(…) 물론 그러한 가운데 은혜가 있고 인도하심이 있지만(…) 성도들에게 교리교육이라든지 공부라든지 그런 것들이 때로는 마음에 와닿게 하는 그런 것이 못되고 그러다보니 해야 할 것들이 안 되니 신앙도 자라지 못하고, 그저 교회 나오고, 예배하고, 평범하게 가는 거죠.

인용문에서 확인할 수 있듯이 성도들은 삶의 무게 앞에서 내실 있는 교육적 활동에 참여하는 것 자체가 어려운 상황이다. 신앙적 활동 자체가 부담과 짐이 되어 성도들에게 다가가는 안타까운 현실인 것이다. 이는 교회의 구조적 상황들과 관련이 있는데, 한국교회의 일반적인 상황은 소수에게 집중된 봉사와 헌신을 강요한다는 것이다. 이미 강용원·이현철(2010) 그리고 이현철(2013)의 연구에서도 밝혀주고 있지만 한국교회에 내재하고 있는 특정한 이들과 소수에 집중된 봉사는 그들로 하여금 내실 있는 신앙적 훈련과 양육의 기회를 빼앗고 있음을 알 수 있다. 이러한 상황은 교리교육과 같은 장기적인 집중과 참여가 전제되어야 할 교육적 활동을 기능적으로 창출하지 못하게 만드는 주요한 이유가 되고 있는 것이다. 그러므로 교회 내 봉사와 헌신과 관련된 구조적 상황과 인식 개선을 위한 교회 현장에서의 노력이 요청된다.

4) 교리교육을 위한 교회 현장 및 수요자맞춤형 교재와 프로그램의 부재

신앙교육은 교수-학습적인 과정을 통해 정련되게 이루어지는 교육적 과정으로 볼 수 있다(강용원, 2008). 교수자는 학습자의 발달과정과 진단평가에 의한 현재의 수준을 고려하여 학습자들에게 효과적으로 교육활동을 수행해야 함이 마땅하다. 이러한 과정은 차별적인 학습자들을 고려한 맞춤형 교재 및 프로그램의 세부적인 트랙을 전제한다. 즉 교수자는 자신이 가르치는 학습자의 수준과 상황을 파악하여 그에 적합한 도구를 활용하여 학습의 전 과정을 수행해야 한다는 것이다. 이러한 기본적인 교수-학습적 맥락에서 볼 때 교리교육이 처하고 있는 상황은 교회 현장 및 수요자맞춤형 교재와 프로그램의 부재로 인한 딜레마를 만들어내고 있다.

연구참여자(4): 적당한 교재를 선정하는 것도 쉽지는 않습니다. 뭐 최근에 황희상 씨의 책이나 몇몇 분들의 책이 있지만 실제로 그것을 해보면 그림도 많고, 이야기도 많지만 내용 자체가 그리 쉽지는 않습니다. 뭐 말씀드린 그런 책들이라도 있어서 다행이지만요. 또한 어른들을 대상으로 하는 것도 쉽지는 않구요. 어른들을 대상으로 그림이 많은 것을 보기에는 조금 그렇기도 하구요.(…) 결국 정리해서 교역자들이 만들고 그렇게 해야 할 것 같은데(…)

인용문에서 확인할 수 있듯이 실제로 교수-학습적인 차별성을 고려하여 교재를 선정하는 것이 쉬운 상황은 아니다. 그와 관련된 도서와 작품들이 풍성한 스펙트럼으로 존재하지 않기 때문이다. 이러한 맥락에서 황희상(2011)의『특강: 소요리문답(상),(하)』은 현장 교회와 사역자들로부터 긍정적 반응을 이끌어내었는데 요리문답의 핵심적 내용과 관련된 다양한 삽화와 예문들을 통해 학습자들의 흥미와 눈높이를 맞추고자 노력하였기 때문이다. 그 후 이성호(2013)의『특강: 하이델베르크 요리문답(상),(하)』과 같이 황희상의 문제 의식에 공감하여 수행된 접근들이 이루어져오고 있으나, 개혁전통의 풍성한 교리적인 역사에 비하면 그 양적 수준에서는 여전히 미흡한 것이 사실이다. 또한 현재 교리교육을 시도하고자 책을 출판하고, 프로그램들을 강조하는 이들의 학문적인 기반이 실천신학 혹은 기독교교육학(교육학)이 아닌 역사신학, 조직신학에 있기 때문에 교수-학습적 차원에서의 전문성과 접근방식의 한계점들이 확인되고 있다. 실제로 교리를 주제로 한 도서들의 대부분은 교리 자체를 설명하고 지식적 차원의 내용을 확립함에 방점이 있으며, 그것을 어떻게 학습자들에게 전달하고 가르칠 것인가에 대한 집중은 상대적으로 약한 것이 사실이다.[4] 이와 관련하여 기독교 교리교육의 연구 동향에서도 기초이론 연구가 관련 연구의 74.2%를 차지하고 있어 해당 현상의 의미를 강화해주고 있다(이정규·유희진·정희영, 2016).[5] 이는 자연스럽게 교리교육과 관련된 현장 적용과 실천성의 문제를 대두시키며, 교회 현장 및 수요자맞춤형 교재 그리고 교리교육 적용을 위한 실제적 프로그램의 필요성을 강력하게 요청하는 것으로 볼 수 있다.

4) 물론 이는 역사신학과 조직신학 영역에 기반을 둔 최근 저자들의 상황을 단순히 비판·지적하고자 하는 것이 아니라 좀 더 발전적 차원에서 교리교육의 수행을 위한 실천신학적 접근이 함께 이루어져야 함을 강조하는 것이다. 본 연구자는 교리교육을 향한 다양한 저자들의 수고와 기여 사항을 명확히 인식하고 있으며, 그 가치를 존중한다.

5) 이정규·유희진·정희영(2016)은 기독교 교리교육에 대한 연구동향 분석을 수행하면서 1969년대부터 2016년 1월까지 출간된 석·박사학위 논문 92편과 학술지 논문 90편 총 182편을 분석하였으며, 이 중 기초 연구가 135편(74.2%)에 해당하고 실천연구는 47편(25.8%)으로 수행되어 기초 연구에 많은 비중이 치중되어 있음을 제시해주었다.

5) 교리에 대한 왜곡된 인식과 고정관념의 존재

한국교회 내 교리교육의 부재 그리고 그와 관련된 딜레마들을 구성하는 주요 요소들 가운데 목회자들과 성도들의 교리에 대한 왜곡된 인식과 고정관념 역시 한 축을 담당하고 있었다. 즉 주요한 주체들이 교리 자체에 대한 부정적 인식을 가지고 있는 것인데, 이를테면 "교리는 지루하다, 교리는 성도들이 싫어한다, 교리는 고리타분하다" 등과 같은 교리 자체에 대한 부정적 인식과 고정관념이 자리 잡고 있다는 것이다. 이는 교리교육의 부재 그리고 그와 관련된 문제들을 야기하는 핵심적 요소임을 연구과정을 통해 확인할 수 있었다.

> **연구참여자(6)**: 솔직히 교리라고 하면 무슨 생각부터 드냐면요(…) 모두가 비슷할 겁니다. 재미없을 것 같다는 겁니다. 제가 고등부 아이들에게 교리를 한다고 생각하면 분명 아이들은 그것을 공부나 암기 같은 내용으로 받아들일 겁니다. 실제로 저도 그렇게 생각하구요. 표현 자체도 '교리'라고 하면 왠지 모를(…) 부담감이 들지요.

연구참여자 6번을 제외한 다른 연구참여자들의 상당수가 동의하듯이 교회 현장에서의 교리에 대한 이미지는 매력적 요소로 다가가기보다는 진부하고, 답답한 내용으로 이해되는 것이 사실이었다. 교리에 대한 현장의 왜곡된 고정관념은 그와 관련된 활동의 기능적 운영과 적용의 어려움과도 직접적으로 연결되어 나타났으며, 이는 현상학적으로 교리교육의 부재로 표출된 것으로 볼 수 있다.

이러한 교리에 대한 왜곡된 고정관념과 부정적 인식은 연구참여자들의 맥락에서 주요한 영향력 요인으로서 인과적인 맥락을 설정해주고 있었다. 즉 연구참여자들이 가지고 있는 교리에 대한 왜곡된 고정관념과 부정적 인식은 자신의 교리에 대한 접촉 빈도를 낮추었으며, 이는 자연스럽게 자신의 교리적 역량과 전문성을 키워내지 못하게 하는 요소가 된 것이다. 이러한 대상을 바라보는 목회자와 교회의 프로그램 구성자들은 교리에 대한 참여자들의 부정적 인식을 고려하기 때문에 교리 관련 프로그램을 쉽게 제안하기 부담이 되었던 것으로도 볼 수 있다. 이처럼 해당 사항은 분절적인 사항이 아니라 특정한 메커니즘을 구성하고 있음을 예상할 수 있다.

6) 목회와 사역에 대한 양적 성장 중심 패러다임의 존재

한국적인 상황에서 교회의 프로그램, 특히 성도들의 신앙 교육적 활동은 담임목사의 결정과 방향성에 많은 영향을 받고 있다. 부교역자들에 의해 기관의 활동과 교육이 이루어지지만 그것의 결정적인 방향은 담임목사에 의해 주도적으로 이루어지는 것이 한국교회의 풍토이다. 이는 담임목사 중심의 한국교회가 가지고 있는 권위적이며 위계적인 담임목사-부교역자 간의 관계성 속에서 쉽게 확인할 수 있는 내용이다(이현철, 2015). 이러한 상황을 교리교육이라는 교육적 활동과 연관하여 살펴볼 때 담임목사의 철학과 방향성이 개체 교회 내 교리교육의 실천적 적용과도 직접적으로 관련되어 있음을 예상할 수 있다.

> **연구참여자(14)**: 교리교육이나 장기적 교육활동의 경우 담임목사의 철학과 의견이 매우 중요한 결정요인입니다. 사역 현장에서는 단기간에 좋은 성과를 내거나 수적으로 부흥을 하거나 등 눈에 보이는 내용들이 솔직히 중요한 내용입니다. 교리교육도 그렇게 볼 수 있지요. 전도 프로그램이나 뭐 그런 것과 같이 교회 성장에 아주 도움이 될 듯하게 보이는 것은 아니기 때문에(…)

담임목사의 입장에서는 양적 성장을 위한 도구로서 교리교육은 매력적 요소로 수용하기 쉽지 않은 것으로 확인되었다. 목회와 사역에서 의미 있는 성장에 대한 개념은 질과 양 모두의 성장을 도모하는 것이며, 어느 한쪽이 더 중요하거나 덜 중요한 것이 아니라고 판단된다. 그동안 한국교회는 양적 성장기를 거치면서 메가 처치(mega church)의 화려함과 위상을 알게 되었다. 목회자들의 주요한 사역 목표가 교회의 양적 성장이며, 그것이 대다수의 사역자들에게 절대적 가치로서 자리 잡고 있는 것이 사실이다. 특히나 담임목회자들에게 양적 성장은 단순히 숫자적인 변화를 넘어 자신의 목회가 성공적인가 아니면 그 반대적인 상황인가에 대한 평가 기준으로 작용하고 있는 것이 한국교회의 현실이다. 이는 당 회원들과 교회 구성원들의 인식 속에서도 매우 강하게 자리 잡고 있는 가치인 것이다.

이러한 목회자들과 교회의 양적 성장 중심의 패러다임 속에서는 외형적 성과와는 다소 성격의 차이가 있는 교리교육이나 상대적으로 장기적인 계획과 활동을 전제해야 하는 교리교육 프로그램들은 매력적 요소로 다가가기 어려운 것이다. 예를 들어 하이델베르크 요리문답의 경우 실제로 그 구성에 있어 1년, 52주를 염두에 두고 구성된 것이며, 그것을 온전히 수행하기 위해서는 다양한 절기와 교회 자체 행사를 제외하더라도 1년이 넘는 장기적인 철학과 내용을 통해 신앙교육이 이루어져야만 가능한 일이다. 이는 교회의 빠른 성장을 기대하거나 단기간의 성과를 통해 특정한 목적을 이루고자 하는 이들이 선택하는 사역 전략으로서는 적절하지 않은 것일 수밖에 없다. 이러한 맥락에서 담임목회자들(부교역자들 포함)과 교회의 인식 재고도 요청되는데 '잃어버린 기독교의 보물'[6]로서 교리교육에 대한 중요성을 재강조하고, 이를 위한 현장성 짙은 지원과 노력이 이루어져야 할 것이다.

---

6) 이는 Donald Van Dyken의 저서 '잃어버린 기독교의 보물 교리문답 교육(Rediscovering Catechism)'의 제목을 참고한 것이다. Donald Van Dyken, 『잃어버린 기독교의 보물 교리문답 교육』(김희정 역)(서울: 부흥과 개혁사, 2012).

4. 교리교육의 건강한 회복을 위한 방향성

해당 연구는 종교개혁 신학과 신앙의 정수인 정통적 교리에 대한 한국교회의 무관심과 딜레마가 어떠한 양상으로 표출되고 있으며, 그것이 본질적으로 어떠한 맥락 속에서 나타나고 있는가에 대하여 내러티브 탐구를 통해 탐색해보았다. 이를 통해 교리교육에 대한 목회자, 교사 등 교회 현장의 주체들에 의해 인식되고 있는 현장지향적인 연구결과들을 통해 한국교회 내 교리교육의 건강한 회복을 위한 기초자료를 제공하고자 하였다.

해당 연구를 통해 도출된 연구결과로서 한국교회 내 교리교육의 부재와 딜레마에 대한 사항은 목회자들의 전문성 부재, 성도들의 삶에 대한 교리적 적용의 실천성 부재, 하향 평준화된 신앙생활로 인한 교리 자체의 필요성에 대한 부재, 교리교육을 위한 교회 현장 및 수요자맞춤형 교재와 프로그램의 부재, 교리에 대한 왜곡된 인식과 고정관념의 존재, 목회와 사역에 대한 양적 성장 중심 패러다임의 존재 등으로 확인되었다. 이를 바탕으로 한국교회 내 교리교육의 건강한 회복을 위한 구체적 방향성과 시사점을 제시하면 다음과 같다.

첫째, 교리교육을 통한 성공 사례 개발과 모델 소개가 시급히 이루어져야 할 것이다. 이는 단위 교회의 다양성을 인정하면서 성공적 요인과 원리를 중심으로 적용할 수 있도록 지원하는 주요한 기초자료가 될 수 있을 것이다. 개체교회에서는 사례와 모델을 통해 현실적인 교리교육 수행 과정에 대한 정보를 공유할 수 있으며, 자신의 교회에 부합하는 교리교육을 창의적으로 구성할 수 있을 것이다. 그리고 개체 교회는 다양한 수준에서 경험하게 될 시행착오를 앞선 교회와 특정 사례들을 통해 줄일 수 있을 것이다. 한편 교리교육을 통한 성공 사례 개발과 모델은 해당 교회의 규모에 따라, 지역적 특성에 따라 가능한 다양하게 발굴할 필요도 있는데 그 이유는 손쉽게 자신들의 상황과 처지에 맞추어 적용을 고려할 수 있기 때문이다. 이는 학계와 교단 차원의 발굴 작업과 노력이 수반되어야 할 것이다.

둘째, 교리교육을 위한 실천신학 혹은 기독교교육학(교육학) 차원의 실제적인 교재 및 프로그램 개발이 필요하다. 이는 이정규·유희진·정희영(2016)이 제안하는 바와 일맥상통하는 내용으로 단순히 지식 및 정보전달의 수준에 그치는 것이 아니라 현장 중심적인 교수-학습 방법을 통해 학습자들에게 매력적으로 전달되며, 그들의 삶과 깊은 관련성을 맺으며 교육이 이루어지는 것이다. 이는 목회자 및 사역자들의 요구에 부합하는 매우 구체적인 수준의 매뉴얼을 포함하는 것으로, 손쉽게 사역 현장에 적용할 수 있는 도구와 내용들까지도 제공하는 것을 의미한다. 이를 위해 교단 산하 교육기관들은 교육과정 및 교재 개발을 위한 '교리교육 TF'를 구성할 필요가 있으며, 연령과 신앙 수준에 따른 다양한 구성까지 이루어질 수 있는 교재와 교육 내용 개발에 집중할 필요가 있다.

셋째, 신학대학원 수준에서의 체계적 교육과정과 교수법 수업이 개발되어야 한다. 현재 신학교의 교리와 관련된 교육과정의 경우 실천신학적 측면이 매우 부족하며, 이에 대한 관심과 적극적인 변화 노력이 요구된다. 현장 교회에서 환영받을 수 있는 교육적 역량을 지닌 교역자 양성이 필요한데, 이와 관련하여 신학교의 지원과 대응은 매우 미비한 것이 사실이다. 현실적으로 신학교에서는 신학생들의 교리적 측면의 교수-학습 과정까지 고려하지 못하고 있는 상황이며, 이로 인해 목사 후보생들의 교리에 대한 이해도와 그것을 전달할 수 있는 역량을 키워주지 못하고 있는 실정이다. 이는 기독교교육학과 실천신학적인 강조와 접근이 있어야 가능한 일이므로 이에 대한 관심과 지원이 요청된다.

넷째, 담임목회자들의 목회적 방향성에서 교리적 중요성을 다시 한번 강조할 필요가 있다. 교회 성장, 특별히 양적 성장을 통한 교회의 대형화는 한국사회에서 이미 포화점에 이르렀다고 볼 수 있다. 그러므로 담임목회자들의 경우 주요 목회 패러다임과 방향 설정에서 교회와 성도들의 내실화에 깊은 관심을 가지고 접근할 필요가 있으며, 이를 위한 구체적 전략으로서 교리를 활용한 신앙교육을 제안하여 본다. 이는 아름다운 개혁신앙의 전통 속에서 변함없이 이어져온 가치를 재발견하는 과정이 될 것이며, 나아가 신앙의 본질적인 것에 집중하는 목회 패러다임으로의 전환을 의미하는 것이기도 하다.

다섯째, 노회 및 지역별 교리교육을 위한 목회자 세미나와 재교육 프로그램이 요청된다. 전술한 목회자들의 인식 전환을 위한 지원 환경과 체제가 구성되어야 할 것이다. 교단별 수행되고 있는 목회자 재교육 프로그램 속에서 행사 위주의 강의와 내용이 개설되는 것이 아니라 장기적 계획과 함께 교리적 역량을 기를 수 있는 교육과정과 프로그램을 제공하는 것이다. 이를 통해 목회자들은 교리 및 교리교육과 관련된 전문성을 향상시킬 수 있으며, 자신의 사역 현장에 접목할 수 있는 맞춤식 교육을 위한 창의적 아이디어들까지도 얻을 수 있을 것으로 예상된다.

제 14 장

한국교회 내 '여성 지도자'에 대한 생애사

1. 신앙의 태산(泰山)들이 그리운 시대

"교수님 질문이 있는데요. 우리(고신) 교단의 특징이 무엇인가요?"
"우리(고신) 교단은 신사참배와 자유주의 신학 앞에서 오직 성경, 개혁주의 신학과 신앙의 정통,
그리고 생활의 순결과 순교를 추구한 교단이며,
지금도 이것이 우리의 자랑이고 특징입니다."
"그건 잘 알고 있는데요.....
그것 말고 좀 더 생생한 어떤......
모델과 같은 삶과 사역의 모습은 없을까요?"
—학부 수업 중 학생과의 대화

위의 인용문은 어느 학부 수업의 모습이다. 고신 교단에서 사역을 하고 있는 한 사역자와 연구자와의 대화 내용이다. 질문자는 신학대학원 진학을 준비하고 있었으며, 고신 교단의 신학대학원 M.Div 과정으로 진학할지 아니면 타 교단으로 진학할지 고민 중에 있는 신실한 학생이었다.

수업을 마치고 그 학생과 대화를 하면서 질문의 본질적 이유가 자신이 고신 교회에서 사역하고 있지만 현재 교단의 고유한 정체성, 좀 더 정확하게 말하면 개혁주의 신학의 정체성

이 제대로 발휘되지 못하고 있으며, 교회 현장과 사역의 현장에서 개혁파 신학에 바탕을 둔 고신 정신이 적용되거나 기능적으로 나타나지 않고 있다는 것이었다. 이러한 상황에서 분명한 의식과 사명 없이 자신이 고신의 신학대학원으로 가야 하는가에 대한 진지한 고민에서 질문을 하였던 것이다.

그 학생의 문제 의식은 적절하다고 판단되는데, 현재 개혁주의를 지향하는 고신 교단과 교회 현장의 경우 개혁주의의 건강한 실천보다 물질주의, 성공주의, 검증되지 못한 왜곡된 비정통적 신학 사조에 영향을 받고 있는 것이 사실이며, 이는 근본적으로 우리 고신 신앙의 색채가 희석되고 있는 안타까운 모습을 시사하는 것이다(허순길, 1996; 2011).

참된 고신의 신앙은 진정한 회개운동, 하나님 앞에서의 코람데오 정신, 세속적 가치와 성공에 대한 자기 부정, 철저한 신본주의 신앙에 충실한 칼빈주의 신앙 추구, 자기와의 싸움과 불의와의 싸움을 바탕으로 한 의를 위한 투쟁과 개혁, 개혁주의 교회 건설로 요약할 수 있다(정주채, 2011). 그러한 정신을 사역과 삶의 현장에서 실천적으로 감당하였던 여러 신앙의 인물들을 발굴하고 소개하는 것은 위와 같은 고민을 하고 있는 다음 세대들에게 매우 유익한 자료로서 활용될 수 있을 것이라 판단된다.

실제로 최근 한국 교계는 참된 신앙의 본보기를 찾아보기 힘든 상황이며, 순수하고 신실하게 사역과 삶을 감당하는 신앙 인물들이 아이러니하게도 희귀한 시점이며, 고신 교단은 더욱더 그러하다. 이는 다음 세대들에게 그들의 모델로서 실제적인 신앙의 선배 그리고 그들에게 조언하고, 올바른 신앙적 길을 제시할 멘토들의 부재를 의미한다.

또한 한국교회는 한국 사회 내 실추된 교회의 위상과 사회적 신뢰도를 회복해야 하는데 이는 일차적으로 교회 구성원들의 인정으로부터 시작되어야 한다. 교회의 구성원들로부터 인정받지 못하고, 존경받지 못한다면 교회를 향한 긍정적인 사회적 담론의 형성은 불가능할 수밖에 없다. 그러나 현재의 교회 구성원들은 목회자들과 여러 교계 리더들의 불신앙적 모습으로 인해 상처받고, 교회다운 교회, 목회자다운 목회자를 찾고자 '고통스러운 수평 이동' 중에 있다. 정리한다면 현재 올바른 신앙 모델의 부재로 말미암아 다음 세대와 교회 구성원들은 '신앙의 태산(泰山)들이 그리운 시대'를 걷고 있는 것이다.

이러한 맥락 속에서 고신의 경북여성지도자로서 신정순 전도사의 생애를 연구하는 것은 시의적절한 의미가 있다. 그 이유는 그녀가 우리 고신 신앙의 실제적이고, 생생한 특징들을 자신의 삶에서 그대로 녹여내고 있어 다음 세대들과 성도들에게 우리의 모습이 어떠한 수준과 존재인가에 대한 방향성을 제시해줄 수 있기 때문이다.

우리 고신 교단이 한국의 여타 교단과 같이 외적 성장을 이루지 못하였더라도 생명을 내어놓고 신사참배를 반대하며 진리를 고수하고, 신앙의 정통과 생활의 순결을 지켜온 것은 세상의 평가와 무관하게 위대한 일이다(전광식, 2003). 그리고 이것이 교단 내에서 많은 신앙적 인물들을 배출해낸 것에서 더욱 의미가 있으며, 그들을 더욱 발굴하고 다음 세대들에게 실제적인 우리 신앙의 모델로서 제시하는 것은 의미가 있을 것이다.

이에 본 연구에서는 경북여성지도자로서 신앙의 정통과 생활의 순결을 신실하게 살았던 신정순 전도사의 생애를 질적연구방법(qualitative research method) 중 생애사(life history)적 접근을 통해 탐색한다. 고신 신앙의 전형(model)을 가지고 실천적 삶을 살았던 그녀에 대한 심층적 분석은 고신 신앙의 전형이 무엇인가에 대한 생생한 측면을 제시할 수 있을 것이며, 나아가 고신 교단의 특징이 어떻게 삶에서 구현될 수 있는가에 대한 내용을 전해줄 수 있을 것으로 기대한다.

2. 신정순 전도사에 대한 생애사 연구

해당 연구에서는 신정순 전도사의 생애를 탐색하기 위하여 생애사(life history) 분석법을 활용하였다. 생애사의 이야기 자료는 연구참여자의 과거사에 대한 기억과 반성으로서 연구자의 해석과정을 거쳐 진행되며(Atkinson, 1998), 연구대상자가 과거의 경험을 어떻게 뒤돌아보며 현재의 해석을 담고 있는지에 집중한다(Denzin, 1989).

일반적으로 생애사의 특징으로 이야기(narrative), 주관성(subjective), 시간성(temporality)을 지적하면서 생애사는 단순한 이야기가 아니라 주관성과 시간성을 담고 있는 이야기이며, 개인의 회상을 통한다는 점에서 연구대상자의 삶에 대해 부여하는 주관적 의미와 해석을 포함한다(유철인, 1996). 이에 해당 연구에서는 연구대상자의 회고를 중심으로 사실성을 바탕에 두면서, 심층면담에서는 구술성을 최대한 살린 생애사 연구를 통해 신정순 전도사의 생애 가운데 고신 정신과 신앙이 어떻게 실천되고 나타났는가에 초점을 두었다.

1) 참여관찰과 심층면담

해당 연구 대상자의 경우 대구 서문로교회의 은퇴 전도사(1994년 12월 25일 은퇴)로서 2014년 4월 현재에도 서문로교회에 출석하고 있으며, 수요일 노인대학, 여전도회에서의 원로 사역을 헌신적으로 진행하고 있어 그녀가 활동하고 있는 사역의 현장 모두가 관찰의 대상이 되었다.

관찰의 내용은 그녀가 평소 어떻게 사역을 진행하고 있는지, 그 내용은 어떠한지 그리고 성도들과의 의사소통과 활동은 어떻게 이루어지고 있는지 등 사역 전반에 대해 관찰하였다. 심층면담은 주요 정보 제공자인 신정순 전도사를 대상으로 실시하였으며, 비구조적 면담 형식으로 그녀의 생각과 의견들을 가능하면 많이 들을 수 있도록 구성하였다. 비구조적 면담 과정은 특정 면담가이드를 통한 구조화된 면담 과정보다 연구자의 개입이 배제되며, 연구참여자에 전적으로 의지하여 진행되는 특징을 가진다. 또한 신정순 전도사의 '어투'와 '대구·경북지방 방언'을 활용한 특정한 용어들은 그대로 수록하여 연구의 현장감을 유지하였다. 이외에도 현재 서문로교회에서 사역하고 있는 동료 교역자, 친척들, 그리고 여전도회 회원들과의 면담을 통해 신정순 전도사의 생애에 대한 보충적인 설명들과 사건에 대한 사실성을 확보할 수 있었다.

2) 자료의 분석 및 해석

해당 연구에서 수집된 자료의 경우, Zilber(1998)의 생애사 자료 분석 방식을 활용하였으며 통합적 형태(holistic-form) 분석과 담론(discourse) 분석이 적용되었다. 통합적 형태의 경우 생애사의 내용 측면보다 각 생애사의 전체적 구조를 분석하는 것이며, 담론분석은 연구참여자가 전해주는 이야기의 조직 원리에 초점을 두고 서사 구조를 탐색하는 것이다(우지만·백종수, 2011). 이러한 방식의 경우 신정순 전도사의 생애 속 고신의 신앙과 그의 사역을 확인 및 해석할 수 있는 효과적 전략으로서 활용되었으며, 과거부터 현재까지의 방대한 삶에 대한 정보를 구조적으로 살펴볼 수 있는 해석적 틀을 제공해주었다.

3) 연구의 타당도(Validity)

해당 연구에서는 자료의 진실성을 확보하기 위하여 연구과정의 삼각화(Triangulation)와 생애사 전문가 협의를 진행하였다. 전술하였지만 연구자의 경우 도출된 연구결과 및 내용에 대하여 그의 동료 및 친척을 통한 확인 과정과 연구참여자인 신정순 전도사로부터도 직접 그 내용의 오류와 진실성에 대한 의견을 들었다. 또한 질적연구 경험이 있으며 생애사 연구의 전문성을 가진 전문연구자 3명으로부터 가장 효과적인 자료 분석방법과 내용에 대한 검토 작업을 거쳤으며, 비판적인 협의 과정을 통해 연구과정과 결과에 대한 다차원적 검증을 통해 생애사 분석 과정의 타당성을 확보하고자 하였다.

3. 신정순 전도사의 생애사 분석

1) 1924년 3월 13일 출생과 유년기: "신사참배를 거부하였던 11세 소녀"

신정순 전도사는 아버지(신현경), 어머니(이홍달), 2명의 오빠, 2명의 언니, 그리고 4명의 남동생 등 9남매 사이에서 다섯째로 1924년 3월 13일 대구에서 출생하였다. 아버지는 선교사로부터 서울에서 복음을 받으시고 배재학당에서 공부하셨으며, 의과대학 공부를 진행하던 중 신경쇠약으로 학업을 마치지 못하였다.

이후 경남 창녕으로 오게 되었으며 창녕 유어면에서 뜨거운 신앙생활을 통해 당시 '창녕 유어교회' 개척과 설립으로 헌신적 신앙생활을 하여 '영수'[1]로서 피택도 받았다. 또한 그 시대 지식인으로서 높은 교육열을 지니고 있었으며, 자녀들의 교육을 전폭적으로 지원하였다. 실제로 대구로 생활 터전을 옮긴 주된 이유도 자녀들의 교육을 위해서였다. 신정순 전도사는 대구로 가족이 이사 온 뒤 출생하였다.

연구원: 그럼 아버지가 당시 의과대학 공부를 하셨네요. 대단하시네요.

신정순 전도사: 그렇지. 그런데 아버지가 일체 그런 이야기를 하지 않으셨는데. 아버지가 일기에 그렇게 적어둔 것을 보고 내가 알게 되었지...... 아버지가 외동아들이었어. 복음을 받아들이고 신앙생활을 그거(열심히) 하게 하셨어. 아침에 찬물 목욕을 하시고 새벽마다 기도하시고 그랬다고 어머님이 그러시데. 그때 창녕 유어면에 계셨는데 그때 유어교회라고......그 교회에 설립자 같은 분이라. 그래가지고 몇 사람이......독실하게 믿으시고. 대구에 나오셔서도 기도를 하시고 그러셨지...... 내가 한번은 달성공원에 아버지랑 갔는데 그때도 아침에 기도하시는 모습이 참 그러셨어......

대구로 삶의 터전을 옮겼지만 신정순 전도사의 부모와 가정의 신앙은 '대구 서문교회'에서 변함없이 이어졌으며, 부모들은 보수적 신앙을 자녀들에게 물려주었다. 또한 경제적으로도 매우 부유하지는 않았지만 부족함 없이 생활하며 유년시절을 보냈다.

신정순 전도사는 부모의 교육열과 지원을 통해 경북지역 최고의 명문 학교였던 '대구여자고등보통학교'(대구경북여자고등학교의 전신)까지 졸업할 수 있었다. 다른 형제들의 경우도 대부분이 그 시대 명문 고등학교인 '경북고등학교', '계성고등학교', '대구경북여자고등학교'

1) 여러 사람을 지도하는 우두머리라는 뜻으로 한국 초창기 장로교회에서 조직이 완전하지 못한 교회를 인도하던 직분이다(이중구, 2002).

를 졸업하고, 다양한 사회 영역의 지도자로서 활동하게 된다.

또한 그녀가 성장하였던 시기는 일제시대였는데 11세 때 있었던 그녀의 신사참배 반대는 유년 시절부터 그녀가 신앙과 삶에서 분명하고도 강직한 성품을 가지고 있음을 보여주는 사건 중의 하나이다.

> **신정순 전도사**: 박복달 권사 어머님(김길문 여사)[2]께서 완전히 신실하게 그거하게 신앙생활하신 분이거든...... 일제시대 때 정순아! 정순아! 신사참배는 나쁜 것이니깐 하지말라카는거 아이가. 그거하면 지옥 간다 카는기라. 그래가지고 11살 때, 국민학교(당시 보통학교) 4학년 때 신사에 가서 나도 한번 '빧빧하게' 서가지고 있었어. 그러고 있으니깐 아무도 안 볼 줄 알았는데 제일 앞에 교장이 말이다. 반마다 하고 나가고 반마다 하고 나가고 이러거든. 딱 얼굴이 교장하고 마주치는거 아이가. 교장이 내한테 와서 딱 쳐다보면서
>
> "니 절 안했지" 카는기라 그래가지고
>
> 내가 "예"라고 했지.
>
> 그런데 내가 하나님이 못하라고 말 못하고, 내 친구 박봉현 어머니가 하지 말라고 했다고 말했다 아이가 하하하...... 그래서 그 어머니가 몇 번이나 불려갔다. 그때는 일제 말엽이 아니고 한참 때니깐......

이러한 유년 시절의 신앙에 대한 열심과 순수한 모습은 그녀의 전 생애에 나타난다. 서문교회에서의 제명, 여전도회 및 다양한 교회 사역 등에서 그녀가 행동을 결정하고, 삶의 방향을 잡아가는데 있어 그러하였다. 다시 말하면 신정순 전도사의 삶은 하나님 앞에서 옳고 그름에 대한 명확한 분별과 판단 그리고 그것에 대한 실천으로 구성되었다는 것이다. 단순히 생애 가운데 직면하게 되는 여러 상황들, 특별히 그녀가 살아온 거친 역사적·시대적 상황들이 주는 신앙적 시련들 앞에서 수동적으로 순응한 것이 아니라 분명한 신앙적 이유와 근거에 의해 행동하고 선택해왔다는 것이다. 이는 신정순 전도사가 유년 시절부터 가지고 있었던 신앙의 강직한 모습이었으며, 신정순 전도사만의 순수하면서 곧은 성품에 기인한 것임을 확인할 수 있다.

2) 박복달 권사의 어머니 김길문 여사의 경우 신실하게 신앙생활을 하였으며, 자녀들에게 순결한 신앙의 유산을 물려주었다(이상규, 2009).

2) 청년기, 직장생활과 하나님의 놀라운 은혜와 부르심: "신여성으로서의 삶을 버리고, 복음전파자의 삶으로"

가. 신여성으로서의 삶: '교사, 신정순'

여성 인텔리로서의 삶을 살았던 당시 신정순 전도사는 보통학교를 거치고 지금의 경북여고의 전신인 대구여자고등보통학교도 졸업한 수재였다. 경북지역 전체 3대 1의 경쟁률을 통과하고, 경북 유일의 공립학교였던 학교에 우수하게 입학과 졸업을 하였다. 당시의 시대적 상황에서 여성으로서 높은 사회적 지위를 선택하고 풍요로운 삶을 살아갈 수도 있었다.

실제 신정순 전도사는 고등학교를 졸업하고 일본인이 경영하던 철물기계 제작공장(대구 중구 소재)에 취업하여 설계도를 작성하는 일을 하기도 하였다.[3)]

신정순 전도사: 그 회사에서 내가 한 일은 직원들에게 기계 설계도를 그려주는 일을 했고, 내가 설계도를 똑같이 그려주면 직원들은 그것을 보고 기계를 제작하는 과정이었다......한번은 내가 설계도를 틀리게 그맀다아이가(그렸다 아니가) 잘못 기리서(그려서) 그날 제작된 공구들이 모두 치수가 잘못 되어서 당황했지. 그런데 일본인 사장은 그럴 수 있다고 했고 이번 경험이 다음에는 괜찮게 해줄꺼다라고 하더라고 하하하. 아마 내가 그곳에 간 이유는 설계도 그리는 것은 중요하고 똑똑하게 공부한 사람이 해야 한다고 일본인이 생각했던 것 같애......

설계도 작업을 진행하면서도 그녀는 큰 어려움 없이 회사생활을 하였고, 회사에서는 최고의 배려를 하였다.

신정순 전도사: 일본인이 자기 딴에는 최고의 학교를 나온 사람을 취업시킨다고......내가 공부도 잘했지. 수학은 참고서 없이 공부했으니깐.....하여튼 일본 사장이 내하고 내 친구 둘이를 취업시킨다고 옷도 양장으로 사주고......상여금도 얼마나 많이 주고.....얼마나 대우를 해주는데......회사에 우리는 학교 다닐 때도 일찍 안 갔다고 다른 직원들처럼 아침 일찍 나와서 일하지 못한다고 했지. 그랬더니 사장은 그러면 오전에 나오라고 했고, 내하고 내 친구 둘이는 다른 사람들보다 늦게 나가고, 퇴근은 일찍 했어. 하는 일이 달랐지만 설계도 똑같이 2~3장 정도 기리면(그리면) 퇴근이니깐......세상에 이걸 기리고 월급을 받다니 하하하...... 나 같은 사람에게도 월급을 많이 주는 것이 신기하기도 했다 아이가......

3) 이는 이상규(2009)의 자료를 포함하여 그동안 소개되지 않았던 신정순 전도사의 생애 사건이다. 그녀는 이번에 처음으로 이야기한다고 하며 부끄러운 듯 이야기를 해주었다. 이는 연구자와의 깊은 라포(rapport) 형성에 기인한 것으로 판단된다.

그러나 그녀는 건강의 이유로 높은 월급과 안정된 회사생활을 금방 그만두었다. 폐기관이 좋지 못하여 쉬어야 할 상황이었다. 하지만 건강의 이유도 있었지만 좀 더 본질적으로는 자신이 공부한 것을 더 의미 있게 활용하고자 하는 마음이 있었기 때문이다. 이는 두 번째 직장 선택 과정에서 더욱 분명하게 나타난다. 일본인 회사를 그만두고 집에서 쉬는 것이 자신에게 맞지 않고 자신의 재능을 의미 있게 활용하고자 하는 마음이 점점 강해져 교사로서의 삶을 선택하게 되었다.

> **신정순 전도사**: 내가 그냥 집에는 것이 성질에 맞지 않고. 선생을 하면 좋겠다는 생각이 들었지 그런데 도회지에서는 '탁탁' 규율에 맞춰서 하는 것이 내가 힘들 것 같고……내가 몸이 약하고 내가 감당할 수 없다. 그때 그 형(언니), 와 내가 경북여고 다녔던 형있다고 안카드나 그 형(언니)의 친구(경북여고 동기) 남편이 장학사였어. 한국 장학사는 그 사람 한 명뿐이었어……고령 성산국민학교에 그때는 성산보통학교였지……선생 시험을 치는데 수창학교에서……1종과 2종 시험이 있는데 사범학교가 아닌 일반학교에서 공부한 사람들은 2종……

이후 신정순 전도사는 고령 성산보통학교에서 교직생활을 시작했다. 교직생활은 그녀에게 가르치는 은사가 있음을 확인하게 하는 소중한 시간이었다. 아이들을 가르치고, 여러 공개수업과 활동에 장학사와 학교장 그리고 동료 교사들로부터 실력을 인정받았다. 실제 담당 장학사로부터는 시내의 학교로 이동 권유도 받을 정도였다.

> **신정순 전도사**: 국어 가르치는 것을 실제로 하는데 있었어. 뒤에 장학사들하고 뭐 이런 사람들 다 있고……뭐 그런데 나는 그런게 겁이 안나는기라. 담대하게 아이들한테 질문을 하고 답을 시키고 하하하. 그랬더니 마치고 장학사 '시내 학교' 오면 안되겠냐고. 막 그카는기라……나는 몸이 안좋아서 안된다고 그러고. 딴 사람들은 어떻게 하면 시내 학교 갈라고 카는데……하하하

신정순 전도사의 성공적 교직생활은 이후 어린이 사역과 설교에 많은 도움을 주었으며, 어떻게 하면 효과적으로 복음을 전할 수 있을까에 대한 전문적 수준의 다양한 교수-학습 전략들을 익히게 하는 계기도 되었다. 신정순 전도사는 광복되기 직전까지 약 3년의 교직생활을 하였으며, 강력한 은혜의 체험이 있은 후 교직에서 물러났다.

나. 복음전도자로서의 삶: "누구를 만나든지……"

신정순 전도사는 자신의 신앙적 멘토이자 평생의 동역자인 '박복달 권사'[4]를 통해 삼위

4) 신정순 전도사는 어린 시절부터 박복달 권사와 각별한 사이였다. 박복달 권사(혹은 박복달 선생)는 명향식 선생, 조수옥 권사 등과 함께 고신의 여성 인맥을 이끌었고 전국여전도회연합회에서 경북노회가 주도적 역할을 할 수 있도록 한 여성 지도

하나님의 강력한 역사, 뜨거운 회개, 눈물의 기도를 경험하게 된다. 이는 신정순 전도사의 삶 자체를 변화시키게 되는데 사회적 신분이 보장된 신여성으로서의 삶에서 복음전파자의 삶으로 살아가게 되는 결정적 계기가 되었다. 이러한 움직임은 신정순 전도사에게만 나타났던 것이 아니라 박복달, 우태숙 선생 등 여러 여성 지도자들에게도 나타났다. 이는 역사적으로 암울한 시대를 준비하신 하나님의 철저한 섭리로서 그들을 교회를 위한 여성 사역자들로 쓰시고자 함이었다.

신정순 전도사: 해방되는 해에 내가 은혜를 받았거든. 박복달 권사님은 해방되기 20일 전에 은혜를 받으시고……박복달 권사님과 우리집에 한 100미터 정도 거리라. 인교동(대구 중구)에……어쨌든 해방되는 그 무렵 내가 박복달 권사 집에 갔더니 내 보고 하는 말이

"정순아 우리 예수 바로 믿어야 한데이"

"그러믄 어떻게 하면 예수 바로 믿는데"

"회개하고 예수 믿어야 한다! 죄를 회개하고 믿어야" 카는기라……최일출 목사님께서 신사참배를 피할려고 강원도로 산으로 다니신 분이 '우태숙 선생'[5] 집에 오셨는거라……그때 박복달 권사님도 은혜를 받으신거라. 그래서 날보고 회개하라고 막 카시는기라……처음에는 내가 죄가 하나도 없는기라……하하하 나중에는 밥도 못먹겠고 미치겠는기라……우태숙 선생 집에서 기도를 하는데……박복달 권사가 날 위해서 눈물을 흘리면서 기도하는데, 날 위해서 이렇게 기도하는구나 하고 하는데, '탁' 터지면서 똑 '필름' 돌 듯이 주님이 십자가에 못 받히신 그 모습으로 나타나는데 그 주님을 붙들고 얼마나 회개하는데 내 죄가 막 떠오르는데……얼마나 얼마나 통곡하고 회개하고……부활하신 주님이 다가오며 평안을 주시는데 그…그…기쁨이 은혜가 말도 다 못하겠어. 그때는 기도하면 하늘과 내 사이에 막이 탁 터지는 것 같은기라! 주고받고……얼마나 기쁘고 감사한지. 죄 사함 받고 하나님의 자녀가 된 것이…..밥도 안먹어도 되는거라. 밥을 뭐할라고 먹어 참말로. 좋으니깐. 저절로 밥이 먹어지질 않는기라. 오로지 그때부터는 주님만 기쁘게 하고, 주님만을 위해 어떻게 할까 그것만 생각하는기라

신정순 전도사: 그때부터 누구를 만나든지, 차안에서 만나든지, 길을 가다 만나든지, 누구라도

자이다. 박복달 권사는 1993년 9월 27일 소천할 때까지 평생을 고려파 운동에 진력하였다(권오헌, 2003). 박복달 권사의 생애와 관련하여 권오헌(2003)의 「하나님의 영광만을 사모한 생애: 박복달 권사」 고신신학 5. 52-64.를 참고하기 바란다.

5) 우태숙 선생은 광복과 한국전쟁의 사회적 격변기에 경상남·북 지방을 중심으로 회개와 부흥운동을 일으킨 여성 부흥사이다. 우태숙 선생의 생애와 관련하여 김성수(2003)의 「알려지지 않은 위대한 부흥사 우태숙 선생님: 경남북 지방을 중심으로 활동한 신앙의 여장부」 고신신학 5. 94-127.를 참고하기 바란다.

지옥갈까 싶어서 복음을 전하는기라 그 사람 지옥 간다 생각하니 기가 차는기라......

신정순 전도사는 인용문에서도 확인할 수 있듯이 하나님의 놀라운 은혜로 말미암아 오로지 주님만을 위해 살 것을 다짐하였다. 그 이후로 그녀의 삶은 온전히 복음과 함께 복음에 집중된 삶을 살아가게 된다. 그때부터 신정순 전도사는 누구를 만나든, 어디에서 만나든 복음을 전하고 회개를 촉구하고, 강력하게 복음 전도자/전파자로서의 삶을 실천하게 된다.

또한 당시에는 신정순 전도사가 대구 중구의 서문교회에 평신도로 출석하고 있었으며, 전술한 신정순 전도사를 향한 강력한 하나님의 은혜와 섭리는 신앙생활을 더욱 열정적으로 이끌었다. 이는 주일학교 교사, 장년부 교사, 성가대 등과 같은 교회 봉사를 시작하게 하였으며, 서문교회에서의 활동과 사역은 점차 커져갔고 유년주일학교와 장년부 교사로서의 사역은 실제적인 부흥의 열매들로 나타났다.

그리고 이듬해 1946년 1월 박복달 권사와 함께 '대구고등성경학교'[6]에서 신학공부를 하고 이후에는 '부산 광복동 고려신학교'에서도 신학공부를 하게 된다. 이러한 과정을 통해 점차 성경과 신학에 대한 체계적인 관점과 사역자로서의 소양을 갖추어나가게 되었다.

[그림 14-1] 대구고등성경학교에서의 추억과 활동: 교회연합운동회에서의 우승

※ 출처: 신정순 전도사 개인 소장 자료

6) 다른 자료(이중구, 2002)에서는 '대구 동산성경학교'로 명명되고 있으나 연구자와 신정순 전도사와의 면담에서는 '대구 고등성경학교'로 명명하여 면담이 진행되었음을 밝혀둔다.

3) 서문교회에서의 전도사 사역과 제명: "그것이 옳은 일입니까!"

전술하였듯이 신정순 전도사는 대구 중구의 서문교회에 출석하고 있었으며, 주일학교 교사, 장년부 교사, 성가대 등을 통해 교회 사역을 수행하였다. 그때만 하여도 평신도 사역자로서 순수하게 하나님 은혜에 대한 반응으로 열심히 봉사하며 살아가고 있었으나 1950년 한국전쟁이 터진 그 해부터 서문교회 '청년 전도회' 전도사로 부임하여 전임사역자로서 활동을 하게 된다.

신정순 전도사: 6.25가 터지고 사람들이 피난을 온다고 내려오는데 내가 막 불이 붙는거 아이가. 저 사람들에게도 복음이 전해야 하는데...... 답답해가지고 박복달 권사님 집에 가서 어떻게 이 사람들에게 복음을 전할까 얘기할라고 갔잖아 그런데 아무리 기다려도 안오는기라. 한참을 기다리니깐 와서는 대뜸하는 말이 "정순이 니 전도회 전도사로 부임하기로 명 목사(명신홍 목사, 당시 서문교회 담임목사)와 얘기했다" 카는거 아이가 하하하 마..... 나는 입이 탁 붙어 버려대. 신학 공부도 내가 사역을 할라카는거 보다 공부를 하고 싶었고......

서문교회 내부적으로는 박복달 권사와 신정순 전도사가 전도회 임원으로서 열심히 봉사하였으며, 실제 전도회도 부흥하여 청장년이 함께 모임을 진행하기가 어려울 정도로 성장하였다. 이는 자연스럽게 청년전도회를 새롭게 구성하여 사역을 해보는 것이 어떠한가에 대한 요구가 있었으며, 그 담당 사역자로서 신정순 전도사가 추천된 것이다. 이를 통해서 볼 때 서문교회 내에서 박복달 권사와 신정순 전도사가 얼마나 신실하게 사역을 하였던가와 두 사람이 교회로부터 신임을 받는 청년들이었음을 확인할 수 있다. 또한 이러한 사역의 확대와 역동성은 교회 내 시기와 유무형적인 견제의 대상이 됨도 추측해 볼 수 있다.

신정순 전도사는 서문교회에서 전도사로 사역하면서 내면적으로 많은 어려움들이 있었다. 어린 나이로서 어른들을 양육시키고, 목사님과 심방을 다니며 평신도 때와는 다른 차원의 사역에 적응하기 어려웠고, 노방에서나 삶의 현장에서 복음을 전하고 싶은 마음이 컸던 것도 사실이었다. 그럴 때마다 박복달 권사가 성경 구절을 통해 설득하고, 위로하고 가르침을 주었다.

전도사로서 8개월 정도 사역하는 가운데 신사참배와 관련하여 고신 교단이 축출되는 사건이 발생하고 서문교회 내에서 고려파 관련 인사들이 제명당하는 사건이 일어났다.

신정순 전도사: 전도회가 부흥을 하고 교회에서 이러니깐 사람들이 미워하는기라. 사람들은 자들이(저 사람들이) 이단아이가 이러고 하는데 점점 부흥하는거라. 그때 박복달 권사님이 '조야교회'와 서울, 부산 등 각처에서 집회도 하고 부흥회도 하고 그랬거든 참석한 사람들은 은혜

를 받고 회개하고 참 말할 수 없는 죄도 회개하고 성령의 역사가 대단했다.....그러니깐 한편에서는 좋아하고 한편에서는 미워하는기라. 그런데 총회적으로 고신 측을 미워하게 되고 잘라내게 되었거든. 한상동 목사님이 미움을 받고, 숫자가 저거(자기들이)가 많으니깐 어쩔 수 없는기라.....우리 고신측은 총대가 들어갈 수 없는 그런 상황.....그 결정은 대구에서 먼저 실행하기로 되었거든 그 실행이 서문교회에서 되었다 아이가. 왜냐하면 다른 교회는 고려파도 많이 없고.....그때 교회에서 우리를 많이 불렀어 그냥 돌아오면 안되겠느냐고 그때 우리는 신사참배에 대해 그 결정이 옳은 것이냐고, 가결된 것이 잘못되었다면 우리가 항의를 하고 해야지...... 그런데 당회에서는 '오병식 장로'[7] 한 분만 '아니요' 하고 다른 사람들은 모두 우리를 제명한다고 결정했지......

회개운동의 확산과 고려신학교 설립은 일제시대에 배교하였던 교권주의자들의 부담으로 작용하였다. 교권주의자들은 고려파와 관련된 여러 움직임을 억제하기 위하여 1951년 제36회 총회의 결의를 끌어내 고신 측 경남노회를 축출하였다. 경북노회 제48회 노회에서도 고려신학교 학생 추천을 금지하고, 이러한 움직임에 관련된 자들을 제명할 것을 밝혔다. 그리고 이러한 움직임은 서문교회에서 구체적으로 실행되었는데 당시 서문교회에는 고려파 관련 인사들이 가장 많았기 때문이다.

신정순 전도사는 서문교회에서 제명당한 사건과 관련하여 매우 진지하였으며, 그때에 대한 회고 중에서도 결연한 의지를 표현해주었다. 서문교회에서 제명당한 인물로는 김주오, 박복달, 신정순, 서옥련, 김계초, 서경애 등이었으며, 신사참배와 관련하여 양보할 수 없는 분명한 입장을 취함으로써 몇 번이나 교회로부터 불림을 받았지만 결국 서문교회 당회로부터 1951년 8월 19일 주일 공식적으로 제명을 당하였다(이상규, 2009). 서문교회 당회의 제명이 교회에 선언된 이후 제명자들 그리고 오병식 장로와 당시 장로 장립식을 앞두고 있었던 최만술 집사는 다른 고려파 지지자들과 더불어 교회 설립을 구체적으로 논의하게 되었다. 이것이 '대구 서문로교회'의 출발이 되었다(신정순, 2001; 조성국, 2003 재인용).

7) 오병식 장로는 대구경북지역에서 고신파 운동을 시도했던 지도자들 중의 한 사람이었으며, 경북노회 내 여러 교회들의 설립과 발전을 위해 지원을 아끼지 않았던 인물이다. 오병식 장로의 생애와 관련하여 조성국(2003)의「오병식 장로의 고신(고려)파 경건과 정신」 고신신학 5. 34-50을 참고하기 바란다.

4) 리더십의 발휘: "Servant Leadership"

가. 대구 서문로교회[8]의 설립과 사역

1951년 8월 19일 서문교회에서 제명을 당하고, 1951년 8월 26일 대구시 서문로 1가 11번지에 마련된 예배처소에서 한상동 목사의 인도로 33명이 모여 새벽기도회를 드림으로써 고신파 경북노회 첫 번째 교회인 서문로교회가 시작되었다.[9]

당시 제명자들과 동료들은 서문로교회에 대한 오해, 조소 그리고 반대 속에서 초라하게 시작하였으나 그 시작은 고신 운동에 크게 기여하였다. 이후 서문로교회를 바라보는 이들로 하여금 하나님의 섭리를 느끼게 하는 동시에 앞으로의 미래도 기대하게 만들었다(류윤욱, 1981).

[그림 14-2] 대구 서문로교회 설립위원[10]: 사진 아래 왼쪽에서 첫 번째 신정순 전도사, 그 외 박윤선, 오병세, 김주오, 오병식, 김계초, 박복달 등

※ 출처: 〈서문로 30년사〉 화보. p.16

8) 서문로교회(담임목사 강학근)는 개혁주의 신앙과 진리 파수를 위하여 헌신한 이들이 서문교회로부터 제명처분을 받아 설립이 이루어졌으며, 대구·경북지방 고신의 모체 교회로서 경북지역에 고신교회가 확장되는 일에 크게 기여하였다. 서문로교회는 1951년 9월 25일 오병세 목사가 초대 교역자로, 신정순 전도사가 초대 전도사로 부임하였으며, 현재는 강학근 목사(2000년 11월 9일 담임목사 부임, 2001년 3월 14일 위임)가 고신 교단과 경북노회에서 중요한 역할을 감당하고 있으며, 숭고한 선배들의 신앙유산을 아름답게 이어가고 있다. 2021년 강학근 목사는 예장 고신 총회장으로 선출되어 사역을 감당하기도 하였다.

9) 당시 서문로교회의 경우, 김주오 목사가 부모로부터 물려받은 유산(논 5두락: 보통 '마지기'로 표현되며, 1마지기는 약 200평이다)으로 1천만 원을 감당하고, 오종도 목사가 교회를 위해 1천만 원을 마련하여 그 2천만 원으로 공장을 매입하여 예배당으로 활용하였다(이상규, 2009). 이후 1960년 4월에 현재의 대구 중구 서내동 8-1번지로 옮겼으며, 당시 실달사(悉達寺) 절을 구입하여 예배당으로 활용하였다(대구서문로교회, 1981).

10) 사진 위 왼쪽부터 김주오, 오병식, 최만술, 오상용, 손만윤, 문덕래, 이말순, 사진 아래 왼쪽부터 신정순, 김계초, 박복달, 오병세, 박윤선, 신경생, 박혜운.

이러한 역사적 의미와 신앙을 가진 서문로교회에서의 사역은 신정순 전도사 자신의 삶에 있어서 가장 중요한 활동이었으며, 하나님 앞에서 자신의 신앙을 실천하고 표현할 수 있은 장이기도 하였다. 또한 그녀의 서문로교회에서의 헌신적인 사역을 통해 당시 여러 동역자들은 굉장한 힘을 얻었으며, 이후 서문로교회가 신앙적으로 든든히 성장해나가는데 있어 신정순 전도사의 사역은 핵심적이었다.

[그림 14-3] 신정순 전도사(사진의 오른쪽)와 대구 서문로교회 초기 예배당 모습
※ 출처: 신정순 전도사 개인 소장 자료

한편 신정순 전도사는 건강의 이유로 고려신학교 공부를 모두 마치지 못하였는데 서문로교회 사역을 본격적으로 진행하면서부터는 더욱 신학교를 다닐 수 없는 상황이 되었다.

> **신정순 전도사**: 해마다 내가 신학교 간다고 했거든. 그런데 박복달 권사하고 주위 사람들이 니 교회를 생각해래이. 니가 가면 교회는 어떻게 되노 하하하 그래가지고 해마다 공부를 하러 못갔다 아이가. 그래도 나도 그때 젊을 때는 진짜로 교회를 두고 못가겠는기라...... 하하하

인용문에서 확인할 수 있듯이 신정순 전도사는 자신의 진로와 인생의 계획보다 교회의 섬김을 우선으로 하였으며, 실제로 그녀는 전 생애를 통해 교회를 섬기며 헌신적으로 봉사하였다. 앞서 언급하였듯이 서문로교회에서의 사역은 신정순 전도사에게 하나님을 향한 사랑

을 실제적으로 표현할 수 있는 장이었다. 진리 사수를 위해 제명까지 당한 신앙인으로서 가장 최우선으로 감당해야 할 사역 현장이 바로 교회였던 것이다. 이러한 교회에 대한 자세와 모습은 그녀의 삶과 신앙의 전반적인 활동에서도 확인할 수 있으며, 오늘날 많은 목회자들에게 시사하는 바가 크다고 할 수 있다.

이후 신정순 전도사는 48세 때 더 이상 나이가 들면 공부를 할 수 없겠다는 생각과 신학공부에 대한 강한 그리움으로 다시 공부를 시작하였으며, '고려신학대학'에서 신학 공부를 51세(1974년)에 마치게 된다. 그녀의 학업과 관련된 모든 사항은 서문로교회 당회의 공식 허락을 통해 진행되었다.

[그림 14-4] 고려신학대학 졸업 사진(둘째 줄 오른쪽에서 두 번째 신정순 전도사)
※ 출처: 신정순 전도사 개인 소장 자료

또한 신정순 전도사의 사역의 특징은 섬김의 리더십이다. 이후 경북 여전도회 및 전국 여전도회 사역을 통해서도 확인할 수 있지만 교회의 목사님들, 동료 교역자들과 박복달 권사와 같은 중추적 리더들을 항상 보필하고, 가능하면 말을 아끼며, 섬김의 본을 통해 그들의 사역을 더욱더 은혜롭게 진행될 수 있도록 하는 역할을 감당하였다. 이러한 특징은 오랫동안 서문로교회의 전도사 사역을 통해서도 나타났다.

서문로교회 교역자: 신정순 전도사님을 요약하면 겸손과 섬김이셨습니다. 항상 자신의 이름과 얼굴을 내는 것이 아니라 주님만을 생각했고, 목사님들을 걱정하셨습니다...... 한평생 서문로교회를 섬기시면서 오랫동안 변함없을 수 있는 이유가 무엇이겠습니다. 생각해보

세요.....바로 남을 높이고, 자신을 낮추었기 때문입니다. 그러기에 존경을 받으시는 것이지요.....

위의 인용문 내용을 실제적으로 연구자도 참여관찰을 통해 연구 현장에서 직접 확인할 있었다. 신정순 전도사는 1994년 12월 25일 은퇴 이후[11]에도 현재까지 매주 수요일 노인대학 및 학교 사역을 진행하고 있으며, 말씀을 전하며, 그들과 소통하고 있었다. 약 50명의 노인대학 구성원 한사람 한사람과의 관계에서 진실함과 겸손함은 그녀의 리더십 특징을 잘 대변한다고 판단된다.

나. 경북여전도회연합회 및 전국여전도회연합회 사역

경북여전도회연합회와 전국여전도회연합회 사역은 신정순 전도사의 섬김의 리더십을 가장 잘 보여주는 활동과 내용이다. 잘 알려져 있듯이 박복달 권사는 경북여전도회 회장을 23년, 전국여전도회회장을 10년, 서문로교회 여전도회 회장을 36년간 연임하였다(권오헌, 2003; 이상규, 2009). 이는 다양하게 해석될 수 있지만 권오헌(2003)에 따르면 박복달 권사의 희생과 봉사정신, 강력한 지도력을 가진 대안적 리더의 부재, 박복달 권사 중심의 고려파 여성 지도자들의 구성이었기 때문이다.[12] 이 과정에서 신정순 전도사는 경북과 전국여전도회연합회에서 서기로 봉사하였으며, 박복달 권사의 사역이 원활하게 진행될 수 있도록 모든 제반 업무와 실제적인 사역들을 담당하였다.

신정순 전도사: 우리는 서기가 업무들을 보고 그랬거든. 박복달 권사님이 회장으로서 일을 많이 하셨고......꼼꼼히 모든 것을 돌아볼 수 없기 때문에 당시에 내가 업무를 보고 했다. 그때는 뭐 이런저런 장부나 뭐.....뭐도 없을 때라 일이 워낙 많아가지고, 하나하나 만들고......

오랜 기간 박복달 권사와 함께 경북여전도회 및 전국여전도회연합회를 섬기는 것은 쉽지 않았을 것이다. 많은 경제적 어려움과 여성들을 돌아보는 것은 누구도 감당하기 어려운 사역이었을 것이다. 하지만 신정순 전도사는 변함없이 그 사역을 섬김으로 감당하였으며, 이러한 그녀의 섬김을 통해 경북여전도회연합회 및 전국여전도회연합회는 초기 안정적인 체

11) 신정순 전도사는 1951년 9월 25일 부임하여 1994년 12월 25일까지 서문로교회에서 전도사로서 사역을 감당하였다(2011 대구서문로교회 요람 자료).

12) 실제 박복달 권사는 연합회장의 직이 다른 사람의 위에 서는 자리라는 생각을 한 적이 없으며, 자신을 희생하여 봉사하는 자리라는 의식을 가지고 있었기 때문에 스스로의 신앙에 전혀 모순이 없이 하나님의 뜻인 줄 믿고 봉사하였다. 그리고 전국연합회 회장은 유임할 수 없는 것으로 개정되어 10년만을 봉사하였으며, 해당 내용이 개정되자 직책을 물려주었다(권오헌, 2003). 이는 신정순 전도사와의 심층면담을 통해서도 확인할 수 있었으며, 박복달 권사의 리더십과 오랜 활동에 대해 지지하였다.

제 구축을 할 수 있었으며, 교단 발전을 위한 든든한 버팀목으로 성장할 수 있는 발판을 마련하게 되었다. 또한 지금과 같은 연합회의 왕성한 선교활동과 지역 교회의 사역을 담당할 수 있는 토대가 그 시기에 마련되었다고 볼 수 있다. 이후 신정순 전도사는 회장으로서도 헌신적으로 봉사하게 되며, 여전도회연합회 내에서 섬김의 수고는 경북노회와 전국여전도회로부터의 많은 공로패와 감사패를 통해 확인할 수 있다. 그리고 2007년에는 '자랑스러운 고신인상'을 수상함으로써 교단 차원에서도 신정순 전도사의 섬김과 봉사를 인정하게 되었으며, 서문로교회, 교단 및 여전도회, 후배 여성 지도자들의 기쁨과 존경의 대상이 되었다.

[그림 14-5] 1969년 경북 여전도회 연합회 활동(사진의 중앙 셋째 줄에서 왼쪽으로 네 번째 신정순 전도사)

※ 출처: 신정순 전도사 개인 소장 자료

5) 독신의 삶: "예수 그리스도만을 위해"

신정순 전도사는 그토록 따르며 존경하였던 선생이자 동역자였던 박복달 권사와 마찬가지로 평생을 독신으로 삶을 살아가고 있다. 지금도 대구시 중구의 상가 아파트에서 검소하게 독신으로 살며, 서문로교회를 섬기고 있다. 그녀의 독신생활은 예수 그리스도만을 위해 살아가고자 하였던 신앙적 표현이며, 인생에 대한 하나님 앞에서 내려둠의 표현이다. 또한 박복달 권사의 삶에 영향을 받기도 하였을 것이다. 이러한 독신으로서의 삶은 신정순 전도사뿐 아니라 김계초, 박봉현, 성은주 등 많은 여성 지도자 및 전도사들이 함께하였던 길이다.

서문로교회 권사: 전도사님의 삶은 그야말로 예수님과 함께하는 삶이지예. 예수님이 좋아 한 평생을 그분만을 바라보고 살아가시는 모습을 보면 참 내가 부끄러워지고...... 좀 그렇지예. 무엇이 전도사님의 삶에 힘이겠습니까. 인간적 그런 것이 아니고예......오직 예수님이 전도사님의 힘이지예.

[그림 14-6] 동역자로서의 박복달 권사(좌)와 신정순 전도사(우)

※ 출처: 신정순 전도사 개인 소장 자료

얼마나 예수님을 사랑하였던 것일까? 어느 정도로 주님이 좋았던 것일까? 이성 간의 사랑을 초월하여 하나님의 교회와 사역을 위해 평생을 독신으로 살아갈 수 있으려면 도대체 얼마나 예수 그리스도를 향한 열정이 컸던 것일까 하는 궁금증이 생긴다. 분명한 것은 인생이 줄 수 있는 즐거움, 안정감과 안위보다는 예수 그리스도를 향한 그 마음이 더 컸다는 것이고, 지금도 그 마음은 변함없이 진행형이라는 것이다.

4. 여성 지도자, 신정순 전도사의 삶과 신앙

해당 연구는 신정순 전도사의 생애를 질적연구방법 중 생애사(life history) 접근을 통해 탐색해보았다. 순수한 신앙과 그에 대한 실천적 삶을 살았던 신정순 전도사에 대한 심층적 분석을 통해 고신신앙의 전형(model)을 확인할 수 있었으며, 다음 세대와 교회 구성원들에게 고신신앙을 가지고 살아가는 것이 얼마나 귀하고 아름다운 것인가를 확인할 수 있었다.

2014년 4월 91세(만90세)가 된 신정순 전도사의 전 생애는 참으로 예수 그리스도를 향한 마음을 실천적으로 표현한 것이라고 볼 수 있다.[13] 그녀가 높은 사회적 지위를 유지할 수도 있었지만 복음을 위해 살아갈 것으로 다짐한 것이나, 평생을 목회자와 지도자들을 묵묵히 섬기며 살아온 것이나, 자신을 돌보지 않고 겸손히 주님의 몸된 교회를 섬겼던 것이나, 평생 변함없이 주님만을 바라보고 신실하게 살아가는 것이나 이 모든 것이 예수 그리스도께서 베풀어주신 놀라운 은혜 앞에서 감사하며 자신의 마음을 삶으로 표현한 것이다.

신정순 전도사의 이러한 삶이 우리 고신정신의 실제적 모델이라고 볼 수 있다. 왜냐하면 신정순 전도사와 같이 고신정신이 투철하고, 고신의 환경 속에서 자라온 사람이 누구이겠는가. 교단의 출발과 고신교회의 설립자가 아닌가. 그녀의 생각과 모든 것이 그야말로 '고신' 인데 그녀의 삶이 위와 같다는 것은 고신정신으로 살아가는 삶이 전술한 바와 같다고 볼 수 있지 않겠는가 하는 것이다.

고신 교단은 신사참배와 자유주의 신학 앞에서 오직 성경, 개혁신학과 전통, 그리고 생활의 순결과 순교를 추구하는 교단이다. 참으로 지금도 이것이 우리의 자랑이요 특징이다. 이제는 이것을 무의미한 구호로서만 외치는 것이 아니라 신정순 전도사와 같이 우리들의 삶에 실천적으로 새겨야 할 때이다. 다음 세대와 교회 구성원들에게 분명히 알려주어야 할 것은 이와 같은 것들이다. 확신하건대 이는 분명 그들에게 매력적인 모습으로 다가갈 것이고, 한국 사회 내 실추된 교회의 위상을 회복하는데도 기여할 것이다. 그러므로 이제는 '제2의 신정순 전도사'가 많이 배출될 수 있도록 최선을 다해 다음 세대를 양육하고 고신정신과 정체성이 살아있는 개혁신앙적 환경과 풍토를 만들어 나가는데 진력해야 할 것이며, 이 사역에 하나님께서 우리를 사용해주기길 간절히 기도한다.

13) 신정순 전도사는 2017년 6월 22일 소천하였다.

제 15 장

도시지역 개척교회의 내러티브

1. 교회양극화 그리고 소형교회

최근 대형교회와 작은 교회 사이의 논쟁과 이슈는 다양한 형태로 나타나고 있으며, 이는 교회의 '양극화(polarization)'라는 거대 담론 속에서 불거지고 있는 현상이라 할 수 있다. 교회의 양극화 현상은 도시와 농촌교회, 대형교회와 미자립교회, 부유한 지역의 교회와 빈민층 지역의 교회 등으로 대변될 수 있으며, 나아가 대형교단과 소형교단의 경제적 양극화로 나타나고 있다(정상훈, 2007). 이러한 교회의 양극화 속에서 개척교회 및 미자립/미조직 교회들은 생존을 위한 사역을 감당하고 있으며, 이들의 상황 개선을 위한 실제적 대응 전략들이 요구되고 있다. 물론 다양한 교단들에서 이와 같은 교회의 양극화와 그에 대한 대응 방침들을 내놓고 있다. 실제로 국민일보(2012)의 보고에 따르면 예장 통합 총회는 최근 미자립교회에 대한 교역자 생활 평준화 작업에 착수하였으며, 이 사업은 총회에 소속된 미자립교회 목회자들에게 생활비를 공평하게 지원, 안정된 목회를 도모하기 위함이다.[1] 또한 기장 총회는 현재 생활보장제도를 통해 미자립교회 목회자들을 돕고 있으며, 목회자들의 십일조 중 2분의 1을 총회가 일괄적으로 취하고 각 노회의 미자립교회 목회자들의 최저생활을 보장하는 방식을 진행하고 있다. 기장은 이외에도 피아노 등 집기를 지원할 수 있도록 독려하고 있으며, 기장

1) 평준화사업은 월 평균 100만 원을 생활비 기준으로 정하고 가족이 추가될 경우 1인당 10만 원씩 부가 수당이 지급된다.

은 이러한 지원방식에 벗어나서 장기적으로 미자립교회에 대한 지원을 총회로 일원화하는 한편, 근본적으로 목회자 본봉을 평준화하는 방안을 강구하고 있다.

〈표 15-1〉 각 교단의 최근 미자립교회 대응 및 지원 전략

교단	미자립교회 대응 및 지원 전략
예장(통합)	• 미자립교회에 대한 교역자 생활 평준화 작업 • 총회에 소속된 미자립교회 목회자들에게 생활비를 공평하게 지원, 안정된 목회 도모 추구
기장	• 생활보장제도를 통해 미자립교회 목회자들 도움 추구 • 목회자들의 십일조 중 2분의 1을 총회가 일괄적으로 취하고 각 노회의 미자립교회 목회자들의 최저생활을 보장하는 방식 추구 • 필요물품 지원 • 미자립교회 지원을 총회로 일원화 추구
감리	• 자립형 개척교회 운동 전개 • 교회 개척 후보지 발굴 및 제공, 미자립교회를 위한 선교와 목회 자료 컨설팅 • 미자립교회 교역자에 대한 교육과 지원금 제공 • 전도 훈련 방안과 전도학교 등의 운영
기성	• 교회별로 지원하는 방식 유지 • 교회개척훈련원 개설하고 이를 수료할 경우 교회 개척과 함께 개척교회 목회자들을 지원하는 방식
기침	• 주일특별헌금을 통한 지원
예장(대신)	• 주일특별헌금을 통한 지원
개혁총회	• 주일특별헌금을 통한 지원
예장 합동정통	• 사회복지위원회를 중심으로 미자립교회 지원 • 노회별 추천과 심의를 통해 지원
루터회	• 지역교회 돌보기 사업으로 미자립교회 지원 • 미자립교회 성장지원위원회 발족
예장(통합)	• 미자립교회 지원을 총회로 일원화 • 교회개척지원센터 설립 • 신학교 교육과정 내 교회개척 과목 개설

기감과 기성 총회는 컨설팅 방식으로 개척교회 및 미자립교회를 관리하고 있다. 감리회는 자립형 개척교회 운동을 전개하고 있으며, 교회 개척 후보지를 발굴해 제공하고 미자립교회를 위한 선교와 목회 자료를 컨설팅하는 방식을 제시하고 있다. 또한 미자립교회 교역자에 대한 교육과 지원금 제공, 전도 훈련 방안과 전도학교 등을 운영해 정착과 지원을 돕는다고

한다. 이에 기성은 교회별로 지원하는 방식을 그대로 유지하면서 개척교회에 대한 정책에 변화를 주고 있다. 총회에 교회개척훈련원을 개설하고 이를 수료할 경우 교회 개척과 함께 개척교회 목회자들을 지원하는 방식이다. 한편 기침, 예장 대신과 개혁 총회는 주일특별헌금을 활용하여 미자립교회를 지원하고 있다. 예장 합동정통 총회는 사회복지위원회를 중심으로 미자립교회 지원에 나서기로 했으며, 노회별로 미자립교회를 추천, 심의를 거쳐 일정액을 지원하는 방식으로 지원할 방침이다. 루터회는 지역교회 돌보기 사업으로 미자립교회를 돕기로 하였으며, 최근 미자립교회 성장지원위원회를 발족하였다. 루터회는 미자립교회로부터 사업계획을 받아 심사를 거쳐 지원교회를 선정할 예정이며, 2012년에는 3~4개 교회를 집중 지원하였다. 한편 예장 고신 총회도 미자립교회 지원 불균형의 문제를 해소하기 위한 일차적 조치로서 교회별 미자립교회 지원 현황을 총회로 보고하도록 의무화하고 있으며, 지원 현황을 누구든지 참고할 수 있도록 총회전도부는 자료를 공개하고 있다. 교단 신학교인 고려신학대학원(고신대학교 신학대학원)은 교회개척 과목을 개설하여 신학 훈련 과정에서부터 교회개척에 대한 준비를 내실 있게 지원하고자 노력하고 있다. 하지만 이러한 각 교단의 대응과 노력에도 작은 교회 사역자들은 그들의 삶과 사역 속에서 직면하고 있는 다양한 수준의 딜레마를 통해 어려움을 겪고 있는 것이 현실이다.

이에 해당 연구에서는 현장에서 교회를 개척하였거나 미자립, 미조직교회에서 사역하고 있는 목회자, 사모, 교회 구성원들과의 심층면담 및 현장참여관찰을 통해 그들이 겪고 있는 실제적인 문제가 무엇이며, 어떠한 상황에서 사역을 진행하고 있는지를 심층적으로 분석하고자 하였다. 즉 미조직교회 및 개척교회 핵심 구성원들의 '목소리'를 서술하는데 집중하며, 이를 통해 미조직 및 개척교회의 현황과 내부적 실태를 새롭게 조명하기 위해 시도하는 것이다. 이러한 접근은 연구참여자들의 개척, 미조직/미자립 사역과 관련된 삶이 '어떻게' 구성되어졌는지에 관심을 가지며, 담임목사, 사모, 성도들 개인의 구체적이고 실제적인 삶의 '과정' 이해와 '현장 목소리'의 내용에 초점이 맞추어져 현장 중심적인 교단의 전략과 지원책들을 위한 기초자료를 제공할 수 있을 것으로 판단된다.

2. 연구대상

해당 연구에 참여한 연구자들은 서울, 경기, 충청, 전라, 경남, 경북, 대구, 부산 지역에서 개척교회 및 미자립/미조직 교회를 사역하고 있는 담임목사(n=15명), 사모(n=15명), 교회 성도(n=12명) 등 총 42명이다.[2] 심층면담 기간은 2012년 3월 초부터 6월 초까지 3개월 간 진행되었으며, 연구자가 직접 해당 교회를 방문하여 면담가이드를 중심으로 약 2시간 정도 심층면담을 진행하였다. 또한 FGI(Focus Group Interview)가 적용되어 주제를 중심으로 한 주제별 소그룹 면담도 병행되었다.

연구참여자의 선정 기준은 현재 고신 총회 산하 37개의 노회장으로부터 추천받은 개척교회 및 미자립/미조직 교회가 우선되었으며, 노회장으로부터 연구참여에 동의한 교회가 선정되었다. 선정된 교회의 담임목사, 사모, 구성원들의 경우 연구 목적의 의미를 정확하게 파악하여 연구 윤리 차원의 '연구 동의서'가 모두 작성되었으며, 연구기간 내내 적극적으로 연구에 참여해주었다. 한편 본 연구에서는 효과적 면담 진행을 위해 면담가이드를 통해 면담을 진행하였으며, 면담 과정에서 수집되는 정보를 바탕으로 지속적으로 현장지향적인 면담가이드로 발전해나갔다. 자료 분석은 CAQDAS 중 NVivo를 활용하여 수행되었다.

3. 도시지역 개척교회 이야기 그리고 딜레마

1) 성급한 개척: "교회만 세우면 구름같이 몰릴 줄 믿고......"

해당 연구 기간에 연구참여자들이 가장 많이 고백하였던 내용은 바로 성급한 개척과 그로 인한 준비 부족이었다. 즉 개척교회에 대한 자신의 확신 속에서 무리하게 개척을 수행하였으며, 그 속에서 개척과정과 사역 방향에 대한 구체적인 준비와 전략 없이 현장에서 직접 경험을 통해 개척과 관련 현장 지식들을 얻고 있는 모습이었다.

> **연구참여자**: 제일 크게 착각한 게, 아 여기다 십자가를 딱 꽂으면 믿고 모여들 줄 알았어요. 그래서 집사님들과 오랫동안 교제했으니까 근데 동역자는 거의 없고 우리에게 도움을 바라는 사람, 우리의 도움이 필요한 사람들이었어요. 그게 가장 큰 차이였어요. 저는 누군가 와서 좀 같이 젊어지고 주일학교도 같이 하고......

> **연구참여자**: 모두가 비슷하겠지만 저도 처음에는 자신이 있었지요. 뭐 나이도 적당히 되었고, 부교역자 생활을 오래하였기에......큰 교회에서는 시스템이 갖추어져 있기 때문에 조금만 열

2) 당시 해당 연구는 대한예수교장로회 고신총회 소속 교회를 대상으로 진행되었다. 이는 고신총회 설립 60주년 기념사업의 일환으로 이루어졌기 때문이다. 해당 연구 사업은 예장고신 최초의 대규모 미조직 교회 실태조사였으며, 미조직교회 전수 설문조사와 함께 통합방법연구의 형태로 수행되었다. 해당 접근은 이후 예장 고신이 수행하는 정책 보고서의 형식을 고도화시키는 데도 기여하게 된다.

심히 해도 바로 차이를 만들어낼 수가 있답니다......개척교회는 달랐던 거죠.......처음에는 교회만 세우면 구름같이 몰릴 줄 믿었고.....현실은 그게 아니었지요. 충분한 준비도 없이 지금 생각하면 너무 준비 없이 그냥 열정만으로...... 지금 생각하면 그건 열정도 아니었구요......

연구참여자: 네네 근데 사실 여기 지역에 가서 교회를 세우면 잘될 거다. 그것만 생각을 하지. 그 지역에 어떤 상황 이런 것들은 사실...개척을 위한 다짐이죠. 내가 개척을 해야 되기 때문에 긍정적으로 생각하는 거 있잖아요? 사실 무슨 어려움이 있고 이 지역이 무슨 성향인지 또 지역에 어떤 교회들이 개척을 하면 어떤 식으로 목회를 하는지 이런 것들의 고민은 안 해보고 개척을 해야 되니까 여기서 하면 나는 잘될 거다. 세뇌한다고 그럴까요? 그래서 하여튼 그게 굉장히 심하다고 생각해요.

인용문을 통해 확인할 수 있듯이 목회자들의 경우 자신들의 성급한 개척과 시도에 대하여 많은 후회들을 살펴볼 수 있는데 이러한 성급한 개척에는 여러 요인들이 작용하고 있었다. 첫째, 담임목사로 청빙받지 못한 상황에서 충분한 준비 없이 개척의 길을 선택하는 경우, 둘째, 부교역자로서 사역하던 교회가 개척교회를 설립하는 과정에서 급하게 담임으로 담당하게 되는 경우, 셋째, 불확실한 개척의 소명 속에서 막연한 믿음과 기대를 가지고 개척하는 경우, 넷째, 기성 교회에서의 불화와 갈등을 통해 개척을 해야만 하는 경우 등등으로 확인할 수 있었다. 이러한 다양한 요인에 의해 성급하게 진행된 개척의 경우 이후 사역을 내실없는 준비와 개척교회 목회자로서의 내면적 준비 미비, 그리고 가족들의 준비, 재정의 영역까지 사역 전반의 내용들에 영향을 주는 핵심적 요소로 나타나고 있었다.

연구참여자: 근데 가장 문제가 되는 것은 어쨌든 부교역자로 그만두고 개척을 하면 담임목사가 되는 데 그 기간이 너무 짧다는 거예요. 그니까 부교역자는 사실 교회에서 어떻게 보면 수동적일 수밖에 없고 좀 뭐랄까? 지시를 따라서 이행하는 성격이 강한데 개척은 굉장히 주도적이 돼야 하고 좀 결정하는 것도 자기 스스로 결정을 많이 해야 되는데 그런 것들을 준비하는 실질적인 시간이 너무 없었던 거죠. 개척학교에 참여한다든지 아니면 3개월이든 6개월이든 자기가 그런 것을 준비하는 그런 곳을 쫓아다니든지 그런 것들이 필요한데

하지만 성급하게 개척을 진행하는 목회자들만을 비판만 할 수 없다. 그것은 개척을 지원하는 입장에서는 빠른 시간 내에 결과들을 확인하고자 하며, 지원을 받는 목회자들은 그러한 기대에 부응하기 위해 건물이나 개척의 가시적 내용들을 만들어내야 하는 모습들도 확인할 수 있었다.

연구참여자: 교회나 후원자들의 지원을 받았다면 빨리 뭔가를 보여줘야 되잖아요. 지원을 벌써 오래전에 받았는데 뭐 하나 보일 것이 없다 이것도 이상한 것이거든요. 그러다보니 무리하게 진행하기도 하고......

2) 개척 멤버의 부재로 인한 어려움: "사모와 단둘이 새벽기도를 6개월 동안 했습니다"

무리하게 개척을 진행하는 과정에서 가장 큰 어려움은 함께 예배와 사역을 진행할 개척 멤버의 부재라는 것이다. 연구참여자들의 경우 경제적 이유보다도 함께 기도하며, 사역할 개척 멤버들의 부재로 인해 내외적인 고통을 가장 극심하게 받고 있음을 확인할 수 있다.

연구참여자: 개척은 하였는데 누가 사람이 있나요. 처음에는 사모와 단둘이 새벽기도를 6개월 동안 했습니다. 사모 한 사람 앉히고 설교하는 것이 참으로 고통스럽더군요. 그럴 때 꾸준하게 기도하면서 도와줄 수 있는 권사님이나 개척 멤버들이 있었다면 얼마나 좋을까 생각했습니다.

연구참여자: 개척교회 목사는 제일 중요한거는 심심한 걸 견딜 수 있어야 해요. 예배에 한 명도 안 오고......부인만 앉혀놓고 설교할 수 있어요? 그거 할 자신 없으면...... 그걸 견딜 수 있으면 되요. 할렐루야 하면 아무도 없다고 생각하는 거에요.......

개척 멤버들의 경우 단기간에 이루어지는 것이 아니라 충분한 시간을 가지고 개척의 비전과 방향을 공유할 수 있는 동역자들로서 연구참여자들의 경우 3-4가정을 추천하였다. 개척 현장에서는 몇 명 되지 않는 이들의 힘이 간절히 요구되고 있는 상황이었고 이와 같은 동역자들의 부재는 사역자로서 자괴감을 느끼게 하는 요인으로 작용하고 있었다.

또한 개척 멤버들의 경우 자연스럽게 교회의 경제적 지원도 담당해주는 역할을 할 수 있는데 이에 대한 부재는 경제적 어려움으로도 이어지는 고리를 만들어낸다. 그리고 목회자의 기도 후원과 영적 동역자로서의 기능도 개척 멤버가 함께 담당해주어야 할 영역임에도 이러한 기능이 현실적으로 이루어지지 못한 상황에서의 사역의 어려움은 당연하다고 보여진다.

연구참여자: 그래도 몇 명이라도 있어야 뭔가 예배 분위기가 만들어지지 않습니까. 찬양을 할 때도 소리도 크고, 설교를 할 때도 힘도 나는 것이거든요.......새로운 사람이 왔을 때 목사 있고 사모 있고 자기 있으면 부담이 되거든요. 그래서 한번 왔다가 그냥 가는 것입니다.....개척 멤버나 뭐 그런 사람들이 자리를 잡아주고 있어야 분위기가 형성이 됩니다.

또한 개척 멤버의 경우 예배의 분위기와 초기 교회의 안정적 정착에도 중요한 역할을 할 수 있음을 확인할 수 있다. 예배의 형식적 측면에서 찬양과 설교가 공동체적인 측면으로 나타날 수 있으며, 새신자들로 하여금 '부담스러운 자리'가 아닌 '교회 분위기 혹은 교회다움'으로 보여질 수 있는 특징들이 될 수 있기 때문에 개척 멤버의 구성은 중요하다는 것이다. 이러한 고백은 대부분의 연구참여자들이 지적하고 있는 것으로 자신들에게 만약 개척 멤버가 구성되었다고 한다면 약 4~5년의 사역 시간들을 줄일 수 있음을 고백해주었다.

3) 사모와 자녀의 희생: "남편과 아버지가 개척교회 목사이기에"

미자립교회와 개척교회에서의 사역은 담임목사들에게만 주어진 것들이 아니었으며, 사모와 그 자녀들에게 개척 사역자들의 역할들이 고스란히 강력하게 요구되고 있었다. 물론 기성교회에서의 사모들의 스트레스와 다양한 사역들의 내용들도 소개되었지만 미자립 및 개척의 현장에서 사모들과 자녀들의 역할들은 기성교회에서의 것들보다 더 큰 압박과 스트레스를 낳고 있음을 확인할 수 있었다.

> **연구참여자(사모)**: 저는 일단 개척을 했어요. 목사님이 하시겠다고 했을 때 저도 준비가 안 됐기 때문에 거기에 대한 그리고 아이가 어리다 보니깐 너무 아이들 양육도 해야 되고 그런 것들 때문에 고민을 많이 했는데

> **연구참여자(사모)**: 저 마음은 솔직히요 설거지는 돌아가면서 하라고 하고 싶어요. 솔직히 제 마음은......근데 할 수가 없는 거예요. 제가 집사였으면 "다음 주에는 누가 해" 이렇게 할 텐데, 제가 사모의 입장이다 보니까 그걸 못 시키는 거예요. 누군가 중간에서 다리를 놔 줄 사람이 있어야 하는데. 이게 사모가 하면 시험 든다니까요......사모라고 하니까 사람들이 느끼는 게 뭐냐면요, 현모양처, 뭐 영의정이나 좌의정, 안방마님, 중전의 미덕, 이런 것들을 사람들이 요구하는 것을 제가 느꼈어요...... "사모가 그렇게 말해도 돼?" 이렇게 되는 거예요. 그러니까 사모에 대한 기준의 턱이 있는 거예요

현재 사모들의 경우 담임목사가 돌아볼 수 없는 다양한 활동을 하고 있었는데 주일학교에서 식당 봉사까지 담임목사이기에 할 수 없는 사역들을 사모들이 담당하고 있는 것을 확인할 수 있었다. 또한 인용문에서 확인할 수 있듯이 사모에게 요구되는 역할론이 존재하고 있어 사역의 헌신과 봉사를 담당하는 것이 자연스럽게 진행되고 있었다. 물론 연구참여자들의 경우도 사모의 역할과 한국교회 내의 풍토를 모두 인식하고 있었지만 미자립교회와 개척 현장에서 가해지는 헌신과 봉사는 자신에게만 집중되고 있다라는 의식에서 자유로울 수 없음

으로 인해 많은 어려움을 겪고 있었다.

이러한 상황은 형태는 차이가 있지만 사역자들의 자녀들에게서도 나타나고 있었다. 특별히 자녀들의 경우 부모가 미자립 및 개척교회의 사역자이기에 그에 준하는 생활을 불가항력적으로 선택하게 되었으며, 그에 따르는 유·무형적 형태의 상황에 내몰리게 되는 형국이었다.

연구자: 어제 만났던 목사님은 이런 말씀을 하시더라구요. 개척은 내가 했는데 아이들도 마치 개척하는 사람처럼, 애들도 스트레스 많이 받는다고.

연구참여자: 많이 받죠. 어느 정도. 딸래미는 노골적으로 얘기 했어요. "왜 개척해서 우리를 여기로 데려왔냐, 아빠 저 도로 갈께요"...... 물론 마음은 그거지만 걔가 갈 애는 아니예요. 책임감도 있고 또 개척에 대한 이런 마음도 있지만, 애가 그 속에 있는 마음을 얘기하는 거예요. 친구들도 다 거기 있고......

연구참여자(사모): 여기 오면 아무도 없잖아요...... 걔네들은 아빠니까 오지만 받아들이기는 힘든 거예요.

또한 경제적 측면의 어려움으로 말미암아 학령기 자녀들에게 충분한 지원과 교육적 혜택을 주지 못하는 것에 대하여 많은 안타까움을 가지고 있었다.

연구참여자: 아이들이 어릴 적에는 좀 괜찮습니다. 그런데 중고등학교 들어가니깐 교육비가 장난이 아니더라구요. 어쩔 수 없이 돈을 빌리기도 하고......사례로서는 감당하기 힘들지요. 자기가 하고 싶은 것도 있는데 아이도 그것을 잘 알고는 있습니다. 그러니깐 제가 더 미안하지요. 그래도 본인이 잘하고 있으니깐 감사하지요.

4) 경제적 압박: "힘이 듭니다. 너무......"

전술된 다양한 딜레마 속에는 경제적 압박이라는 인과관계를 형성하게 만든다. 이를테면 성급한 개척을 통한 무리한 재정 지출 그리고 비전을 공유하지 못하고 관계를 형성하지 못함으로 인한 개척 맴버의 부재, 자녀들의 성장 등등은 결국 경제적 압박이라는 결과와 경제적 압박에 의한 결과의 인과관계를 형성하게 된다는 것이다.

연구참여자: 아무것도 없었어요......아무튼 인제 1년 딱 살고 월세가 너무 많이 나가잖아요. 살아보니까. 성도는 별로 안 오고. 그래서 딱 계산을 해보니까 일주일에 13시간 쓰더라고 본당하고. 일년에 4천만 원을 쓰는데 일주일에 13시간 쓰고 비워 놓는 거야 저렇게.....동네 사

람들 오나 안 오지……내가 '너무 아깝다' 마침 일년 쓰니까 주인이 결과적으로는 비워달라는 거였어요. 나와가지고 보따리 딱 싸가지고 2층 태권도장에 들어갔어요. 일년 반을 태권도장에서 토요일에 폈다가 주일에 접어서 다시 창고에 넣어놓고. 일년 반 있었어요.

연구참여자: 처음에 부임해서 보니깐 사례도 제대로 나오지 않을 상황이더라구요. 이미 있었던 성도들도 막 옮길려는 상황이었고. 막막하더라구요. 그래도 사모가 일을 할 수 있어서 아이들을 가르치면서 생활은 해왔는데……

경제적 어려움을 통해 사역자들은 실제적인 생계 문제에 봉착하고 있었다. 채 100만 원이 되지 않는 사례를 가지고 가족을 부양해야 하는 아버지의 마음으로서의 답답함은 면담 과정에서 수차례 확인할 수 있었다. 하지만 그러한 상황에서도 하나님의 섭리를 기대하면서 회복해나가는 사례들도 있었으며, 후원을 통해 경제적 상황을 극복해나가는 경우들도 확인할 수 있었다.

연구참여자: 후원 편지의 경우 100% 소용이 없습니다. 왜냐하면 제가 부교역자로 있을 때 거의 읽어보지 않았거든요……가장 좋은 것은 신대원 동기들이나 그동안 부교역자 생활을 하면서 거쳐왔던 교회로부터의 후원들을 통해 현재는 교회가 운영이 되고 있습니다. 처음에는 후원 없이는 불가능하지요. 성도들도 없고, 또 바로 헌금 이야기를 할 수 없지 않습니까. 그래도 지금은 후원과 성도들의 헌금을 통해 어느 정도는 가고 있지요. 그래도 부족하지만요.

5) 목회자의 우울증: "외롭고 힘이 들어 한동안 멍하니 앉아있었습니다"

미자립 및 개척 사역자들의 경우 다양한 수준의 어려움과 자신의 목회생활에 대한 불만족 그리고 자신이 실패하였다라는 생각으로 인해 우울증을 겪는 사례들도 확인할 수 있었다. 특별히 개척 이후 어느 정도 교회가 성장 패턴을 보이다가 성도들과의 문제, 재정적 문제 등으로 인해 성장이 둔화되거나 성도들이 나가는 경험을 하고난 이후 더욱더 이와 같은 우울증의 경험을 하였다고 고백하였다.

연구참여자: 늘 퍼주기만 하는 거예요. 처음 3-4년은 열심히 했지요. 그런데 양육해서 신앙이 자라면 이제 다른 교회들이 눈에 들어오는 거예요. 그러면 교회를 나가게 되지요. 말릴 수도 없어요……

연구참여자: 한 110명까지도 성장한 적이 있었습니다. 그런데 너무 무리하게 건축과정을 진

행하고…… 건축회사가 부도를 맞고……재정적으로 부담이 되니깐 교인들이 하나둘씩 떠나 드라구요. 마지막에는 제가 선포를 했지요. 이런 상황에서는 계속 빚만 늘어나고 더 이상은 힘들겠다……그런 경험을 하고 나니깐 힘이 생기지 않더라구요. 목회를 포기할까……그저 멍하니……아……

사역자들의 경우 가시적 성과 앞에서 보람을 느끼는 측면들도 있었으며, 그에 대하여 부정할 수 없는 측면들이 존재하였다. 한편 그러한 가시적 결과가 부정적으로 나타날 때 많은 심적 어려움들을 토로하였는데 목회자로서 이전의 연약한 한 사람으로서의 모습을 확인할 수 있었다.

그러한 상황에서 사역자들은 열정을 상실하거나 우울한 감정을 가지고 자신의 목회생활에 대하여 후회하기도 하고 반성하기도 하며, 때로는 실패하였다라는 언급도 하였다. 이러한 측면은 사모들과 함께 공유하거나 취미생활 그리고 목회철학에 대한 재설정 등의 방법을 통해 극복하기도 하였으며, 여전히 그러한 상황에서 하나님의 은혜를 구하며 견디는 모습들도 확인할 수 있었다.

6) 목회자 및 사모의 커뮤니티 필요: "함께 고민을 나눌 수 있는 동역자"

연구 기간 동안 담임목사들과 사모들의 경우 자신의 문제와 상황을 공유할 수 있는 장의 부재를 지적하였다. 즉 미자립 혹은 개척의 비슷한 처지의 사역자들끼리 서로의 상황을 피드백하고, 앞서 그와 같은 경험을 한 선배들의 조언도 구할 수 있는 커뮤니티를 원하고 있는 모습이었다.

연구참여자: 개척을 준비하는 목사님들이 나름대로 커뮤니티나 컨퍼런스 같은 것들이 주도적으로 있으면 좀…… 실제로 선배 목사님들 개척하신 목사님들 젊으신 분들 대화하고 이런 과정을 통해서도 많이 배우고 서로서로 정보를 공유하고……그 다음에 목회적인 어떤 속마음을 털어놓고 이야기할 수 있는 동역자들.

또한 그러한 장들의 경우 단순히 사역적 측면에서만 해당되는 것이 아니라 목회자들이 경험하고 있는 내면적 문제들과 갈등들을 나누며 내면적인 위로와 동료의식을 확보할 수 있다는 장점도 있음을 지적하였다. 실제로 아래의 인용문이 비슷한 교회 규모의 목회자들 간의 커뮤니티를 통해 스트레스도 풀고, 성도들 혹은 다른 규모의 동료 목회자들에게 말할 수 없는 상황과 내용들을 나누며 기능적으로 극복하고 있음을 이야기해주었다. 실제 해당 인용문의 연구참여자 외에 대부분의 연구참여자들의 경우 이와 같은 형태의 장들을 강력하게 요구하였으며, 교단 혹은 신학교에서 이러한 활동들을 추진해주었음을 요구하였다.

연구참여자: 저는 개척할 때 같이 개척했던 몇몇 분이 계셨어요. 그분들과 같이 기도를 했어요. 일주일에 몇 번 만나 같이 기도를 하고 고민들을 얘기하고 사모님들도 얘기를 하고 그 스트레스가 화가 좀 풀리고 사모님들도 마찬가지고. 그다음에 또 하나 중요한 게 제가 하고 있는 것에 대해서 검증받을 수 있다는 거죠. 왜냐하면 그분들도 저하고 차이가 얼마 나지 않습니다. 연차로는 뭐 2~3년 차이, 인원으로는 10명 20명 차이, 교회 재정으로는 2~3천 1~2천만 원 차이. 그니까 제가 우리 교회 지금 현상에서 조금만 노력하면 저 교회가 되는 거고 거기서 조금만 노력하면 저 교회가 되는 거예요. 그니까 그분들이 겪는 문제를 제가 지금 겪고 있는 문제니까 원칙 원론적인 부분이나 그런 것들에 대해 서로 다 같이 그런 문제를 세밀하게 얘기할 수가 있는 거죠. 이런 거는 그 범위를 벗어나면 또 안 되고 딱 그 멤버들이. 그러니까 제가 이제 목회자로서 고립된 것이 풀려지게 됩니다. 그리고 제가 가지고 있는 내면의 고민들을 목회하는데 대한 고민들을 이야기할 수가 있고 같이 상의하고 토론하고 그걸 가지고 기도하고 한 주간 지나서 다시 또 점검하고 그것을 위해서 조언해주고 그 고민들을 자기도 집에 가서 새벽기도마다 다른 사람들 만날 때마다 조언을 듣고 다음주에 와서 설명해 주는 거예요.

이러한 교류와 교제의 장은 사역의 탄력성과 시행착오를 현격하게 줄일 수 있는 좋은 방안으로 여겨졌으며, 좀 더 체계적으로 추진될 때 효과성이 극대화될 수 있음을 예상할 수 있었다.

7) 대형교회의 공격적 사역 앞에서 우리만의 전략: “우리 교회 앞에서 전도하는 큰 교회 권사님”

미자립 및 개척교회 목회자들은 대형교회의 공격적 활동 앞에 속수무책의 형국을 보여주고 있었다. 기본적 인프라의 차이에서 직면하게 되는 다양한 수준의 딜레마들로 인해 사역적인 한계를 경험하고 있었다.

연구참여자: 요즘 누가 고생하면서 개척교회 섬기려 하나요. 저기 길 건너 10분정도 가면 00교회가 있지요. 00목사님 교회도 있지요……이거 없다 저거 없다……또 어떤 권사님들은 우리 교회 정문 앞에서 전도지를 나눠줘요. 모르니까 그러는 거지. 그래서 미안하니까 또 저보고 “목사님 전도지 가져다주세요 같이 나눠 드릴께요” 그러더라고……

연구참여자(사모): 아니라고 우리가 다 못하니까 하시라고……

특별히 교회의 재정적 차이와 목회자들의 명성에 의해 수평이동하는 성도들의 모습을 보면서 많은 안타까움을 느끼고 있었다. 그럼에도 자신의 영역에서 사역의 방향과 전략적인 행보를 보이는 목회자들도 있었으며, 그 목회 지역의 성격과 상황에 맞게 효과적으로 전략을 구축한다면 낙담만 하고 있을 필요는 없다고 고백해주었다.

> **연구참여자**: 처음에 어린이집을 할 때 오해를 할 수 있는 부분이 뭐냐면 영리니까 그 교회가 목회자가 거기에 전념하고 그러면 교회는 어떻게 하냐 그렇게들 얘기를 많이 하시는데 저는 그걸 반대로 생각을 했어요. 왜냐하면 요즘은 예를 들어서 전도를 할 때 여러 가지 방법이 있을 텐데 밖에 나가서 예수천당 불신지옥 한다고 사람들이 오는 것도 아니고 저도 그렇게 해봤고. 그다음에 그 차를 들고 나눠주면서 하루에 50명 100명이면 100명 하는 거 그것도, 아니면 길거리에서 부침개를 구워서 하는 것도 그거는 그 교회 사정인 거 같아요. 저희 교회는 제가 처음에 할 때 어린이집이 왜 필요하냐? 전도하기 위해서다. 저는 그게 다른 교회는 밖에 나가서 그렇게 전도하는 거고 우리 교회는 어린이집을 통해서 전도하는 거기 때문에 우리가 손해가 되더라도 한다 원칙은 그랬어요. 지금도 어린이집에 재정이 사실은 제로가 안 됩니다. 항상 마이너스입니다......

대형교회의 사역은 미자립 및 개척교회의 사역자들에게는 "매우 공격적이다"라는 느낌을 주고 있었다. 하지만 주어진 상황 앞에서 목회자로서의 소명을 충분히 반응하기를 원하였으며, 자신의 지역과 상황에 맞는 사역들을 추진하고자 노력하는 모습들이 있었다. 또한 대형교회의 사역 형태에 대하여 많은 논의들도 있었는데 지교회 중심의 사역이 아니라 해당 지역 내의 다양한 수준의 교회를 돌아보고 후원해 줄 수 있는 측면 그리고 성도들의 헌신을 다른 교회와 나눌 수 있는 방편도 필요하지 않는가에 대하여 지적해주기도 하였다.

4. 도시지역 미조직 및 개척교회 사역 지원을 위한 방향

본 연구에서는 현장에서 교회를 개척하였거나 미자립교회나 미조직교회에서 사역하고 있는 목회자, 사모, 교회의 구성원들과의 심층면담과 현장참여관찰을 통해 그들이 겪고 있는 실제적인 문제가 무엇이며, 어떠한 상황에서 사역을 진행하고 있는지를 심층적으로 분석하고자 하였다. 면담가이드를 통해 수집된 질적자료의 겨우 질적자료 분석 컴퓨터 프로그램(CAQDAS: Computer-Aided Qualitative Data Analysis Software)을 통해 분석이 진행되었다. 이를 통해 성급한 개척: "교회만 세우면 구름같이 몰릴 줄 믿고......", 개척 멤버의 부재로 인한 어

려움: "사모와 단둘이 새벽기도를 6개월 동안 했습니다", 사모와 자녀의 희생: "남편과 아버지가 개척교회 목사이기에", 경제적 압박: "힘이 듭니다. 너무……", 목회자의 우울증: "외롭고 힘이 들어 한동안 멍하니 앉아있었습니다", 목회자 및 사모의 커뮤니티 필요: "함께 고민을 나눌 수 있는 동역자", 대형교회의 공격적 사역 앞에서 우리만의 전략: "우리 교회 앞에서 전도하는 큰 교회 권사님"의 주제들을 도출하였다. 이를 바탕으로 미자립 및 개척교회 사역 현장 개선을 위한 정책적 제안은 아래와 같다.

첫째, 교단의 체계적인 개척교회 사역자 관리 시스템이 필요하다. 개척 목회자들의 교육과 준비를 위한 체계적인 관리 시스템이 필요한데 이 과정에서 개척의 소명도 확인하며, 구체적인 지역조사, 재정준비, 개척 멤버의 구성 등등의 과업들을 효과적으로 수행할 수 있도록 도움을 주어야 할 것이다. 이 시스템을 일정 자격과정으로서 일정 기간과 이수해야 할 몇 가지 주요한 항목들을 마련하여 마치 선교사 양성 및 훈련의 성격과 유사한 체제를 구축할 필요가 있다. 이는 개척 사역자들의 자질과 충분한 준비를 위해 내실 있는 과정으로 활용될 것으로 본다.

둘째, 목회자 및 사모들을 위한 커뮤니티 형성이 필요하다. 분석결과에서도 확인할 수 있듯이 작은 교회를 사역하기 위한 실제적 정보와 고민들을 공유할 장의 마련이 시급하게 요구되고 있다. 정기적으로 해당 모임을 개최하여 교회 규모별, 지역별 등등의 카테고리로 유형화하여 유사한 사역의 어려움을 함께 겪고 있는 목회자들과 사모들 간의 유용한 교제의 장을 제공할 필요가 있다.

셋째, 대형교회들의 '성장의 절제'와 '섬김'이 필요하다. 연구에 참여한 대부분의 목회자들의 경우 대형교회들의 성장의 절제와 섬김을 요구하고 있었다. 즉 지역 내 교세의 양적 성장은 '건강한 분립개척'과 지역 내 '작은 교회 섬김'으로 변화되어져야 한다는 것이다. 구체적으로 성도들의 지속적인 순환 봉사 지원, 헌신예배의 지역 내 교회 섬김, 재정 섬김 등등의 내용들을 제시하였다. 이는 노회와 교단의 목회자들의 의식 및 풍토 개선의 노력에서부터 시작될 수 있을 것이다.

넷째, 신학교 차원의 작은 교회 사역을 위한 교육과정과 지원이 요구된다. 먼저 신학교의 교육과정 내에 작은 교회 사역을 위한 교과목 개설과 실제 현장 사역자들의 경험과 노하우를 체득할 수 있는 강연과 세미나가 필요하다. 또한 개척에 대한 소명을 가진 목사 후보생들을 위해 신학교 재학 시절에 개척교회 봉사와 개척 사역자들의 교류의 기회를 제공할 필요가 있다. 나아가 신학교의 지속적인 개척 사역자들의 후속 관리를 통해 그들의 내면적 아픔과 사역의 새로운 방향과 내용들을 제공할 필요가 있다.

제 16 장

한국교회 내 교회학교 교사로서의 삶

1. 그동안 교회학교 교사들의 삶과 경험에 관한 관심이 있었던가?

최근 한국교회 쇠퇴와 정체의 맥락은 자연스럽게 교회학교 성장둔화의 핵심적 요인으로 관련되어 이루어지고 있다. 이러한 배경에는 사회구조와 연관된 다양한 요소가 자리 잡고 있는데 대표적으로 우리 사회의 저출산과 이에 따른 교회학교 성장의 쇠퇴이다. 한국사회의 경우 인구 자체가 지속적으로 감소하고 있는 실정으로 세계 주요 40개국 중에서 출산율이 가장 낮은 것으로 보고되고 있다. 실제로 경제협력개발기구(OECD)는 34개 회원국을 비롯해 브라질, 중국, 러시아, 인도, 인도네시아, 남아프리카공화국 등 6개국을 포함시켜 총 40개국의 출산율을 발표하였는데 한국의 합계출산율은 2010년 1.23명에 그쳤으며, 이는 30년간 평균 3.30명이 줄어든 수치이다. 한국의 출산율 하락 속도는 멕시코, 인도네시아를 제외하고는 40개국 중 가장 빠른 것으로 나타났다(파이낸셜뉴스, 2013년 2월 27일).[1] 이러한 저조한 출산율은 본질적으로 교회학교 참여 구성원들의 감소 원인이 되고 있으며, 교회 전체적인 측면에서는 청·장년층으로의 이양과 성장에 구조적 한계가 있음을 의미하는 것이기도 하다(강용원·이현철, 2011). 또한 인구통계학적 구조변화와 함께 강용원·이현철(2011)은 교회부흥과 성장의 위기가

1) 2022년 출생-사망 통계에 따르면 우리나라의 경우 합계 출산율 0.78로 나타나고 있다(20.23. 2. 22. 중앙일보).

한국사회 속에서 교회가 지니고 있는 지위와 위상이 손상됨으로써 나타나고 있다고 지적하였다. 다시 말하면 한국교회가 우리 사회 속에서 어떤 이미지를 보여주고 있는가와 직결되어 있으며 "과연 교회가 한국사회의 질서와 지도자적 버팀목으로서의 역할을 감당하고 있는가" 하는 문제와 관련된 것이다. 이와 관련하여 기독교실천윤리운동(기윤실)에서는 바른교회아카데미, CBS, 국민일보, 목회와신학과 공동으로 진행하는 프로젝트 <한국교회의 사회적 신뢰도 여론조사>를 실시하고 있으며, 그 결과들을 보고하여 한국교회의 사회적 신뢰도 증진을 위한 경종을 울리고 있는데(강용원·이현철, 2011) 한국교회의 사회적 신뢰도는 하락세라는 것이 핵심이다. 이와 더불어 최근의 한국교회는 사회 각계각층과 대다수 국민들로부터 비판을 받고 있어, 회복과 갱신에 대한 목소리가 뜨거워지고 있는 것이 현실이다. 이러한 측면은 교회수 감소와도 직접적으로 관련되어 있을 것으로 판단된다.

전술한 사회구조 및 맥락적 측면과 더불어 교회 현장 차원의 내용들도 교회학교의 침체 요인으로 제기될 수 있다. 대표적으로 교회학교 교사들의 측면을 고려할 수 있다. 이는 교회학교 내의 교사들의 문제가 교회학교 침체의 주요 요인들로 지적되고 있다는 의견들로서 구체적으로 교사들의 전문성, 교사들의 탈진, 교육과 관련된 자료와 교육 시설의 여건 낙후, 교육적 대안의 부재와 같은 요인들이 교회교육의 상황을 부정적으로 만들고 있다는 것이다(박은혜, 2012; 강용원·이현철, 2010; 김영래, 2006). 하지만 교회학교 교사들과 관련된 내용의 경우 전술한 사회구조 및 맥락적 측면에 비하여 설득력 있는 논의와 연구가 미흡한 것이 사실이며, 구체적인 대안 설정을 위한 기초자료도 부족한 실정이다. 이는 교회학교 교사들의 상황과 맥락을 짚어보는 현장지향적인 연구들의 부족에서 연유하고 있다.

해당 연구의 경우 교회학교 교사들과 관련된 현장의 목소리에 귀를 기울이고, 이를 바탕으로 교회학교 교사들의 상황을 이해하고자 내러티브(Narrative) 접근방식을 활용한 현장 분석을 실시하고자 한다. 이러한 접근은 궁극적으로 교회학교 교사들의 경험과 삶 속에 담긴 이야기들을 추적하여 그들의 심층적인 문화와 맥락을 이해하는 것에서부터 시작하고자 하는 것이다. 이를 바탕으로 현실적이고, 구체적인 대안과 정책 수립의 방향을 설정하는 기초자료를 축적하고자 한다.

하지만 그동안 안타깝게도 기독교교육 영역과 교회교육의 학문적 동향에서는 교사의 실제적인 삶과 그들의 경험을 탐구하는 것이 우리의 연구 풍토에서 도외시되어 왔다는 것이 사실이다. 그러나 외국의 경우, 기독교교육 영역은 아니지만 학교현장의 이해와 교사의 이야기와 삶을 연구하는 것이 교육현장인 학교개혁의 최근 주안점이 되고 있으며, 교사들의 생애사 연구를 바탕으로 활발하게 진행되고 있다. 구체적으로 생애사 연구에 대한 체계적이고 방대한 연구들은 1980년 이후 활발하게 진행되어 왔다. 예를 들어 Pinar & Grumet(1976),

Eisner(1985), Connelly & Clandinin(1988), Grumet(1990), Doll(1982), Ayers(1990), Miler(1992) 등의 연구와 저서 및 논문들은 교사들의 이야기와 삶을 탐구한 대표적인 것들이며, 이러한 내용들을 통해 교사들의 삶에 대한 의미를 구체적으로 이해할 수 있는 관점과 틀을 제공해주었다.

특별히 William F. Pinar, Madeleine R. Grumet, Janet Miller와 같은 학자들은 쿠레레(currere)와 같은 독특한 개념을 활용하여 교육과정의 개념이 한 개인속의 교육적 경험을 통해 이루어진다는 관점으로 새롭게 제시해줌으로써 학교와 같은 교육현장에서 발생하는 다양한 개인들의 교육적 경험을 표현해내는 방법을 이론화시켜왔다. 이러한 맥락에서 볼 때 교육이 이루어지는 현장성의 공통분모를 중심으로 우리나라 교회학교 교사들의 문제를 파악하고, 교회학교 교육과정과 교회학교 수업의 실질적 개선을 위해서는 현장교사들의 구체적 삶의 모습에 대한 생애사적인 내러티브 탐구가 필요하다고 볼 수 있다.

이에 해당 연구에서는 교회학교 및 교회교육의 질적 개선을 위한 핵심적 역할을 담당하고 있는 교회학교 교사들의 문제 파악과 개선을 위하여 현재 교회학교 교사로 봉사하고 있는 다양한 수준의 교회학교 교사들에 대하여 그들의 내러티브를 중심으로 한 심층면담, 참여관찰의 질적 접근을 통하여 한국교회 교사들의 내러티브가 무엇이며, 어떠한 요소들이 그들의 문제 및 딜레마와 관련되어 있는지를 도출하고자 하였다.[2] 이는 자연스럽게 한국 교회학교의 질적 개선을 이끌 수 있는 주요한 시사점을 줄 것으로 판단되었다.

2. 교회학교 교사들의 삶을 어떻게 연구하였는가?

해당 연구에서는 교회학교 교사들의 교회 내 경험과 딜레마의 맥락들을 파악하기 위하여 교회학교에서 봉사하고 있는 15명의 교사들을 선정하고, 그들과 함께 사역하거나 현재 교회교육 일선에서 사역을 하고 있는 목회자 5명도 추가하였다. 이러한 연구참여자들을 통해 교사들의 생애에 담겨있는 경험들을 추적하는 내러티브 탐구(narrative inquiry) 방법론을 활용하였다. 내러티브 탐구는 연구참여자가 이야기하는 자신의 생애 경험을 특정한 방식으로 재구성하고 재구조화하여 연구자가 '다시 이야기'하는 형태로서, 이야기에 대한 해석과 경험 세계를 탐구하는 방법이다(Connelly & Clandinin, 2010). Connelly & Clandinin이 강조한 내러티브 관점은 "연구자들이 그들의 이야기 한가운데로 걸어 들어가는 것"(Walking into the midest

2) 또한 교회학교 교사들은 아니지만 그들과 함께 사역을 감당하고 있는 목회자들도 연구참여자로 포함시켜 교사들에 대한 이해도를 증진하고자 하였다. 구체적인 사항은 연구방법 파트에서 기술될 것이다.

of stories)으로서 연구참여자들의 생생한 이야기의 장을 경험하는 것이다. 이는 단순히 연구참여자의 경험적 사건을 나열하는 것이 아니며, 연구자들에 의해 특정한 방식으로 구조화하고 해석되는 활동이다. 이를 통해 삶의 맥락 속에서 연구참여자를 이해하고 이를 바탕으로 의미를 구성하는 특징을 가진다(박민정, 2007; 조현미·이현철, 2013 재인용). 이러한 내용을 바탕으로 내러티브 탐구의 적용은 특정한 인물들을 대상으로 그들의 심층적 경험을 탐구하는데 가장 적합한 접근방식으로 볼 수 있다.

한편 교회학교 교사들이 어떤 내러티브를 가지고 있으며, 어떤 전략을 활용하고 있는지를 심층적으로 분석하기 위하여 심층면담방법이 사용되었다(Glesne, 2006). 면담은 주로 자유스러운 분위기에서 이루어졌다. 또한 심층면담 가운데 해당 연구를 위한 면담가이드가 개발되었으며, 면담 과정에서 실제로 활용되었다.

또한 참여관찰은 연구참여자로 선정된 전국의 교회학교 교사들의 봉사현장과 삶의 현장에 직접 참여하여 이루어지는 것으로서 연구자가 관찰자로서 연구 주제와 관련하여 관찰을 수행한 것이다. 참여관찰의 영역은 교사의 교회 및 봉사기관, 교회학교 사역 현장, 주중 사역 현장 등 교사들의 교회학교와 관련된 전반적인 삶이 대상이 되었다.

[그림 16-1] 현장 관찰 자료: 연구참여 00교회의 교사회 및 활동 모습 예시

내용분석의 경우 연구 현장의 문서 또는 자료들을 분석하는 방법으로서 연구진행 과정에서 교회학교 교사들의 특징과 전략을 실증적으로 확인하는데 효과적으로 활용되었다. 본 연구에서 적용된 내용분석의 대상으로는 교사들이 경험 혹은 사용하고 있는 상호작용 증빙자료, 성경공부 학습교재, 부서활동 일과표, 기타 자료, 학부모 및 아동들과의 부서 활동 사진, 청소년 및 아동 지도 내용 등이 해당되었다.

3. 한국교회 내 교회학교 교사들의 삶과 딜레마

1) 소수에 집중된 교회 봉사: "1인 5역......떠나고 싶다"

교회학교 교사들의 딜레마 중 연구기간 동안 가장 많이 확인하고, 접할 수 있었던 부분은 소수, 즉 자신들에게 집중된 과중한 교회 봉사로 말미암은 고충이었다. 교회 규모에 상관없이 교사들과 관련된 일반적 특징은 교회학교 교사라면 대부분 해당 교회에서 중직자 혹은 '열심히' 교회에 봉사하는 인력풀에 해당되는 자들이라는 것이다. 이러한 상황은 그들로 하여금 주일 혹은 주중에 매우 집중된 다양한 사역과 봉사활동을 요청하게 하고 있었으며, 이는 자신의 한계를 벗어나게 하는 활동으로 구성되고 있었다.

> **연구참여자**: ......1인 5역입니다...... 일찍 새벽부터 와서 성가대부터 해서 여러 가지 할려니깐......조금 하면 모든 일을 다 맡기고 순종한다 하니 안 할 수도 없고...... 제가 볼 땐 이건 순종이 아니라 생각하거든요......하라 하라 그러니 못하겠단 말을 못하니깐 하는 건데 힘들면 사실 못하거든요......교회학교 교사들은 좀 직무를 덜 주시고 목회자 분들이 이런 것을 통제해 주시면......교회적으로 변화를 했으면 좋겠어요.

이러한 교사들이 맡는 과중한 사역은 결국 교사로서의 준비와 전문성 발달을 저해하는 요인으로 작용한다고 볼 수 있다. 이와 관련하여 강용원·이현철(2010)은 해당 현상을 "선수층이 얇다"로 표현하고 있는데 교회 구성원 모두가 일정 수준 이상의 봉사와 헌신도를 가지고 있는 것이 아니며 몇몇 구성원들에 의해 대부분의 교회 행사와 프로그램이 진행되고 있어 그들에 대한 의존도가 상대적으로 높다는 것이다. 실제로 연구참여자들의 경우도 해당 교회의 규모에 상관없이 대부분 열정적으로 다양한 기관에서 헌신하고 있었으며, 중추적 역할을 감당하고 있었다. 인용문에서도 확인할 수 있듯이 어떤 이들은 1인 5역을 감당하고 있기에 주일 사역에 정신없이 봉사를 하고 나면 교사로서 무언가 열정을 가지고 사역할 여력이 생기지 않는다는 것이다.

소수에 집중된 봉사는 교사로서의 부서활동에 참여나 관심을 떨어뜨릴 뿐 아니라 학생들과의 멘토로서의 상호작용도 저해하는 경우가 종종 있다고 한다. 교사들은 교회의 핵심적 사역 인력풀이기 때문에 부서 활동 시간에 다른 분야와의 일들이 겹치는 상황도 자주 나타나고 있기 때문이다.

> **연구참여자**: 솔직히 아이들에게 집중하기가 어렵지요. 물론 주중에 아이들에게 문자도 하고 전화도 하지만...... 주일 만나서 이런저런 여유가 필요한데 부서모임에서 잠깐 보고 아니면

대예배 기도나 식당 봉사가 있으면 다른 반과 합반이 되기도 하니깐 이래저래……

Bandura(1977)의 사회학습이론(Social Learning Theory)과 같은 거대 담론에서 이미 확인되었듯이 교사를 역할 모델로서 보는 것은 교육자를 매우 영향력 있는 지위로 올려놓는 것으로 볼 수 있다. 모델링은 긍정적 부분뿐 아니라 부정적인 것까지도 포함하고 있기에 학생들은 교사의 행동 혹은 태도를 변함없이 관찰하게 되고 그것을 모방할 가능성을 갖게 되는 것이다(Edlin, 1999). 만약 교사들의 학생들과의 질적으로 낮은 상호작용과 부서활동의 모습들이 학생들에게 보인다면 비록 그것이 정당한 다른 봉사활동과의 관련성 속에서도 이루어짐에도 학생들은 부정적 인식을 가질 수밖에 없을 것이다. 교사-학생의 상호작용은 지속적인 안정감 속에서 이루어져야 하며 교육활동에서 기본 전제가 되는 부분이다.

전술한 1인 5역과 같은 과도한 봉사와 집중은 그 봉사 중의 하나인 교사로서의 사역에도 어려움과 스트레스를 만들어내는 요인이 되고 있었다. 즉 많은 봉사 중에 교사도 그중 하나로서 전락하게 되어 신앙 및 생활 스트레스 혹은 부담으로 다가오게 만든다는 것이다.

연구참여자: ……일반 교사 분들은 6일이나 주5일 근무하시는 분도 계시지만은 생업에 종사하시다가 토요일 저녁이 되면 주일아침에 교사모임에 가야 한다는 심적 부담감이 있고 실질적으로 일찍 일어나면 좋은데 늦게 교사모임에 오는 경우도 있고 약간의 부담감도 있고 그런 것에 대한 스트레스가 있는 것도 사실입니다……늦을 때마다 스스로 자책할 때도 있고 이것은 저뿐 아니라 전국의 모든 교회학교를 섬기는 교사들이라면 함께 고민할 부분인 것 같습니다.

2) 교사로서의 전문성 부족에 따른 자신감 결여: “저는 부족한 교사……”

교회학교의 교육적 질의 성패가 교사에게 달려있다고 전제할 때 교사의 전문성은 핵심적 항목이라 볼 수 있다. 하지만 교사들의 경우 사역과 삶의 현장에서 자신을 교회학교 ‘전문가’ 혹은 ‘전문교사’ 로서의 자신감을 볼 수 없었으며, 학생들에게 부족한 실력과 능력을 가지고 있다고 판단하고 있었다.

연구참여자: 준비된 교사가 되어야 되는데 저는 부족한 교사라고 생각합니다…..저희가 말씀 같은 부분은 다가가기가 힘들잖아요. 그래도 그런 부분을 먼저 알아야 저희도 가르칠 수 있잖아요. 그리고 저는 시간적으로 구애를 많이 받아서……부족하다고 생각합니다…..개인적으로

시간이 부족하니깐 애들 앞에서 준비된 모습이 아니니깐 부끄럽지 않나 생각이 들어요.

인용문에서 확인할 수 있듯이 연구참여 교사는 자신을 부족한 교사로 인식하고 있었다. 이러한 인식은 겸손의 완곡한 표현으로서의 고백이기보다 교회학교 현장에서 사역하면서 확인하는 자신의 전문성 부족에서 오는 자신감 결여였다.

교회학교 교사들의 경우 소명의식을 가지고 학생들과 아이들을 만나고 있었으며, 가능한 최선을 다해 그들을 신앙적으로 지도하여 성경적 세계관을 가지도록 노력하고 있는 모습이었다. 그러나 성경적 지식, 교리와 관련된 심층적 이해의 부족 등은 교육 현장에서 자신감 있게 가르칠 수 있는 능력의 한계를 경험하게 하고 있었다.

이뿐 아니라 교수-학습방법과 같은 실제적인 교육학적 지식의 부족으로 인해 학생들과의 교수 장면에서의 딜레마도 이야기해주었다. 이와 관련하여 오인탁·정웅섭(1987)은 전국 6개 교단(예장합동, 예장통합, 기장, 감리교, 성결교, 침례교)을 대상으로 총 242개 교회의 1,500명의 교회학교 교사를 설문조사하여 의미있는 연구를 수행하였는데 교사들의 경우 대부분 건전한 차원의 소명의식을 가지고 있었으나, 교사로서의 능력과 자질의 부족을 느끼는 것으로 제시하고 있어 연구의 결과와 일맥상통하고 있다고 판단된다.

이러한 교사들의 딜레마는 교회학교 교사를 대상으로 하는 교육의 실제적인 부족과 실효성 있는 교육의 부재와 직접적으로 연결되어 있다. 교사들은 자신들의 교사로서의 전문성 향상을 위한 교육을 요청하고 있었다. 현재 상황에서는 내실있는 교사교육이 이루어지지 않고 있으며, 교사 자신들이 개발해야 할 영역으로 남겨진 것이 사실이라는 것이다.

또한 교회교사 세미나나 교단 및 노회 차원의 교사강습회의 경우도 프로그램의 질적 수준과 내용들이 교회학교 현장의 변화 속도에 발맞추어 나가지 못하고 있음을 비판하였다. 이러한 탁상공론적인 교사교육에 대하여 이미 박상진(2007)은 교사교육이 학교식 교사교육으로 중심되어 좀 더 실천지향적인 교육의 형태로 나아갈 것을 주장하였으며, 대도시와 중소도시, 중·대형교회와 농어촌 교회의 교육적 차이도 심각함을 제시하였다. 이러한 교사교육의 현실 앞에서 교사들의 교육을 위해 최대한의 시간과 자원을 투자해야 한다는 Richard J. Edlin(1999)의 지적은 매우 의미심장하게 다가온다.[3]

3) 물론 Richard J. Edlin이 제시하고 있는 교사교육의 경우 기독교학교 영역과 관련된 교사교육의 의미가 더 강한 것이 사실이다. 하지만 학생과 교사의 상호작용에서 이루어지는 교사의 역할은 기독교세계관에 바탕을 둔 교회학교 교사의 그것과 큰 차이가 없을 것으로 보아 이를 제시하였다.

3) 교역자의 잦은 변동: “지금 목사님과 예전 목사님”

교육 상황은 체계적인 일관성을 바탕으로 구성되어질 때 효과성을 기대할 수 있다. 교육내용 및 방식의 일관성은 일정한 교육철학을 바탕으로 구성되며, 이는 지속적 실행과 교육 내용들의 연결 속에서 가능하다. 만약 그러한 일관성이 내실 있게 담보되지 않을 때 교육 주체들, 특별히 학습자들은 혼란을 겪을 수 있으며, 일정 시간을 요구하는 교육성과를 담보하기도 힘들다. 이러한 점을 고려할 때 교회학교 현장의 경우 교육 내용에 대한 체계적인 일관성을 확보하기 어려운 것이 사실이다. 여러 이유가 있겠지만 바로 담당 교육자의 잦은 변동과 이동에서 그 이유를 확인할 수 있다. 교회의 상황과 교역자의 특성에 따라 차이가 있지만 교회 현장에서 들을 수 있는 교역자의 사역 기간은 보통 2~3년 정도로 나타나고 있었다. 더욱이 영유아 및 청소년 대상 사역자들은 그 기간이 장년층 사역자들보다 더 짧은 것을 확인할 수 있었다. 이러한 사역자들의 잦은 이동은 결국 교사들에게도 영향을 주었으며, 교사들이 느끼는 딜레마의 주요한 축을 구성하고 있었다.

> **연구참여자**: 먼저 여러 교역자분들을 섬겨 왔었지만은 주일 당일에 학생들을 가르쳐야 되는 교재에 대한 교사들의 교육은 잘못 이루어지는 편입니다. 예전 같은 경우에는 당일에 와서 “오늘은 몇과를 하시니깐 포인트를 짚어주시면서 지도하시면 될 것 같습니다”라는 분들도 계셨고 아니면 이메일로 이번 주 공과내용을 파일로 주시는 경우도 있고…… 교재에 대해서는 제가 교사로 섬기면서 가장 난감한 부분이 이 부분인데 교역자분들이 바뀔 때마다 교재가 바뀌는 경우가 많기 때문에 교사분들은 늘 혼란스럽죠. 그렇게 되면 손해보는 것은 학생들이라 보거든요. 아까 말씀드렸듯이 교육이나 철학이 있고 교회가 가는 방향에 따라 어떠한 교역자분들이 와도 그 부분에 연결되어 가는 것도 좋지 않을까, 아직도 보면 교육하시는 분을 중심으로 진행되어지는 것이 아닌가 생각합니다.

연구참여자는 자신의 교회학교 교사 경력에서 잦은 교역자의 이동을 통해 교육 방향과 내용에서 많은 혼란이 있었음을 이야기해주었다. 교역자에 따라 성경공부 방식과 내용이 차이가 있었으며, 교재의 변동 또한 자연스럽게 이루어졌다는 것이다. 이러한 상황은 충분히 예상되는데 교역자가 새롭게 부임하게 되면 자신이 그동안 쌓아왔던 사역 스타일로 새롭게 부임한 부서를 변화시키고자 할 것이며, 그 과정에서 교사들과 학생들은 수동적으로 맞추어 갈 수밖에 없는 상황일 것이다. 이러한 맥락은 결국 교사들의 혼란을 야기하며, 일관성을 바탕으로 진행되어야 할 학습 활동에 피해를 주게 되는 메커니즘을 형성하게 하는 것으로 볼 수 있다.

전술한 상황에서 결국 교사들은 교역자 중심 체제의 현 상황을 탈피하고 교사 중심 체제의 교육 환경을 구축하는 것이 어떨까 하는 의견을 제안해주었다.

연구참여자: ……교육자가 전담교사가 안 돼는데 교육자에게 모든 걸 다하라 하면 어떻게 해, 그리고 사실은 교역자는 있다가 갈 수 있는데 교사는 남아 있는데 누가 합니까? 교사가 해야 되는데 자꾸 전도사님한테만 맡기면 안 됩니다.

교회학교 현장에서 사역을 감당하고 있는 교사들의 경우 열정과 헌신이 기본적으로 갖추어져 있다고 볼 수 있다. 하지만 그들을 딜레마에 빠뜨리는 여러 상황들로 그러한 열정들이 지속되지 못하는 것을 볼 수 있었다. 교사들의 경우 잦은 교역자의 변화에 따른 스트레스를 경험하고 있었으며, 그에 대해 교사중심적인 교육 환경 구축에 대한 필요성을 강하게 제안하였다. 물론 이와 관련하여 교회학교의 교육 전반에 걸친 참여와 교육철학 및 담임목회자와의 충분한 의사소통이 있어야겠지만 현실적인 필요성은 상당 부분 동의가 이루어지는 부분이 있다고 하겠다. 즉 부서 담당 교역자의 역할을 축소하는 것이 아니라 해당 부서의 장기적인 교육방향과 목표가 존재하고 그 중심에 교사가 존재하면서 부임해 오는 교역자들과 동역하여 시너지를 만들어낼 수 있다는 것이다. 또한 전술한 측면은 교회의 내실 있는 교육과정 설계와 개발을 통한 장기적이면서 체계성 있는 교육체제의 확립이 강력하게 요구되는 대목이기도 하다.

4) 부서 구성원 간의 갈등 그리고 그로 인한 팀워크 붕괴: "우리 안의 Configere"

갈등(conflict)의 라틴어 'configere'는 '맞부딪치다', '충돌하다', '싸우다'로서 일반적으로 '충돌'이란 의미를 가지고 있다(현유광, 2001). 이러한 교회 내 갈등은 구체적인 부서 구성원들 간에 발생하는 것으로 연구참여자들은 자신들이 경험하고 있는 딜레마 중에서 구성원 간의 이러한 충돌을 제대로 관리하지 못함으로 인해 많은 어려움을 겪고 있었다. 연구참여자들이 제시한 구성원 간의 충돌과 갈등의 유형은 부서 담당교역자와 부서 내 동료 교사들과의 갈등으로 크게 나누어지고 있었다.

연구참여자: 제가 평신도로서 교회학교를 바라보면 교사와 교역자가 대립되는 부분이 여러 가지가 있겠지만은 부흥에 대한 개념이 서로 다른 경우가 있죠. 예를 들면 교역자분들은……성장되기를 원하는데 교사들이 거기에 대해 교역자와 공감대를 갖지 못한 경우도 있고 또 한편으론 정책 자체가 어떤 분은 전도를 중요시하는 분이 있고 어떤 분은 내실을 중요시하

시는 방향성이 있는데……부담감과 온도차가 있는 것 같습니다.

부서 담당교역자와의 갈등은 교역자의 사역 방향이 교사들과 차이가 날 때 발생하고 있었다. 예를 들어 인용문에서 확인할 수 있듯이 교역자가 지향하는 부서 공동체의 의미와 성장의 개념들이 교사들로부터 충분한 공감과 협조를 구하지 못하고 수행될 때 구성원들의 갈등을 조장하는 모습을 확인할 수 있었다. 이외에도 담당 교역자의 성품을 포함하는 내면적 측면의 미성숙함을 경험할 때 그리고 교사들과의 매끄러운 관계 형성에 어려움이 있어 갈등이 조장되는 요소들을 제공해준다고 토로하였다.

한편 담당 교역자와의 갈등과 함께 동료 교사들과의 갈등도 확인할 수 있었다. 이 부분은 함께 부서를 봉사해오면서 서로의 의견 대립과 차이를 효과적으로 조율하지 못함을 통해 만들어진 갈등으로 특별히 부장 교사들에게서 이를 확인할 수 있었다.

연구참여자: 여러 상황들이 있고, 각 선생님들의 특성들이 있지만 모든 사람들의 의견을 조율할 수는 없잖아요. 서로 양보해야지……그리고 교사들의 유형이나 아이들을 바라보는 그것들이 다 달라요. 그래서 교사들이 어떤 점에서 차이가 있어요……간혹 교사들이 지난 000 행사를 준비할 때는……전체 분위기가 어색한 경우들도 있지요.

주지하고 있듯이 공동체 내 갈등은 존재할 수 있고, 그것을 어떻게 효과적으로 관리하는가가 중요하다. 하지만 그러한 갈등과 서로 간의 차이점들을 효과적으로 정리하여 진행해나가지 않으면 단순히 갈등이 유발되는 것에 머물 것이며, 그 갈등으로 인해 교회학교 교사들은 전체 팀워크의 붕괴를 초래할 것을 예상하고 있었다. 실제로 연구참여자들은 그러한 경험들을 공유하고 있었다.

5) 지원의 부재: "담임목사님과 장로님의 말 한마디"

연구참여자들의 경우 신실하게 교회를 섬기며 부서의 아동과 학생들을 위해 헌신하고 있는 이들이 분명하였다. 그러나 그들은 공통적으로 교회 차원의 교육적 지원의 부재를 이야기하고 있었다. 강용원·이현철(2010)이 지적하고 있듯이 교회 내 예산 지출의 상황만을 살펴보더라도 교회 차원의 교회교육에 대한 관심의 현주소를 확인할 수 있다. 하지만 교사들에게는 현실적 재정 지원보다도 교회 구성원들의 교육에 대한 관심의 부재를 더욱 안타까워하고 있었으며, 그에 대한 아쉬움을 표현하고 있었다.

연구참여자: 예전 수련회나 성경학교 때는 교회적 행사로 모든 성도들이 다 나와 섬겼는데 지

금은 "교사만 하는 것이지" 아무도 안 와봅니다. 교사들에게는 관심이고 애들도 마찬가지로 관심입니다. 예를 들어 고등부 수련회를 하면 목사님이나 장로님이 와서 격려하면 애들도 교사도 전도사님도 힘이 나는데 교회가 이런 것들을 잃어가는 것 같아요.

연구참여자: 교사를 한다는 것은 다른 일도 다한다는 것입니다. 목회하시는 분들이 같이 교회를 이끌어가는 동역자로 교사를 양육하고 필요한 것을 채워주고 하는 것이 교회가 나가야 하지 않나. 사실 열심히 하고 하시는 분들은 힘든데......어려우실 때 어떻게 극복하느냐 하셨는데 사실 말 한마디에 자기를 알아주는 분에게 충성을 하는데......교사에 대해서는 남다른 생각이 있어야 한다......말 한마디라도 관심을 보였으면 합니다......

인용되었듯이 교사들이 경험하는 딜레마는 교회의 교육적 관심의 부재로 말미암고 있었다. 실제로 교사들은 담임목사, 장로 혹은 교회 차원의 관심어린 시선을 원하고 있었다. 이는 단순히 자신들의 부서 사역과 교회학교 봉사를 인정해달라는 차원이 아니라 그들이 사역하는 모습과 상황이 어떠한지 공감하며 함께 동역자로서 교회 전체가 사역해나가고자 하는 마음에서의 촉구였다.

이와 관련하여 최근 수행되고 있는 교회학교의 수련회나 부서 특별 프로그램들의 운영 맥락을 살펴보면 교사들의 고백이 좀 더 이해된다. 부서의 활동들이 일련의 과정적 행사가 되어 시기마다 혹은 특정한 상황에 따라 운영되는 '행사'로 전락하였다. 이는 교사들로 하여금 단순히 교회일로서, 그리고 교회의 관심과 지원이 부재한 상태에서 그저 행사로서 여기는 상황이 되어버렸다는 것이다. 이것은 교사들로 하여금 그들의 소명과도 연결되어 심각한 딜레마를 만들어내고 있었다. 교회의 동기부여와 전체적인 협력과 지원이 부재한 상태에서 교사들은 교회의 관심과 지원도 없는 행사에 지쳐버리는 것이다. 결국 교사들은 열정과 헌신을 통한 섬김이 아니라 막연한 행사와 일로서 나아가게 되어 본질적으로 그들의 사역의 의미를 상실하게 되는 경험을 하는 것이다. 특별히 교회학교의 책임자로서 교장은 일반적으로 개체 교회의 담임목사로 정하고 있는 점을 감안한다면 이는 명목상의 책임자가 아닌 실제적인 담임목사의 역할과 관심을 기본적으로 요구하고 있는 것이다.[4] 이와 관련하여 칼빈(Calvin)은 기독교강요 제4권에서 교회는 모든 경건한 자들의 어머니로서 하나님은 교회의 교육을 통하여 장성한 자들로 자라나기를 원하신다고 지적하였다. 이처럼 교회의 교육은 언급할 필요도 없이 매우 중요하며 의미가 깊은데도 실상 담임목사와 교회의 관심은 부재하여 현장의 교사들로부터 교회의 관심없음에 대하여 한탄하게 만들고 있는 것이다.

4) 실제로 연구자가 소속된 고신총회의 헌법 제2부 관리표준 내 제9장 제37조에서는 주일학교의 책임자로 개체 교회 담임목사로 정하고 있다(대한예수교장로회 고신총회, 2011).

6) 교회와 가정의 불일치: "장로님, 집사님 가정이 더해요"

신앙교육은 교회와 가정이 공유하고 일치된 방향성으로 나아가야 할 것이다. 교회에서의 가르침과 가정에서의 가르침이 불일치될 때 자녀들은 혼란에 빠질 수 있다. 교회학교 교사들은 교회가 지향하는 교육적 방향과 신조들을 자녀들에게 가르치길 원하며, 아이들이 대부분의 시간을 보내는 가정에서도 그 가르침이 동일하길 원한다. 또한 교회의 가르침에 부모들이 권위를 인정 혹은 세워주며, 자녀들이 성실히 따를 수 있도록 환경을 만들어 줄 것을 교사들은 기대하고 있다. 하지만 현장 교사들의 고백은 직분자들의 자녀들을 교육할 때 부모들의 협조와 지원이 부재하는 경우를 종종 경험하고 있다고 이야기해주었으며, 그로 인한 어려움들이 있다고 전해주었다.

> **연구참여자**: 고3을 담당하고 늘 고등부를 지내왔기 때문에 그런 경우들을 보게 되는데……요즘은 학업성취가 학생들한테 중요한 지표가 되기 때문에……예를 들면 주일날 주일성수를 지키기를 원하는데 학원에 가야 하는 문제 때문에 생기는 갈등……부모님이 학원에 애를 보내서 애는 가기 싫어 하여서 생기는 갈등이 있고……이런 모습들이 교사와 교회 전체에 안 좋게 비춰지는 갈등……교사로서 봉사하지만은 학생의 부모들한테 오히려 지지를 못 받는다고 생각할 때도 있어요……학원문제라든지 수련회를 가는데 우리 아이는 가지 않기를 바라는 이런 부분들이 교사로서 힘든 부분입니다.

위의 상황은 고학년으로 올라갈수록, 즉 대학입시에 직접적인 관련이 높은 학년이 될수록 더욱 갈등이 나타나고 있는 형편이었다. 물론 적절한 시간관리 없이 무분별하게 교회 행사에 참여를 허용해달라는 의미는 아니었으며, 직분자들의 교회교육에 대한 신뢰와 중요성을 다시 한번 생각해달라는 차원이었다.

개혁신앙을 지향하는 부모들은 자녀들의 신앙과 관련된 교육의 책임을 교회의 담당 교역자에게만 지워서는 안 될 것이다. 부모 또한 신앙교육의 핵심적 축으로서 스스로가 자녀들에게 모범이 되고 교사가 되어 우리가 믿고 따르는 바를 온전히 전수해주어야 할 것이다. 그러한 모습들은 자연스럽게 교회의 교육적 방향성을 공유 및 협력하여 실천될 때 더욱 효과를 발휘할 것이며, 자녀들 또한 교회교육의 지향점과 가정의 동일한 방향성 속에서 안정감 있게 신앙생활을 해나갈 것이다. 교회와 가정의 신앙교육의 괴리는 다음 세대의 신앙 성숙에 결정적으로 영향을 줄 수 있음을 교회학교 교사들은 염려하고 있었다.

7) 말씀 및 교리중심 교육 부재로 인한 정체성 혼란: "말씀 가르치기가 없습니다"

학습과정의 주체로서 학생은 학습 전 과정에서 흥미를 잃지 않고 지속적으로 참여를 독려받을 권리 아닌 권리를 가지고 있다. 이를 위해 또 다른 학습과정의 주체로서 교사는 학생들에게 그러한 학습에 대한 흥미와 몰입을 지속시킬 수 있는 다양한 전략들을 활용하고 학생들의 눈높이에 맞는 적절한 프로그램들의 활용이 요구된다. 하지만 현재 상황에서는 이러한 도구로서의 프로그램들이 신·구약 성경과 관련된 가르침과 신조와 관련된 교육들의 의미에 앞서는 경향이 있음을 지적해주고 있었다.

> **연구참여자**: 단점이라 하면 말씀 부분에서 좀 소홀히 한 부분이 없지 않나 생각합니다...... 어느 강습에서 문자를 보낼 때 너무 신앙적으로 말하지 말아라...... 그냥 안부를 물어라 하여서 요즘은 그렇게 안부로 문자를 보내고 있습니다......

> **연구참여자**: 수련회나 성경학교는 행사로 변해가고 있어요. 애들을 재미있게 하기 위해서 하는데 지금은 밖에서 너무나 다양한 놀이가 있기에 교회가 못 따라갑니다. 그래서 어릴 적부터 말씀으로 다져져야 한다고 생각합니다. 요즘은 수련회나 이런 교회 행사에 말씀 가르치기가 없습니다......프로그램을 보조로 하고 말씀이 중심이 되어야 하는데 지금은 반대가 되었어요.

교회학교 교사들은 전술한 상황과 인용문의 내용들로 인해 자신들의 정체성이 무엇인지 고민하고 있었다. 또한 그러한 고민들은 단지 자신들에게만 해당되는 것이 아니라 그러한 상황에서 자라나는 아이들의 신앙 상태에 대한 걱정으로도 나타나고 있었다. 지나친 교회 성장주의에 기반한 프로그램 중심의 교회학교의 현 상황은 성경 및 교리교육의 부재를 낳고 있었으며, 이는 교회학교 교사들이 느낄 만큼의 심각한 상황에 와있음을 강력히 시사해주는 대목이다. 이와 관련하여 최근 마크 영(Mark Young)의 지적은 시의적절하다. 그는 목회자들이 '성경 교육의 중요성'을 깨달아야 한다고 하였으며, 교회의 본질과 모든 사역의 중심에 있는 것은 '신학교육'에 있음을 강조하였다(국민일보, 2013년 7월 29일). 그러므로 교회학교 교사들이 느끼는 이러한 위기를 목회자들은 귀담아 들어야 할 것이며, 교회 성장에만 집중하여 본질을 놓치지 않도록 사역의 방향과 내용들을 구성해 나갈 필요가 있다.

4. 교회학교 교사들의 삶과 개선을 위한 방향성

해당 연구에서는 현재 교회학교 교사로 봉사하고 있는 다양한 수준의 교회학교 교사들에 대하여 그들의 내러티브를 중심으로 한 심층면담의 질적 접근을 통하여 한국 교회의 교사들의 내러티브가 무엇이며, 어떠한 요소들이 그들의 문제 및 딜레마와 관련되어 있는지를 도출하고자 하였다. 연구의 핵심적 연구방법론인 질적연구방법론의 적용과 Nvivo 분석을 통하여 분석한 연구결과는 다음과 같다. 첫째, “1인 5역...... 떠나고 싶다”: 소수에 집중된 교회 봉사, 둘째, “저는 부족한 교사......”: 교사로서의 전문성 부족에 따른 자신감 결여, 셋째, “지금 목사님과 예전 목사님”: 교역자의 잦은 변동, 넷째, “우리 안의 Confligere”: 부서 구성원 간의 갈등 그리고 그로 인한 팀워크 붕괴, 다섯째, “담임목사님과 장로님의 말 한마디”: 지원의 부재, 여섯째, “장로님, 집사님 가정이 더해요”: 교회와 가정의 불일치, 일곱째, “말씀 가르치기가 없습니다”: 말씀 및 교리중심 교육의 부재로 인한 정체성 혼란이었다.

이러한 연구결과를 바탕으로 한국 교회학교 교사들의 딜레마를 3수준으로 구분하면 결국은 교사 자신의 개인 수준, 교사가 속한 교회의 수준, 교사가 봉사하는 학생들이 속한 가정 수준으로 구성되고 있음을 확인할 수 있다. 즉 교사 자신의 개인 수준은 교사로서의 전문성 부족에 따른 스스로의 내적인 자신감 결여와 한계를 통해 경험 그리고 말씀의 교사로서의 정체성과 관련된 딜레마였다. 교회 수준은 교회 차원의 소수에 집중된 교회 봉사의 구조적 문제와 교역자의 잦은 변동에 따른 체제와 교육 방향의 안정성 문제, 부서 구성원 간의 갈등, 그리고 교회 전반의 교육적 상황에 대한 관심과 지원의 부재로 인한 상황이었다. 마지막으로 가정 수준의 교사들이 직면하고 있는 교회 내 직분자 가정과의 교육적 불일치로 말미암은 맥락으로서 교사들에게 딜레마 상황을 만드는 하나의 축으로 작용하고 있었다.

이러한 3가지 수준의 교회학교 교사들의 딜레마를 확인하면서 교회교육 및 교사들의 상황 개선을 위한 정책과 실천의 방향성을 제시하면 아래와 같다.

첫째, 무엇보다도 목회자들과 교회학교 교사들은 교회학교 내 교육이 직면하고 있는 다양한 수준의 문제들을 극복하고 해결하기 위한 정책적 기조의 중심에서 삼위하나님의 주권적인 사역과 은혜를 바라보아야 한다는 것이다. 즉 그것만이 우리의 상황을 변화시킬 수 있는 유일한 길이며 방법임을 교회 현장의 교육 주체들이 다시 한번 기억하고 현상들을 바라보아야 한다. 이 부분은 모든 정책과 실천을 위한 방향성에 핵심을 차지해야 할 것이며, 이를 소홀히 다룰 경우 이후의 모든 전개 과정에서의 의미가 상실될 수 있음을 잊지 말아야 할 것이다.

둘째, 교회교육이 교회학교 교사들과 함께 전체 교회와 가정이 연계되어 이루어질 수 있도록 해야 할 것이다. 이를 위해서는 담임목사의 의지가 중요하다. 교회교육을 향한 중요성을 새롭게 인식하고 교회와 가정의 동역 체제로서의 접근이 요구될 것이다. 특별히 최근 부모들의 가정 내 신앙교육에 대한 관심 증대는 교회교육의 주체로서의 이들의 중요성을 부각해주고 있으며, 교회와 가정의 연계 강화의 장을 더욱 확보해주는 기능적 역할을 해주고 있다고 판단된다.

셋째, 교사들의 전문성 및 역량 강화를 위한 노력들이 필요하다. 교사들의 경우 자신들의 전문성 향상을 위한 책임과 과제를 온전히 본인들이 지니고 있는 몫으로 이해하고 있었으며, 실제로 환경적으로 그러한 상황이었다. 물론 개인 경건과 전문적 역량들은 개인 수준에서 선행되어 준비되고 이루어져야 할 것이다. 하지만 구조와 환경적 측면에서도 이를 지원할 수 있다면 마땅히 이루어져야 할 것이다. 교사 개인이 처한 상황들이 다양하며, 그들에게 전문적 신앙교육을 수행할 수 있는 역량을 스스로 개척하라고 하는 것으로 교회가 지닌 사역의 한 핵심적 영역을 무책임하게 교사들에게 내어주는 모습으로 볼 수 있다. 교사들도 자신들의 역량 개발을 위해 꾸준히 학습받아야 할 존재들임을 기억하고 그들을 위한 교회 차원 그리고 교단 차원의 수준 있는 교육 및 교육과정들이 제공되어야 할 필요가 있다.

넷째, 교회교육의 교육 대상들을 학부모들까지 확대되어야 할 것이다. 학생들은 대부분의 시간을 가정과 학교에서 보내고 있다. 일주일에 한번 그리고 매우 짧은 성경공부 시간을 통해 교사들이 전해줄 수 있는 내용들은 한계가 있다. 그러므로 학부모를 대상으로 교회와 부서의 가르침을 공유할 수 있는 교육 프로그램들이 개설되어 교회와 가정의 일치된 교육적 방향과 신앙교육이 추진되어야 할 것이다.

다섯째, 단위 교회 혹은 부서는 자신들의 상황과 특성에 맞는 교육과정을 설계, 구성, 개발할 필요가 있으며, 그 중심에는 철저한 교리중심의 교육 내용들이 포진되어야 한다. 교육학에서는 교육과정의 설계, 구성, 개발하는 과정들을 정밀하게 구분하고 있으며, 이를 통해 특정한 교육방향을 효과적으로 달성할 수 있다고 보고 있다. 우리의 경우 개혁주의 신학과 웨스트민스터 표준서들—신앙고백서, 대교리문답, 소교리문답—에 입각하여 하나님을 사랑하고 이웃을 사랑하는 그리스도인을 양성하는데 교육의 핵심적 이념을 두고 있다. 어떤 의미에서 교육과정의 큰 방향성과 설계는 이미 구성되어져 있으며, 실제적 구성과 개발의 과정들이 남겨져 있다고 볼 수 있다. 이 부분에서 단위 교회 혹은 부서들은 자신들만의 특성과 상황을 살려 장기적 계획 속에서 적용성이 높은 교육과정들이 개발될 필요가 있다. 그 중심에는 건강한 전통에 기반을 둔 정통적 교리교육의 항목들이 중심되어야 할 것이다.

제 17 장

한국교회와 코로나시대 신앙교육

1. 한국교회와 코로나19

한국교회의 목회와 사역은 코로나19로 인해 큰 변화를 경험하고 있다. 팬데믹에 따른 사역의 변화는 그동안 한국교회가 경험해보지 못한 딜레마와 이슈에 직면케 하였으며, 많은 혼란과 어려움을 만들었다. 특별히 한국교회의 미래 세대인 청소년 관련 사역의 경우, 한국사회의 전반적인 인구 감소 및 주일학교의 침체와 맞물리면서 더욱더 힘든 시기를 보내게 하였다. 코로나19 기간 중 교회사역의 최우선순위와 관심은 기본적인 기존 사역의 유지 또는 존속의 측면을 어떻게 수행할 것인가에 초점이 맞추어졌으며, 이 과정에서 장년층 중심의 교회사역 요소들이 강조될 수밖에 없었다. 다음 세대인 청소년들에 관한 관심이 없었다기보다는 혼란 속에서 긴급하게 진행된 활동에서 청소년들을 위한 사역이 어떻게 수행되어야 할 것인가에 대한 충분한 고려가 부족하였기 때문으로 판단된다.

실제로 팬데믹 상황에서 한국교회와 국내 학계가 관심을 가진 연구 주제와 그 대상들의 특성만을 살펴보더라도 청소년에 대한 충분한 고려가 부재하고 있음을 확인할 수 있다. 연구주제들의 경우 코로나 시대 예배와 관련된 신학적 이슈와 전반적인 교회 사역 및 선교에 대한 거시적 접근들에 대한 논의가 많이 이루어졌으며(한춘기, 2023; 박현신, 2022; 김용성, 2021; 김상덕, 2021; 정재영, 2021; 김순환, 2021; 이찬석, 2021; 조해룡, 2021; 김영동, 2021; 윤영훈, 2020; 김주환, 2020; 김은희, 2020; 최원진, 2020), 대부분 주요 대상들로서 장년층에 초점을 맞춰 수행된 것을 확인할 수 있다. 더불어 팬데믹 상황에 대한 교회의 관심과 인식들 역시 장년층에 초점을 맞춰 다양한 데이터들과 자료들이 소개되어 상대적으로 청소년들에 관한 내용을 파악하는데 아쉬움을 주고 있다. 이러한 측면은 개혁주의 교회론과 예전의 전통 속에서 확인할 수 있는 세대통합 및 공동체적 지향과 강조(주종훈, 2023: 141)를 고려할 때 아쉬운 부분이다.

한편 교회 내 기독교교육 및 교육활동과 관련된 논의에서도 코로나 시대의 교회교육과 기독교교육이 어떠한 측면과 방향성으로 나아갈 것인가에 대한 원리적 측면의 관심이 많았다(양금희, 2021; 함영주, 2021; 유재덕, 2020; 김성중, 2020; 채혁수, 2020). 이는 코로나 팬데믹에 대한 교회와 신앙교육 활동의 방향성에 대한 학자들의 고민으로 이해할 수 있다. 향후 해당 방향성 속에서 실제적인 사역과 전략들이 도출되는 단계로의 연구발전 과정이 진행될 것으로 기대한다. 전술한 상황은 현재 한국교회 및 국내 학계의 연구 단계와 수준이 코로나 팬데믹 상황에 대한 '의미 해석과 이해 그리고 방향성 설정'의 흐름 속에 있음을 시사하는 것이다. 이러한 과정을 거치면서 자연스럽게 연구 단계가 심화하여 현장성을 구현하는 형식으로 연구물들이 축적될 것으로 기대한다.

전술한 코로나 팬데믹 관련 연구의 발전 과정과 심화 정도의 맥락을 충분히 고려하지만, 교회 현장과 사역자들로서는 좀 더 실제적 전략과 방안들이 강력하게 필요한 것이 사실이다. 실제로 교회 현장에서는 구체적인/실제적인 사역 전략과 내용을 요청하고 있으며, 특별히 다음 세대와 관련된 사역의 요구는 매우 높다고 할 수 있다. 구체적으로 수행되었던 선행연구의 흐름과 결과를 볼 때 결국 "청소년들이 코로나19 상황에서 어떻게 신앙생활을 하고 있으며, 그들을 위한 맞춤형 사역과 전략이 어떻게 이루어져야 할 것인가"에 대한 실제적 질문에 대하여 명확한 답은 줄 수 없는 맥락임을 시사한다. 즉 코로나19의 상황에서 청소년들에 대한 실증적 자료와 연구가 부족하였으며, 청소년들의 신앙적 삶의 정황이 어떻게 수행되고 있는가에 관한 연구가 부재하였다는 것이다. 이는 현장과 목회자들로부터 불안과 답답함을 안겨주는 대목으로도 볼 수 있다. 이에 해당 연구에서는 코로나 시대를 살아가고 있는 한국교회의 미래 세대인 청소년들의 신앙생활 상황과 맥락을 실증적으로 분석하고, 코로나 시대에 적합한 청소년 신앙생활 지원 및 사역 방안을 현장 지향적으로 제시해 보고자 하였다.

2. 선행연구의 맥락과 상황

1) 코로나 시대 기독교교육 및 교회교육의 변화 필요

기독교교육 및 교회교육 전문가들은 팬데믹으로 인해 교육의 변화가 이루어질 수밖에 없음을 바라보고 있다. 이는 기존의 기독교교육 및 교회교육의 한계와 그에 대한 보완을 의미한다. 기독교교육적 측면으로 거시적 차원의 변화를 제안한 김성중의 논의는 향후 교육적 활동의 주요한 방향과 내용으로 판단된다. 김성중은 기독교교육의 변화를 자연환경과 만남을 강조하는 교육, 가족 구성원 간의 만남을 강조하는 교육, 세계 시민 간의 만남을 강조하는 교육, 온라인을 통한 만남을 중시하는 교육, 이단의 공격에 대응하는 교육, 사회를 위한 봉사와 섬김의 교육, 데이터를 기반으로 한 섬김의 교육 등이다(김성중, 2020). 이러한 제안은 코로나 상황과 4차 산업혁명 속에서 기독교교육이 무엇을 고민하면서 수행해야 할 것인가를 의미 있게 지적해주고 있다고 판단된다. 한편 유재덕은 기독교교육적 원리를 바탕으로 지역교회와 교회교육 차원의 변화와 방향을 제시하고 있어 의미가 크다(유재덕, 2020). 유재덕은 오프라인과 온라인의 융합 모형의 필요, 지역교회 수준의 블렌디드 러닝의 필요, 가정과의 연계를 위한 기존 교회교육의 보완 및 확장, 교수 중심의 절대론이나 학습자 중심의 상대론이 아닌 학습 커뮤니티로의 변화 등을 강조하면서 교회교육의 변화 방향성을 설정해 주었다(유재덕, 2020). 교회교육의 차원에서 채혁수 역시 팬데믹으로 인해 개인과 공동체의 분리가 이루어짐으로써 교회교육 내 개인과 공동체의 기능 회복에 대한 강조가 필요하고, 이를 위한 변화가 요청됨을 제시하였다(채혁수, 2020: 495-496).

앞선 전문가들의 제안들은 코로나 시대 기독교교육 및 교회교육의 변화 방향성에 대한 내용이며, 해당 기조 속에서 구체적 사항들을 제시해 준 학자들도 있어 흥미롭다. 대표적으로 양금희와 함영주의 제안들이다. 양금희는 '온택트(ontact)'에 집중하여 온택트 교육의 유형들을 동영상 스트리밍, 실시간 쌍방향 소통, 메타버스 등을 제시하면서 개방성과 확장성의 측면에서 새로운 기독교교육의 장으로서의 평가를 하는 것이다(양금희, 2021: 68). 또한 함영주도 교회교육의 혁신적 변화 상황을 바라보면서 신앙교육에서 전통적 신앙교육의 측면과 혁신적 측면을 융합하여 조화롭게 사역해 나갈 것을 강조해주고 있어 흥미롭다. 함영주는 4차 산업혁명의 결과로 주어진 다양한 혁신적 교육방법을 통하여 한국교회가 가지고 있었던 신앙교육의 한계점을 극복할 수 있음도 제안하며 관련된 기초적 논의를 성실하게 수행해 주었다(함영주, 2021: 190).

전술한 국내 관련 전문가들의 분석과 논의는 팬데믹 상황에서 기독교교육 및 교회교육의 변화가 불가피하며, 오히려 적극적 측면에서 기존의 가치와 내용을 존중하면서 의미 있게 변화를 시도해나갈 것을 제안하고 있다. 더불어 그러한 변화의 방향성과 구체적 내용까지도 원리적 측면에서 제시하고 있다고 판단된다. 하지만 해당 접근들이 교회 내 청소년들의 인식이 반영되어 그들에게 적합하게 제안될 수 있는 구체적인 전략들을 담고 있지는 못함을 확인할 수 있었다.

2) 코로나 시대 관련 '실천신학' 내 기독 청소년에 대한 체계적 분석 연구의 부재

연구의 필요성 및 선행연구의 맥락을 통하여 코로나 시대 기독 청소년에 대한 체계적 분석의 필요성을 확인할 수 있었다. 앞서 기술하였지만 팬데믹 상황에서 한국교회와 국내 학계의 관심은 코로나 시대 예배와 관련된 신학적 이슈, 전반적인 교회 및 선교 사역이었으며, 기독교교육과 교육활동과 관련된 논의에서도 코로나 시대의 교회교육과 기독교교육이 어떠한 측면과 방향성으로 나아갈 것인가에 대한 이론적 접근들이 이루어지고 있음을 확인하였다. 이러한 연구 동향은 코로나 시대를 살아가는 기독 청소년들의 신앙생활과 그들을 지원하기 위한 체계적인 접근에서 반드시 전제되어야 할 선행 및 기초 분석의 부재를 의미하는 것이다. 실제로 해당 접근들은 청소년들의 신앙생활을 지원하기 위한 구체적 전략들을 담고 있지는 못하고 있다. 이는 교회 현장 및 청소년 사역자들이 답답함을 느끼고 있는 핵심적인 포인트(point)이다. 이와 관련하여 이현철·문화랑·이원석·안성복은 코로나 시대 청소년 신앙과 관련된 대규모의 기초조사를 수행하였으나 그 분석과 논의에서 심층적인 면담과 현장조사를 포함치 못한 통계적 분석 수준에만 머물고 있다(이현철·문화랑·이원석·안성복, 2021). 이에 해당 연구에서는 코로나 시대 기독 청소년에 대한 체계적인 분석 연구의 부재를 극복하고, 기존에 수행된 인식 조사의 한계를 보완하여 완성도 높은 연구를 수행하고자 하였다.

3. 연구방법

해당 연구에서는 '양적연구(Quantitative Research)'와 '질적연구(Qualitative Research)' 사이의 양자택일적인 단순한 접근을 유보하고, 두 가지 차원의 장점을 모두 활용하여 실용적 연구를 수행하고자 통합방법연구(Mixed Methods Research)를 적용하였다. 특별히 본 연구에서는 연구문제 의식에 기초하여 양적연구의 결과를 좀 더 심화하고, 그 의미와 맥락을 심층적으로 살펴보기 위하여 질적연구를 수행하는 순차적 설명 설계(Sequential Explanatory Design)를 적용하였다(Creswell & Plano Clark, 2010: 85-90; 이현철·김영천·김경식, 2013: 68-69).

1) 분석자료 및 연구 대상

해당 연구의 양적연구에서의 분석자료는 학생신앙운동(SFC)의 「코로나19에 따른 한국교회 청소년 사역방안 기초조사」 데이터를 활용하였다. 해당 자료는 전국 16개 시도에 거주하고 있는 교회에 출석하는 청소년(중·고등학생) 1,753명을 대상으로 청소년들의 코로나19와 관련된 개인생활, 학교생활, 신앙생활 등 삶의 전반을 다루고 있다. 연구 대상의 주요 특성을 살펴보면 다음과 같다. 성별은 여자의 비율이 51.5%로 남자 48.5%보다 높으며, 학교급은 중학교가 48.8%로 가장 많고, 고등학교 47.9%, 기타(홈스쿨링 또는 대안학교) 3.4% 순이다. 학년은 중학교 1학년부터 고등학교 3학년까지 16.0%~17.3%로 분포되어 있다. 교회 출석 기간은 10년 이상 77.9%, 5년~10년 미만 10.0%, 1년~3년 미만 4.70% 등이다. 교회 전체 인원은 1,000명 이상이 25.8%, 300명~600명 21.4%, 150명~300명 20.7%, 50명~150명 18.5% 등의 순이다. 교회 청소년부 인원은 10명~30명 미만이 30.7%로 가장 많고, 30명~50명 24.6%, 50명~100명 18.7% 등의 순이다.

〈표 17-1〉 연구 대상: 양적연구

구분		빈도	%
성별	남자	850	48.5
	여자	903	51.5
	합계	1753	100.0
학교급	중학교	855	48.8
	고등학교	839	47.9
	기타(홈스쿨링, 대안학교)	59	3.4
	합계	1753	100.0
학년	중학교 1학년	299	17.3
	중학교 2학년	282	16.3
	중학교 3학년	276	16.0
	고등학교 1학년	287	16.6
	고등학교 2학년	299	17.3
	고등학교 3학년	287	16.6
	합계	1730	100.0

구분		빈도	%
교회 출석 기간	1년 미만	56	3.2
	1년~3년 미만	82	4.7
	3년~5년 미만	73	4.2
	5년~10년 미만	176	10.0
	10년 이상	1366	77.9
	합계	1753	100
교회 전체 인원	50명 미만	86	4.9
	50명~150명 미만	324	18.5
	150명~300명 미만	363	20.7
	300명~600명 미만	375	21.4
	600명 이상~600명 미만	153	8.7
	1000명 이상	452	25.8
	합계	1753	100
교회 청소년부 인원	10명 미만	188	10.7
	10명~30명 미만	539	30.7
	30명~50명 미만	432	24.6
	50명~100명 미만	327	18.7
	100명 이상	267	15.2
	합계	1753	100.0
신력	원입(새신자)	250	14.3
	학습	202	11.5
	세례	322	18.4
	유아세례-입교	979	55.8
	합계	1753	100.0

다음으로 본 연구의 질적연구에서의 연구대상은 총 20명(청소년 영역 10명, 목회자·교사·전문가·학부모 영역 10명)으로 연구 문제 의식을 적합하게 설명할 수 있는 이들이며, 이들은 ○○총회와 총회 산하 교회, 그리고 초교파적 교계의 네트워크를 통해 추천된 참여자들이다. 추천된 이들의 선정기준은 다음과 같다. 1) 본 연구에서 설정하는 연구문제에 준하는 청소년, 목회자, 전문가, 교회학교 교사, 학부모, 2) 청소년의 경우 교회 내 신앙생활과 활동이 5년 이상인 자이며, 대면과 비대면의 사역을 경험해 본 청소년, 3) 목회자 및 교회학교 교사의 경우 교회 내 사역 경험과 활동이 5년 이상인 자이며, 대면과 비대면의 사역을 경험해 본 사역자, 4) 교회 전문가로서 학술 논문이 3편 이상 혹은 교회 관련 연구 경력을 갖춘 전문가를 선

정하였다. 본 연구에서는 선정된 이들과의 심층면담과 FGI(Focus Group Interview)가 수행되었으며, 현지조사를 통한 연구참여자들의 신앙생활과 사역 형태도 참여 관찰하였다. 심층면담과 FGI 수행 시 구체적으로 코로나 상황에서 청소년들이 직면하는 신앙생활 과정과 딜레마, 신앙생활 관련 지원 및 요구 사항, 교회생활, 학교생활 및 교우관계, 가정생활 등 전반적인 청소년들의 삶과 신앙 영역을 아우르는 질문을 통해 면담을 수행하였다.

〈표 17-2〉 연구 대상: 질적연구

대상		성별	학교급 / 직분	특성
연구참여자 (청소년 10명)	연구참여자 1	남	고등학교	학교 운동부 대표
	연구참여자 2	여	고등학교	교회 청소년부 회장
	연구참여자 3	여	고등학교	선교단체 임원
	연구참여자 4	남	고등학교	선교단체 활동
	연구참여자 5	여	기독대안학교	고등부 임원
	연구참여자 6	남	중학교	목회자 자녀
	연구참여자 7	남	중학교	교회 전도 활동 수행
	연구참여자 8	남	중학교	찬양전문 사역 관심
	연구참여자 9	남	기독대안학교	중학생 연령/대안학교 재학
	연구참여자 10	남	기독대안학교	중학생 연령/대안학교 재학
연구참여자 (목회자, 교회 전문가, 교사, 학부모 10명)	연구참여자 11	남	목사	청소년 선교 단체 대표
	연구참여자 12	남	목사	청소년 선교 단체 지역담당
	연구참여자 13	남	목사	지역 거점교회 담임
	연구참여자 14	남	목사	다음 세대 교육기관 운영
	연구참여자 15	남	집사/교사	기독대안학교 자녀
	연구참여자 16	여	집사/교사	기독대안학교 자녀
	연구참여자 17	여	권사/교사	주일학교 교사 경력
	연구참여자 18	남	장로	주일학교 교사 경력
	연구참여자 19	남	목사	신학 및 교회 전문가/박사
	연구참여자 20	남	목사	신학 및 교회 전문가/박사

2) 설문 내용

「코로나19에 따른 한국교회 청소년 사역방안 기초조사」의 설문 내용은 개인적 배경과 관련된 12문항, 코로나19와 개인생활 관련 4문항, 코로나19 이전과 이후의 생활 변화 관련 12

문항, 코로나19와 학교생활 관련 13문항, 코로나19와 신앙생활 관련 28문항의 총 69문항으로 구성되었다. 조사에 활용된 문항의 영역별 신뢰도 Cronbachα계수는 .824~.938 수준이었으므로 양호하였다.

〈표 17-3〉 「코로나19에 따른 한국교회 청소년 사역방안 기초조사」 설문 내용

구분	문항 번호 및 내용	문항 수
개인적 배경	1. 성별, 2. 소재지, 3. 학교급, 4. 학년, 5. 연령, 6. 교회 출석 기간, 7. 교회 전체 인원, 8. 교회 청소년부 인원, 9. 학생신앙운동(SFC) 활동 기간, 10. Teen SFC 활동 여부, 11. Teen SFC 활동 기간, 12. 신력	12
코로나19와 개인생활	13. 평소 관심사 14. 코로나19로 인한 개인적 변화(5문항) 15. 코로나19로 인한 어려움 16. 코로나19로 인해 좋아진 점	4
코로나19 이전과 이후의 생활 변화	17. 코로나19 이전의 평균수면 시간 18. 코로나19 이후의 평균수면 시간 19. 온라인 매체 사용 시간의 변화 19-1. 코로나19 이전의 스마트폰 사용 시간 19-2. 코로나19 이전의 TV 시청 시간 19-3. 코로나19 이전의 동영상 스트리밍 사용 시간 19-4. 코로나19 이전의 PC/노트북 이용 시간 20. 온라인 매체 사용 시간의 변화 20-1. 코로나19 이후의 스마트폰 사용 시간 20-2. 코로나19 이후의 TV 시청 시간 20-3. 코로나19 이후의 동영상 스트리밍 사용 시간 20-4. 코로나19 이후의 PC/노트북 이용 시간 21. 코로나19 이전과 이후의 신체적 건강상태 변화 22. 코로나19 이전과 이후의 정신적 건강상태 변화	12
코로나19와 학교생활	23. 코로나19로 인한 변화에 대한 인식(7문항) 24. 1학기 중 학교 등교 횟수 25. 온라인 수업에 대한 평가(5문항)(신뢰도=.824)	13
코로나19와 신앙생활	26. 코로나19로 인한 신앙생활의 변화(4문항)(신뢰도=.864) 27. 온라인 예배에 대한 인식 28. 온라인 교회모임의 가능성에 대한 인식 29. 온라인 교회모임 참여 의향 30. 코로나19가 개인의 신앙생활에 미친 영향(6문항) 31. 신앙생활에 대한 현재 선호도 32. 신앙생활에 대한 미래 중요도	28

구분	문항 번호 및 내용	문항 수
코로나19와 신앙생활	33. 신앙교육에 가장 큰 영향을 미치는 사람 34. 교회학교가 성장하지 않는 가장 큰 요인 35. 학생신앙운동(SFC)이 성장하지 않는 가장 큰 요인 36. 교회에 출석하는 동기 37. 현재 교회교육이 나에게 미친 영향 38. 일상생활 및 신앙생활 전반적 만족도(5문항)(신뢰도=.858) 39. 신앙고백 수준(3문항)(신뢰도=.938)	28
계	총 69문항	

3) 분석방법

해당 연구의 양적연구 분석방법은 SPSS 23.0 프로그램을 활용하여 한국교회 내 청소년들의 인식을 분석하였으며, 구체적인 분석방법은 다음과 같다. 첫째, 연구 대상의 개인적 배경 및 기초인식을 파악하기 위하여 빈도분석 및 기술통계를 실시하였다. 둘째, 본 연구에서 활용된 설문 문항은 신뢰도 분석이 적용되었으며, 신뢰도 계수는 문항 영역별로 .824~.938 수준으로 양호함을 확인하였다. 셋째, 연구대상의 주요 인식과 배경별 차이를 파악하기 위하여 독립표본 t검증을 실시하였다. 넷째, 신앙활동에 대한 요구와 필요가 어떠한가를 분석하고자 Borich의 요구도 및 The Locus for Focus Model을 적용하여 분석하였다. Borich의 요구도 값은 현재 수준과 바람직한 수준 간의 차이에 바람직한 수준에 대한 가중치를 부여함으로써 두 수준 간 차이에 대하여 우선순위 결정의 방향성을 제공한다. 이를 수식으로 나타내면 다음과 같다(이현철 외, 2021).

$$\frac{\sum_{n=1}^{N}(RL_n - PL_n) \times \overline{RL}}{N}$$

RL(Required Level): 미래 중요도 수준

PL(Perceived Level): 현재 선호도 수준

$\overline{RL}$: 미래중요도 수준의 평균

N: 전체 사례 수

Borich 요구도 공식은 바람직한 수준에 가중치를 둔 방식으로 요구도 값에 따라 우선순위를 결정할 수 있다. 그러나 어느 순위까지를 최우선으로 고려할 것인지에 대한 판단 기준

은 없다는 단점이 있다. 이러한 단점을 보완하기 위해 The Locus for Focus Model을 사용하였다.

해당 연구의 질적연구의 분석방법은 질적자료분석 컴퓨터 프로그램(CAQDAS: Computer Aided Qualitative Data Analysis Software) NVivo이다. 본 연구에는 전통적 질적자료 분석과정에서 탈피하여 질적자료분석 프로그램인 NVivo를 활용하였으며, 이는 질적연구 전 과정의 타당도를 효과적으로 개선할 수 있는 방법이다. 또한 질적자료분석 컴퓨터 프로그램 내 자료 코딩 방법은 구조적 코딩(structural coding) 전략을 활용하여 수행되었다. 구조적 코딩은 연구 주제에 초점을 맞추어 코드를 부여하며, 이를 통해 자료 분석 전반의 분석 과정을 핵심 주제 중심으로 수행해 갈 수 있다. 특별히 본 연구에서는 양적분석 결과를 바탕으로 해당 결과를 좀 더 심화하고, 그 의미와 맥락을 심층적으로 살펴보기 위한 전략으로서 질적접근을 수행하고 있기에 연구 주제와 관련된 핵심적 내용의 어절들을 집중적으로 분석할 수 있는 구조적 코딩을 선택하였다. 구체적으로 본 연구 내 질적분석 결과의 경우, 코로나 시대 청소년들의 신앙생활 및 지원방안에 대한 4가지 측면을 도출하였다. "본질적인 것을 놓치고 있다고 생각을 많이 해요": 본질에 집중하는 사역적 지원, "코로나 이전처럼 되었으면 좋겠습니다": 공동체성 형성에 집중하는 사역적 지원, "동역하여 시너지를 만들 수 있습니다": 사역 플랫폼들과 연계한 사역적 지원, "학교에서 교회 다닌다고 하면 조금 그래요......": 교회에 대한 긍정적 인식을 확보하기 위한 사역적 지원 등이다. 예를 들어 '본질에 집중하는 사역적 지원'의 경우 코딩 과정에서 양적 분석 결과의 의미가 청소년들과 다음 세대 사역 현장의 맥락에서 무엇을 의미하고, 어떠한 상황에서 이루어진 결과인가에 집중하면서 코딩 분석이 이루어졌으며, 해당 과정은 양적 분석의 결과를 심화시켜 준 내용으로 살펴볼 수 있다. 더불어 코로나 시대 청소년들의 신앙생활 및 지원방안과 관련하여 핵심적인 현장의 목소리들을 정리하여 공동체성, 사역 플랫폼, 교회에 대한 사회적 인식 영역의 사항들도 도출되었다. 이러한 측면들은 구조적 코딩 과정에서 본 연구의 핵심적 주제 사항에 집중하면서 현장의 목소리를 반영한 결과로 판단된다.

4) 연구의 '타당성' 확보와 IRB를 통한 '연구윤리' 관리

본 연구에서는 아래의 몇 가지 과정을 통하여 연구 전반의 타당성을 확보하고자 하였다.

첫째, 목회자 및 다음 세대 사역자 대상의 포럼(forum) 수행을 통한 타당성 확보이다. 본 연구에서는 연구 과정에서 수행한 분석 결과들을 지속적으로 목회자 및 다음 세대 사역자들을 대상으로 공유 및 확산하였으며, 이 과정에서 2차례의 연구 포럼을 개최하였다. 해당 포럼에서 본 연구의 분석 결과의 일부들이 발표되었으며, 그 사항에 대한 현장 목회자들이 의견 수렴 과정을 진행하였다. 둘째, 방법론적 통합을 통한 타당성 확보이다. 본 연구에서는 코로나 시대 청소년들의 신앙생활 및 지원방안을 구성하기 위하여 양적 접근과 질적 접근을 통해 연구문제에 대하여 좀 더 타당성 있는 접근을 수행하고자 하였다. 통합방법연구를 적용하여 양적 접근과 질적 접근이 지닌 방법론적 한계를 극복하면서 타당성을 확보하고자 하였다. 셋째, 교회 및 연구전문가들과의 간담회 과정을 통한 타당성 확보이다. 연구과정에서 진행된 분석방법, 분석결과, 연구자의 해석 방향에 대하여 전문가들과의 지속적인 논의와 회의를 통하여 연구자가 범할 수 있는 오류와 편향된 시각을 교정하는 과정을 수행하였다. 한편 본 연구에서의 연구윤리 사항은 기관생명윤리위원회(IRB)의 철저한 심사과정을 준행하였으며, 심사에 따른 제안된 지침 및 권고사항에 따라 주요 사항을 충족하면서 연구를 수행하였다(KU IRB 2022-0060).

[그림 17-1] 본 연구의 타당도 확보를 위한 1차(2023년 1월17일) 및 2차(2023년 5월8일) 포럼 수행

4. 연구결과

이 절에서는 코로나 시대 청소년에 대한 양적연구 및 질적연구의 분석결과를 제시하고자 한다. 먼저 양적연구를 통하여 코로나 시대 청소년의 신앙생활 만족도, 청소년의 신앙생활 요구도 분석을 제시하여 청소년들의 코로나 시대에서의 신앙생활과 관련된 만족도와 요구도를 제시할 것이다. 다음으로 질적연구에서는 양적연구 결과를 바탕으로 청소년 및 현장의 목소리를 반영한 현장성 있는 관련 맥락과 내용을 소개한다.

1) 양적 분석 결과

가. 코로나 시대 청소년의 신앙생활에 따른 개인 만족도 차이

여기에서는 코로나 시대 청소년의 신앙생활에 따른 개인 만족도 차이 분석 결과를 소개한다. 구체적으로 청소년의 신앙생활은 코로나19로 인해 신앙적으로 어떤 변화가 있었는지에 대하여 '기도하는 시간이 늘어났다, 성경 읽는 시간이 늘어났다, 기독교 서적 읽기가 늘어났다, 친구나 가족과 신앙과 관련된 이야기가 늘어났다'의 문항 합산을 평균 이상과 평균 이하로 구분(기준 평균 10.76)하였다. 개인 만족도는 삶, 교회활동, 신앙생활, 학교생활에 대한 만족도를 합산하여 의미를 구성하였다. 신앙생활 상하 집단 간의 차이 분석을 살펴보면 개인 만족도 요인에서 $p<.001$ 수준에서 통계적으로 유의미한 차이를 보여주고 있다. 이는 신앙생활 상집단이 신앙생활 하집단에 비하여 개인만족도 인식이 높음을 실증적으로 확인해주고 있다. 즉 신앙생활 하집단이 삶, 교회활동, 신앙생활, 학교생활의 만족도가 낮음을 의미하는 것이며, 이에 대한 지원 방안들이 요청됨을 시사한다.

〈표 17-4〉 신앙생활 상하 집단 간의 차이 분석

구분		평균	표준편차	T
개인만족도 (삶/교회/신앙/학교)	신앙생활 상집단(N=934)	15.36	3.14	-6.286***
	신앙생활 하집단(N=819)	14.41	3.15	

***$p<.001$

나. 코로나 시대 청소년의 신앙생활 요구도

전술한 집단 간의 차이에 기초하여 신앙생활 평균 이하 집단에 대한 신앙생활에 대한 요구도를 분석하기 위해 대응표본 t검정을 실시하였다. 현재 선호 수준과 미래 중요 수준에서 모두 (오프라인 대면)예배 참여하기의 평균이 가장 높았으며, 대응표본 t검정 결과, 11개 분야에서 모두 $p<.001$ 수준에서 통계적으로 유의미한 차이를 보였다. 본 연구에서 요구는 현재 선호 수준과 미래 중요 수준 간의 차이로 정의되기 때문에 모든 분야에서 격차(gap)로서의 요구가 존재하였다. 다음으로 Borich의 요구도 값을 산출한 결과 가장 높은 요구도 값은 전도활동하기(2.67)였으며 그다음 순으로 성경 읽기(2.54), 기독서적 읽기(2.20), 기도하기(2.16) 등의 순이었다. Borich의 요구도 값과 t값을 비교하면 t값의 순위와 요구도 순위가 순위 경향에서 유사하게 나타나고 있었다.

〈표 17-5〉 코로나 시대 청소년의 신앙생활에 대한 요구도 분석

구분	현재선호도		미래중요도		차이		요구도	순위
	평균	순위	평균	순위	평균	t값		
(오프라인 대면) 예배 참여하기	3.59	1	3.81	1	-.223	-6.003***	0.84	11
(온라인 비대면) 예배 참여하기	2.97	2	3.27	4	-.297	-7.002***	0.98	10
(온라인 비대면) 신앙양육 프로그램	2.61	5	3.05	8	-.441	-10.999***	1.34	8
(온라인 비대면) 신앙공동체 활동	2.61	5	3.04	10	-.437	-10.732***	1.31	9
(온라인 비대면) 신앙 상담활동	2.57	8	3.01	11	-.444	-11.162***	1.32	7
기도하기	2.86	3	3.48	2	-.619	-15.119***	2.16	4
성경읽기	2.64	4	3.39	3	-.755	-17.817***	2.54	2
성경공부 참여하기	2.60	7	3.23	5	-.626	-15.531***	2.03	5
기독서적 읽기	2.33	10	3.05	8	-.717	-17.849***	2.20	3
교회 외 종교모임 참여하기	2.54	9	3.08	7	-.538	-13.125***	1.66	6
전도활동하기	2.24	11	3.10	6	-.862	-19.265***	2.67	1

***$p<.001$

〈표 17-5〉의 내용을 바탕으로 최우선순위를 도출하기 위하여 The Locus for Focus Model을 활용하여 분석한 결과는 [그림 17-2]와 〈표 17-6〉과 같다. 청소년들이 인식하고 있는 신앙생활의 미래 중요 수준 평균은 3.23이며, 불일치 수준(미래 중요 수준-현재 선호 수준)의 평균은 0.50으로 나타났다. 미래 중요 수준의 평균을 x축으로, 불일치 수준의 평균을 y축으로 하여 사사분면으로 나타냈을 때, 제1사분면의 영역에 속하는 신앙생활들은 청소년들이 중요하게 생각하고 미래 중요 수준과 현재 선호 수준 간의 불일치 수준이 높은 것들로 최우선적으로 요구되는 신앙생활들이다. 제2사분면의 영역에 속하는 신앙생활들은 지속적으로 유지해주어야 할 사항들이다.

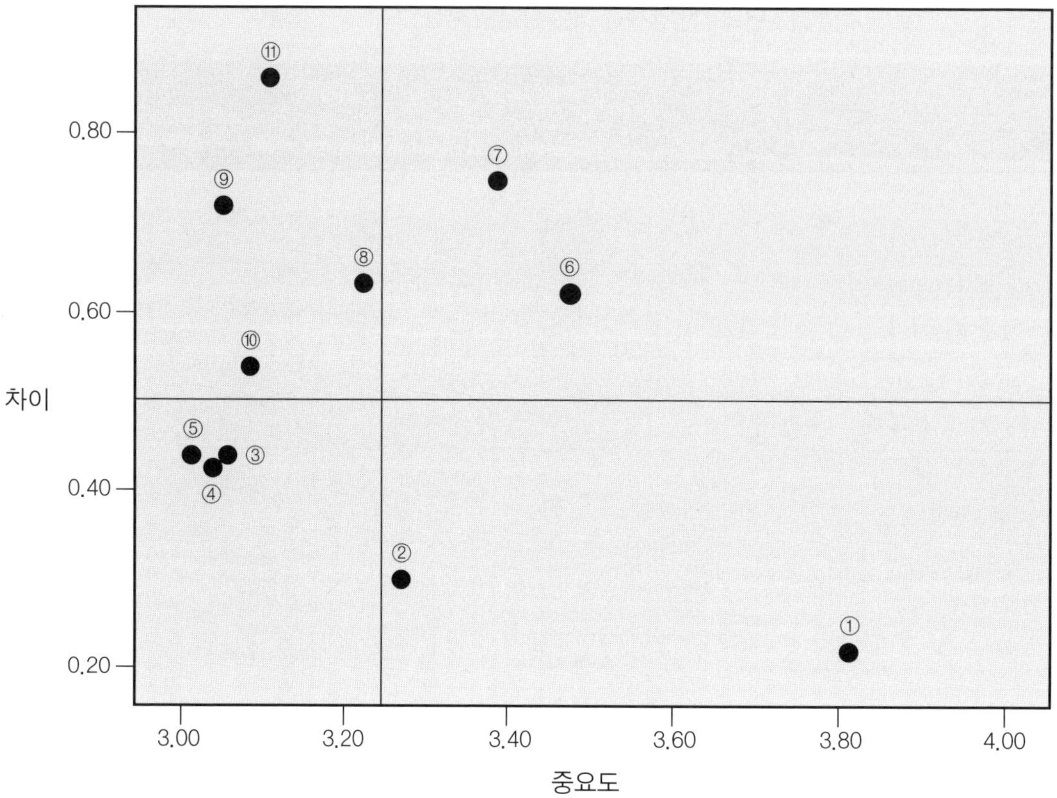

[그림 17-2] The Locus for Focus Model을 활용한 청소년 신앙생활 우선순위

*세부 항목: ① (오프라인 대면)예배 참여하기, ② (온라인 비대면)예배 참여하기, ③ (온라인 비대면)신앙양육 프로그램, ④ (온라인 비대면)신앙공동체 활동, ⑤ (온라인 비대면)신앙 상담활동, ⑥ 기도하기, ⑦ 성경읽기, ⑧ 성경공부 참여하기, ⑨ 기독서적 읽기, ⑩ 교회 외 종교모임 참여하기, ⑪ 전도활동하기

분석 결과에 따르면 제1사분면에 포함되는 신앙생활은 성경읽기와 성경공부 참여하기였고, 제2사분면에는 전도활동하기, 기독서적 읽기, 교회 외 종교모임 참여하기였으며, 제3사분면에는 (온라인 비대면)신앙상담활동, (온라인 비대면)신앙공동체활동, (온라인 비대면)신앙양육프로그램이었고, 제4사분면에는 (온라인 비대면)예배 참여하기, (오프라인 대면)예배 참여하기, 기도하기였다. 이러한 결과는 청소년들이 신앙생활에서 성경읽기와 기도하기와 같은 신앙의 본질적 요소를 가장 시급하게 요구하고 있으며, 다른 사역의 영역보다 이에 대한 우선순위를 세워 긴급하게 지원방안과 전략들을 제공해야 함을 시사하는 것이다.

〈표 17-6〉 The Locus for Focus Model을 활용한 청소년 신앙생활 우선순위

분면	신앙생활 우선순위
1사분면 (HH)	성경읽기, 기도하기
2사분면 (LH)	전도활동하기, 교회 외 종교모임 참여하기, 기독서적 읽기, 성경공부 참여하기
3사분면 (LL)	(온라인 비대면)신앙상담활동, (온라인 비대면)신앙공동체활동, (온라인 비대면)신앙양육프로그램
4사분면 (HL)	(온라인 비대면)예배 참여하기, (오프라인 대면)예배 참여하기

2) 질적 분석 결과

가. 본질에 집중하는 사역적 지원: "본질적인 것을 놓치고 있다고 생각을 많이 해요"

코로나 시대 교회에 출석하면서 신앙생활을 하고 있는 청소년들의 경우 자신들의 신앙생활만족도와 교회생활만족도에서 긍정적 수준의 답변을 하지 않고 있었으며(이현철 외, 2021), 실제로 본 연구에서 수행된 만족도와 관련된 추가적인 집단 간 비교 분석에서도 유사한 맥락을 보여주고 있었다. 특별히 기도, 성경읽기, 기독서적 읽기, 신앙적 대화 등을 중심으로 평균 이상의 활동과 평균 이하의 활동을 수행하는 청소년 집단을 구분하였을 때 청소년들의 신앙생활을 포함한 전반적 만족도에 통계적인 유의미한 차이가 발생하고 있었다. 또한 신앙생활에 대하여 평균 이하의 활동을 수행하는 집단에서 더욱더 신앙의 본질적 측면을 요청하는 결과를 확인할 수 있었다. 이러한 측면은 코로나 시대를 경험하고 있는 기독 청소년들의 신앙 본질에 회복과 갈망이 표출되고 있는 모습을 이해할 수 있다.

연구참여자: 코로나 상황 속에서 교회에 잘 오지도 못하고, 신앙생활을 하는데 예배나 말씀에 대한 것도 잘 진행되지 못해서 본질적인 것을 놓치고 있다고 생각을 많이 해요…… 교회에서 신앙으로 꼭 지키고…… 추구해야 하는 것들을 제대로 하지 못하는 느낌…… 그런 거 비슷해요. 그래서 좀 답답하기도 하고…… 신앙의 본질적인 것을 더욱 추구하면 그것이 더 좋은 방향이 아닐까 생각합니다. 제가 그렇게 느껴서……

연구참여자: 오히려 사역적인 측면에서 아이들이나 성도들이 영적으로 많이 갈급한 것 같습니다. 코로나를 지나면서 교회의 여러 사역들이 무너졌지만 결국 다시 회복할 수 있는 길은 우

리 신앙을 다시 회복하는 것뿐이니……그것을 위해서는 다른 어떤 프로그램이 아니라 결국은 본질적인 신앙의 요소들을 다시 생각하고, 그것을 붙잡는 것이라는 거지요.

연구과정에서 기독청소년들은 자신의 신앙생활에 대하여 진지한 생각을 표현해 주었으며, 교회의 본질적 활동이 어떠한 방향으로 나아가야 할 것인가에 대하여서도 거침없이 들려주었다. 물론 그것이 정련된 수준의 신학적 개념과 내용으로 이루어진 것은 아니지만 팬데믹 이후 교회의 다음 세대 사역의 방향성에서 무엇을 강조하며, 어떠한 측면을 놓치지 말아야 할 것인가는 분명하게 제시하고 있었다고 판단한다. 특별히 교회에 출석하면서 신앙생활을 진지하게 임하고 있는 청소년들의 경우 교회와 다음 세대 사역이 단순한 프로그램 수준에서 머무는 것이 아니라 신앙의 본질적 측면을 강조하고, 그것을 효과적으로 전달해줄 것을 강력하게 요구하고 있었다. 실제로 양적연구결과 중 요구도 분석에서도 이와 일맥상통한 결과가 도출되고 있는데 응답자들이 가장 시급하게 요청하고 있는 것이 '성경읽기와 성경공부 참여하기'로 나타나고 있어 이를 방증해 주고 있다.

코로나 시기를 거치면서 교회는 다음 세대를 향한 '하향평준화'의 사역 전략을 불가피하게 선택한 것으로 보인다. 대면과 비대면 정책으로 인해 교회의 출석과 신앙교육 활동이 이루어지지 못한 상황에서 교회와 사역자들이 선택할 수 있는 것은 청소년들의 교회 및 기관 출석 자체에만 급급하였으며, 그 가운데 내실있는 신앙양육 활동을 수행할 엄두가 나지 못한 것이다. 이러한 기간을 2~3년을 보내면서 기독청소년들의 경우 신앙의 본질적 질문과 그것에 대한 회복 열망이 강하게 나타나고 있는 것으로 보인다. 이러한 측면은 코로나 이후 청소년 사역의 방향성을 신앙의 본질에 맞추어 좀 더 공격적으로 수행해 나갈 수 있는 환경이 형성된 것으로 판단되며, 이와 관련된 집중적인 노력과 전략이 구축될 필요가 있다.

나. 공동체성 형성에 집중하는 사역적 지원: "코로나 이전처럼 되었으면 좋겠습니다"

코로나 시기에 교회의 여러 딜레마 중 핵심적 항목은 정부의 '사회적 거리두기 정책'에 따른 대면 모임의 축소와 제한이었다. 대부분의 교회는 정부의 코로나19 대응을 위한 비대면 사회적 거리두기 정책에 적극적으로 협조하였으며, 코로나 확산 방지를 위해 범사회적으로도 노력을 수행하였다. 이에 따라 교회는 자체적으로 비대면 활동 관련 사역과 지원을 수행하였으며, 이 과정에서 비대면 예배 및 다양한 비대면 신앙양육 프로그램을 시도하기도 하였다. 하지만 교회 사역 현장에서 비대면적 활동의 한계는 분명하게 나타났었으며, 한시적·제한적 성격이 강하게 대두되었다. 특별히 교회 구성원들 간의 공동체성 영역은 현격하게 떨어져, 사회적 거리두기가 해제된 최근까지도 이에 대한 회복을 고민하고 있으며, 그로 인해 교회 사역은 심각한 어려움에 직면하고 있는 것이 사실이다. 이러한 맥락에서 청소년들 역시 그들의 교회 내 공동체에 기반한 활동과 문화 형성에서 어려움에 직면하고 있었다.

> **연구참여자**: 교회에 자주 가지 않게 되었는데, 다시 갈려니깐 쉽지 않은 것 같습니다...... 코로나 전에는 모임도 하면 당연히 교회에서 잘 모이고 했는데, 코로나를 지나면서 교회에서 모이는 것이 어려웠고, 이제는 그것이 자연스럽게 된 것 같습니다. 줌(zoom)을 통해서 하지만은 솔직히......교회에서 재미있는 놀이나 활동을 통해서 자주 교회로 모이고, 교회 전체가 코로나 이전처럼 되었으면 좋겠습니다!

> **연구참여자**: 코로나 팬데믹 속에서 교회의 공동체성이 많이 약화된 것 같습니다. 비대면 예배와 활동을 통해서 노력해 보았지만 그것이 어느 정도의 수준에서는 완벽하게 이루어지지 못하였으며, 충분하지도 않았던 것같습니다. 성도들이 교회의 하나됨을 직접 경험하면서, 함께 이루어질 때 신앙생활도 온전하게 이루어질 텐데, 당연히 그런 분위기 속에서 우리 아이들도 신앙적으로 성장하고 공동체의 일원으로서 자라갈 수 있을 텐데......코로나 상황이 참 어렵게 만들었네요.

연구참여자들은 코로나 팬데믹으로 인해 교회의 공동체성이 심각한 위기를 맞이하였음을 경험적으로 이야기해 주었다. 교회가 지향해야 할 공동체적 활동에 어려움이 있었으며, 그것이 온라인을 통한 비대면적 활동을 통해서는 분명한 한계가 있었음을 고백해 주었다. 특별히 청소년들은 대면과정을 통한 교우관계 및 끼리 문화 속에서 소속감과 안정감을 누리며, 더불어 신앙생활의 재미를 경험할 수 있는데 이와 관련된 활동 자체가 이루어지지 못함으로써 어려움에 직면하고 있음을 확인할 수 있었다. 더불어 전술한 공동체적 활동의 부재는 자연스럽게 다음 세대와 관련된 기능적인 신앙양육 체제의 부재와도 연결되고 있었다. 청소년들을 위한 교회 모임과 활동 자체가 제한되는 상황에서 신앙교육 자체에 대한 노출 시간이 줄어들었고, 관련 활동이 이루어지지 못한 것이다. 이러한 맥락에서 청소년들의 관계성에 기초한 공동체적인 사역 지원과 모임 회복의 필요성이 강력하게 대두되고 있으며, 이는 코로나 시대 청소년 사역에서 반드시 수행되어야 할 과업으로 판단된다.

다. 사역 플랫폼들과 연계한 사역적 지원: "동역하여 시너지를 만들 수 있습니다"

코로나 팬데믹으로 인해 한국교회 내 개척교회를 포함한 중·소형 규모의 교회 사역이 입은 피해는 막대하다. 기존의 교회 간에 존재하였던 양극화로 인해 중·소형교회의 사역 자체도 힘든 과정을 보내고 있었는데, 코로나로 인해 설상가상(雪上加霜)의 상황이 발생하게 된 것이다. 중·소형교회 입장에서는 코로나를 겪으면서 청소년 및 다음 세대에 대한 사역에 집중하기보다 교회의 생존과 기본 활동의 유지 자체에 집중할 수밖에 없었으며, 그것은 자연스럽게 장년 중심의 사역 유지에 제한되는 상황이었다. 이러한 상황에서 연구참여자들은 다양한 사역 플랫폼과의 연계를 통한 지원 및 극복 방안들을 제시해 주었다.

> **연구참여자**: 코로나 속에서 작은 교회들은 어려움이 컸습니다. 재정적으로 힘든 상황인데다가 대면활동도 쉽지 않아서..... 참 힘들고 피곤한 시간들을 보내게 되었지요. 교회 자체적으로 할 수 있는 일이 많지 않았거든요. 이 과정에서 여러 기관들과의 연합은 교회에게 힘이 될 수 있었습니다.

> **연구참여자**: 저희 단체나 청소년 선교단체와의 연계는 교회가 가지고 있는 개별적 한계와 인프라를 극복케 할 수 있습니다. 규모가 작은 교회 혼자만으로 다음 세대와 관련된 여러 활동들을 모두 감당하는 것은 현실적으로 불가능하잖아요. 코로나 상황 속에서 말이지요...... 그런 점에서 다음 세대와 관련된 전문기관과 사역 단체들이 있으며, 저희들도 현장 교회와의 연계를 통해서 다음 세대를 세우는 일에 동역하여 시너지를 만들 수 있습니다. 함께하는 것입니다.

> **연구참여자**: 교회 사역의 전문성이 요청되는 상황 속에서 개체 교회만의 사역이 아니라 교육기관들과의 연계와 네트워크 구축은 사역의 다변화를 추구하면서 다음 세대를 향한 사역적 고도화를 이끌어낼 수 있습니다. 이제는 같이 만들어가야 하며, 이를 위한 공감대도 형성되어 있다고 봅니다. 교회와 담임목사님들의 의지가 중요한 상황입니다.

코로나로 인해 교회가 직면하고 있는 현실적 문제를 넘어 교회의 다음 세대 사역을 추구하는 것이 본질적으로 해당 교회의 생존 문제를 해결하는 미래적 차원의 핵심 과업이 될 것이다. 하지만 이는 개체 교회의 제한된 재정과 인력으로는 감당하기가 현실적으로 어려우며, 단회성으로 감당한다 할지라도 장기적인 맥락 안에서 안정감 있게 추구해 나가기 쉽지 않은 것이 현장의 목소리였다. 이러한 상황에서 청소년 전문기관 혹은 청소년 선교단체들과 같은 다양한 사역 플랫폼과의 연계는 개체교회가 지니고 있는 한계점을 해결할 수 있는 통로가 될 수 있다. 청소년 사역 플랫폼들은 사역의 주 대상인 청소년들과 만날 수 있는 장을 확보할 수 있으며, 개체 교회는 교회 소속 다음 세대에 대한 사역 인프라를 안정감 있게 공급받을 수 있는 공급처를 확보할 수 있게 된다. 더불어 교회가 지향하는 신학적 입장과 사역적 특성을 고려하여 청소년 전문기관들과의 접점을 찾아간다면 교회가 중점적으로 붙잡고 가는 가치들을 훼손받지 않으면서 안정적인 사역 서비스도 누릴 수 있게 되는 것이다.

라. 교회에 대한 긍정적 인식을 확보하기 위한 사역적 지원 "학교에서 교회 다닌다고 하면 조금 그래요……"

코로나 시기에 집단 감염의 실마리를 교회가 제공하였다는 일부 매스컴들로 인해 한국교회 전반에 대한 부정적 인식이 확산된 것이 사실이다. 실제로 기독교윤리실천운동이 만 19세 이상 전국 성인 남녀 1,000명을 대상으로 한국교회의 사회적 신뢰도를 조사한 결과 '한국교회를 신뢰하지 않는다'는 응답이 74.0%로 나타났다. 이는 코로나19 확산 직전인 2020년 1월에 실시한 조사에 비하여 3년 새 불신감이 10.1%나 상승한 결과이다(이세원, 2023). 이러한 불신감은 교회에 대한 긍정적 인식을 확보하기 위한 적극적인 사역과 활동이 요청됨을 의미하며, 이를 통해 다음 세대들이 교회에 대한 좀 더 긍정적인 사회 인식을 느끼면서 신앙생활을 할 수 있도록 도와줄 필요도 있음을 시사하는 것이다.

연구참여자: 학교에서 한 반에 교회 다니는 애들이 적습니다. 그리고 솔직히 교회에 다닌다고 얘기하기도 조금 어려울 때도 있습니다. 일단 이미지가 이상하게 형성되어 있어……약간….. 그래도 친구들이야 잘 알고 교회 다니는 것에 대해서 이야기하지 않지만…… 뉴스 막 나오고 이럴 때는 솔직히……

연구참여자: 교회가 진짜 잘하면 좋습니다. 정말 교회는 좋은 곳이잖아요. 그런데 방역이나 코로나로 오해받을 때면 속상할 때도 있었습니다. 학교에 애들은 잘 모르니깐 그냥 뉴스에서 나오면 모두 다 그런 줄 알고 쉽게 말할 때…..그냥 이건 아닌 것 같아요…..정말 더 잘 지키고 잘해야 하는 게 교회인데……

연구 과정에 참여한 청소년들의 경우 학교를 포함한 사회체제 속에서 교회에 대한 인식에 예민하였으며, 부정적 인식이 확산되는 것에 민감하게 반응하였다. 교회 자체에 대한 왜곡된 인식이 존재하는 것에 대하여 불편한 마음도 확인할 수 있었으며, 교회의 기능적인 활동과 의미를 세련되게 전달하여 나눌 필요도 있음을 강력하게 제시하였다. 한국교회의 추락한 사회적 신뢰도는 청소년들이 느끼는 불편함을 어느 정도 보여주고 있다고 판단된다. 전술한 기독교윤리실천운동의 조사결과는 코로나를 거치면서 떨어진 교회의 사회적 신뢰도를 여과 없이 보여주고 있으며, 그 과정에서 다음 세대들이 느끼는 당혹감은 실제 학교와 그들의 삶의 현장에서 전달되고 있음을 보여주었다. 그러므로 교회의 무너진 사회적 신뢰도 향상 및 개선을 위한 범교단 차원의 자구책과 다양한 정책들이 필요하다. 특별히 다음 세대들의 건강한 신앙활동을 적극적으로 지원할 수 있는 사회적 문화 및 풍토 확립을 위한 전략들이 요청된다.

5. 결론: 지원 방향성

해당 연구에서는 코로나 시대를 살아가고 있는 한국교회의 미래 세대인 청소년들의 신앙생활 상황과 맥락을 실증적으로 분석하고, 코로나 시대에 적합한 청소년 신앙생활 지원 및 사역방안을 현장지향적으로 제시해 보고자 하였다. 이는 코로나 시대 청소년 관련 한국교회의 사역적 다양성을 제공할 수 있을 것이며, 청소년들을 신앙적으로 세워나가는 데 필요한 유의미한 기초자료가 될 것으로 기대하였다.

이를 위하여 본 연구에서는 양적연구와 질적연구를 방법론적으로 통합하여 분석을 수행하였으며, 양적연구에서는 SFC의 「코로나19에 따른 한국교회 청소년 사역방안 기초조사」 데이터를 활용하였다. 해당 자료는 전국 16개 시도에 거주하고 있는 교회에 출석하는 청소년(중·고등학생, 대안학교 학생) 1,753명을 대상으로 수집된 자료이다. 질적연구에서는 총 20명(청소년 영역 10명, 목회자·교사·전문가·학부모 영역 10명)을 대상으로 청소년들의 신앙생활 지원과 사역방안에 대한 심층면담이 수행되었으며, 양적연구를 통해 도출된 사항에 대한 심화적인 접근도 이루어졌다.

분석결과 양적연구에서는 신앙생활 상하 집단 간에 통계적으로 유의미한 차이를 보여주었다. 신앙생활 상집단이 신앙생활 하집단에 비하여 개인만족도 인식이 높음을 실증적으로 확인해주고 있다. 이는 신앙생활 하집단이 삶, 교회활동, 신앙생활, 학교생활의 만족도가 낮음을 의미하는 것이며, 이에 대한 지원 방안들이 요청됨을 시사하는 것이다. 또한 청소년들의 요구도에서 그들은 신앙생활에 있어 성경읽기와 기도하기와 같은 신앙의 본질적 요소를 가장 시급하게 요구하고 있었으며, 이에 대한 지원과 사역적 전략이 이루어져야 함을 확인할 수 있었다.

한편 질적연구 분석 결과에서는 "본질적인 것을 놓치고 있다고 생각을 많이 해요": 본질에 집중하는 사역적 지원, "코로나 이전처럼 되었으면 좋겠습니다": 공동체성 형성에 집중하는 사역적 지원, "동역하여 시너지를 만들 수 있습니다": 사역 플랫폼들과 연계한 사역적 지원, "학교에서 교회 다닌다고 하면 조금 그래요……": 교회에 대한 긍정적 인식을 확보하기 위한 사역적 지원을 확인해 주었다. 이는 청소년들과 관련된 사역 현장에서 요청되는 사항들이 무엇이며, 어떠한 맥락에서 이루어지는가를 명확하게 시사하는 것으로 신앙생활 지원 및 사역 방안 구성의 기초자료로서의 의미를 지닌다고 할 수 있다.

전술한 분석 결과를 종합할 때 포스트 코로나 시대의 청소년들의 신앙생활과 그들의 삶을 지원하기 위한 방향성으로서 교회와 사역자들이 집중해야 할 것은 첫째, 청소년들의 신앙 상황과 맥락에 따른 맞춤형 사역 전략을 수행해야 한다는 측면이다. 신앙생활 인식에서 집단

간 차이를 보이고 있으며, 이들의 요구도가 자신들의 상황을 고려하여 도출되고 있는 맥락임으로 이에 대한 적절한 대응이 이루어질 필요가 있다. 이는 본질적으로 천편일률적인 청소년 신앙지도의 형식이 아니라 청소년들의 상황을 고려한 맞춤식 전략이 이루어질 필요가 있음을 시사하는 것이다. 둘째, 청소년들의 신앙생활과 관련된 요구가 신앙의 본질적인 것을 요청하고 있다는 측면이다. 팬데믹을 거치는 과정에서 청소년들의 경우 오히려 신앙의 본질적인 것에 대한 요구가 일어나고 있으며, 이는 구체적으로 성경과 기도와 같은 본질에 대한 강조와 지원 프로그램 개발이 필요함을 의미하는 것이다. 셋째, 청소년들의 사역을 지원하기 위한 다자간 거버넌스 형성의 측면이다. 팬데믹 상황에서 중소형교회 다음 세대 사역은 그야말로 침체기를 걷고 있다. 이러한 상황에서 목회자 간, 사역기관 간, 교회 간 경계를 내려놓고, 다자간 다음 세대 교육적 거버넌스를 통한 사역적 역량을 집중하여 지원 방안을 모색할 필요가 있다. 이를 통해 자연스럽게 공동체적 활동의 장도 확보하면서 다음 세대 사역의 새로운 플랫폼을 형성해 나갈 필요가 있다. 이미 다음 세대와 관련된 다수의 사역 기관들이 존재하고 있으며, 해당 기관들은 정련된 수준의 노하우를 가지고 있기에 이에 대한 공유와 동역적 활동이 필요한 상황이라 볼 수 있다. 넷째, 지역사회를 중심으로 마을 교육공동체로서 교회 사역의 측면이다. 현재 교회는 사회적 신뢰도 개선과 다음 세대의 인식 전환을 위한 다각적인 노력이 이루어질 필요가 있다. 이 과정에서 지역사회 교육공동체로서의 교회의 역할과 마을 목회의 의미들(류은정, 2018)이 강조될 필요가 있을 것이다. 이는 지역 내 기독교 문화 형성과 인식 전환의 구조적인 틀도 될 수 있을 것이며, 나아가 선교적 사명과 역할도 감당하는 계기가 될 수 있을 것이다.

제4부

미래를 위한 도전

제 18장 미래 실천신학의 '참된 실천'을 위한 도전

제 18 장

미래 실천신학의 '참된 실천'을 위한 도전

1. 실천신학이란 무엇인가?

신학의 어원은 '신'을 뜻하는 헬라어(그리스어) 'Theos'와 '말씀'을 뜻하는 'Logia'의 합성어인 'Theologia(θεολογία)'에서 시작되었다. 이 용어는 최초로 플라톤의 책『공화국(The Republic)』제2권 18장에서 등장하였고 그의 제자 아리스토텔레스가『형이상학(Metaphysics)』제5권에 신의 본질을 논의하면서 이 용어를 사용하였다(Martin, 2015). 이후 라틴어 'Theologia'로 사용되었다가 현재 영어의 Theology로 전해 내려왔다. 한글로는 신학(神學)이라는 용어로 번역되어 사용됐는데 원어와 비슷한 맥락에서 문자적으로 신에 관한 학문이다. 서양에서 신(神)은 기독교[1]의 하나님으로 인식되지만 한국적 상황에서는 더욱 광의적 용어로 사용된다. 그런데도 신학이라는 학문적 영역에서 신은 기독교의 하나님으로 이해되기에 신학은 하나님에 관한 학문이라 할 수 있다.

하지만 이 정의는 문자적인 정의이고 실제로 인식되는 신학의 범위는 하나님에 관한 그것뿐 아니라 보다 넓은 의미로 사용된다(김동건, 2014). 왜냐하면, 하나님에 대한 학문이라고 할 때 하나님과 관련된 영역이 광범하여 하나님의 속성뿐 아니라 성경, 교회, 인간, 세상, 세

1) 기독교는 일반적으로 개신교로 알려졌지만 접근방식에 따라 로마가톨릭을 포함하여 바라보는 방식도 존재하고 있다. 이에 로마가톨릭 내에서도 신학이라는 학문이 이루어지고 있다. 하지만 이 절에서의 기독교는 개신교로 전제하며 사용되었다.

계관 및 신앙 전반에 관한 영역까지 포함되기 때문이다.

학문 영역에서 신학은 인문학에 포함된다. 한국연구재단 학술연구 분야 분류에 의하면 학문의 분야는 대분류-중분류-소분류-세분류 등 4개 단계로 구성된다. 세부 분류체계는 대분류(8개), 중분류(152), 소분류(1,551개) 세분류(2,468개)로 구성된 수직구조로 이루어져 있고 대분류 체계는 인문학, 사회과학, 자연과학, 공학, 의약학, 농수해양, 예술체육, 복합학 등 8개로 구성되어 있다(한국연구재단, 2022). 이런 체계 내에서 신학은 대분류 안에 인문학, 중분류 속에 기독교 신학으로 표기된다. <표 18-1>에서 나타나듯 한국연구재단에서 분류하는 세부 신학의 항목들은 '구약학, 신약학, 교회사, 조직신학, 기독교윤리, 기독교교육, 실천신학, 여성신학, 선교신학, 교회음악, 목회상담학, 문화신학, 기타기독교신학'으로 분류된다.

하지만 일반적으로 인식되고 있는 신학의 분과는 다르게 분류된다. 신학교 현장에서는 구약학, 신약학, 교회사, 조직신학 등은 독립적인 분과로 분류되지만 기독교교육, 선교학, 상담학 등은 실천신학의 분과로 인식된다. 또한 연구재단에서 분류되지 않은 분야들, 가령 설교학, 예배학 등도 실천신학의 분과로 분류된다. 다만 학교의 상황(교수 요원 충족 등)과 강조점에 따라 각각 독립된 분과로 개설되거나 하나의 실천신학의 분과로 개설된다.

〈표 18-1〉 한국연구재단의 신학에 대한 학문 분류

분야코드	구분	대분류명	중분류명	소분류명
A050100	A	인문학	기독교신학	구약학
A050200	A	인문학	기독교신학	신약학
A050300	A	인문학	기독교신학	교회사
A050400	A	인문학	기독교신학	조직신학
A050500	A	인문학	기독교신학	기독교윤리
A050600	A	인문학	기독교신학	기독교교육
A050700	A	인문학	기독교신학	실천신학
A050800	A	인문학	기독교신학	여성신학
A050900	A	인문학	기독교신학	선교신학
A051000	A	인문학	기독교신학	교회음악
A051100	A	인문학	기독교신학	목회상담학
A051200	A	인문학	기독교신학	문화신학
A059900	A	인문학	기독교신학	기타 기독교신학

그러므로 실천신학의 분야가 무엇이냐는 본질적 질문이 가능하며 전체 신학의 큰 그림 안에서는 어떻게 그리고 어떤 기준으로 분류되는지에 대한 정리가 필요하다. 실천신학은 영어로 Practical Theology로 표기하는데 문자적으로 실제적인 신학이라는 뜻을 지니고 있다. 한국어로 '실천'이라는 용어를 사용한 것은 일반적으로 신학은 이론적이다는 전제가 깔렸으며 이론과 구별되는 현장성을 강조하기 위한 것으로 풀이된다.

실천신학이라는 용어를 처음 사용한 사람은 저명한 17세기 네덜란드 신학자 보에티우스(G. Voetius)이다(Farly, 1983). 하지만 학문으로서 실천신학은 프레드리히 슐라이에르마허(Friedrich Schleiermacher)가 시작하였다(Gerben Heitink, 1999). 실천신학은 역사적으로 선교, 전도, 교육, 행정, 설교, 영성, 목회, 정치 등과 같은 현장과 직결되는 분야들을 총칭하는 분야로 인식되었다(Gerben Heitink, 1999). 그러므로 실천신학은 연구재단에서 제시하는 목록으로 설명하기에는 한계가 있다. 실천신학은 선교, 목회, 교육, 상담 등의 상위 카테고리로 편성되는 것이 알맞다. 또한 각각의 교단과 신학교의 현장이 다르므로 어느 특정 교과를 실천신학과 같은 상위 카테고리로 설정되는 것보다 실천신학이라는 큰 우산 안에 현장과 관계되는 모든 분야들이(혹은 교과들) 하위 그룹으로 편성되는 것이 어울린다.

실천신학이 가지는 현장이라는 특성은 실천신학이 논리 중심의 학문이기보다 운영적 또는 기능적 중심의 학문으로 비치기도 했다(Hiltner, 1958). 그러다 보니 교의학, 역사신학, 성경신학 등의 이론 중심의 신학 분야들로부터 단절을 초래하기도 하였다(Latini, 2011). 사실 이론 중심의 신학의 열매는 현장, 즉 실천신학을 통해서 맺어지는데 이론과 동떨어져 있는 현장은 '신학'이 없는 '실천' 이며 신학이 없는 현장이기에 신학이라는 학문의 정체성에 혼란을 일으킬 수밖에 없다. 이러한 위험성이 실천신학이 현장을 지향하는 학문으로 발전하는데 저해 요소로 작용하게 되었고 급변하는 현장을 비롯하여 현장을 다루는 연구방법론 등에 대한 주저함을 초래하였다. 그렇기에 현대 사회에서 요구되는 실천신학은 이론 중심의 신학의 가치가 희석되지 않고 유지되면서, 동시에 복잡하고 급변하는 현장을 이해하고 분석하고 해결책을 제시하는 학문이라 할 수 있다.

2. 실천신학의 연구방법론 접근의 한계

실천신학의 학문적 가치는 오늘날에도 강조된다. 다양한 교단적 배경을 막론하고 실천신학의 분과는 급변하는 목회 현장의 필요를 반영하여 필수 교과로 개설되고 있다.

〈표 18-2〉 미국 남침례신학교 목회학 석사 커리큘럼(필수 교과)

교과목코드	과목명	학점
20200	Introduction to the Old Testament I	3
20220	Introduction to the Old Testament II	3
20440	Hebrew Syntax and Exegesis	3
22100	Biblical Hermeneutics	3
22200	Introduction to the New Testament I	3
22220	Introduction to the New Testament II	3
22440	Greek Syntax and Exegesis	3
25100	Introduction to Church History I	3
25120	Introduction to Church History II	3
26200	Southern Baptist Heritage and Mission	3
27060	Systematic Theology I	3
27070	Systematic Theology II	3
27080	Systematic Theology III	3
29250	Survey of Christian Ethics	3
40150	Personal Spiritual Disciplines	3
28700	Christian Apologetics	3
30000	Christian Preaching	3
45400	Christian Teaching	3
30020	Preaching Practicum	3
40200	The Worshiping Church	3
32100	Personal Evangelism	3
32960	Introduction to Missiology	3
34300	Introduction to Biblical Counseling	3
40301	Pastoral Ministry	3
45260	Discipleship and Family Ministry	3
44910	Applied Ministry: Theology	1
40080	Christian Leadership	3

미국의 대표적 신학교 중 하나인 남침례신학교(SBTS)는 신학교육과 관련하여 현장성과 가장 직접 맞닿아 있는 프로그램은 목회학 석사이다. 목회학 석사는 목회자가 되기 위하여 요구되는 필수 학위이며 목회학 석사 취득자에 한하여 풀타임 목회자(강도사) 자격시험이 주

어진다.[2] 그러므로 목회학석사 과정에서 어떤 교과목이 어떤 방식으로 개설되고 운영되느냐는 그 과정의 현장성이 어느 정도 반영되는지 척도로 활용될 수 있다. <표 18-2>는 미국 남침례신학교에서 운영하는 목회학 석사 과정 중 필수교과목(Core) 리스트이다. 총 70학점으로 구성되어 있는데 45학점이 성경 및 신학 관련 교과목들(Biblical and Theological Studies)이며 나머지 25학점이 실천신학과 연결되는 선교 및 전도 교과목들(Missions, Evangelism and Ministry)로 구성되어 있다.

〈표 18-3〉 국내 신학대학원 실천신학 교과목 개설 상황[3]

<table>
<tr><th>고려신학
대학원[4]</th><th>합동신학
대학원[5]</th><th>한국침례신학
대학원[6]</th><th colspan="2">백석대학교
대학원[7]</th><th>아신대학교
대학원[8]</th></tr>
<tr><td>교회교육(2)</td><td>설교학(3)</td><td>예배학(3)</td><td colspan="2">목회진로(3)</td><td>예배학(3)</td></tr>
<tr><td>목회상담학(3)</td><td>선교학(3)</td><td>선교학(3)</td><td colspan="2">성경과윤리(2)</td><td>선교신학(3)</td></tr>
<tr><td>목회학(3)</td><td>기독교교육학(3)</td><td>설교학(3)</td><td colspan="2">성경과설교(2)</td><td>설교학(6)</td></tr>
<tr><td>예배학(2)</td><td>목회상담학(3)</td><td>교회행정(3)</td><td colspan="2">성경과설교실습(2)</td><td></td></tr>
<tr><td>설교학(2)</td><td>예배학(2)</td><td>목회윤리(3)</td><td colspan="2">성경과목회(2)</td><td></td></tr>
<tr><td>설교실습(3)</td><td>설교실습(2)</td><td>목회실습(12)</td><td colspan="2">교회헌법/행정(3)</td><td></td></tr>
<tr><td>교회정치(2)</td><td>목회와교회정치(3)</td><td></td><td>교회와사회봉사</td><td rowspan="5">(12)</td><td></td></tr>
<tr><td>실천신학개론(2)</td><td>전도와변증(2)</td><td></td><td>성경과교회교육</td><td></td></tr>
<tr><td>상담실습(1)</td><td></td><td></td><td>성경과목회상담</td><td></td></tr>
<tr><td></td><td></td><td></td><td>성경과선교</td><td></td></tr>
<tr><td></td><td></td><td></td><td>성경과예배</td><td></td></tr>
<tr><td colspan="6">필수학점/졸업이수학점/실천신학 개설 학점</td></tr>
<tr><td>95/106/20</td><td>81/106/21</td><td>37/90/27</td><td>80/92/26</td><td></td><td>72/90/12</td></tr>
</table>

2) 총회 및 교단에 따라 상이할 수 있음.

3) 5개 신학대학원의 교과과정표 전체는 지면의 한계로 인하여 생략하며 각주 19~23을 통해 확인하라. <표 18-3>은 각 신학대학원의 교과과정 중 실천신학 파트에 해당되는 교과목을 선택하여 작성한 도표이다. 5개 신학대학원의 경우 장로교, 침례교, 초교파 사항 등을 고려하여 구성하였다.

4) https://www.kts.ac.kr/home/content/c1616283785

5) https://www.hapdong.ac.kr:446/bbs/page.php?hid=c02

6) https://gtheology.kbtus.ac.kr/gtheology/CMS/Contents/Contents.do?mCode=MN031

7) https://community.bu.ac.kr/sites/graduateschool/files/pdf_curriculum_2.pdf

8) https://www.acts.ac.kr/grad/design/contents10.asp?code=221112&left=course2_2

한국에 있는 신학대학원들[9]의 상황을 살펴보면 다음과 같다. 고려신학대학원은 목회학 석사과정을 세분화하여 목회전공(일반과정)과 선교전공 트랙으로 운영하고 있으며 선교전공 트랙의 학생은 선교 관련 15학점을 추가로 이수해야 졸업할 수 있는 필수 자격이 부여된다. 합동신학대학원은 신학전공 과정과 선교학전공 과정을 두고 있으며 선교학전공은 해외 선교훈련, 선교 실제 및 훈련, 문화인류학, 도시선교, 교회 성장원리, 선교역사 등의 과목에 총 16학점의 전공선택 교과목을 두고 있다. 백석대학교 대학원은 '목회 진로'라는 교과목 특징이 돋보인다. 목회 진로는 3개의 심화 과정으로 구성되어 있는데 '목회 진로 1'은 복음 전도의 방법을, '목회 진로 2'는 목회방향 모색을, '목회 진로 3'은 교회개척과 진로에 초점을 맞추고 있다. 또한 실천신학 교과명에 성경을 추가함으로써 실천신학이 이론신학과 연계되어 있음을 강조한 것 역시 특징으로 꼽을 수 있다. 아신대학교 대학원은 공통으로 개설된 실천신학 교과목은 예배학, 선교신학, 설교학 3개 교과로 구성되었지만 선교트랙, 교육트랙, 그리고 상담트랙의 3개의 실천신학 트랙의 목회학 석사를 제공하고 있다. 공통필수로 72학점을 이수해야 하지만 각각의 트랙은 트랙 필수 6학점[10]과 선택교과 12학점 이상을 이수하면 된다.

전술된 국내·외의 신학교에서 현재 운영되고 있는 실천신학 교과목들은 2가지 특징을 지니고 있다.

첫째, 전체 신학교 커리큘럼에서 실천신학의 비율이 낮다. 대다수 학교는 졸업 필수 이수학점 중 실천신학의 비중이 상당히 낮은 편이다. 백석대학원은 졸업을 위한 이수학점이 92학점이며 실천신학 관련 교과는 20학점이 개설된 상태이다. 아신대학교 대학원은 졸업을 위한 이수학점이 90학점이며 각각 실천신학 트랙 필수 학점이 6학점이다. 이러한 특징은 특정한 학교뿐 아니라 국내·외 정규 신학교에 두드러지게 나타나고 있다.

둘째, 실천신학 영역의 학문 방법론인 이론 중심의 한계에서 벗어나지 못하고 있다. 가령 합동신학대학원의 경우 졸업을 위해 필수 이수해야 하는 학점이 106학점인데 선교전공 학생들은 선교 관련 교과목(실천신학)을 82학점 이수해야 졸업할 수 있다. 이는 전체 신학 교과목 중 실천신학 교과목의 비율이 상당히 높은 것으로 미래 목회자 후보생들을 양육하기 위한 효과적 접근임은 틀림없다. 하지만 실천신학 영역의 교과목의 과목 설계 또는 접근방식이 여전히 이론적이다. 물론 설교실습과 설교연습 등의 비이론적 교과목들이 존재하지만 예배학, 기독교교육학, 목회상담학, 설교학, 전도와변증, 교회 정치 및 행정 등의 교과목은 여전히 그 방법론에서 이론 기반의 접근이다. 물론 목회학 석사(M.Div.)과정이 신학 영역의 모든 영

9) 한국 내 신학대학원 과정이 개설된 학교 중 개혁신학을 지향하는 학교와 범복음주의 학교를 임의로 선정하였다.

10) 선교트랙: 선교 인류학, 선교 신학, 교육트랙: 성경 교수법, 교육목회와 미디어 리터러시. 상담트랙: 가족 상담, 상담실습.

역을 개론적으로 섭렵해야 하는 특징이 있지만, 그 방식에서 이론적 접근이 압도적이라는 뜻이다.

이러한 맥락 속에 현장의 성도들, 목회 현장에서 일어나는 다양한 업무들, 예상치 못한 상황들에 효과적으로 학습하고 대처해 나갈 수 있는 역량을 함양하기 위해서는 실천신학 영역들의 연구방법이 기존의 이론 중심의 접근보다 현장 지향적으로 나아가야 할 필요성이 대두된다.

3. 실천신학의 '참된 실천'을 위한 방법론적 도전들

1) 내러티브를 활용한 실천신학 연구의 적용 가능성

내러티브의 개념과 의미를 고려할 때 그것이 과학적 사고 및 인과관계에 기초한 논리로는 설명할 수 없는 인간 및 현상의 딜레마, 다층성, 심층성, 복합성을 이해할 수 있도록 하는 데 유익할 것이라는 기대를 하게 한다. 즉 내러티브가 실천신학의 연구대상과 맥락이 무엇을 의미하고 있는가를 파악할 수 있게 하는 유용한 도구가 될 수 있을 것이라는 가능성을 의미한다. 실제로 실천신학의 연구대상과 맥락은 목회자, 성도, 교회 그리고 그 주체들이 직면하는 다층적 문제들이기에 해당 사항들은 특정한 법칙에 따라 모든 것이 정확하게 정리되거나 설명될 수 없는 딜레마들로서 이는 내러티브적 접근이 요청되는 분야이다. 이러한 맥락을 고려할 때 실천신학 연구를 위한 접근법으로서 내러티브의 가치를 살펴볼 수 있을 것이며, 그 내용들은 다음과 같은 가능성을 지닌다.

첫째, 실천신학 내 내러티브 접근은 실천신학적 연구 주제 도출을 위한 신선한 시각을 제공할 가능성을 지닌다. 그동안 실천신학과 관련된 연구와 논의는 매우 정형화된 틀 속에서 진행되었는데, 일반적으로 선교, 교육, 상담, 예배, 설교와 같은 영역들이다. 이는 해당 영역과 관련된 주요 전공들과도 밀접하게 관련되어 있기 때문이다. 이는 궁극적으로 주제들의 정형성을 낳고 있으며, 창의적인 연구문제와 주제 도출의 한계를 보여주고 있다. 많은 이유가 있겠지만 주된 이유로는 시대에 따른 변화나 발전과 상관없이 전통적 방식만을 고수하는 학문적 경향일 것이다(강천구, 2021). 더욱이 최근 한국교회와 공동체가 직면하고 있는 이슈들은 특정 전공 영역에서만 다루어질 수 없는 내용이 많으며 이는 내러티브를 활용한 다원적인 인식과 접근을 통해서만 포착될 수 있는 실제적 사항들이라는 것이다. 이를테면 한국교회와 코로나19와 같은 팬데믹 이슈는 구성원들에게 교육, 상담, 예배, 설교, 선교 등의 각 영역이 뒤엉킨 복합적 이슈들에 직면케 하였는데, 해당 현상의 주제와 문제들을 기존의 정형화된 틀로는 적절히 연구문제를 설정하기 쉽지 않다는 점이다. 연구문제와 주제 도출의 방향이 다원적·다층적이지 않다면 이후 전개될 논의 역시 시대적 상황과는 현실적으로 거리가 먼 이질적인 논의로 흘러갈 가능성이 클 것이다. 이러한 측면은 내러티브 적용을 앞당기는 주요한 요소가 될 것으로 기대한다.

둘째, 실천신학 내 내러티브 접근은 실천신학적 딜레마와 관련된 현장 지향적인 해결방안을 제공할 가능성을 지닌다. 세계 역사에서 여러 종교와 사상들은 현장성을 갖추지 못할 때 소멸하였는데 그 원인은 현시대 상황 속의 삶과 현장의 분리다(정경호, 2017). 실천신학 관련 전공들이 직면하고 있는 이슈들은 설교, 교육, 선교, 상담, 예배 등 교회 및 선교 사역 전반 현장성을 전제하고 있다. 해당 영역들이 직면하고 있는 문제들을 해결하기 위해서는 현장에 기반을 둔 분석과 접근이 요청된다. 하지만 그동안 실천신학 분야의 연구접근법은 문헌연구 중심의 선행자료 분석 일변도로 수행되었으며, 현장과 괴리된 채 이론적 논의만이 이루어진 안타까운 상황이다(배아론·이현철, 2021). 이에 실천신학 내 내러티브 접근은 기존의 이론적 논의만 수행된 실천신학 분야의 한계를 극복하고, 현장 지향적인 접근을 통해 교회 및 선교 사역 전반의 현장성을 제고할 수 있는 접근과 관점을 제공할 수 있을 것으로 예상한다. 실제로 내러티브가 적용된 다양한 학문 분야와 전공의 연구물들은 이에 대한 가능성을 더욱 확실하게 방증하는 내용이 될 수 있을 것이다.

셋째, 실천신학 내 내러티브 접근은 교회 구성원 간의 이해와 소통을 기능적으로 수행할 수 있도록 지원하는 기능을 수행할 가능성을 지닌다. 내러티브는 이분법적 사고와 단절을 전제하지 않는다. 상호작용을 통한 서로 간의 의미를 해석하고, 함께 자신의 이해도를 증진해 나갈 수 있다. 이러한 특징은 내러티브를 적용한 교육의 장면에서도 강조되고 있는 부분이다. 강현석은 내러티브의 의미와 특성을 고려하면서 교육 참여자들 간에 서로를 이해하고 협동하며 소통해나가는 가치를 찾을 수 있다는 점을 강조하였다(강현석, 2011). 각 주체는 서로의 경험에 관한 이야기들을 통해 상호작용을 하며 타인의 상황과 맥락을 설명하고 이해할 수 있다는 것이다. 실천신학의 주요한 대상은 교회이며, 교회는 다양한 구성원들이 모여 정통적 신앙 안에서 삶을 영위해나가는 공동체이다. 그 삶의 영위 속에서 사랑하고, 관계를 맺고, 갈등하기도 한다. 이러한 현상은 앞으로 더욱 심화될 것으로 예상하는데 특히 다문화사회로 진입하고 있는 한국 사회적 상황에서 한국교회는 더욱 소통과 존중을 기반으로 한 다문화적 수용성 및 통합과 공존에 집중해야 한다(김현광, 2018). 그런 의미에서 현장을 기반으로 한 실천신학의 다양한 연구 주제에 대하여 내러티브를 통한 접근은 이분법적 사고와 단절을 넘어 상호작용을 통한 서로 간의 의미를 이해하도록 만드는 유용한 도구가 될 수 있을 것이다. 이를 위해서는 수준 높은 교회교육 내 내러티브 교육과정이 적용 및 구현될 필요가 있다. 이와 관련된 다양한 수준의 후속 연구의 수행 필요성이 긴급하게 대두된다.

넷째, 실천신학 내 내러티브 접근은 연구자의 성장과 성숙을 추구할 가능성을 지닌다. 내러티브를 통한 접근은 타인과의 관계적이며 정서적인 상호작용을 통해 지식을 획득할 수 있고 성장할 수 있음을 예상케 한다. 실제로 일상 속 개인의 성장은 타인과의 상호작용 속에서 건강한 발전이 있으며, 이는 타인의 경험 세계를 이해하고, 다른 이가 느꼈을 감정과 정서 그리고 상태에 공감하면서 자신을 성찰해나가는 과정을 통해 이루어지는 것이다(박민정, 2006). 실천신학의 연구 주제들을 수행하는 주체로서 연구자는 교회 및 선교 사역 현장에서 살아가는 구성원들의 삶을 바라보고, 그들의 경험 세계를 이해하면서 자연스럽게 자신의 성장과 성숙을 이루어나갈 수 있을 것이다. 연구자는 연구 현장에서 평생을 헌신하는 목회자 그리고 선교사의 희생 경험을 듣고 보면서 그리고 성도들의 신실한 사랑과 섬김을 경험하면서 무엇을 느낄 것인가? 그리고 복잡한 현실 가운데 힘들어 하는 성도들의 다양한 문제를 어떻게 풀어나가야 할 것인가? 등과 같은 상황에서 그들이 버틸 수 있는 본질적인 동력은 그들과의 충분한 공감일 것이다(이지성, 2014). 단순히 논문 작성만을 수행하고 돌아오지는 않을 것이다. 분명 그 과정에서 연구자는 자신의 경험 세계 속 제한적이었던 자신을 성찰하며, 성장과 성숙을 경험함으로써 자신의 내러티브를 확장해나갈 것이다.

2) 합의적 질적연구를 활용한 실천신학 연구의 적용 가능성

합의적 질적연구는 "연구문제와 관련된 소수의 사례에 대한 귀납적 접근을 수행하면서 주제에 대한 다수의 평정자의 다양한 관점을 합의 과정을 거쳐 도출한다"라는 점에서 기존의 질적연구방법론들과는 큰 차이를 보인다. 구체적으로 합의적 질적연구의 특성을 살펴보면 다음과 같다(Hill, et al., 1997; 한경화, 2021).

첫째, 합의적 질적연구는 여러 명으로 구성된 합의체인 연구팀에 의해 논의되고 궁극적으로 합의를 통하여 현상을 분석한다. 이는 개인 연구자가 범할 수 있는 해석적 오류와 편향을 최소화할 수 있도록 한다.

둘째, 합의적 질적연구는 연속적 과정을 통해 상호관련성을 맺으며 개념화해나갈 수도 있으며, 영역마다 비연속적 과정을 통해 현상을 설명해나갈 수도 있다. 이는 소위 중심범주와 하위범주들의 전형적인 위계성을 고려하면서 분석하는 방식과는 차이가 있는 접근으로 이해할 수 있다.

셋째, 합의적 질적연구는 연구자가 사례의 전형적 요소와 내용이 무엇인가를 파악하게 해주는 주요한 역할을 감당해준다. 합의적 질적연구는 자료를 사례마다 체계적으로 비교하여 영역 내에 나타난 각 범주에서 사례 수를 도표화하고 빈도에 따라 일반성과 전형성을 분석할 수 있다는 점이다. 이는 자료를 코딩하여 각 영역에서 중심 개념을 추론해내는 일반적인 질적연구의 접근과는 다소 차이가 있는 부분이다. 이를 통해 연구자는 사례의 전형적 요소와 내용을 파악할 수 있게 된다.

전술한 합의적 질적연구의 특성은 실천신학적 이슈 및 연구와 연계될 가능성이 매우 크다. 좀 더 구체적으로 실천신학 연구를 위한 합의적 질적연구의 적용 가능성을 살펴보면 다음과 같다. 이는 합의적 질적연구의 개념과 특성의 측면을 고려하여 구성되었다.

첫째, 연구자, 현장 목회자, 현장 관계자의 연계 가능성이다. 합의적 질적연구는 여러 명으로 구성된 합의체인 연구팀에 의해 논의되고 궁극적으로 합의를 통하여 현상을 분석한다는 특성을 보인다. 이는 개인 연구자가 범할 수 있는 해석적 오류와 편향을 최소화할 수 있도록 하는데 실천신학적 주제와 대상 분석에 매우 쉽게 적용될 수 있다. 실천신학적 주제는 교회와 관련된 현장 목회자와 성도 등의 현장 관계자 간의 이슈를 다루는 것이며, 이때 각 집단의 특성과 관점은 상당한 차이가 있을 수 있다. 그러므로 합의적 질적연구 수행 과정에서 관계자들의 참여와 합의적 과정은 현장에 대한 충실한 이해와 분석을 제공할 수 있을 것이며, 연구 주제와 관련된 전반적인 타당성을 확보하는 데도 유익할 것으로 판단된다. 더불어 이들이 수행하는 연구에 참여하는 다양한 연구자들의 배경도 타당도 작업을 통하여 연구과정에 이바지할 수 있기에 실천신학 내 합의적 질적연구의 적용은 현실적인 가능성을 지닐 수 있다. 하지만 실천신학 내 구현의 실제적 사례를 찾아볼 수는 없었으나 연구자 및 현장 관계자의 연계 가능성과 관련하여 최수미·유인화·김동일·박애실(2019)의 연구는 유의미하다고 판단한다. 이들의 경우 위기 학습자로서 교육 사각지대 학습자에 대한 교사들의 인식에 대하여 합의적 질적연구방법을 사용하여 분석하였다. 연구자들은 현장 교사 10명을 대상으로 비구조화 면담을 수행하였으며, 연구참여자들의 관련 주제에 대한 인식을 '학습 및 인지', '정서행동', '관계', '일상생활', '환경' 5개 영역으로 분석하였다. 이를 통해 교육 사각지대 학습자의 특성과 관련된 구체적 요소들을 제공하고 있다고 판단한다. 흥미로운 점은 해당 연구를 수행하고 있는 연구자들이 대학의 교수와 학생이었으며, 연구참여자들이 현장 교사로 '교육 현장'의 주체들이 함께 연구를 수행하고, 참여하고 있다는 점이다. 이는 본 연구에서 집중하고 있는 연구자, 현장 목회자, 현장 관계자의 연계 가능성을 가늠해볼 수 있는 요소가 될 수 있으며, '목회 현장'의 주체들로서 이들이 함께 연구를 수행하고, 참여할 수 있음도 강력하게 시사하고 있다는 것이다.

둘째, 사례별 심층분석과 교차 분석의 가능성이다. 합의적 질적연구는 연속적 과정을 통해 상호관련성을 맺으며 개념화해나갈 수도 있으며, 각 영역마다 비연속적 과정을 통해 현상을 설명해나갈 수도 있다. 이는 소위 중심범주와 하위범주들의 전형적인 위계성을 고려한 분석과는 차이가 있는 접근으로 이해할 수 있다. 합의적 질적연구를 통해 개별 사례에 대한 충실한 분석과 사례별 요소 도출의 가능성은 특정한 사례에 대한 깊이 있는 성찰을 담보하는 것이다. 더불어 해당 사항들의 교차분석을 통해 궁극적으로 연구 주제의 심층성을 확보해주는 내용으로도 볼 수 있다. 이와 관련하여 연규진·이지미·이수정·이도형(2016)이 수행한 연구는 흥미로운 사례가 될 수 있다. 해당 연구는 개신교인들의 종교적 정체성과 심리상담에 대한 인식 및 이용과의 관련성을 탐색하기 위해 개신교인의 심리상담에 대한 인식을 합의적 질적연구방법을 적용하여 분석하였다. 해당 연구는 신자 12명(40대 미만)을 대상으로 반구조화된 면접을 시행하였는데 이를테면 "심리상담에 대해 어떻게 생각하십니까?, 심리적으로 어려울 때 상담을 받지 않은 이유나 꺼리게 되는 이유가 있다면 무엇입니까? 그 이유가 당신이 개신교인인 것과 어떤 관련이 있습니까? 개신교인이 상담받는 것에 대해 어떻게 생각하십니까? 당신이 속한 교회 공동체에서는 상담에 대해 어떻게 생각하고 있는 것 같습니까?" 등이다. 연구자들은 각자가 핵심 내용에 대한 심층적 분석과 유사한 내용을 범주화하여 교차분석을 수행하였다. 구체적으로 우선 연구팀에서 범주로 구분될 가능성이 있는 주제를 토의하여 잠정적으로 범주목록을 도출한 후, 연구자 각자가 분량에 따라 범주화를 실시해보고 연구팀이 함께 토의 과정을 거쳐 기존의 범주목록을 수정하고 추가하는 방식으로 진행한 것이다. 해당 범주화 과정 중에도 핵심 내용 코딩 때와 마찬가지로 핵심 내용이 하나 이상의 범주로 묶일 때 이중으로 범주화를 진행하였으며, 이후 한 연구자가 범주화한 것을 다른 연구자가 검토하여 정확성과 객관성을 확보하고자 했다. 만약 의견이 일치하지 않았을 때 추가로 토의하는 과정을 거쳐 분석을 수행하였다. 이를 통해 '심리상담에 대한 호의적 인식', '심리상담에 대한 회의적 인식', '심리상담에 대한 양가적 태도'와 13개의 범주를 도출해주었다. 연규진·이지미·이수정·이도형(2016)의 경우 사례별 심층분석과 교차 분석을 통하여 연구참여자들의 상담인식에 심층적인 의미와 맥락들을 보여주고 있다고 판단된다.

셋째, 사역 전략 및 정책 도출의 가능성이다. 합의적 질적연구의 특성은 사례 수를 도표화하고 빈도에 따라 일반성과 전형성을 분석할 수 있다는 점이다. 이는 자료를 코딩하여 각 영역에서 중심 개념을 추론해내는 일반적인 질적연구의 접근과는 다소 차이가 있는 부분이다. 이는 연구자에게 사례의 전형적 요소와 내용이 무엇인가를 파악하게 해주는 주요한 정보가 될 수 있다. 실천신학적 접근의 궁극적 목표는 교회 사역을 위한 실제적인 사역 전략 및 정책 도출이 포함될 것인데 합의적 질적연구를 통한 논의와 분석은 관련 주제의 의미와 방향성을 확인하게 해줌으로써 핵심적 가치가 무엇인가를 제시해준다는 점이다. 또한 합의적 질적연구는 근거이론에 영향을 받고 있기에 사역 전략 및 정책 도출을 위한 이론화 작업에도 유용할 것으로 기대한다. 사역 전략 및 정책 도출의 가능성과 관련하여 이인숙·박재연(2021)의 연구는 좋은 사례가 될 수 있을 것이다. 이들은 청소년기에 자해 행동을 경험한 성인 6명을 대상으로 그들의 자해 경험을 이해하고자 하였으며 이 과정에서 합의적 질적연구방법을 적용하였다. 분석 결과 '자해행동을 하기 전 경험, 자해행동 당시의 감정과 경험, 자해 행동 이후의 경험, 자해행동을 멈추고 극복해 나간 경험'의 4가지 영역과 9개 범주를 도출해주었다. 이를 통해 "자해 행동을 경험한 청소년에게는 우선 신체적인 치료가 필요하다는 것, 또래 상담과 가족 상담 등의 접근을 통해 청소년과 가까운 주변에서 자해 청소년들의 마음을 위로하고 지지할 수 있도록 하는 상담 전략이 필요하다는 것, 자해 행동이 성인기까지 이어지지 않도록 하는 것, 상담 장소나 예방 상담프로그램이 있다는 것을 홍보하는 것"과 같은 정책적 방향성과 내용을 제시하였다.

4. 한국교회, 질적연구 그리고 미래 과제들

앞으로도 한국교회는 하나님의 은혜 가운데 맡겨주신 사명을 감당해나갈 것이다. 그 과정에서 시련과 고난을 경험하게 될 것이며, 예상치 못한 복잡한 상황에서 딜레마도 직면하게 될 것이다. 그때 우리는 어떻게 해야 하겠는가? 한번도 경험해보지 못한 상황에서 기존의 사역 전략과 방식을 고수할 것인가? 아니면 그에 맞는 전략과 방식을 도출하기 위하여 체계적으로 분석하고 해결을 위한 실마리를 제공할 것인가? 해당 질문들에 대하여 질적연구는 완벽하지는 않지만 의미있는 접근법은 될 수 있을 것이다. 이를 위한 환경 조성과 지원적 문화 형성을 위해 신실한 기독학자들과 학계가 관심을 가지고 살펴보아야 할 몇 가지 과제들이 존재한다.

첫째, 학문 후속 세대 양성을 위한 체계적인 연구방법론 강좌와 교육과정을 구성할 필요가 있다. 신학 관련 대학들은 여전히 지금도 전공 교육과정과 대학원 지도 과정에서 질적연구방법론과 관련된 수업과 강의가 양적 수준과 질적 수준에서 미흡한 것이 사실이다. 언제까지 전공 학생들을 타 대학 및 타 전공의 방법론 수업을 듣게 할 것인가! 언제까지 제자들을 방법론 워크숍을 쫓아다니게 할 것인가! 자체적으로 연구방법론 수업을 강화하고, 이를 정련된 수준에서 수행할 수 있는 교수를 임용하여 전공 내 학문적 발전을 지원할 수 있는 구조적 환경을 구축할 필요가 있다. 관련하여 기독학계에서는 학문 후속 세대 양성을 위한 특강과 세션을 개설하여 제공하고 있다. 일반전공 학계에서 학문 후속 세대를 유치하고 그들의 필요를 채우기 위해 노력하는 과정들과 아이디어들을 살펴보라. 신학계 관련 학회의 모습은 그들의 노력에 비하면 안타까움을 금할 수 없다.

둘째, 연구자 스스로 연구방법론 관련 전문성을 갖출 수 있도록 노력해야 할 것이다. 이는 문헌연구 일변도를 탈피할 수 있는 연구자 스스로의 계기도 될 수 있다. 연구 주제를 고려하여 반드시 문헌연구만을 고수할 필요는 없을 것이다. 물론 문헌연구를 통해 수행해야 할 주제는 문헌연구를 통해 반드시 수행해야 하며, 문헌연구를 간과해서는 절대로 안 될 것이다. 하지만 천편일률적으로 문헌연구만을 고집하거나 그것만을 학문 후속 세대에 강요해서는 안 될 것이다. 오히려 연구자가 연구방법론 관련 전문성을 갖추어 어떠한 주제가 주어지더라도 혹은 문의가 오더라도 해당 사항을 해결해줄 수 있는 가장 알맞은 연구방법을 제공하는 것이 전문 연구자의 덕목이 아닐까 하는 것이다. 이를 위해서는 연구자 스스로가 연구방법론 관련 전문성을 갖출 수 있도록 지속적으로 학습해야 할 것이며, 최신의 연구방법 동향에 대한 관심을 놓아서는 안 될 것이다.

셋째, 교회를 위한 실제적인 연구 주제를 발굴하여 교회와 현장 목회자들의 관심을 유도할 필요가 있다. 현장 목회자들로부터의 비판은 다른 것이 아니라 '현장과 괴리된' 연구와 접근이다. 현장에서 요청하는 그리고 직면하고 있는 실제적 사항에 대한 연구와 분석은 현장 사역자들의 답답함을 해소해주는 의미를 넘어 그들로 하여금 우리들의 연구에 대한 관심과 환영의 풍토도 만들어줄 수 있을 것이다. 교회로부터 관심과 환영을 받지 못하는 신학과 연구들이 과연 얼마나 가치가 있을까를 생각하면서 교회를 위한 실제적인 연구 주제를 발굴하여 작업을 진행할 필요가 있다.

넷째, 전문연구자－교회 현장－교단 차원의 공동 연구 사업을 추진할 필요가 있다. 다양하게 수행되는 현장지향적 연구물들이 제대로 확산되거나 홍보되지도 못한 상태로 사장되는 경우들이 많다. 만약 연구의 초기 설계에서부터 교회 현장과 교단 차원의 지원을 받으면서 공동 연계적으로 수행된다면 연구결과를 통한 공유 및 확산의 안정적 채널을 확보할 수 있을 것이다. 그리고 연구결과의 파급력은 개인 연구자의 그것과는 비교할 수 없게 된다. 나는 매년 분명한 목적성을 가지고 교회 현장과 교단 차원과의 공동 연구 사업을 수행해오고 있다. 이러한 방식은 기본적으로 연구결과를 출판하여 공유 및 확산하는데 최적화되어 있다고 판단된다. 이를테면 연구자는 안정적인 지원 속에서 심도있게 연구를 수행하고, 그 수행된 결과는 교단 차원의 대대적인 워크숍 혹은 포럼을 통해 교회와 교단 앞에 보고하는 형식으로 진행되는 것이다. 물론 이를 위해서는 교회와 교단의 공동 연구 사업에 대한 신뢰와 인식이 전제될 때 가능하다. 여기에는 연구자의 설득과 설명의 노력 과정이 반드시 필요하며, 이를 헌신적으로 지원하고자 마음을 먹는 교회와 교단의 성숙한 연구 이해도도 필요하다. 나의 경험으로는 교회와 교단은 실제적 문제에 대한 구체적이고 선명한 해답을 요청하고 있는 실정이다. 이에 연구자들은 자신의 형편과 상황에서 교회와 교단 관계자들과의 지속적인 토의를 통해 관련 공동 사업을 추진할 수 있을 것으로 본다. 이러한 접근은 자연스럽게 현장지향적 연구 수행을 위한 환경 조성에 이바지할 수 있을 것이다.

참고문헌

강명환(2011). **목회자의 은급제도 모형개발을 위한 기초 연구: 대한예수교장로회(백석측) 목회자를 중심으로**. 백석대학교 박사학위논문.

강병오(2012). 한국 개신교의 사회적 신뢰 실추 대책. **신학과 선교**, **제41집**, 61-84.

강성열 편(2008). **농어촌 선교현장과 생명목회**. 서울: 한들출판사.

강용원(2004). **한국에서의 기독교교육의 역사와 과제**(pp.19-59). **기독교교육의 과제와 전망**(편). 서울: 한국기독교육학회.

강용원(2008). **기독교교육 방법론**. 서울: 한국기독교교육학회.

강용원 · 이현철(2011). 성장하는 교회의 특성에 대한 내러티브 탐구: 부산지역을 중심으로. **고신신학**, **제13권**, 151-191.

강용원 · 이현철(2009). 교회학교 내 사회적 자본의 의미와 활용 가능성 탐색. **고신신학**, **제11권**, 399-426.

강용원 · 이현철(2010). 교회학교 교사의 전문성 향상을 위한 질적연구: 전문성 저해요인 분석을 중심으로. **성경과 신학**, **제54권**, 93-119.

강용원 · 이현철(2010). 기독교교육연구를 위한 질적연구의 필요성과 활용. **고신신학**, **제12권**, 223-251.

강천구(2021). 현대 실천신학 방법론적 흐름과 개혁주의 실천신학 방법론에 대한 소고. **개혁신학회**, **55**, 143-176.

강현석(2011). 교과교육에서 내러티브의 의미와 가치. **역사교육논집**, **46**, 3-59.

강현석(2012). 내러티브에 기반한 교육과정 설계 원리 탐구. **교육철학**, **제48집**, 183-215.

강현석 · 조인숙(2013). 브루너의 내러티브 이론에 따른 교육과정 개발 방향의 탐색. **초등교육연구**, **제26권** 제3호, 187-213.

권오헌(2003). 하나님의 영광만을 사모한 생애: 박복달 권사. **고신신학**, **제5권**, 52-64.

권지성(2017). 침례교 은퇴목회자의 생활경험에 관한 질적 사례연구. **복음과 실천**, **60**(1), 433-463.

기독교윤리실천운동(2014). **2013년 한국교회의 사회적 신뢰도 여론조사**. 서울: 기윤실.

김경선(2011). **부교역자의 탈진 이해와 극복 방안**. 감리교신학대학교 석사학위논문.

김남연 · 김현주 · 안혜준(2008). 초임 유치원 원감 되어가기: 초임 원감의 자전적 문화기술지. **유아교육학논집**, **12**(3), 195-217.

김대현(2006). 내러티브 탐구의 이론적 기반 탐색. **교육과정연구, 제24권** 제2호, 111-134.
김동건(2014). **신학 이야기: 모든 사람에게**. 서울: 대한기독교서회.
김민정(2012). **부교역자 리더십**. 서울: 생명의 말씀사.
김병극(2012). 내러티브 탐구의 존재론적, 방법론적, 인식론적 입장과 탐구과정에 대한 이해. **교육인류학연구, 제15권** 제3호, 1-28.
김상덕(2021). 코로나19 팬데믹과 공공성, 그리고 한국교회. **신학과 실천, 제76호**, 797-817.
김성수(2003). 알려지지 않은 위대한 부흥사 우태숙 선생님: 경남북 지방을 중심으로 활동한 신앙의 여장부. **고신신학, 5**, 94-127.
김성욱(2010). **청소년 수련회의 바람직한 방향**. 목원대학교 대학원 석사학위논문.
김성중(2020) 코로나19 시기 이후의 기독교교육의 방향. **기독교교육논총, 제63집**, 39-64,
김순환(2021). 위드 코로나 시대를 위한 한국교회 예배 대안 모색: 삶 속에서의 시간적, 공간적 예배지평 확장. **신학과 실천, 제77호**, 39-66.
김신호(2003). **새신자 교육을 위한 양육사 훈련 방안**. 성결대학교 석사학위논문.
김애란 · 류혜옥(2013). 교회 부교역자 아내의 역할 갈등에 관한 질적연구. **한국기독교상담학회지, 24**(2), 35-74.
김영동(2021). 포스트코로나 교회 구조변화와 목회와 선교 방향연구. **선교와 신학, 제54호** 13-39.
김영래(2006). 교회교육 패러다임 변화의 6가지 요소. **목회와 신학, 205**, 58-63.
김영천(2015). **질적연구방법론 II: Methods**. 경기: 아카데미프레스.
김영천 · 김진희(2009). **질적연구방법론 II**. 서울: 문음사.
김용성(2021). 코로나19 바이러스 이후 교회 공동체 회복을 위한 제언. **장신논단, 제53권** 제1호 277-302.
김은희(2020). 코로나 19(Covid 19) 상황에서 한국교회의 대처에 관한 연구: 예배와 선교를 중심으로. **개혁논총, 제53권** 99-122.
김정희 · 소경희(2014). 교육연구에서 내러티브 탐구의 의의와 예술 기반 연구로서의 가능성 탐색. **교육과정연구, 제32권** 제2호, 21-40.
김주한(2020). 바울의 예배 기획 원리를 통해 본 '코로나' 시대의 교회 예배 방향성 제안. **성경과 신학, 제95호**, 23-56.
김지현 · 김승재 · 박인서(2014). 중초교사 10년 삶에 대한 내러티브 탐구. **한국체육학회지, 제53권** 제1호, 209-222.
김진홍(2019). 목회자의 참된 영성과 지성이 교회 성장에 미치는 영향. **갱신과 부흥, 23**, 127-154.
김창용(1992). **기독교 청소년 수련회에 있어서 영성과 치유에 관한 연구**. 아세아연합신학연구원 석사학위논문.
김태호(2002). **교회 캠프의 문제점과 개선방향에 대한 연구**. 총신대학교 석사학위논문.
김현광(2018). 로마서를 통해서 본 다문화와 한국교회: 로마서 14:1-15:13을 중심으로. **성경과신학**, 87, 1-25.
김형태(2010). **동역의 관점에서 본 부교역자론**. 서울: 쿨람출판사.
나삼진(2013). 한국교회 교회교육 지도자 양성 방안 연구. **성경과 신학**. 71, 59-84.
남선우 · 강인애(2012). 스마트러닝으로서 계절 성경캠프 사례 연구: 청소년 교회교육을 중심으로. **기독교교육논총, 제32권**, 267-296.
뉴스앤조이(2017). 목사의 노후보장, 은급으로 가능한가. **뉴스앤조이** 2017년 2월 7일 기사.
대구서문로교회(1981). **교회설립 30주년 기념: 서문로 30년사 화보**. 대구: 대구서문로교회.
대구서문로교회(2011). **2011 대구서문로교회 요람 자료**. 대구: 대구서문로교회.
대한예수교장로회 고신총회(2011). **헌법** 서울: 대한예수교장로회 총회출판국.
류윤욱(1981). 축사. 대구서문로교회 30년사 편찬회. **교회설립 30주년 기념: 서문로 30년사 화보**. 대구: 대구서문로교회.
류은정(2018). 마을교육공동체를 위한 지역교회의 역할. **선교와 신학, 제44호** 259-288.
문민웅(2003). **한국교회 남성 전임부교역자들의 스트레스에 대한 연구**. 연세대학교 석사학위논문.

박근수(2013). 은퇴목회자의 은퇴준비가 성공적 노후에 미치는 영향. **노인복지연구**, **62**, 127-149.
박미라(2010). 기독교교육현장에서 가정사역을 중심으로 한 청소년 수련회 요구분석. **기독교교육논총**, **제23권**, 17-49.
박민정(2006). 내러티브란 무엇인가?: 이야기 만들기, 의미구성, 커뮤니케이션의 해석학적 순환. **아시아교육연구**, **7**(4), 27-47.
박민정(2007). 통합교육과정 실행 경험에 대한 내러티브 탐구: 세 초등교사의 이야기. **교육과정연구**, **제25권** 제1호, 69-93.
박상진(2007). **교회학교 부흥을 위한 교사교육의 새로운 패러다임**. 서울: 예영 커뮤니케이션.
박성희(2004). **질적연구방법의 이해**. 원미사.
박영철(2009). 목회사역의 목적으로서의 교회본질에 관한 연구. **복음과 실천**, **44**(1), 247-278.
박은혜(2012). 교회교육의 개념 변화에 대한 이해. **기독교교육논총**, **제29권**, 265-291.
박종원(2004). 학생들은 언제 말문을 여는가?: 원어민 교사 수업을 중심으로. **영어교육연구**, **제16권** 제2호, 209-245.
박종원(2016). 민간종교 세계관을 통한 세속화된 한국교회 이해와 신학적 고찰. **복음과 선교**, **35**, 113-152.
박현신(2022). 포스트코로나 뉴노멀 시대의 도전과 설교학적 방향과 대안. **개혁논총**, **제62권**, 45-88.
배아론 · 이현철(2021). 선교학 영역의 연구방법론 확장을 위한 근거이론의 적용. **개혁논총**, **58**, 167-196.
배아론 · 이현철(2023). 실천신학 연구를 위한 창의적 질적연구의 활용. **갱신과 부흥**, **제31호**, 323-320.
변은미(2012). **은퇴목회자 노후생활에 관한 연구: 신앙, 여가, 경제, 주거생활을 중심으로**. 백석대학교 박사학위논문.
서병수(2008). 한국의 최저생계비 개념에 대한 비판적 고찰. **사회복지정책**, **34**, 383-411.
서승룡(2008). **부교역자 헬퍼십**. 서울: 한국학술정보.
서정국 · 김미경(2013). 은퇴목사의 갈등관리유형과 삶의 만족도가 갈등감소에 미치는 영향. **복음과 상담**, **21**, 92-120.
손의성(2013). 은퇴목회자의 우울과 고독감과 대처자원 관계 연구. **교회사회사업**, **22**, 7-42.
신광은(2015). 메가처치 현상에 대한 교회론적 고찰. 한국조직신학회 학술발표회. **국민일보** "메가처치 현상, 교회 양극화 부추기는가?" 재인용 2015년 1월 16일 기사 http://news.kmib.co.kr/article/
신정순(2001). 반세기의 신앙동지 오병세 목사. (오병세 목사 성역 50주년 기념문집 간행위원회 편) **새벽 이슬 같은 은총의 날들**. 현대출판사.
안승철(2004). **목회협력자로서 부목사의 역할 연구**. 연세대학교 박사학위논문.
안춘전(2004). **청소년을 위한 주제 지향적 수련회 프로그램 개발 연구**. 총신대학교 석사학위논문.
양금희(2021). 포스트 코로나 시대의 '온택트' 기독교교육에 관한 연구. **기독교교육논총**, **제68집** 41-76.
엄문영(2017). 적정규모 학교 육성 정책 분석 및 향후 과제. **교육재정경제연구**, **26**(2), 1-34.
엄진흠(1996). **Groome의 Shared christian praxis에 기초한 청소년 수련회 프로그램 개발**. 호서대학교 석사학위논문.
연규진 · 이지미 · 이수정 · 이도형(2016). 심리상담에 대한 인식: 개신교인을 대상으로 한 탐색적 질적연구. **상담학연구**, **17**(5), 243-267.
오상균(2015). **자아정체성과 하나님 표상 형성을 위한 청소년 수련회 프로그램연구**. 장로회신학대학교 석사학위논문.
오영범 · 이현철 · 정상원(2016). **질적자료분석: 파랑새 2.0 소프트웨어**. 경기: 아카데미프레스.
오원택(2004). **목회자 사모의 우울증 인지적 치료**. 장로회신학대학교 신학석사학위논문.
오인탁 · 정웅섭(1987). **교회 교사교육의 현실과 방향**. 서울: 대한기독교서회.
오태균(2009). 목회자의 탈진에 대한 교회 교육학적 과제. **기독교교육정보**, **22**, 293-325.
우병훈(2017). 신조의 의미와 중요성, 그리고 신조교육. 『**교리학당**』. 고신대학교 개혁주의학술원 · 고신레포 500(편).

우지만 · 백종수(2011). 한 중등체육교사에 대한 생애사 연구. **한국스포츠교육학회지**, **18**(2), 27-43.
유재덕(2020). 포스트 코로나 시대의 교회교육. **기독교교육논총**, **제63집** 13-37.
유철인(1996). 어쩔 수 없이 미군과 결혼하게 되었다: 생애사적 이야기의 주제와 서술전략. **한국문화인류학**, **29**(2), 397-419.
윤영훈(2020). 포스트 코로나 시대 온라인 교회의 가능성에 대한 연구. **대학과 선교**, **제46호**, 205-237.
이광석(2009). 다문화 사회에서의 진입장벽과 그 해결에 관한 연구. **한국지방자치학회보**, **제21권** 제3호, 161-186.
이근호(2001). 현상학과 교육과정 연구. 김영천 편. **교육과정 이론화: 역사적 동시대적 탐구**. 경기: 아카데미프레스.
이남인(2004). **현상학과 해석학**. 서울: 서울대학교출판문화원.
이동성(2011a). 한 교사 연구자의 변환적인 역할과 관점에 대한 자문화기술지. **교육인류학연구**, **14**(2), 61-90.
이동성(2011b). 자문화기술지를 통한 초등학교 운동부 지도경험 분석. **초등교육연구**, **24**(2), 341-363.
이동성 · 김영천(2012). 질적연구방법으로서 근거이론의 철학적 배경과 방법론적 특성에 대한 고찰. **열린교육연구**, **20**(2), 1-26.
이상규(2009). **대구지방에서의 고신운동의 시원과 여성 지도자들**(신정순의 1995년 '선배들의 발자취' 창녕여전도회 회관 강연 녹취). 장로교회와 역사. 천안: 고려신학대학원.
이상우(2017). 내러티브 탐구.『**질적연구: 열다섯가지 접근**』. 김영천, 이현철(편). 경기: 아카데미프레스.
이성호(2013). **특강: 하이델베르크 요리문답**(상), (하). 경기: 흑곰북스.
이세원(2023). 코로나 3년간 교회 불신 10%p ↑..."성인 74% '신뢰 안해'". **연합뉴스** 2023년 2월 15일 기사. https://www.yna.co.kr/view/ 2023년 8월 16일 검색
이소정(2016). 노후준비 지원정책의 현황과 과제. **보건복지포럼**(2016.6), 70-82.
이신철 · 이현철(2013). 한국사회 내 미조직 및 개척교회의 딜레마에 관한 질적 연구: 대한예수교장로회(고신)의 도시지역 교회를 중심으로. **개혁논총**, **제25권**, 215-244.
이인숙 · 박재연(2021). 청소년기 자해 경험에 대한 합의적 질적연구. **청소년학연구**, **28**(7), 185-206.
이점우(2006). **한 60대 초등학교 여교사의 삶과 가르침: 생애사적 사례연구**. 동덕여자대학교 박사학위논문.
이정규 · 유희진 · 정희영(2016). 기독교 교리교육에 대한 연구동향 분석. **개혁논총**, **37**, 231-260.
이중구(2002). **백합동산 30년: 전국여전도회 연합회 30년사**. 대한예수교장로회(고신) 전국여전도회연합회.
이지성(2014). 공감의 길, 고통의 내러티브에 대한 연구. **기독교사회윤리**, **30**, 69-98.
이찬석(2021). 팬데믹 시대 교회와 신학의 과제. **한국조직신학논총**, **제64호**, 107-138.
이현구(2007). **효과적인 청소년 교육을 위한 수련회의 활용방안**. 침례신학대학교 석사학위논문.
이현철(2013). 한국 교회학교 교사들의 딜레마에 관한 내러티브(Narrative) 탐구. **개혁논총**, **28**, 247-279.
이현철(2015). 칼빈 이후 개혁파 정통주의자들의 신앙교육: Zacharias Ursinus와 Caspar Olevianus를 중심으로. **고신신학**(고신신학회), **제17권**, 265-290.
이현철(2015). 한국교회 내 부교역자들의 삶과 문화에 대한 문화기술지(Ethnography) 연구. **성경과 신학**, **75**, 349-377.
이현철(2015). 한국교회의 진입장벽에 대한 내러티브 탐구. **개혁논총**, **제33권**, 259-295.
이현철(2016). 한국사회의 청소년 수련회에 대한 내러티브 탐구. **기독교교육논총**, **47**, 219-253, 230.
이현철(2018). 산간벽지 소재 교회의 딜레마에 대한 질적연구. **질적탐구**, **4**(3), 269-296.
이현철 · 이채문(2012). 재외한인 디아스포라의 삶과 딜레마에 관한 내러티브(Narrative) 탐구. **다문화와 평화**, **제6권** 제2호, 63-87.
이현철 · 김영천 · 김경식(2013). **통합연구방법론: 질적연구+양적연구**. 경기: 아카데미프레스.
이현철 · 문화랑 · 이원석 · 안성복(2021). **코로나시대 청소년 신앙리포트**. 서울: SFC,
이희용(2007). 한 고등학교 국어교사의 성장 체험: 자기 이야기(self-narrative). **교육인류학연구**, **10**(2), 131-170.

장신근(2006). 수련회의 교육적 의미. **교육교회: 장로회신학대학교 기독교교육, 제348권**, 7-13.

전광식(2003). 파행과 세속화의 시대에 그리워지는 인물들. **고신신학, 제5권**, 8-10.

정경호(2017). 변화하는 다문화사회에서 한국교회 선교의 전략과 과제. **성경과 신학, 81**, 207-240.

정상원(2014). **초등학교 학생들의 평가와 성적기록하기: 교사의 현상학적 체험들**. 진주교육대학교 석사학위논문.

정상훈(2007). **막스 베버의 개신교 윤리를 통한 한국교회 양극화 문제 해소 방안 연구**. 숭실대학교 석사학위논문.

정승일(2010). **청소년 교육을 위한 캠프사역에 관한 고찰**. 장로회신학대학교 박사학위논문.

정재영(2021). 코로나 팬데믹 시대에 교회의 변화와 공공성. **신학과 실천, 제73호**, 857-886.

정주채(2011). 고신대학교 신학대학원(고려신학대학원). **고신역사와 정신 강의안**. 천안: 고려신학대학원.

조규황(2014). **목회자의 탈진에 영향을 미치는 생태학적 변인연구**. 총신대학교 박사학위논문.

조성국(2003). 오병식 장로의 고신(고려)파 경건과 정신. **고신신학, 제5권**, 34-50.

조용훈(2015). 지역공동체운동을 통한 농촌교회 활성화 방안. **장신논단, 47**(2), 209-242.

조정호(2009). 체육사에서 구술사 연구방법의 의의와 적용방향. **한국체육사학회 동계학술대회 자료집**, 17-26

조해룡(2021). 코로나 팬데믹 상황 속에서 선교적 교회의 교회론적 변화와 선교적 대응. **선교신학, 제62호** 278-309.

조현미 · 이현철(2013). 민족운동가 배중도의 내러티브(Narrative)를 통한 재일한인 1세대 디아스포라의 삶과 애환. **일본어문학, 제61권**, 607-634.

주동범 · 이동성 · 이현철 · 이원석 · 김광석(2018). **학교 통폐합 영향평가 연구: 농산어촌 소규모 학교 영향 평가를 위한 기초 연구**. 강원도: 강원교육희망재단.

주종훈(2023). 다음 세대의 회복을 위한 예전적 제안: 개혁주의 예배. **개혁논총, 제65권**, 119-147.

주형일(2010). 지방대에 대한 타자화 담론의 주관적 수용의 문제: 자기민속지학 방법의 적용. **미디어,젠더&문화**, 13, 75-113.

채혁수(2020). 뉴 노멀(New Normal) 시대의 교육목회. **신학과 실천, 제72호** 487-515.

최상호(2000). **담임목사와 부목사의 목회적 관계에 대한 연구**. 목원대학교 석사학위논문.

최성광(2014). 박사과정을 수행하는 초등학교 30대 남교사들이 갖는 이상과 현실의 딜레마에 관한 내러티브 탐구. **교육인류학연구, 제17권** 제1호, 197-232.

최수미 · 유인화 · 김동일 · 박애실(2019). 현장 교사가 지각하는 교육사각지대 학습자의 특성에 대한 합의적 질적연구. **학습장애연구, 16**(3), 23-49.

최영신(1999). 질적 자료 수집: 생애사 연구 사례를 중심으로. **교육인류학연구, 2**(2), 1-22.

최원진(2020). COVID-19 상황에서 한국교회의 선교. **복음과 선교, 제52권** 제4호, 203-242.

최진이(2003). **공동체 놀이를 활용한 신앙공동체 교육프로그램 개발연구: 청소년 수련회를 중심으로**. 총신대학교 석사학위논문.

한경화(2021). **치매예방을 위한 AI-기반 인지훈련 경험에 대한 합의적 질적연구**. 차의과학대학교 박사학위논문.

한춘기(2023). with코로나 시대의 한국교회 미래세대 小考. **개혁논총, 제64권** 9-37.

함영주(2021). 전통과 혁신을 활용한 미래형 교회교육방법의 방향성에 대한 연구. **ACTS 신학저널, 제48권**, 173-204.

함영주 · 신승범 · 이현철 · 전병철 · 조철현(2015). **한국교회교육의 현실분석과 미래 방향성에 대한 사회과학적 통합연구**. 한국복음주의신학회 · 한국복음주의기독교교육학회 정책연구 보고서.

허순길(1996). **고려신학대학원 50년사**. 천안: 고려신학대학원.

허순길(2011). 고신대학교 신학대학원(고려신학대학원). **고신역사와 정신 강의안**. 천안: 고려신학대학원.

허정(2003). **한국교회 목회자 사모 문제의 가족치료: 미누친의 이론을 중심으로**. 이화여자대학교 석사학위논문.

현유광(2001). **목사와 갈등: 교회 안의 갈등을 관리하는 지혜**. 서울: 본문과 현장사이.

현유광(2013). **갈등을 넘는 목회**. 서울: 생명의 양식.

홍광표(1994). **청소년 신앙공동체의 활성화에 관한 연구: 중고등부 수련회를 중심으로 하여**. 목원대학교 석사학위논문.

황대우(2017). 초대교회 기독교교리 형성과 이단.『**교리학당**』. 고신대학교 개혁주의학술원 · 고신레포 500(편).

황재범(2006). 대한장로교회 신경 혹은 12신조의 작성 및 수용 과정에 대한 연구. **기독교사상**, **9월호**(통권 제573호), 서울: 대한기독교서회.

황해국(2013). 갈등의 심리적 원인들. **화해조정위원회 세미나 자료집**. 대한예수교장로회총회(편). 서울: 대한예수교장로회총회.

황희상(2011). **특강: 소요리문답**(상), (하). 경기: 흑곰북스.

Alexander, B. K.(2005). Performance Ethnography. In Denzin, N. K. and Linciln, Y. S.(ed.), *Handbook of Qualitative Research* (3rd.). CA: Sage Publication,

Alheit, P.(1982). The narrative interview. Arbeitspapier No. 8. Bremen University.

Atkinson, P.(1998). *The life story interview*. Thousand Oaks, CA: Sage Publication, Inc.

Ayers, W.(1990). Small Heroes: In and out of school will 10-year-old city kids. *Cambridge Journal of Education*, *20*(3), 269~278.

Baym, N. K.(1999). *Tune in, log on: Soaps, fandom, and online community*. Thousand Oaks, CA: Sage.

Benson, P., Donahue, M., Erickson, J.(1993). The faith maturity scale: conceptualization, measurement,and empirical validation. *Research in the Social Scientific Study of Religion*, *5*, 1-26.

Boger, T.(2011). *Teacher watching students electronically*. Phenomenologyonline. http://phenomenologyonlin.com

Bryman, A.(1988). *Quantity and quality in social research*. London: Unwin Hyman.

Charmaz, K.(2013). **근거이론의 구성: 질적 분석의 실천 지침**[*Construction grounded theory: a practical guide through qualitative analysis*](원전은 2006년). 박현선 · 이상균 · 이채원(공역). 학지사.

Charmaz, K.(2011). *A Constructivist Grounded Theory Analysis of Losing and Regaining a Valued Self. Five Ways of Doing Qualitative Analysis*. NY: The Guilford Press.

Cho, Hye-Jeong(2016). A Qualitative Study on the Experiences of Small Church Pastors and their Christian Education Ministry. **기독교교육정보**, **51**, 219-241.

Clandinin, D. J. & Connelly, F. M.(2000). *Narrative inquiry: Experience and story in qualitative research*. San Francisco: Jossey-Bass Publishers.

Clandinin, D. J., & Huber, J. (2002). Narrative inquiry: Toward understanding life' s artistry. *Curriculum Inquiry*, *32*(2), 161-169.

Collins, K.M., Onwuegbuzie, A.J., & Sutton, I.L. (2006). A Model incorporating the rationale and purpose for conducting mixed methods research in special education and beyond. *Learning Disabilities: A Contemporary Journal*, *4*, 67-100.

Connel, R. W.(1983). *Class, gender and sartre' s theory of practice*. In Which way is up? North Sydney: George Allen and Unwin.

Connelly, M. and Clandinin, J.(1988). *Teachers as curriculum planners: Narratives of experience*. New York: Teacher College Press.

Creswell, J. W. & Plano Clark, V. L.(2010). *Designing and conducting mixed methods research* (2nd). Thousand Oaks, CA: Sage.

Creswell, J. W. and Plano Clark, V. L. (2007). *Designing and conducting mixed methods research*. Thousand Oaks, CA: Sage.

Creswell, J. W.(2013). **질적 연구방법론: 다섯가지 접근**[*Qualitative Inquiry & Research Design: Choosing Among Five Approaches*](원전은 2007년). 조흥식 · 정선욱 · 김진숙 · 권지성 공역). 서울: 학지사.

Creswell, J.(2003). *Research design: Qualitative, quantitative, and mixed methods aproches* (2nd.). CA: Sage Publication.

Crotty, M.(2001). **현상학적 연구**[*Phenomenology and nursing research*](원전은 1996년). 신경림 · 공병혜 공역. 현문사.

Denzin, N. K.(1989). *Interpretive biography*. Nwebury Park, CA: Sage Publication.

Doll, R.(1982). *Curriculum improvement: Decision making and process*. Boston, MA: Allyn & Bacon.

Dovona-Ope, D. R.(2008). A Rationale for employing mixed methods design in doctoral research about female students?: Academic achievement in secondary schools in Papua New Guinea. *International Journal of Pedagogies and Learning, 4*(2), 59-67.

Dowling M.(2005). From Husserl to van Manen. A Review of different phenomenological approaches. *International Journal of Nursing Studies*, Volume *44*, Issue 1, January 2007, pp. 131-142.

Duncan, M.(2004). *Autoethnography: Critical appreciation of an emerging art*. (http://creativecommons.org/licenses/by/2.0).

Edlin, R. L.(1999). *The Cause of Christian education*. National Institute for Christian Education.

Eisner, E.(1985). "Aesthetic mode of knowing." In *Learning and teaching the ways of knowing: Eighty-fourth yearbook of the National Society for the Study of Education*, edited by E. Eisner. Chicago, IL: University of Chicago Press(pp.23~36).

Ellis, C. & Bochner, A. P.(2000). "Autoethnography, personal narrative, and personal reflectivity." In N. K. Denzin & Y. S. Lincoln (eds.). *Handbook of Qualitative Research* (2nd ed.). Thousand Oaks, CA: Sage, 2000(pp.733-768).

Ellis, C. (2004). *The Ethnographic I: A Methodological novel about autoethnography*. CA: AltaMira Press.

Farly, E.(1983). Theology and practice outside the clerical paradigm, In Don S. Browning (ed), *Practical theology*, San Francisco: Harper & Row.

Gergen, K. J.(2005). *An Invitation to social construction*. London: Sage Publications.

Glaser, B. G. & Strauss, A. L.(2011). **근거이론의 발견: 질적연구 전략**[*The discovery of grounded theory: Strategies for qualitative research*](원전은 1999년). 이병식 · 박상욱 · 심사훈 공역. 학지사.

Glaser, B. G. (1978). *Theoretical sensitivity: Advances in the methodology of grounded theory*. University of California.

Grumet, M.(1990). Retrospective: Autobiography and the analysis of educational experience. *Cambridge Journal of Education, 20*(3), 321~326.

Harris, M.(1968). *The Rise of anthropological theory: A History of theories of culture*. NY: T. Y. Crowell.

Heiselt, A. & Sheperis, C. J.(2010). Mixed methods designs In Sheperis, C. J., Young, J. S., & Daniels, M. H. *Counseling research: Quantitative, qualitative, and mixed methods*. MA: Pearson.

Heitink G.(1999). *Practical theology: History, theory, action domains manual for practical theology*. Grand Rapids, MI: Eerdmans.

Hill Clara. E.(2012) *Consensual qualitative research: A practical resource for investigating social science phenomena*. Washington, DC: American Psychological Association.

Hill Clara. E., B. J. Thompson, and E. N. Williams(1997). A guide to conducting consensual qualitative research. *The Counseling Psychologist, 25*(4), 517-572.

Hiltner S.(1958). *Preface to Pastoral Theology*, New York: NY, Abingdon Press.

Hine, C.(2000). *Virtual ethnography*, London: Sage.

Husserl, E.(1970). *The Crisis of european sciences and transcendental phenomenology*. Evanston: Northwestern University.

Johnson, R. & Onwuegbuzie, A.(2004). Mixed methods research: A research paradigm whose time has come.

Educational Researcher, 33(7), 14-26.

Kozinets, R. V.(2010). *Netnography: Doing ethnography research online*. London: Sage.

Kuyper, A.(2014). **칼빈주의 강연**[*Lectures on Calvinism*](원전은 1898년). 김기찬 역. 서울: 크리스챤다이제스트.

Latini T. F.(2011). *The Church and the Crisis of Community: A Practical Theology of Small-Group Ministry*, Grand Rapids, MI: Eerdmans Publishing.

Lee, Shin Chul.(2004). *An Exploration and Identification of a Consistent Model for Presbyterian Church Planting in Korea*. Ph. D. diss, University of Wales.

Markham, A. N.(1998). *Life online: Researching real experience in virtual space*. CA: Altamira.

Martin, S. A.(2015). *To the angel of schooling, write: Redeeming the telos of schooling as a liturgical institution, and the role of the school administrator as peace-weaver, through the lens of prophetic imagination*, Unpublished doctoral dissertation, University of Oklahoma.

McIntosh, Gary L., general ed.(2004). *Evaluating the church growth movement*: 5 Views, Grand Rapids: Zondervan.

Merriam, S. B.(2005). **정성연구방법론과 사례연구**[*Qualitative research and case study Application in education*](원전은 1998년). 강윤수 · 고상숙 · 권오 · 유희찬 · 박만구 · 방정숙 · 이중권 · 정인철 · 황우형 공역. 서울: 교우사.

Mertens, D. M.(2005). *Research and evaluation in education and psychology: Integrating diversity with quantitative, qualitative, and mixed methods* (2nd ed.). Thousand Oak, CA: Sage Publication.

Miller, D., & Slater, D.(2000). *The Internet: An ethnography approach*. New York: Berg.

Miller, J. L.(1992). Shifting the boundaries: Teachers challenge contemporary thought. *Theory into Practice, 31*(3), 245~251.

Morgan, D.(1998). Practical strategies for combining qualitative and quantitative methods: Applications to health research. *Qualitative Health Research, 8*, 362-376.

Morse, J. M.(1991). Approaches to qualitative-quantitative triangulation. *Nursing Research, 40*, 120-123.

Morse, J. M., Stern, P. N., Corbin, J., Bowers, B., Charmaz, K., & Clarke, A. E. (2009). *Developing grounded theory: The Second generation*. CA: Left Coast Press.

Moustakas, C. E.(1994). *Phenomenological research methods*. Sage. Thousand Oaks, CA.

Patton, M. Q.(2002). *Qualitative research & evaluation methods* (3rd.). CA: Sage Publication.

Pinar, W. F. and Grumet, M. P.(1976). *Toward a poor curriculum*. Dubuque, IA: Kendall/Hall.

Radcliffe, R. J.(1998). *Effective ministry as associate pastor: Making beautiful music as a ministry team*. Grand Rapid, MI: Kregel Publication.

Raudenbush, S. W., & Bryk, A. S. (2002). *Hierarchical linear models: Applications and data analysis methods* (2nd.). Sage Publications, Inc.

Reed-Danahay, D.(Ed.). (1997). *Auto/Ethnography: Rewriting the self and the social*. New York: Berg.

Richardson, L.(1994). Writing: A Method of Inquiry. In N. K. Denzin & Y. S. Lincoln (Eds.). *Handbook of qualitative research* (pp. 516-529). Thousand Oaks, CA: Sage.

Riessman, C.(1993). *Narrative analysis: Qualitative research methods*. Newbury Park: Sage ublications Inc.

Roth, M.W. (2000). Autobiography and science education: An Introduction. *Research in Science Education, 30*(1), 1-12.

Saldaňa, J.(2009). *The Coding manual for qualitative researchers*. SAGE.

Simon, R. I., & Dippo, D.(1986). On critical ethnographic work. *Anthropology and Education Quarterly, 17*(4), 193-202.

Smith, J. A. & Flowers, P. & Larkin, M.(2009). *Interpretative phenomenological analysis: Theory, method and research*. SAGE.

Snyder, Howard,(2002). *Decoding the church: Mapping the DNA of Christ's Body*, Grand Rapids, MI: Baker Books.

Spradley, J. P. (2006). **참여관찰법**[*Participant observation*](원전은 1980년). 신재영 역. 서울: 시그마프레스

Spradley, j. P., & McCurdy, D. W.(1972) *The Cultural experience: Ethnography in complex society*. Prospect Jeights, IL: Waveland.

Strauss, A. L., & Corbin, J. (1990). *Basics of qualitative research: Grounded theory procedures and techniques*. Thousand Oaks, CA: Sage.

Strauss, A., & Corbin, J. (1998). *Basics of qualitative research: Techniques and procedures for developing grounded theory*. Thousand Oaks, CA: Sage Publications, Inc.

Tashakkori, A., & Creswell, J. W. (2007). Editorial: Exploring the Nature of Research Questions in Mixed Methods Research. *Journal of Mixed Methods Research*, *1*(3), 207-211.

Tashakkori, A., & Creswell, J. W.(2007). Exploring the nature of research questions in mixed methods research. *Journal of Mixed Methods Research*, *1*, 207-211.

Tashakkori. A & Teddlie, C.(2003). *Handbook of mixed methods*. CA: Sage Publicaton.

Tashakkori. A & Teddlie, C.(1998). *Mixed methodology: Combining the qualitative and quantitative approaches*. Thousand Oaks, CA: Sage.

Tashakkori. A & Teddlie, C.(2003). *Handbook of mixed methods in social & behavioral research*. CA: Sage Publication.

Tashakkori. A & Teddlie, C.(2009). *Foundation of mixed methods: Integrating quantitative and qualitative approaches in the social and behavioral sciences*. CA: Sage Publication.

Teddie, C. & Tashakkori, A.(2015). **통합방법 연구의 기초: 사회 행동과학에서의 양적 접근과 질적 접근의 통합**[*Foundation of mixed methods research: Intergrating quantitative and qualitative approaches in the social and behavioral sciences*] (원전은 2008년). 강현석 · 김경식 · 박창언 · 백상수 · 조영남 · 주동범 · 황윤제 공역. 경기: 아카데미프레스.

The Southern Baptist Theological Seminary Academic Catalog 2022-2023. 61. https://sbts-wordpress-uploads.s3.amazonaws.com/sbts/uploads/sites/3/2022/08/SBTS-Academic-Catalog-22-v4-8-10-22.pdf

Van Maanen(2011). *Tales of the field: On writing ethnography* (Second Edition). Chicago: The University of Chicago Press.

Van Manen, M.(1994). **체험연구**[*Researching lived experience*](원전은 1990년). 신경림 · 안규남 공역. 동녘.

Van Manen, M.(2002). **'가르친다는 것'의 의미**[*The Tone of teaching*](원전은 2002년). 정광순 · 김선영 공역. 학지사.

Van Manen, M.(2011). http://www.phenomenologyonline.com

Wertz, F. J.(2011). A Phenomenological psychological approach to trauma and resilience. In Frederick J. Wertz, Kathy Charmaz, Linda M. McMullen, Ruthellen Josselson, Rosemarie Anderson, Emalinda Mc-Spadden. *Five ways of doing qualitative analysis*. NY: The Guilford Press.

감리교농촌선교훈련원. http://hunn.or.kr/

국민일보(2012). 예장합동 미자립교회 최대 3700만원 9년간 지원한다… 자립교회서 예산 4.03% 출연받아 602억원 추가 조성. 2012년 2월 29일 기사 http://news.kukinews.com/article/

국민일보(2012). 작은 교회 살려야 한국교회 다시 부흥합니다. 2012년 4월 27일 기사 http://news.kukinews.com/article/

국민일보(2013). 美 덴버신학교 마크 영 총장 '교회가 사회 이슈 고민할 때 선교 길 열려'. 2013년 7월 29일 기사. http://news.kukinews.com/article/

국민일보(2017). 귀농시대, 우리 고장에선: 강원 횡성군, 2년 연속 1000가구 이상 정착… 귀촌 · 귀농 정착지 각광, 2017년 2월 20일 기사.

기독교보(2012). 한국교회 성장과 부흥-1960년대 이후를 중심으로. 2012년 2월 6일 기사. http://www.kidok.com/

기독교보(2013). 서문로교회 60년사 발행. 2013년 1월 2일 기사http://www.knews.or.kr/news/

기독교보(2014). 한국교회의 신뢰도, 심각하다. 2014년 2월 19일 기사. http://www.knews.or.kr/

기독일보(2018). 한국교회가 우선적으로 해야 할 일은......2018년 2월 10일 기사 http://www.christiandaily.co.kr/news/

대한민국정부 최저임금위원회(2020). 최저임금액 현황 http://www.minimumwage.go.kr/stat/statMiniStat.jsp

오마이뉴스(2011). 교회 팔아먹은 목사들, 그들도 피해자이다. 2011년 9월 22일 기사 http://www.ohmynews.com/

코람데오닷컴(2009). 작은 교회-큰 교회, 경쟁 관계? 협력 관계?: 온맘닷컴 토론방(종교와 신앙) 열띤 현장 목소리. 2009년 5월 30일 기사. http://www.kscoramdeo.com/

파이낸셜뉴스(2013). 한국, 주요 40개국 가운데 출산율 꼴찌. 2013년 2월 27일 기사 http://www.fnnews.com/view?ra=Sent1201m_View&corp=fnnews&arcid=201302270100247330014156&cDateYear=2013&cDateMonth=02&cDateDay=27

한겨레(2014). 인도 불교 성지서 '땅밟기' …일부 개신교, 무개념 선교 논란. 2014년 7월 8일 기사. http://www.hani.co.kr/

한국기독공보(2017). 마을목회 '로드맵' 요청 높아. 한국기독공보 2017년 11월 20일 기사.

한국보험신문(2014). 내년 4인가구 최저생계비 월 166만8000원. 2014년 9월 10일 기사. http://www.insnews.co.kr/design_php/news_view.php?num=41829&firstsec=1&secondsec=14

한국연구재단. https://www.nrf.re.kr/biz/doc/class/view?menu_no=323

한국일보(2014). 한국, 15년째 초저출산 국가… OECD 중 최장기간. 2014년 2월 18일 기사. http://news.hankooki.com/

호남신학대학교 농어촌연구소. http://www.lifenongsun.com/

찾아보기

[ㄱ]

[ㄴ]

[ㄷ]

[ㄹ]

[ㅁ]

[ㅂ]

[ㅅ]

[ㅇ]

[ㅈ]

[ㅊ]

[ㅋ]

[ㅌ]

[ㅍ]

[ㅎ]

[기타]